色慾萬花筒

官華 著

丁邦 圖

國家圖書館出版品預行編目資料

色慾「萬花筒」/ 鄭　振著. -- 初版. --臺北市：官華出版：文史哲總經銷 2015.09
公分
ISBN 978-957-43-2736-2（平裝）

857.7　　　104016793

色 慾「萬 花 筒」

作　　者：官　　華
出 版 者：鄭　　振
11158 台北市士林區德行西路 3 段 98 號 3 樓
電話：886-2-2834-0264
手機：0919-516-487
郵政劃撥帳號：
台灣總經銷：文 史 哲 出 版 社
100 台北市中正區羅斯福路一段 72 巷 4 號
電子信箱：lapen@ms74.hinet.net
定　　價：新台幣 520 元

二○一五年（民一○四）九月初版

ISBN 978-957-43-1984-8

色慾「萬花筒」

目次

0 色慾「萬花筒」（註一）

您，往裡頭瞧唄（色慾「萬花筒」裡看：臺北・色慾之域）

色慾之都——臺北。是FORMOSA美麗寶島首都。是臺灣政治、經濟、文化中心；是個現代化國際大都會。是馳名國際、世界最高——臺北一〇一摩天樓所在地。（註二）這裡也是色情溫柔鄉、大本營，色情的天堂。

臺北。是個美麗之城、不夜城、醉城、花花之城。有美麗溫馨可愛的一面；亦有黑暗淫惡醜陋的一面。

在這裡，紙醉金迷「金錢」掛帥，一切向「錢」看。「有奶就是娘，有錢便是爹」。這裡的人，多半看上不看下；「只敬羅衣不敬人」。誰有「錢」，誰就有權有勢，誰就最大，就是大爹、大哥。「錢」是「萬靈丹」，妙用無窮。您瞧唄！這裡，「錢」能通神；「錢」能使鬼推磨；「錢」亦能使人折腰。此外，「錢」還能買官、買學位、買便宜、走後門。當然，「錢」更能買「春」。「錢」可說是，無所不能，樣樣皆能。「錢」是萬能神。

您，往裡頭瞧唄（色慾「萬花筒」中，男女不分軒輊，平分秋色。）

男人，「錢」多了會作怪，好「玩」女人。女人有了「錢」，好滿足虛榮心。同樣，女人也不讓男人專美於前，當然亦能「玩」男人。君不見，有些夜店，諸如「午夜牛郎」店，在晦暗燈光下，情挑音樂聲中，三五成群打扮入時的女客，酒精催化半醉半醒，興奮地張著嘴，目不轉睛，聚精會神猛男 show 看到忘我。high 到最高點，亢奮到竟顧不得淑女不淑女；瞧她左手緊抓猛男「八塊肌」，右手捧握凸臓的「大鵰」；玩得「面紅耳赤」，不亦樂乎。人的本「性」裸露至極。「性」趣未盡，索性更上一層樓，放手大玩一番；乾脆來個「專屬」（其實是心理作用），包養猛男。甘做「火山孝女」，血本投資：今天送鑽星錶、明天送「保時捷」、後天送小金屋……出手闊氣大方，心不跳氣不喘，不皺眉，連眼皮都不眨一下。好一個「女效於男更勝於男」；豈不是「女浪推男浪」，堆柴，後來居上?至於經濟能力稍遜，或是經驗膽子還不夠豐富不夠大；抑是還不夠豪放的女人，只好收斂些，小玩一番。買零吃甜點，適可而止。

您，往裡頭瞧唄（色慾「萬花筒」裡，色慾戲碼，你行我效。後生可畏。）

男人口袋裡有了「錢」，想當然爾會感情走私，「炮口對外」；出軌搞「外遇」弄小三。女人有「錢」，同樣會找個「進口貨」，出軌搞「外遇」養狼狗。男人藉故出差，找年輕美眉出「外景」；女人亦會「如法炮製」，邀漢郎在家拍「內景」。同樣是主演「外遇」戲碼。這叫做你會，我效尤，各玩各的。有何不可？誰怕誰？誰鳥誰？彼此見怪不怪。此乃現今倡導的所謂「女男平等」。當然這不是絕對。但，更可怕令人痛心的是，有一些正值青春「荳蔻年華」的少女學生（甚至國中生），為趕時尚潮流，跑在流行尖端，追求時髦；滿足虛榮，為享受較高的物質生活：買手機、買名牌、買漂亮服飾、整形美容、吃美食……貪圖眼前不計後果，而「誤入歧途」。於是「呼朋引伴」，流行搞什麼金錢「援交」。出租賤賣身體，糟蹋青春。臉不紅氣不喘，還擺出一副無所謂「理所當然」的心態。甘願墮落且不知羞恥為何物？天下父母心，情何以堪！

誠然，亦有些女人，全非是為了「錢」。「水性楊花」，實則為了空虛難耐，不甘寂寞。為了滿足享受「肉慾」，而不安於室，挺而「紅杏出牆」，送郎一朵牽牛花。這叫「你歡我愛」呀！你能，我也行；你行，我也會啊！但，可悲的是，亦有一些良家婦女，為了家庭小孩，被現實生活環境所逼迫而沉淪。這就是現實病態社會現象「笑貧不笑娼」。

您，往裡頭瞧唄（色慾「萬花筒」內，亂倫、變態劇，男女老少同演。）

時下還流行一些怪現象。諸如什麼師生戀（又以女老師戀男學生最怪）、姊弟戀、乾女兒戀、乾母子戀、翁孫戀（據報載：翁孫倆人，甚而上電視。除高談「性」事外，並大談倆人交往戀情。）「老牛啃嫩草」，真是個令人叫絕的老不羞。

除了亂倫外，還盛行什麼男女團體配對遊戲、大鍋炒、玩3P以及換妻俱樂部、性派對、什麼轟趴（Home Party）……等。還有變態的什麼……針孔偷拍、偷窺、偷竊女用內衣褲、露鳥……還有什麼設計女人，在飲料、酒杯裡偷加強姦藥丸；甚而，還有更可惡、膽大妄為，午夜在街頭「守株待兔」，伺機將酒醉夜歸，倒臥街頭夜店門口，不省人事的女人，趁火打劫；公然來個「撿屍」、「扛屍」，弄到賓館或家中，逞一時之快，飽淫一番。

其他，如強暴、姦殺、情殺、毀容焚屍……等；亦時有所聞。這都是「色慾」攻心的結果。

您，往裡頭瞧唄（色慾「萬花筒」盡看人「性」色相。）

人說：「色字頭上一把刀。」此話說得好！明知頭上有把「刀」，卻甘冒身敗名裂，縱使焚身碎骨亦在所不惜；也要以身試「色」。這是人性；再聚焦一點，這是人的「色」性。男人之好「色」，甚於權力和財富。男人不擇手段追求權力，貪求財富，其最終目的，仍然脫離不了一個「色」字；亦即有權就有「色」；有錢更有「色」。權財和「色」是關連的，密不可分的。這亦是恆古至今不變的邏輯。您瞧唄！上自帝王統領；次而達官顯要、將帥武夫；賈商大亨以及士林夫子、社會敬重，地位清高的Professor（教授）；下至販夫走卒、市井庶民乃至於看破紅塵，遁入佛門的花和尚、俗尼姑，破戒貪「色」亦屢見不鮮。連一向標榜為神教佈道者、心靈工作者，亦難逃「色」劫。此乃人之「色」性也。

您，往裡頭瞧唄（色慾大缸「萬花筒」。）

色慾大「萬花筒」裡，紙醉金迷，色慾橫流。形形色色，千奇百怪；無奇不有，想有盡有，樣樣都有，是個誘人的花花世界。置身其中，令人眼花撩亂，「心馳神往」，因而迷失方向，喪失自我。

註一：「萬花筒」（kaleidscope），兒童玩具。係一八一七年由布里斯特（Sir David Brewster）所設計。以硬紙湖成圓筒，取長寬相等之玻璃三片插筒中，成為正三角柱形。鏡面向內，中置彩色玻璃碎片。由小孔視之，旋轉筒身，其中五色紛呈，形狀變化，顯現出美麗對稱圖案。

註二：臺北一〇一摩天樓二〇〇四年十二月三十一日落成。樓高五〇九・二公尺；共一〇一層。二〇一〇年為杜拜哈里發（又譯哈利發）塔（原名杜拜塔）所取代，成為世界第一高樓。哈里發塔高八二八公尺，共一六九層。

1 苗蕢美初會

寒冬，上午。

佟櫻美（本書女主角）國中輟學習縫衽。三十出頭，娃娃臉，皮膚白皙。看似十七、八歲，跟實際年齡相差懸殊。性外冷內熱，性慾強；悶葫蘆，人見人愛。佟櫻美醒來多時。兩眼凝視著天花板，像是有點失神。忽而打了個哈欠，伸了個懶腰。心想：不知怎麼回事，一夜都沒睡好；乾脆起床。於是起身，披了件外衣，揉了揉眼睛。側頭望了下佟欣麗。（五妹，二十六、七歲。身材瘦小，是個身具「深」度的女人。）

鬼靈精佟欣麗噗嗤笑出聲說：「怎麼起床啦！」

其實，佟欣麗早就醒了，只是天冷，賴在溫暖的被窩裡，懶得起來。佟櫻美的一舉一動，早就看在眼裡。

佟櫻美又打了個哈欠說：「唉！昨夜整晚都沒睡好。覺得頭有點昏昏的。」

「那可能，昨晚我們比平常早睡，不到九點就上了床；妳看現在都十點半了，還睡不飽？」佟欣麗賴在床上嘟囔說。

「妳是知道的，我睡眠一向不好。」佟櫻美邊解釋邊用手拂弄著頭髮。

佟欣麗，詭異的笑了笑說：「不是吧！我看，可能是妳一夜都很興奮，說我今天要介紹大學的系主任給妳認識，想到了男人，妳就興奮的睡不著。對不對？」

佟櫻美微紅著臉：「少來，才不是呢！」

佟欣麗俏皮的說：「有什麼好害臊的。多認識一些男人有什麼不好？他們都是大學的系主任呢！」

「哎，不是啦！」

「說說有什麼關係，有什麼好不承認的。拜託！妳離婚都一年多了，想男人也是正常的事呀！女人總是有這個需要呀！」

「妳扯太遠了。真的不是，我是睡不好。」

「『免假了』！今天見了面，如果對他們不是很討厭的話，妳就可以跟他們『做』了。有『玩』又有錢拿，一舉兩得，有什麼不好？」

「這種事，說真格的，要雙方都看中意了，才行啊！」

「真好笑，又不是要妳嫁給他；他們也不是要娶妳。有這麼慎重嗎？」

「話是這麼講，我覺得凡事都要隨緣才好。」

「妳嘴巴不承認，心裡可不是啊！妳外表給人的感覺很冷，很拘謹；可是妳心裡面很熱，很騷哩！是個『悶葫蘆』。這也不是我在說，認識妳的人，都有這種感覺。」佟欣麗滔滔的說。

佟櫻美微微點了點頭道：「這個我承認。」

「說是這樣，何必『假仙』。」佟欣麗得理不饒人。

「好啦！妳有完沒完？」佟櫻美像是被踩到貓尾巴。

佟欣麗哈哈笑「看吧！講到男人，精神就來了。還要給我『裝』。」

「好、好、好，妳說的對。可以了吧！」

「還說呢！本來就是。不說了，我們趕快洗臉換衣服。中午的約會，不可以遲到。」

「三重離『華麗飯店』不遠。妳放心——。」佟櫻美不慌不忙的說。

「不遲到就好。」說完，佟欣麗跳下床，一溜煙就衝進了浴室。

佟櫻美整理床上的綿被、床單。嘴裡哼著歌，心情輕鬆愉快。

佟櫻美洗好走出浴室，面容略顯失望說：「欣麗，告訴妳，我M.C來了！有點顏色。這個月好像提早了。」

佟欣麗「幸災樂禍」笑說：「哈哈！那妳今天就不能『做』了。」

「說真格的，反正今天大家只是見見面，認識而已。又不是一定要『做』。」佟櫻美一臉正經的說。

「『乾嘛哩』？」佟欣麗做了一個鬼臉。

佟櫻美淡淡的笑了笑說：「本來就是這樣嘛！又不是賣豬肉，付了錢就拿肉給他啊！」

「妳說得很好聽！」佟欣麗窮追不捨。

「我做也是這樣。」佟櫻美「理直氣壯」說。

「是這樣嗎？不說了。妳看今天穿什麼衣服？」

「今天很冷，妳要多穿點衣服。」

「拜託！現在是冬天，那天不冷？要不是跟他們見面，我才不想起床。睡在被窩裡好暖喲。」佟欣麗說著兩手握拳，弓著身體，調皮模樣。

「要睡回來再睡；現在準備出發了。」

「哈哈！看妳急成這樣，還說不想，『騙笑』。」佟欣麗趁機消遣她。

「好吧！是我急，妳不急行了吧！」佟櫻美無奈的說。

「就說嘛！最會『假惺惺』。」佟欣麗眼角還飄了佟櫻美一下。

佟櫻美哭笑不得「我說不過妳。妳嘴巴從不饒人。」

「櫻美，告訴妳，苗主任電話中說要我帶一個女孩去，我就說是妳。這叫做『肥水不進外人田』。知道嗎？」

「知道，是不『落』外人田。妳到底會不會？」

愛鬥嘴的佟欣麗，笑了笑「差不多，都一樣啦！」

*　　*　　*　　*　　*

臺北，萬華「華麗飯店」二樓餐廳。賁世民主任、苗學強主任、葉育群教授和佟櫻美、佟欣麗五人。

個子矮小皮膚黝黑，目光炯炯有神的賁主任，觀人第一眼「麻衣相」一罩臉，知人多少盡在腹中。博學多聞，性喜漁色。望著佟櫻美姊妹說：「妳們要多吃菜，不要客氣。苗主任很早就提到約妳們，大家見個面，餐敘聊聊；最近因為校務很忙，實在抱歉，一直拖到今天。現在已經是十二月了，大家再不見個面的話，就要到明年了。哈哈！」

身材矮胖凸個啤酒肚，對女孩子纏功了得。跟賁主任玩女人為二人一族，關係麻吉的很。接嘴說：「很抱歉！賁主任跟我說過了好幾次，要我安排時間，見見妳們姊妹；可是大家都很忙，抽不出時間，實在是太忙了。一般人以為教大學比較輕鬆，其實現在教書，不比以前。除了講課，還有一些行政上的事情要處理；這還不包括開會、研討、寫論文。所以，也只能忙裡偷閒，才抽得出時間。今天很難得大家能見個面。謝謝妳們二位來參加聚會。」

佟櫻美姊妹倆微微點了下頭。

「大學生應該比較好教吧！」佟櫻美問說。

賁主任望了苗主任和葉教授一眼，略想了想說：「現在的大學生，不是大家想像中那麼單純。現在電視、網路、通訊科技發達，可說一日千里。無論資訊的蒐集取得或是傳訊，快速而精準。相對的，學生們的求知慾高，花樣多，可說『光怪陸離』無奇不有。不像以前有些教授，一本破講義萬事通；可教一輩子。現在行不通啦！我們做教授的要以不變應萬變。平常課前的功課，也是要做的，馬虎不得。所謂『教學相長』就是這個意思。哈哈！我們今天不談這個。大家輕鬆一點。吃、吃、吃！」

大家動手動嘴。

苗主任笑瞇瞇，用筷子另一頭，夾了一口菜，一個大伸手放進佟櫻美的菜盤裡。這個舉動很明顯，是在獻殷勤，討好感。

佟櫻美連說：「謝謝！謝謝！」隨即夾了一絲絲菜送入口中。

賁主任見狀笑笑的說：「佟小姐，妳們吃東西都很秀氣。是不是為了保持身材不敢吃太多？」

佟櫻美說：「也不是，這兩天因為胃口不好，所以吃得少。平常都要吃飽一點才行。」

「喔！那是為什麼？」賁主任眼睛瞪得大大。

「因為我們是做勞力工作，不飽不行。」

賁主任笑了笑說：「原來是這樣。」點了點頭，接著又問：「佟小姐，妳看起來很年輕；今年有二十了吧！」

佟櫻美看了佟欣麗一眼說：「都已經三十二了。」

賁主任很驚訝：「過三十了？嗯……不會吧？我怎麼看，頂多二十歲。苗兄、葉兄你們說是吧！」

苗主任也笑著說：「是啊！看不出來。佟小姐皮膚細白，圓圓的臉是娃娃臉，看起來要比實際年齡小很多。妹妹也是一樣，長得像洋娃娃，很可愛。」話說得很技巧，姊妹倆都誇到了。

佟欣麗聽苗主任的稱讚，很得意說：「我們相差五歲耶！」

賁主任色瞇瞇看著佟欣麗說：「喔！那妳的更小啦！哈哈！」賁主任將「的」字說得很小聲，輕聲帶過；吃了個小小的嘴邊豆腐。

苗主任已聽出了「話中話」。於是接說：「吃菜，吃菜，菜熱的好吃。」

賁主任對著苗主任點了點頭笑笑。

一直未開口的葉教授也說了話：「妳們姊妹長得一副娃娃臉，對女孩子來講，佔了很大的便宜。看起來不見老，永遠都像十八歲，青春可愛。」

佟欣麗笑容可掬說：「對啊！有很多初見面的人都會問我，妳姊姊有沒有滿十八歲？太誇張了，我都二十六、七歲了。」

說得大家都笑了。

「說沒有滿十八歲，是有點誇張。不過，妳們姊妹從外表看，確實看不出來。這是上天賜給妳們的啊！哈哈……」賁主任說完，眼睛瞄了佟櫻美一眼。

為了探根究底，苗主任問一旁的佟欣麗說：「妳姊姊有沒有男朋友？」

佟欣麗望了佟櫻美一眼說：「認識一個，已經分手了。她暫時不打算交男朋友，她全心放在工作上。我們正在找個好地點，想開一間小小的服飾店。」

「很好啊！地點好，就會有生意。」賁主任贊同說。

苗主任關心說：「如果妳們找到了理想的地點，需要幫忙的話，我們會支持妳們。」

「謝謝！我們計劃開一個小店。修改衣服兼賣一些服飾。說真格的，只是希望工作安定，能夠有固定的顧客就可以了。」佟櫻美解釋說。

賁主任點點頭說：「對，穩定後再求發展。慢慢來，不用急。」說完，望望大家說：「吃菜！吃菜！」

只有少言少語的葉教授在餐桌上默默地耕耘，吃吃喝喝的在樂胃。

賁主任夾了一口辣子雞丁。嚼了兩口，臉冒熱汗。趕緊喝了口茶，吁了口辣氣，徐徐地問佟欣麗：「妳們工作以外的時間，都做些什麼消遣？」

佟欣麗嫣然一笑說：「都待在家裡看電視。偶而也會跟朋友到卡拉ＯＫ唱歌。」

賁主任微微點了點頭望著佟櫻美說：「佟欣美，對不起叫錯了，佟櫻美，佟欣麗，這樣才對。唉！腦袋不管用了。佟櫻美，佟欣麗，搞混了。嗯……佟……櫻美小姐，我看……以後我們就叫妳……小佟，跟妳妹妹欣麗區別一下，好吧！」

「可以啊！」佟櫻美點點頭。

賁主任得意地笑說：「很好，我們以後就叫妳小佟。」其實是心裡很喜歡佟櫻美那張小嘴很美，故意叫她「小佟」。

苗主任見大家顧到講話，鮮少動筷子。趕忙說：「吃菜，還剩很多菜，大家幫忙吃，浪費了可惜。」

大家暫停說話，紛紛夾菜。

葉教授一抹嘴笑笑的說：「我可是飯足菜飽。你們加油。」

苗主任身材肥胖無肉不飽。這會兒，「大快朵頤」猛吃。

過了一會，賁主任又打開了話匣子問佟櫻美說：「小佟，妳做這一行有多久了？」

佟櫻美略想了想：「很久了，我十三歲就開始跟我阿姨學做衣服。都快二十年了。」

「妳妹妹她們也是跟妳阿姨學做衣服的嗎？」苗主任問。

「我幾個妹妹都是我一個一個教她們，帶她們的。」

「嗯……希望妳們趕快找到好地點，早點開張。」苗主任點點頭。

「嘿！大家怎麼又停了。吃菜，吃菜。小佟，欣麗來，來。」賁主任摧大家用菜。

佟櫻美、佟欣麗各夾了一小口菜送進口裡。佟櫻美慢慢地嚼。

賁主任色瞇瞇望著佟櫻美笑嘻嘻說：「小佟，吃菜太秀氣了；好像是吃香蕉，小口小口慢慢的吃，細細的品嚐。小佟大概是很喜歡吃香蕉啊！哈哈……」意有所指。

佟櫻美霎時臉紅紅的，羞怯有點不自在。

苗主任覺得機不可失；連忙用自己筷子的另一端夾了口菜放在佟櫻美的小盤裡。笑臉道：「小佟，趁熱吃。」

佟櫻美微微點了下頭說了聲「謝謝！」

苗主任適時化解了尷尬的場面。

賁主任夾了一口菜送進嘴裡嚼了嚼望著葉育群說道：「葉兄，少話多吃菜，再吃點。」

葉教授連忙搖搖手說：「差不多了。飽了，飽了。」

「葉兄，養顏有術，吃再多都不會吃成大胖子。放心！儘量吃！（笑笑）我也是，怎麼吃，就是胖不起來。」賁主任說著又夾了口菜送進嘴裡慢慢嚼著，接著又說：「小佟、欣麗放心！海蔘、木耳，這都沒有膽固醇；也沒有熱量，不會發胖的。「愛美是女人的天性嘛！」

苗主任自我調侃說：「男人就不一樣。大多不忌口，什麼都吃。就像我，天上飛的、地上爬的、水中游的；有腳的、沒腳的……什麼軟的、硬的……我什麼都吃。（拍了拍肚子）通通都進了肚子。」

大家哈哈大笑。

賁主任瞪了苗主任一眼，急忙笑說：「我說苗兄！還漏了一樣最喜歡吃的東西。」

苗主任瞪大了眼睛問：「是什麼東西？」

賁主任眼睛望了望佟櫻美和佟欣麗，然後哈哈大笑說：「苗兄啊！最喜歡吃的是躺著的東西！」

又是一陣大笑。惟佟櫻美姊妹笑不出。

苗主任笑嘻嘻自我解嘲說：「賁兄，你看我什麼都喜歡吃，那我身體胖得不就像彌勒佛一樣嗎？」

大家又笑。

「苗兄，能吃有口福，身體圓滾滾的是福相。男人的身體就是要份量，不能像我這樣輕飄飄的，風一吹就會倒，哪像男子漢啊！」賁主任趁機自我消遣。

大家哈哈笑。

苗主任嘆了口氣說道：「像我這種頓位的身體哪是福相，太有份量了是累贅啊！自己都快負擔不起自己啦！」

又是一陣笑。

賁主任邊笑邊搖頭說：「苗兄，我們倆個一胖一瘦，一個是王哥一個是柳哥；看來看去，只有葉兄身材最標準最體面，最帥氣。」

葉教授搖搖手自謙的說：「過講，過講，我啊……好看不中用；外強內衰。人的外表是騙人的，看不準。人說，長皮不長肉，中看不中用『金玉其外，敗絮其中。』就是這個道理。」

賁主任笑道：「葉兄太客氣了。哈哈……用菜！」接著問佟欣麗說：「妳喜歡吃些什麼？」

佟欣麗天真的說：「我啊？什麼都喜歡吃。甜的、鹹的、辣的都喜歡；我的牙齒不太好，所以比較喜歡吃軟一點的東西。」

賁主任笑說：「欣麗是吃軟不吃硬啊！小佟，妳了？」

「我都可以，可是我吃的口味比較重。說真格的，因為我們家是種田的，勞力工作食量比較大。鹹一點比較下飯。」

苗主任關心的說：「吃的太鹹對身體不好。」

不多話的葉教授也接口說：「太鹹太油對心血管腎臟都不好。」

「沒辦法，從小就跟著吃。每年家裡都會醃很多的菜，像瓜類、蘿蔔，還有醃肉、醃魚和白菜。」

賁主任笑嘻嘻說：「能少吃，就儘量少吃這些醃漬的東西。」話峰一轉問道：「小佟，妳硬的東西可以吃嗎？」

「我的牙齒還好，硬的東西我也喜歡吃。像花生、蠶豆、甘蔗我都很喜歡吃。」

賁主任瞪著眼睛望著苗主任和葉教授：「二位，聽到了吧！小佟喜歡吃硬的東西；吃軟更愛吃硬啊！苗兄，多給她點硬的東西吃吧！哈哈……」話中意有所指。

佟櫻美又是一陣臉紅。覺得賁主任玩笑話說過頭了。

賁主任吃了佟櫻美一個嘴邊小豆腐，樂得合不攏嘴。笑笑說：「嗯……魚香茄子好東西啊！小佟、欣麗來嚐嚐。」說著還看了佟櫻美一眼。

佟櫻美迴避了賁主任的目光，覺得很不自在。

不愛說話的葉教授也吃了一口，頻頻點頭說：「味道不錯。如果茄子加上醬油、麻油和少許鹽用蒸的話，味道更好。魚香茄子也不錯。妳們倆位多吃點。」

佟櫻美姊妹同說「謝謝！」

賁主任邊吃邊接著說：「茄子是好東西，小佟、欣麗知不知道茄子還有一個名稱叫什麼嗎？」

姊妹倆搖搖頭，表示不知道。

「茄子又叫『落蘇』。因為它的味道像『酪酥』的味道。那『酪酥』又是什麼了？『酪』就是由牛、馬、羊乳做成的。而『酥』就是『酪』上面浮起的一層像油的東西。兩個合在一起就叫做『酪酥』。」

佟欣麗好奇的問：「賁主任，在那裡可以買得到？」

賁主任搖搖頭說：「『酪酥』我沒聽說過那裡有賣。『酪酥』是我國古時候的日常食品；就跟我們現在每天喝的牛奶、豆漿一樣的普遍，可說是日常生活必需品。我剛才說過，茄子的味道很像『酪酥』。只要吃過茄子，大概就知道『酪酥』的味道了，我想是差不多了。」

佟欣麗眼睛瞪得亮亮說：「真想嚐嚐『酪酥』的味道。」

賁主任笑笑的說：「我不是說嗎，多吃茄子就知道了。講到茄子，女孩子最喜歡。茄子除了營養好吃還有一個很大的妙用。我講個女孩與茄子的笑話。可能大家都聽過；我就再講一遍：在某個地方，有一所女子學校。在學校旁邊土地，農人種了很多的茄子。每當快要收成的時候，也就是茄子剛長到四、五吋長還未成熟的時候，就被偷採摘了一半。後來農人發現，茄子是在夜裡，被女校的女孩子所偷採，農人損失很大。沒辦法，最後，農人只好棄種茄子改種其他的果菜。由此可見，女孩子是多麼的喜愛茄子啊！」

聽完之後，佟櫻美、佟欣麗當然知道是怎麼回事。佟櫻美不竟羞澀的臉紅了。

賁主任和苗主任全看在眼裡。倍覺佟櫻美清純、可愛。兩人心頭癢癢的。

就在這個時候，佟櫻美天冷內急，於是小聲的向大家說：「對不起，我上一下洗衣間。」起身走往化粧室。

佟櫻美一離開了座位，賁主任便迫不及待的跟苗主任交頭接耳說話。

說完，苗主任叫佟欣麗到身旁說：「賁主任對妳姊姊有意思，很喜歡她；吃完飯後，賁主任想要帶到樓上飯店跟她上床 happy。做完後，會給她五仟元。等一下妳問問她的意思如何?」

佟欣麗聽後，面有難色說：「啊!不行，櫻美 M.C 來了。今天早上出門前來的。」

「真是不巧。」

「是啊!櫻美也覺得這個月提早來了。」

「這就沒辦法了。我看只好等下次了。」

苗主任將情形轉告了賁主任。

賁主任一臉很失望，搖搖頭說：「天公真是不作美。早不來，晚不來，偏偏在這個緊要關頭來。可惜啊!唉!到了嘴裡的肉又吐了出來。實在是可惜啊!」

「賁兄，這是沒辦法的事。來日方長，只好等下次再約了。」苗主任安慰說。

賁主任垂頭喪氣，點點頭。

苗主任心裡在偷笑。其實，苗主任今天很想玩佟櫻美。心裡一直在盤算找機會來表達自己的心意。但礙於賁主任先開了口，表明要玩佟櫻美，只好忍讓。現在佟櫻美 M.C 來了，這樣最好，大家都死了這條心。

佟櫻美從洗手間回到了座位上。殊不知，剛才她屁股一離開了椅子，兩位主任都爭著要跟她上床 **happy** 呢！

大家吃過水果後，就結束了教授們第一次會面。

＊　＊　＊　＊　＊

佟櫻美「興致勃勃」的回到家裡。一進門嚷說：「欣麗，我看到一間小說出租店要頂讓。」

「在哪裡？」

「菜寮。離我們這裡很近。」

「小說店為什麼要頂讓？」

「老闆說，他家住桃園，每天來回跑很累，他想頂掉後在桃園找地方做。」

鬼精靈佟欣麗搖搖頭：「我看應該不是他說的這樣。一定有什麼原因。」

「不知呢？」

「妳要多想想。」

「這我也知道。做不好，大不了再頂出去；最多賠點工錢。」

佟欣麗眼睛眨了眨說：「我覺得，還是找個好店面，邊賣衣服邊改衣比較好。」

「可是，很難找啊！都找了半個多月，都找不到合適的地點。」

「不然怎樣？」

「我想先做小說店。先做做看再說。」

「頂過來，要花多少錢？」

「老闆先說是店面和書要十五萬，我跟他說沒那麼多錢，最後降到十二萬。我說先要回去跟我妹妹商量一下。」

「妳那來這麼多錢？我可是沒錢啊！」佟欣麗先表明態度。

「我還有七、八萬。這是我離婚的時候，收了一個會錢。」

「可是還不夠啊！」

「我想到表姊，她也在想做個小生意。我想找她，我們倆個合開。」

「她離了婚帶兩個小孩又買了房子，哪還有錢？」

「跟她同居的阿伯會幫助她；現在買的房子頭期款，就是阿伯付的。」

「那妳找她談談看。」

「也只有這樣了。」

2 花美會

三重菜寮人來人往，人車爭行，交通紊亂。

花葉茂，五十開外，身材矮小肥胖「奇貌不揚」，釣女人高手，床上功夫一流，色性超強如鴇。小學老師。下了公車欲轉車回新莊家。在等車時，一抬眼，見離站不遠處有一小說出租店，窗口上貼了張「頂讓」紅紙條，引起了愛書人花葉茂的注意跟好奇。於是走向店裡欲看究竟。

小說出租店面不大，約六、七坪。架上、地上推滿了小說、漫畫和雜誌。大都是些青少年、少女學生閱讀的刊物。

進門見一個年約二十上下，穿著樸素的小姐在忙著清點、整理書架上的書刊。人長的漂亮可愛。裡面還有一位年紀相仿的小姐在登記書刊。看起來較為瘦小些。

花葉茂趨前向在整理書刊的漂亮小姐問說：「小姐，小說店要頂讓？」

佟櫻美淡淡的回說：「不想做了！」

「啊？好好的為什麼不想做呢？」

佟櫻美看了一眼花葉茂，覺得不像是要接讓的。於是說：「生意難做！」說完，繼續整理書籍。

「生意不好？靠近車站來往的人多，客人應該不少啊！」

佟櫻美放下了手上的書說：「來店裡看書的人是有，都是翻翻而已，租書的人不多。」

「啊！是這樣。」

「對啊！前兩天，抽屜裡的錢還被偷呢！」

「抽屜要鎖好啊！」花葉茂不解的說。

「就是鎖好了還是被打開將現金偷走，做不到一個月，已經被偷了好幾次了。」佟櫻美很無奈說。

「錢財要放好，店裡進出的人雜，還是要小心點。啊！我姓花，花草的花，大家都叫我花老師。小姐貴姓？」

「花老師你好！我姓佟，左邊單人旁右邊冬天的冬。」

「啊！佟小姐妳好！」花葉茂手指指裡面「那位小姐是……」

「她是我表姊。」

「啊！這間店是妳們倆個合開的？」

佟櫻美點點頭說：「對啊！說真格的，生氣的就是兩個人還看不住，抽屜裡的錢還被偷走。所以我們決定不做了。」

「是這樣啊！……找個時間我們聊聊。……啊！佟小姐，妳喜不喜歡吃牛排？」花葉茂在「投石問路」。

佟櫻美感到有點訝異還是回說：「我什麼都吃。」

花葉茂很高興，覺得有機可乘。於是進一步說：「啊！很好，佟小姐，中午妳有空嗎？我請妳吃牛排。」

佟櫻美覺得素不相識，就說要請吃牛排有點唐突。

善於「察顏觀色」的花葉茂笑笑的說：「啊！佟小姐請別介意。我很喜歡吃牛排，所以常常跟朋友吃牛排。臺北中山北路有家『鬥牛士』，牛排還不錯，價錢也不貴。對了，我給妳一張他們店裡的名片，上面有地位、電話。」說完，從口袋裡掏出一張「鬥牛士」的名片交給佟櫻美。很誠懇和藹的又說：「啊！佟小姐，中午有空，我請妳吃牛排，順便跟妳聊聊。」

花葉茂很注意佟櫻美的反應，見她並沒有拒絕的意思。接著又補了一句說：「啊！我也很喜歡看書買書，我也收藏了很多書。」

佟櫻美覺得太突然，有點猶豫不知如何是好。看花葉茂人雖然長得不怎麼好看但也不像是壞人，又說他是老師。

花葉茂已看出佟櫻美心中的疑慮，於是用輕鬆的口吻說：「佟小姐，請放心，我純粹是請妳吃牛排聊聊，想辦法幫助妳紓解目前的壓力。看得出來，妳最近心裡的壓力很大。」

聽花老師這麼說，佟櫻美心裡也就放心多了，不疑有他，於是點了點頭。

「啊！下午妳什麼時間方便？」花葉茂心想：還真順利，總算是搭上了。

佟櫻美想了想說：「一點以後都可以。」

花葉茂很興奮的說：「啊！那就下午兩點我在『鬥牛士』樓下等妳，地址名片上有。」

佟櫻美臉上露出了笑容，微微地點點頭。

「啊！佟小姐，我們下午見！」花葉茂心想：對佟小姐已「十拿九穩」。

「再見！」佟櫻美說完繼續整理書籍。

花葉茂「眉飛色舞」滿懷欣喜的走出了小說店。心想：哈哈！今天「旗開得勝」。

佟櫻美望著花老師的背影，覺得他很坦率人還不錯；況且自己也很久沒吃大餐了。

＊　＊　＊　＊　＊

下午一點半，花葉茂滿面春風的在「鬥牛士」樓下靜候佟櫻美。

兩點正，佟櫻美準時赴約，倆人上了二樓。

花葉茂還特別挑了個最顯眼中間靠走道的座位，以眩耀他春風得意能與年輕貌美的小姐共進午餐。

滿臉笑容的花葉茂搓了下手說：「啊！佟小姐，不要客氣，喜歡吃什麼就點什麼。」

「謝謝？」佟櫻美翻著菜單，猶豫不決，不知道點什好。

花葉茂見狀，笑嘻嘻說：「啊！佟小姐，這樣好了，來個海陸大餐如何？」心想：釣魚得先放魚餌。對女孩子先要施點小惠。

佟櫻美忙說：「謝謝！我怕吃不完。」

「沒關係，海陸大餐只是種類比較多，份量並不多。不然的話，別的東西少吃一點就行了嘛！」

佟櫻美點點頭說：「謝謝！」

牛排點好後，花葉茂說：「佟小姐，啊！妳先看看蔬菜水果，等會我再去。」

佟櫻美向花葉茂點頭示意，離位取菜。

不久，佟櫻美端了一盤生菜沙拉。量不是很多，因為要留肚子吃大餐。

花葉茂則是端了滿盤的蔬果回到了座位。

「佟小姐，我吃牛排胃口特別好，啊！我可以一次吃兩三客。朋友常常請我吃牛排哩！」

佟櫻美低著頭在吃菜。

花葉茂嘴巴塞得滿滿邊嚼邊說：「佟小姐，啊！來這裡要儘量吃，千萬不能客氣，客氣就划不來了。」

佟櫻美笑笑說：「海陸大餐能夠吃完就不錯了。」

「嗯！女孩子吃東西比較少。」

「不一定，說真格的，我的食量就很大。因為我們是農家，在田裡工作要出力，每個人吃的都比較多。」

「啊！原來妳家是農人！」

「對，我家住南部，可是我和我妹妹二弟很早就到臺北工作。」

「妳們姊妹來臺北做些什麼工作呢？」

「修改衣服。」

「啊！怎麼會做出租小說呢？」

「因為我喜歡看小說。看到小說店要頂讓，我跟表姊就頂下來做；一共花了十二萬頂下來的。還做不到一個月就被偷，很難做。」

花葉茂笑了笑說：「啊！問題就在這裡，如果好做前面的人就不會頂讓出去；當然是不好做。」

佟櫻美微微點點頭說：「花老師說得沒錯，實在是難做。開店不到一個月就被偷了三次，抽屜裡的現金全被偷光。」

「抽屜有鎖好嗎？」

「有啊！沒有用，小偷動作很快，抽屜一撬就打開了。」佟櫻美很無奈的說。

「啊！三重菜寮一帶環境很複雜。不良少年、小混混很多，要小心一點。」花葉茂很關心的說。

「就是因為這樣，我們才決定不做了。」

這時熱騰騰的牛排上桌，兩人取出紙巾遮擋。

花葉茂望著熱騰香噴噴的牛排，咧嘴露出了兩排黃板牙嘻嘻的說：「啊！佟小姐，這家的牛排便宜又好吃。在別的地方，好一點的牛排都要一、兩仟元一客哩！」

「『鬥牛士』牛排我以前跟朋友也吃過，味道很好。」

花葉茂瞇瞇眼望著佟櫻美笑嘻嘻的說：「啊！『鬥牛士』的客人大都是青年學生，價格便宜大眾化。佟小姐，牛排就是要趁熱的吃，冷了味道就差了。」

佟櫻美的呼叫器忽然響了起來。看了看說：「花老師，對不起，我回個電話。」

「櫃檯有電話，外面走廊也有公用電話。」花葉茂以熟客的口吻說道。

佟櫻美微笑地點點頭起身回電。一會兒就回座。

花葉茂笑笑的試探問說：「啊！是男朋友找妳？」

佟櫻美搖搖頭說：「不是啦！是我表姊問我什麼時候回店裡。我告訴她會晚一點。」

「啊！會不會耽誤妳的工作？」

「不會，小說店沒什麼生意，其實一個人顧就可以了，只是希望快點頂讓出去。」

花葉茂微微的點點頭說：「不要急啊！我看很快就會頂出去。放心！」

佟櫻美很訝異的問說：「花老師，你怎麼說很快就會頂出去？」

花葉茂帶點神祕兮兮笑了笑說：「啊！這個……我懂一點相學；我看妳的面相氣色還不錯，會『時來運轉』，有好運，當然小說店很快就會頂讓。」

「真的？」佟櫻美半信半疑。

「嗯！我沒有騙妳。啊！我有個朋友姓張叫張老師，他在臺北火車站前開了間命相館。張老師批八字、看流年、算紫薇抖數都很準。生意很好哩！哪天我帶妳到張老師那裡看相。」

「好哇！」佟櫻美很興奮地說。

花葉茂高興得切了一小塊牛排送進嘴裡。邊嚼邊說：「啊！佟小姐，儘量的吃。我吃東西向來不客氣，一定吃飽的，所以我的身體很結實。我很少生病。」

花葉茂給佟櫻美的第一印象是矮矮胖胖的。相貌不太好看；但身體還蠻結實。

雖然花葉茂的牛排早已吃完，但免費的水果、麵包、冰淇淋一盤接一盤的猛吃。

佟櫻美放下了手上的刀叉似乎是吃飽了。

「啊！佟小姐還有水果、冰淇淋再吃點。」

「謝謝，說真格的，今天吃了很多。」

「多吃點有什麼關係；啊！吃完後我帶妳到『晴光市場』走走，離這裡不遠，這也是臺北有名的服飾市場。逛逛走動，走動，自然就消化了。」花葉茂建議說。

佟櫻美沒作表示，只喝了口飲料。

花葉茂像是要吃夠本似的一盤盤的吃。

將近四點，牛排大餐總算是結束了。花葉茂已吃得「大腹便便」龍鍾的和佟櫻美步出了「鬥牛士」餐廳。

穿過了中山北路到了斜對面的雙城街這裡就是有名的「晴光市場」。商場呈「T」字形。左右兩排為店面，店面規劃為統一大小。每間店面如鴿子籠小小的。市場內凡是吃的、穿的、戴的、用的……等應有盡有。

市場外圍有很多的服飾店，店面較大。市場的中間主要是賣小吃的小吃攤。要到黃昏之後才漸漸熱鬧。

花葉茂悠閒的帶著佟櫻美在市場內逛著。

「啊！佟小姐，『晴光市場』加上週邊的商店噢！很大哩！」花葉茂東指西指的說。

「對啊！我以前也常來這裡買衣服。」

「為什麼修改衣服也會來買衣服？」

「我們也要來選一些比較流行款式、中低價位的衣服批回去賣給來修改衣服的客人。」

花葉茂笑嘻嘻說：「啊！很好哩！修改衣服還兼賣衣服。」

「對啊！這也是對改衣服客人的一種服務。買我們的衣服還可免費幫她們改長短。」佟櫻美也談她的生意經。

「啊！了不起哩！修改衣服妳是跟誰學的？」

佟櫻美不好意思的說：「沒什麼啦！只是賺點工錢。修改衣服是跟我阿姨學的；我十三歲就跟她學了。」

花葉茂盯著佟櫻美看，笑瞇瞇的問「妳妹妹是妳教她們的囉！」

花葉茂緊盯著看人讓佟櫻美感到很不自在。微紅著臉說：「對啊！我是一個一個帶她們的。」

花葉茂點點頭，忽然發覺佟櫻美走起路來有點一拐一拐的，於是停下來問：「佟小姐，妳的腳怎麼了？是不是走累了？」

「沒有，是鞋跟高了點、鞋帶太細槓腳；所以走起路有點痛。」

「要不要休息一下？」

佟櫻美搖搖頭「沒關係，慢慢走就會好一點。」

花葉茂忽然拍了下額頭說：「啊！佟小姐，前面右轉，再往前走不遠有一個小公園，我們到那裡去坐一下。」說著就逕往小公園。

原來中午在「鬥牛士」吃大餐時花葉茂就已計劃好，吃完後帶佟櫻美逛「晴光市場」，最後再帶她到小公園。平常小公園下午很少有遊客。花葉茂要利用這個絕佳時機對佟櫻美進行洗腦俟機帶進賓館。

佟櫻美經花葉茂建議到小公園略事休息一下，於是點點頭。

不一會，倆人就走到了小公園。

這是個社區小公園，接鄰「晴光市場」。公園劃分為左右兩區，右區比左區面積稍大些。中間為路，剛好可通行一輛小汽車。

花葉茂選了靠角落比較隱蔽的長椅坐下。

花葉茂伸了伸腿，精神奕奕的說：「啊！這公園不錯哩！鬧中取靜。很少會有人來這裡，大家都喜歡逛市場。只有早晚偶而有附近的居民來做做運動。」

佟櫻美環顧四週，小公園只有他們倆個，除了幾隻麻雀，在草地上蹦蹦跳跳外，什麼都沒有。

花葉茂咧嘴露出了黃板牙笑嘻嘻的說：「啊！佟小姐，妳還沒有告訴我妳的名字呢！」

佟櫻美微微的笑了笑說：「我的名字叫櫻美。櫻花的櫻美麗的美，佟櫻美。」

「啊！好漂亮的名字。櫻—美，名字跟妳一樣的美麗。嗯……好！」

佟櫻美很靦腆的低下了頭。

「來臺北多久了？」

「差不多有……三、四年了。」

花葉茂像戶口普查員接著又問：「妳多久回家一次？」

佟櫻美略想了想說：「一年大概回去幾次吧！……爸爸、媽媽的生日，過年的時候我們姊妹、弟弟都會回去。」

「啊！又快過年了，妳們可以回家團圓了。」

提到過年，佟櫻美臉上立刻顯得有些無奈感。很感嘆的說：「唉！說真格的，今年很不好。

頂了小說店賠了錢還被偷了兩三次，今年回家恐怕沒錢帶回去了；所以心情很不好。」

「妳可以想其他的方法賺錢啊！」花葉茂試探的說。

「很難，小說店頂出去後只有繼續修改衣服。可是修改衣服只能賺一點點工錢；而且年關就要到了。」佟櫻美在吐苦水。

「想想看，有沒有其他賺錢比較快的方法啊？」

佟櫻美只是搖搖頭。

「啊！佟小姐有男朋友嗎？」

「……剛分手。」

「啊！為什麼要分手呢？」

「唉！我很不想提他……說真格的，我也被他騙了一些錢。」

「被騙？交友要謹慎小心啊！」

「所以說，今年我的運氣很不好。被偷的、被騙的、小說店做不起來，今年真的很難過。」

佟櫻美再吐苦水。

花葉茂同情地點了點頭。心想：有機可乘，機會來了！花葉茂覺得佟小姐涉世未深，還很單純。鄉下的女孩子大多如此，可塑性強，比較容易說服，只要略加口舌不難說服。於是故作關心的說：「啊！佟小姐，錢被偷了沒有關係還可以再賺回來。被男朋友騙了也不要緊，是交友不慎。『吃一次虧，學一次乖』。下次交朋友的時候自己就會小心了。如果因為這樣而氣壞了身體，那可就虧大了。想想看，損失了金錢，再傷了身體，這是雙重損失啊！所以說，事情已經發生了，也只有認了。這種情形，每個人都會遇到。重要的是，我們要如何去面對，如何去解決。其實事情想開了，心裡也就好過多了。天下事沒有什麼大不了的，也沒有什麼過不去的事。要打起精神再出發才是最正確的做法。」

佟櫻美聽了花老師的一番話，心裡覺得舒服多了。同時對花老師也產生了些好感；心中亦除怯了原先的戒心。

花葉茂很仔細的在觀察佟櫻美的反應。從她臉上的表情可以很清楚的看出，已拉近了跟她的距離；對他也有了信賴感。於是語帶挑逗性的說：「佟小姐，想開一點。日子不好過就要想想辦法啊！跟男朋友分手了，就要徹底的忘了他。目前最重要的是要為自己以後好好的打算。比如，想辦法開源多賺點錢……或是如何來解決自己生理上的需要……啊！這些都是切身而自然的事情。不要不好意思，也沒有什麼不能說的。」

佟櫻美羞紅著臉低著頭鎮靜聽花老師講話。

花葉茂見佟櫻美沒有絲毫迴避男女敏感問題的反應。心想：大有可為。於是進一步說：「佟小姐，我說的都是實話。妳不要介意，也不要不好意思……說說看，妳想不想跟男人做……哪種？就是……男女之間的哪種事情？」

佟櫻美仍然羞紅著臉低頭不語。心裡當然知道是什麼事。

花葉茂故作輕鬆的說：「啊！妳不用害怕，我們雖然是初次見面，但我們很有緣。我是真心誠意的關心妳，想幫助妳。看得出妳是個內向不善言辭的女孩子。就因為是這個原因，我才想辦法幫助妳。妳總是要面對現實為自己今後著想啊！妳好好考慮！考慮！」

佟櫻美像被花葉茂催眠似的身心不由跟著他走。

花葉茂當然明白，佟櫻美此刻心裡已起了作用。只要再加把勁就能「水到渠成」。接著又說：「啊！佟小姐，我看這樣吧！妳不妨先試試看；好就做，不好就停止。至少要給自己一個機會試試看啊！」花葉茂在加油添醋。

佟櫻美嘴角微微地蠕動猶豫不決。

「啊！不用急，慢慢的考慮，想好了再說。」花葉茂「成竹在胸」。

佟櫻美抬頭看了花老師一眼，像是有話要說又不好意思說出口。

「佟小姐，我想妳心裡已有了決定。啊！不要不好意思，說說看，沒有關係。」花葉茂在「順水推舟」。

這種事，實在是難以啓齒。佟櫻美羞紅著臉不知如何才好。

「啊！放心，現在這裡只有我們倆個，又沒有其他的人，妳心裡想不想跟男人做哪種事？妳可以說出來，沒有什麼不好意思。」花葉茂使出了臨門一腳功。

此時佟櫻美的心口卜通卜通急速的跳動。紅通通的臉，低著頭。但掩不住內心的歡悅和興奮；終於鼓足了勇氣，小聲而羞怯的說：「想——啊！」

花葉茂大悅。心想：回答的還真爽快。乾脆挑明了說：「那妳可以用自己的身體來賺錢啊！不但可以接觸男人，解決自己生理上的需要還可以賺錢來解決目前的困難。這是『一舉兩得』；比妳修改衣服輕鬆賺得快啊！」花葉茂慫恿佟櫻美接著又說：「啊！佟小姐，妳不用害怕也不必害羞，時代不同了。現在女孩子用自己的身體來賺錢『比比皆是』，從國中女生到大學女生都有。

這叫做『援交』。其他上班族的小姐更不用說了。這都是普遍而平常的事。做這種事既不偷又不搶，有什麼好怕。」花葉茂繼續為佟櫻美洗腦。

佟櫻美閃爍著眼睛，仔細而認真地聆聽也很心動。

花葉茂「口若懸河」滔滔不絕繼續說：「生活在複雜的人際社會每個人都會遇到一些困難。我們要從沒有辦法中找出解決的方法。現實就是現實；惟有靠自己才能解決困難；靠別人是靠不住的。對女孩子來說，用自己的身體來賺錢，是一條最方便又最可靠的路。妳不用擔心，我可以幫妳介紹一些朋友給妳認識。他們人都不錯靠得住也都很有錢。只要妳願意，不但可以解決妳生理上的需要，玩一次就有五、六仟元的收入不是很好嗎？再說，跟男人上床『玩』一下，『東西』還是妳的。又不損失也不會『玩』壞。何樂不為有什麼不好？佟小姐，妳要好好的考慮，考慮啊！」花葉茂利誘來使她上鈎。

佟櫻美聽了花老師的一番勸說，其實內心早已鬆動很想一試。但礙於女孩子的顏面，不便開口說「好」。

花葉茂一直都在很仔細的觀察佟櫻美的心理反應。其實佟櫻美早就將答案寫在臉上了。當然，花葉茂早已看得一清二楚；這是預料中必然的結果；太瞭解女人的心裡，對女人向來都是很有把握。佟櫻美也不必「點頭說好」。花葉茂更瞭解目前最重要的是放鬆她的心情，讓她開懷，不能讓她感到有任何的壓力。

花葉茂笑瞇瞇的說：「佟小姐，啊！要放輕鬆，不要太緊張，用平常心來看。任何事情在第一次做的時候，難免會覺得生疏不好意思；這是人之常情，也是很正常的。」

佟櫻美內心充滿著矛盾和期待。

眼前的情勢已是箭在弦，打鐵要趁熱。照自己事前想好的步驟進行。花葉茂忽然略帶痛苦的表情很歉意的對佟櫻美說：「啊！真對不起，今天我可能是吃太多了；不知道是什麼原因，頭有點暈暈的……很抱歉……我想找個地方休息一下……啊！佟小姐，妳看前面有一家『上樺旅棧』賓館……去休息一下，一兩分鐘就走到了。」

佟櫻美一聽到賓館神情略顯緊張。

這時候，花葉茂還故意用手掌在自己額頭上拍了兩下說：「佟小姐，很抱歉！實在是頭昏昏的。唉！大概是老毛病又犯了！休息一下就會好些。啊！請放心！只是請妳陪我到賓館休息而已。放心，保證沒有別的意思。」

花老師突來的動作和要求，讓佟櫻美猶豫不決不知如何是好。

「啊！佟小姐，這樣好了，我付給妳伍仟元陪我。請放心！只是陪陪我，不會對妳怎樣！」花葉茂用利誘。說著略帶痛苦的從椅子上站了起來。

佟櫻美只好也跟著站起來。

花葉茂略帶痛苦地比了個手勢，意思是說我們走吧！

佟櫻美忐忑不安，很不好意思跟在花老師後面。

走不到兩分鐘就到了賓館前，佟櫻美在大門前停了下來，不肯進賓館大門。

花葉茂急忙說：「趕快進去吧！」

佟櫻美仍然「裹足不前」，羞紅著臉。覺得跟一個剛見面的陌生男人就進賓館未免太快了，也太扯了吧！

站在賓館門口著急的花葉茂心想：怪了！我還沒見過這麼固執難搞的女孩，這還是頭一回。只要她進了賓館就萬事ＯＫ！於是，懇求的說：「啊！佟小姐，先進去再說，我絕對尊重妳。站在門口『派款』（難看）。」

佟櫻美還是不為所動，佇足賓館大門前。

這樣卡在賓館門口不是辦法，過往的路上在看熱鬧。花葉茂心想：管她的，只有強拉進門，就這樣「死拖活拉」硬拉著佟櫻美的手，很費力的拉進了賓館。

櫃檯小姐「歡迎光臨」話還沒說完，花葉茂就迫不及待的搶說「休息！」來客強拉小姐進賓館的場景，在櫃檯小姐眼裡「時有所見」也就見怪不怪了。「二〇三房」櫃檯小姐將鑰匙交給了花葉茂。

花葉茂此刻以勝利者姿態帶著他的戰利品上了二樓二〇三房。踏進了二〇三房，花葉茂就像是回到了自己家裡，立刻脫了外衣鞋襪。

佟櫻美呆站在玄關臉上顯得很羞澀。

總算是鬆了口氣。花葉茂坐靠床頭笑笑的說：「佟小姐，床上坐啊！」說著還用手拍了拍床。「沒法度」，佟櫻美只好穿著衣服坐在床頭。面帶羞怯很不好意思；心裡有著幾分畏懼感和興奮。

此刻的花葉茂頭也不暈了。進了賓館上了床一切都正常了，此時像一尾活龍。佟櫻美心裡當然明白是怎麼回事。女孩子嘛！只能裝作若無其事。

花葉茂接下來的第一件事就是開電視機，忙找A片臺先給佟櫻美打個「性」奮劑。這是他帶小姐到賓館「辦事」的一貫伎倆。

轉到了A片臺，花葉茂笑嘻嘻的說：「好吧！佟小姐，我們就坐在床上看電視。」

A片正播映西片。一個金髮少女正在「吹喇叭」。嘴裡含著「小弟弟」吞進了大半截在喉嚨裡，隨之又吐了出來；如此反覆含進吐出。「小弟弟」被金髮少女吹得碩大無比，足足有兩把長（兩個手握拳加在一起）。「小弟弟」上血管暴脹，紅得發紫，還一跳一跳的在脈動。

花葉茂愛看A片成癖與一日三餐同等重要。雖然這時很專心的在觀看A片，但是他更注意佟櫻美的反應。眼睛的餘光偷瞄佟櫻美，見她看A片看得很入神；微張小嘴，目不轉睛瞪著電視螢幕，左手手指拉著胸前的衣襟動也不動。

電視裡，男的頂著碩大硬挺的「小弟弟」從金髮少女後門「花口」戳了進去。金髮少女倒吸了口氣「啊」！的叫了一聲，滿臉歡悅的表情，真是舒服。男的雙手托著金髮少女的屁股，「小弟弟」就在「細縫」中勇猛的進出。金髮少女樂得「哇哇」大叫。

佟櫻美看得忘我，杏眼圓瞪，微張開嘴巴，緊鎖眉頭盯著螢幕靜靜的觀看。

花葉茂見狀輕輕喚了聲「佟小姐！房間冷氣很涼，脫了衣服蓋上毛毯看電視，啊！很溫暖哩！」

佟櫻美電視A片看得羞答答，怎好意思脫衣。

獵艷高手花葉茂見時機已成熟。於是將一旁的佟櫻美摟進懷裡，強行幫她解扣脫衣。不急不徐一件一件的脫。佟櫻美作態拒絕。花葉茂了解，這是女孩子的故作姿態裝裝樣子而已，豈能當真，儘管脫，錯不了。花葉茂暗自偷笑。心想：是收網漁獲的時候了。

佟櫻美像蚰一般妞妮著身體。小聲的喊說：「不要！不要！」

花葉茂把她的叫聲當做是叫床聲，很興奮地像剝洋蔥似的一件件往裡脫。最後將最貼身的小三角褲也給剝了下來。花葉茂笑瞇瞇的很得意。心想：大功告成哩！

此時的佟櫻美像是剝了皮的「香蕉」，羞紅著臉光溜溜的鑽進了毛毯。

花葉茂面帶勝利的微笑很溫和的說：「啊！佟小姐，請放心！我只是……摸摸妳……舔舔妳。放心，我的『小弟弟』絕不會進去妳的『下面』裡頭。我會給妳伍仟元休息費哩！」

佟櫻美很興奮，羞紅著臉偏向一邊不語。其實電視A片看的已經慾火燒身難耐，這時候很需要男人來解決。

花葉茂當然看出佟櫻美的性需要。「心喜若狂」，開始撫摸佟櫻美圓嫩的胴體。當手指觸摸到身體時像觸電般身體微微抖動；沒有抗拒。手指摸到「溝巢」上，已是溼漉漉的一片。花葉茂欣喜萬分。

電視播映的A片，已殺得「排山倒海」般。金髮少女被戳得「哇哇」大叫。

佟櫻美受A片畫面的影響而產生了共鳴，任由花葉茂撫摸和挑逗；並自然隨著撫摸而扭動身體。

電視裡A片亦已到了最高潮。乳白色的精液噴射金髮少女滿「B」滿屁股。男女快樂「噢～～噢～～～」高聲吼叫。最後金髮少女握著「小弟弟」往自己的臉上噴灑精液。

熱過了身，花葉茂笑嘻嘻的說：「啊！佟小姐，我們去洗澡吧！」

佟櫻美羞紅著臉那好意思說好。

花葉茂覺得佟小姐個性內向很被動，他必須採取主動。於是下床硬拉著她到浴室。

花葉茂不但要跟佟櫻美共浴，還說要幫她沖洗身體。弄得佟櫻美羞答答；始終雙手交叉胸前護住兩點和私處，曲身像麻花卷似的遮遮掩掩背對著花老師。

女孩子嘛！這也難怪，跟一個認識才七、八個小時的陌生男人，第一次就上床；還要一起共浴，當然會害羞不好意思。

這個澡洗得很彆扭很不舒服怪怪的。佟櫻美除了「妹妹」處免強打了香皂沖洗乾淨外，身體其他的部位只能算是沖溼後擦乾而已。

總算是洗好了澡，倆人回躺床上。

電視裡播映的A片持續播映。越播越精采。現在正播映的是「黑人大戰白妞」。真是神勇，「關燈不見人影」的黑人捧著他的大鳥（約二十餘公分長）正在玩3P哩！黑人還真有一套；「鳥大、功夫棒、只見他殺得三個白妞滿床爬哇哇叫。

佟櫻美看得「目不轉睛」。實在是被黑人的大傢伙給嚇呆了。那東西又黑又粗又長；長可盈尺，粗的像小女孩的手臂。看得「面紅耳赤」、口乾舌燥，心頭癢癢的。

集視、聽、味、觸覺於一身的花葉茂，耳聽A片裡的叫床聲，這邊享受佟櫻美的身體。現正舔吸她的鮮奶。小奶奶美好挺。左一口、右一口像是在吃包子，吃得「不亦樂乎！」

吃完了包子，舌頭往下舔。一抬眼，哇！驚見佟櫻美的「陰部」突起，陰毛濃密。兩片「陰唇」肥滿，色澤水紅、花口工整、「花蒂」（陰蒂）突臌，狀似小豆子。「東西」真是太美了！

心想：自己玩過的女人手趾頭加上腳趾頭數都數不清；但是下面的「東西」這麼漂亮的不多。啊！難得，今天要好好的「操」她。心裡這樣想。

認識花葉茂的人都知道，他雖然算得上是「其貌不揚」；但是玩女人的床上功夫一流；嘴上服務女人的功力也是頂尖高手。

因為事先對佟櫻美有承諾，他絕不會「戳」進她的「小妹妹」裡面，只好在嘴上好好表現他的功夫。於是，使出了他的三吋舔舌之功。傾全力舔吸她的「小BB」。

佟櫻美近來忙於小說店頂讓加上最近又跟男朋友分手，弄得心力交瘁。這個時候最需要男人的慰藉；也有著強烈的性需求。在這種情形之下，也就很自然而完全配合花老師的舌吻。

花葉茂是此道個中高手。玩女人的經驗可說是身經百戰「床」場猛將。胖瘦高矮黑白美醜的女人全都接觸過。沒有一個女人不被搞得「哭天喊地」跪地求饒。

佟櫻美被花葉茂的一片巧舌舔得很舒服。「小肉縫」裡的津水股股的湧出，太美好了。此時的佟櫻美已不再是個羞怯的女孩。嘴裡大叫「啊～～啊～～啊～～啊～～」。

佟櫻美那美妙的叫床聲和她粉美香甜的「小B」味；徹底滿足了花葉茂「視、聽、味」的多重享受。當伶巧的舌尖舔到細嫩的「花蒂」的時候，佟櫻美的身體起了痙攣並且顫動不停。這是舔得很舒服的反應現象。快馬加一鞭卯足了勁緊「舔」「花蒂」。這時「花蒂」已經變得硬硬、紅紅的。「花庭」口不停的湧出了津水。就在這個時候，整個陰部，突然像一面鼓，繃的緊緊，忽而噴出了一條細水柱；噴射有六七吋之遠。佟櫻美高喊一聲「啊——」她已上了「陰蒂」高潮。大嚷「舒服……舒服……舒服……」

這時A片中的女郎騎在男人的「小弟弟」上面。女郎曲膝屁股一上一下的，只見大香蕉一進一出「肉縫」中。女郎上上下下在做最後的衝刺。男的也雙手托著女郎的屁股在推拉。男的「喔」！的大叫一聲，射精在女郎的「肉縫」裡面。女郎抬著頭「啊！啊！啊！」樂得叫個不停。

花葉茂覺得光用嘴舔玩得不過癮。自己的「小弟弟」早已挺得壯壯的、硬硬的，蠢蠢欲動。心想：唉！只怪自己話講得太快、太滿；又把話給講死了。現在還真有點後悔。可是話又說回來；這種事，上床跟女孩子玩，說歸說，做歸做，那能當真。可以先試探她一下，於是將硬挺挺的「小弟弟」對準她的「花口」處攪來攪去，攪得佟櫻美很性奮。「花口」小紅嘴洞開，津水股股的流了出來。花葉茂自信入洞的機會很大。接著將「小頭頭」（龜頭）頂進了「花口」一點點，約吋許。「小頭頭」就在「花口」內一點點的地方用手握著小頭頭輕輕的旋轉，輕輕的劃圓圈。目的就是讓佟櫻美受不了；然後「順水推舟」戳進「肉縫」裡。

佟櫻美興奮得左右來回擺動著頭。實在是受不了，眼看就要失守了。理智告訴她「原則」還是要守住，絕不能放棄。於是大聲叫道：「花老師，不要……不要……」

花葉茂的「小頭頭」已在裡頭嚐到了甜頭。「三頭」齊備怎可喊卡，那肯放棄！意欲直搗「花心」。就在「千鈞一髮」之際，就像日本摔角大賽一方倒地後，裁判伏地用手重拍地板兩下舉手正當要拍第三下時，佟櫻美一個側身翻，將剛過門檻的「小頭頭」給掙脫了出來。躲過了一擊，守住了「玉門」。

花葉茂感嘆「功虧一簣」前功盡棄。「沒法度」，自己有言在先，總不能第一次接觸就失信；當然更不可以強姦她。

雖然說「小弟弟」不能「戳」入「小妹妹」裡面。但是在「花口」上頂一頂，擦擦洞口總是可以吧！於是重施故技，用手握住「小弟弟」就在「花口」外面輕輕的再劃圓圈、輕輕的擵擦。

佟櫻美被弄得受不了，真想讓「小弟弟」伸頭進洞塞滿擵擦。人是矛盾的。在「做」之前見花老師「其貌不揚」，髒兮兮的，怕他不乾淨；那敢跟他「做」。這時候被電視的A片跟他的嘴上功夫弄得「小妹妹」癢癢的。真想「小弟弟」趕快塞進來。啊！真是矛盾。但是，理智告訴自己不可以。

花葉茂手握「小弟弟」在「花口」外劃圓圈擵擦了數分鐘見她難受的樣子，起了惻隱之心就停止了「花口」擵擦的動作，繼而恢復舌吻「小妹妹」。

佟櫻美被舔得全身都麻了，真舒服。心想：從來沒有過男人舔得這麼痛快！花老師是目前所接觸過的男人中舔得最舒服的人。

「小妹妹」亢奮的又膱了起來，變成了鮮紅色，像個紅色小饅頭。佟櫻美樂得「啊～～啊～～啊～～～」大叫，背和屁股又抬了起來，離床有兩、三吋之高。女孩中很少見。

突然，佟櫻美「啊！」的大叫一聲；又上了「花蒂」高潮。還「嗯……嗯……嗯……嗯……」哼個不停。

「打鐵趁熱」。花葉茂想在佟櫻美高潮之際，想親個小嘴以彌補下口之憾。但佟櫻美緊緊閉著嘴，不願被吻；認為男女接吻太直接了，不是很滿意或是自己的男人，或是……不會輕易跟男人親吻的。這是佟櫻美的原則，很慎重。

好在花葉茂臉皮厚看得開，親吻被拒，就當做吃白菜，很平常沒什麼大不了。唉！要怪，只能怪自己的長相是醜了點。人那有十全十美的。自我安慰的想。

快樂的時間總是很短。床頭電話鈴響，櫃檯小姐說時間已到。花葉茂「性」猶未盡，加半小時時間。花葉茂看了佟櫻美一眼，她沒有表示什麼；就這麼說定了，再享受半小時。

花葉茂「舌舔」舔得有些「口乾舌燥」。起床到飲水機倒了兩杯溫開水，一杯給佟櫻美。在昏暗的燈光下，見她的臉頰紅透透的；小奶奶是挺尖尖的。還真美。

電視裡的A片是一片接一片的播映。花葉茂百看不厭。既享受又能助性；比吃「威爾鋼」還有效，還來的勇。

現正播映一個十六、七歲身穿學生制服的日本女學生躺在床上。一個留著小鬍子的中年男人掀開了女孩子的裙子。只見裙底穿了條小小透明的三角褲。褲內三角洲處黑烏烏的一團。濃密的陰毛像是雜草叢生，跟佟櫻美的陰毛很相似。男子慢慢扯下了女孩子的小三角褲，露出了「陰戶」，還真漂亮。臟臟肥嫩的，中間一條直直的「小細縫」。粉紅色的「陰唇」緊閉；是不折不扣少女的好「東西」。男子先用唇上的「小鬍子」輕輕捌著女孩子的「小肉縫」；女孩子癢得「扭」動著下身。男子接用手掰開了女孩子的「小肉縫」舌尖輕輕舔吸女孩子的「肉縫」……。

佟櫻美玩得很過癮，連上洗手間都沒有空。好不容易有個空檔，連忙起身上洗手間。

花葉茂利用佟櫻美上洗手間的空檔稍作休息的坐在床上。心想：今天斬獲不少啊！A片看得過癮，在床上跟佟櫻美玩得更過癮！真是個美好的一天。

女孩子就是女孩子。佟櫻美從洗手間回床上的時候，跟坐在床上的花老師打了個照面。霎時變得羞怯，臉紅紅的，很不好意思。彼此在床上儘管玩得很火很野都無所謂。但是停下來面對面尤其是第一次跟陌生見面就上床、更有著羞怯感。

花葉茂的「小弟弟」一直都是硬梆梆的在待命狀態，可惜「英雄無用武之地」。心想：佟櫻美的下「口」不能進，我就進她的上「口」。

花葉茂嬉皮笑臉的說：「啊！佟小姐，我請妳吃……吃『香蕉』。」

佟櫻美見花老師髒兮兮的樣子已經倒胃口，那願意吃他的「東西」。

花葉茂以為女孩子害羞不好意思，就伸手輕輕的按壓她的頭在自己的「小弟弟」上面。

佟櫻美很無奈，在這種情形下「沒法度」只得勉強接受。定眼一看，嚇！眼前花老師的「小弟弟」還真夠大；又粗又長，跟他的矮胖身材不相稱。記得以前看過一本小說上面寫說「男人五短必有一長」。或許就是這個道理。

佟櫻美臉上略帶羞澀，只好用拇指和食指輕輕捏著花葉茂的「大傢伙」淡淡的舔了幾下就停止了。只是敷衍交差了事。心裡覺得很噁心。

現在花葉茂又展開了他的嘴上功夫。

真舒服，佟櫻美被舔得很痛快；身體不停的在蠕動。小舌尖都伸出了嘴巴在舔嘴唇。

花葉茂此刻就像是個熟練的油漆老師傅，很技巧的反覆舔刷佟櫻美的「花蒂」、「陰唇」、「陰核」。看似不費力，但全是一片舌功夫。

佟櫻美樂透的吼叫「噢～～噢～～噢～～噢～～」。小饅頭又突擻大大的；緊接「噢———」的大叫一聲，又上了「花蒂」高潮。「肉縫」又噴出了小水柱。佟櫻美樂得喊叫「啊……舒服……舒服……舒服……」

「無獨有偶」，這時電視A片也傳出了女孩子的叫「床」聲。和佟櫻美的叫聲幾乎是「同步」。倆人相互輝映可以媲美了。

床頭電話鈴聲又響起，延長的半小時又到了。花葉茂「性」猶未盡，又再延半小時。佟櫻美仍然保持緘默未予喊停。已被花老師舌吻了兩個半小時，還未滿足，「性」趣可大的很呢！

這時電視A片正播映較為罕見的人狗交媾。一條灰毛大狼狗用牠的長舌「叭嘰」、「叭嘰」舔女郎的下體。狼狗舔食了一會兒「食髓知味」，伸出了爆紅細長的「狗鞭」就往女郎的下體探刺；接著弓起了小屁股一骷腦的往裡面猛戳，狗嘴還發出「嗯~嗯~」叫聲。女郎也煞有其事樂得大聲喊叫。這真是個奇妙的世界，人狗竟也能玩得如此的快樂。

人狗交媾還是第一次見識到，佟櫻美算是開了眼界。臉上顯出好奇與羞怯。女孩子嘛，這種事不像男女的媾合正常而自然。

可能是看了電視裡人狗交媾的關係，佟櫻美兩頰火紅更加的性奮；兩腿很自然的張得開開的。「小妹妹」紅臓臓的，裡面溢出了如蛋清般的津水。舌尖也伸出了唇間，流露出很需要的表情。

花葉茂是玩女人的高手。女人床上百態看多了；一眼就看出佟櫻美非常需要滿足。心想：何不趁機再試一下挑逗她。說著就握住如鐵棒般的「小弟弟」，強行往「小妹妹」上頂。跟先前的方式一樣，先將「小頭頭」頂進「肉縫」裡面一點點，再輕輕的打圓圈摩擦。再俟機將「小弟弟」整個戳進「肉縫」裡面。心想：佟櫻美這回受不了耐不住鐵定會投降。得意的臉上露出了一絲笑意。

佟櫻美雖然慾火難耐，很需要「小弟弟」戳進裡面。但是看到花老師又醜又髒的樣子就倒胃口；同時「原則」仍然要守住。對花老師的不信守承諾也有了戒心。

就在花老師「小頭頭」剛探頭伸進「裡頭」一點點的時候，強忍慾火喊說：「花老師，不要！」緊接又是一記側身翻滾，將花老師的「小頭頭」又給翻脫了出來。花老師的二次強闖「玉門」宣告失敗。

兩次闖關失敗，花葉茂不敢再硬闖。否則就難有下次的約會。心想：愈是難玩的女孩愈有味道；但是要有耐心，不可勉強。「小不忍則亂大謀。」

花葉茂領略到佟櫻美的難搞；但是對她驚人的耐力和定力，則是感到萬分的佩服。

可能是玩的時間太久，津水流的太多，體力透支。佟櫻美整個人已癱在床上，身體成大字形，軟綿綿的，也顧不了女孩子的觀瞻。稍事休息後對花老師說：「時間不早了，我也有點累了，我還要回店裡工作。」佟櫻美舉白旗投降了。

花葉茂微笑地點了點頭。心想：看樣子，她真的是累了。因為自己的舌頭都舔麻了，只是多花了半個小時錢；早知道就不加最後半個小時了。

花葉茂平常生活一向是省吃儉用，只有跟女孩子在床上的時候，才能表現出他的出手大方和濶氣。

佟櫻美拿起了衣服進入了浴室。沖洗好，換花老師。

倆人穿好了衣服坐在床邊。花葉茂張開大嘴露出了黃板牙誇讚佟櫻美笑嘻嘻說：「啊！佟小姐，妳人長得漂亮又可愛……噢！……妳的『妹妹』……很肥美哩！……。」

花老師這樣的讚美，感到很不自然；又是一陣臉紅。心想：那有人這樣誇獎女孩子的。說話「口不擇言」，也要修飾一下含蓄點吧！但是，對花老師的稱讚，心裡還是很高興。

佟櫻美向花老師淡淡的小聲說了句「謝謝！」

花葉茂「搖頭晃尾」很得意又笑嘻嘻的問說：「啊！佟小姐，好玩嗎？」

佟櫻美臉又是一陣熱紅。尷尬地微微點了點頭。

「嗯！佟小姐，今天妳『玩』得很興奮哩！」花葉茂瞇著眼笑笑的說。

佟櫻美只是低著頭。沉思了片刻對花老師很認真的口氣說：「花老師……我……我想介紹我的表姊給你；就是早上你在小說店看到的那位小姐。」

花葉茂先是楞了一下，心裡明白是怎麼回事。仍然擠出笑臉問說：「啊！為什麼要介紹妳表姊給我呢？」

「……說真格的，我覺得她比較適合你。」佟櫻美覺得花老師不適合她，也不想再跟他有這方面的接觸。而表姊急需用錢，或許介紹給花老師比較適合。

「因為她最近剛買了房子，急需用錢，希望你能幫她一點忙。」

「妳表姊會願意嗎？」花葉茂認為可能是佟櫻美拒絕他的一個藉口。

佟櫻美很有自信的點點頭說：「會！我很了解她目前的境況。買了房子後生活壓力很重。回去後我問問她，應該是沒有問題。」

「啊！那謝謝妳了。」花葉茂只好這麼說。此刻的心情是冷熱兩極。對佟櫻美感到失望；對她表姊抱著希望。

「花老師，不客氣。」佟櫻美端坐床邊說。

花葉茂在床邊小檯几上取了張便條紙寫下自己的連絡電話、呼叫器號碼交給佟櫻美說：「我上面的電話是我朋友的電話，我常去他那裡。如果我不在，告訴他妳找我就可以了。呼叫器用很久也掉過水裡，有時會有些小故障。以後會換個新的。……啊！佟小姐，妳的電話也給我。」

佟櫻美遲疑了一下，從皮包內拿出一張空白名片紙寫下了呼叫器號碼交給花老師。

花葉茂接過名片看了看露出了滿意的笑容；然後從屁股後面口袋掏出皮夾，將名片小心翼翼的插入皮夾內；復又抽出了伍仟元又再仔細數了一次無誤後交給佟櫻美。

「謝謝！」佟櫻美把錢放進了皮包內。

下了電梯，當步出賓館大門時，佟櫻美刻意讓花葉茂先行並跟他保持了一點距離。

花葉茂當然「心知肚明」佟櫻美的顧慮和用意，於是放開腳步加快走離賓館。

佟櫻美緊跟在後，倆人相距不遠不近。穿過「晴光市場」到了中山北路倆人才面站一起。

「啊！佟小姐妳怎麼回去？」

「搭公車，前面就有站到三重。」

「那我們再連絡了。」花葉茂色瞇瞇看著佟櫻美說。

佟櫻美點點頭微笑說：「謝謝！謝謝花老師的牛排大餐。」

花葉茂色瞇瞇露出了黃板牙笑嘻嘻說：「佟小姐，不客氣！啊！謝謝妳，今天跟妳玩得很愉快哩！」

＊　　＊　　＊　　＊　　＊

翌日。

已是「日上三竿」。一向早起的花葉茂還懶洋洋躺在床上。臉色顯得有些疲憊，但是眼睛睜的大大的，還在回味昨天的情景。想到美麗可愛的佟櫻美，不費吹灰之力，輕輕鬆鬆就追到手，第一次就跟她上了床。唯一遺憾美中不足的是，沒能夠「戳進」她的「裡面」。但也大大滿足了視覺、味覺和觸覺的享受。啊！真是太美好了。花葉茂想到這裡不竟「莞爾一笑」。得意洋洋，自認對女人有一套，有女人緣，也很有魅力。昨天的表現，給自己打了個滿分。

但是一想到佟櫻美說要介紹她的表姊給他，言下之意，不就是以後不想跟他在這方面有所來往，花葉茂皺起了眉頭，感到有點挫折感和失望。

樂觀的花葉茂忽而開懷的叫出「啊！反正青菜蘿蔔都是菜。一樣啦！」再說「魚與熊掌不可兼得！」。自我安慰一番。忽然腦筋一轉想到，何不將佟櫻美介紹給曾正洋？他鐵定會喜歡她。

向為曾正洋肚裡蛔蟲的花葉茂，此刻打起了如意算盤。像是蛤蟆翻身，花葉茂從床上緩慢地爬坐在床邊。輕輕轉動了下腦袋，張大了嘴巴打了個大哈欠。起身舉步姍姍的走到窗前書桌，打開抽屜取出小記事本，翻找曾正洋的電話。

當花葉茂正要撥打電話的時候突然又躊躇了起來。心想：啊！不行，我還欠他錢，如果他提出要我還錢，豈不是「偷雞不成賒把米」，那可就虧大了。

花葉茂手拿著話筒在猶豫，不知該如何是好。

過了會，終於下定了決心，還是打電話給曾正洋。心想：大不了採取以前的方式，分期付款。每月還他一點，用拖的；曾正洋這條生財線還是不能斷。只要不停的介紹女孩子給他，就有介紹費可賺。於是撥號呼叫器號碼：「○九三七……」

「……」

「啊！曾正洋（本書男主角。五十餘歲，為人熱忱、重感情，完美主義者。在傳播公司擔任外勤主管工作。）……好久不見！好久不見！」

「……是花老師嗎？好久不見！……差不多有兩年了。……你好嗎？」

「啊！我就是身體不太好……老毛病。」

「多保重……」

「謝謝！啊！不好意思，我還欠你錢，我都不好意思跟你連絡。」

「沒有關係，所以我也沒打電話給你，就是怕給你壓力。」

「啊！謝謝！我這兩年很不好哩！看病吃藥花了不少錢。我太太又常常偷拿我的錢去賭搏，被她輸掉了很多錢。對不起，我拿不出錢還你。」花葉茂大吐苦水，搏取同情，這是他的一慣技倆。

曾正洋最怕有人向他訴苦。想了想說：「花老師，你既然很困難不方便……算我請客，欠我的伍萬元全部都不用還了；這樣你心裡就沒有壓力了。」曾正洋大放送。其實也是想借此杜絕花葉茂三天兩頭借錢；前債未清以後總不好再開口借。

「啊……那怎麼好意思……謝謝！謝謝！」花葉茂一聽說不用還錢，高興的差點痛哭流涕。

「不用客氣，我現在還不缺錢，你欠我的錢就一筆勾消了。」

花葉茂如重刑犯獲大赦。再次連聲說道：「謝謝！謝謝！」

曾正洋也趕忙說：「花老師，不客氣，錢有機會可以再賺。」

「啊！不好意思哩！」

曾正洋侈轉話題問說：「花老師，今天，你怎麼想起打電話給我？」

花葉茂笑嘻嘻說：「正洋啊！告訴你，我最近認識一個女孩子，啊！很漂亮。我準備介紹給你。」

「介紹給我？」曾正洋感到很訝異；已經有兩年沒聽到他講這句話了。」

「啊！你見了一定會很喜歡。噢！她的『東西』很漂亮哩！臟臟的像個小饅頭；高潮的時候小饅頭臟的很大。不好，我不敢介紹給你，你的要求標準很高。」

曾正洋聽花葉茂說『東西』很漂亮，就問說：「那你已經上過了？」

花葉茂很得意，笑嘻嘻的說：「前幾天才跟她玩過一次……啊！很可惜，我只有摸摸她，舔舔她，她不肯讓我『進去』哩！」

「你對女人有一套，誰能難倒你！？」

「啊！她很特別，不肯，就是不肯。剛認識，我那敢放『進去』。噢！她的定力和耐力我很佩服。」

曾正洋笑笑說：「花老師，認識你好多年了，我還是頭一次聽你說有女孩子行不通。」

花葉茂很無奈的說：「不知道哩！」

「花老師，可以啦！除了沒『進去』，其他也都有了。」

「『東西』太漂亮，沒『進去』很可惜哩！」

「你說過，對女孩子的事，要慢慢來，不能急。」

「啊！你不知道，她說要介紹她的表姊給我，就是不想跟我進一步的意思。」

曾正洋笑笑的說：「很好啊！這樣就是一進一出，有得有失，你並沒有損失。」

花葉茂露出了黃板牙格格笑了起來。「正洋……你啊！……」

「夠本啦！」曾正洋緊接著說。

「正洋，介紹給你，你一定可以『進去』。」

「花老師，謝謝！連你都『進』不去，我那成？」

花葉茂笑嘻嘻很肯定說：「啊……絕對可以。她會喜歡你這一型。不會錯。」

「這種事可不一定。花老師，你說得太武斷了。」

「怎麼會呢！女孩子我看太多了，我很了解女孩子。……啊！放心……ㄟ，不然這樣好了，如果不成，我請你吃十客『鬥牛士』牛排；如果成了，你請我十客牛排，要不要？」花葉茂「胸有成竹」說。

曾正洋心想：花葉茂介紹女孩子從未像今天說得這麼肯定；不但說合自己的意，還說對方一定喜歡我這類型。這或許是彼此投緣吧！於是笑笑說：「花老師，好，好，我相信你。還是照以前的遊戲規則，介紹成了付你介紹費貳仟元外加『鬥牛士』牛排餐。」

花葉茂笑嘻嘻說：「啊！謝謝！我馬上就去進行，約好了後再告訴你時間、地點。」

「花老師，那就拜託啦！對了，以後介紹女孩子，你不能先偷吃。這是我們訂好的遊戲規則。（笑笑）犯規扣你的介紹費。」

花葉茂急忙解釋：「啊！不會啦！不會啦！你對女孩子的要求很高哩！你不要我才接收的。這次是例外……我都沒有進去『裡面』哩！啊！正洋……你……」

曾正洋笑說：「花老師，別緊張，別緊張，跟你開玩笑的。找女孩子我得仰仗您了；花老師是我這方面的經紀人，一切還得靠你促成。謝謝！」

花葉茂笑嘻嘻說：「不要客氣！啊！掛電話後我就連絡佟小姐。正洋再見！」

「花老師再見！」

3 洋美第一次性愛

一九九六、四、一七。

臺北市中山北路為市區，最繁忙的交通路段之一。中午尖峯時段，往來車輛川流不息。有「天下第一分局」之稱的三分局前地下人行道出入口，只見一羣羣行人忙著進出。每個人面無表情似的在「趕趟子」，這是工商社會，忙碌的在與時間賽跑。亦是大都會街頭即景。

位於三分局對面。中山北路與南京東路交叉口的「隆特力」速食店，得地利之便，店內座無虛蓆，擠滿了客人。泰半為年輕學生族羣。其中不乏媽媽帶著小孩來餐飲。自從一九八四年（民國七十三年）元月，美國 Mcdnald's 麥當勞速食店登臺後，深受青少年的青睞。一般工商業人士亦會利用餐飲時間，洽談事情。此種速食掀起了另類的飲食文化；亦改變了一般日常生活型態。

「隆特力」二樓樓梯口處。小桌檯坐著花葉茂和曾正洋二人。

曾正洋顯得有些緊張。邊吃麵邊聽花葉茂說話。

花葉茂露出了招牌黃板牙，笑瞇瞇說：「啊！正洋不要太緊張，飯總是要吃飽。」

「花老師，我就是這樣，不知不覺就會緊張。」曾正洋說著又扒了口麵。

花葉茂瞅了曾正洋一眼道：「你一聽要介紹小姐給你就緊張。」

曾正洋搖搖頭一臉無奈說：「沒辦法，就是控制不住。」

「啊！追女孩子，你太嫩了，所以才會緊張。」

「這個我承認。」

「因為你太在乎女孩子會對你怎樣。」

「可能是這樣吧！」曾正洋說。

「啊！追女孩子沒那麼簡單。你還要多學學。」花葉茂很得意說。

「花老師講得沒錯。追女孩子，要多學習。」

花葉茂一副老師教學生的口氣說道：「啊！我告訴你，追女孩子有訣竅，你要好好記住。追女孩子，有三要一不。」

曾正洋很訝異說：「追女孩子還有原則啊！」

花葉茂露出了黃板牙笑笑說：「啊！當然！女孩子哪有那麼好追？你要記住：三要就是第一，要有自信。追女孩子，自己先要有信心，自信一定能追到手。沒有自信，怎麼追女孩子？第二，要主動。男主動，女被動。女孩子本來就是被男人追的。你不主動，女孩子不會投到你懷裡。第三，臉皮要厚。記住，追女孩子臉皮愈厚愈好，愈容易追到手。千萬不要怕碰釘子，要死追到底。碰女孩子的釘子，就當做是吃白菜，是很平常的事。一不，就是要把女孩子當做不是東西，沒有什麼了不起。千萬別把女孩子看得高高的，看成『神聖不可侵犯』。如果把女孩子看得高高在上，那你的氣勢就低了。氣勢沒了，追女孩子就不容易成功。啊！正洋記住，再漂亮的女孩子，都沒有什麼了不起。女孩子上了床，脫了褲子都一樣哩！」

曾正洋聽了很感佩說：「花老師，追女孩子還有這麼大的學問啊！」

花葉茂很得意，笑瞇瞇道：「啊！那是當然。追女孩子要有一套才行。」

「我看花老師，不只有一套，有好幾套吶！」曾正洋恭維的說。

花葉茂哈哈大笑，露出黃板牙：「啊！那是當然。」

曾正洋乘機誇讚說：「花老師追女孩子不只有好幾套，簡直是追女孩子百科全書嘛！」

「啊！我把追女孩子的祕訣方法都告訴你了。我這套百科大全，是千鎚百煉追出來的。你要好好請客。」花葉茂在邀功。

「謝謝！謝謝花老師。當然會請客；老規矩，鬥牛士牛排一客，外加介紹費兩仟元。」

花葉茂一聽有牛排吃，又有介紹費拿。瞇瞇眼笑得合不攏嘴，露出了黃板牙；黃得可以滴油。嘴巴嚷嚷道：「啊！我把漂亮的女孩子都介紹給你了；我自己都沒有享受哩！」又再邀功。

曾正洋打躬作揖連說：「謝謝！謝謝花老師。」

花葉茂高興得直點頭。笑笑說：「啊！正洋，麵都快涼了，快吃吧！」

曾正洋看了看手錶，已快兩點。「花老師，兩點了，佟小姐會準時到嗎？」

「啊！說兩點，她會準時到。佟小姐很守時。」

就在這個時候，樓梯口上來了一位年約十八、九歲的小姐。白皙的皮膚，唇上點了淡淡的口紅；穿著一襲淡黃色小花點連身洋裝。予人純樸、清新、淡雅的氣質。對花葉茂叫了一聲「花老師！」

「啊！佟小姐，來來，這位是曾正洋先生。」

曾正洋點頭微笑「妳好！」

花葉茂接著說：「佟櫻美小姐。」

佟櫻美微點了下頭。

「啊！佟小姐請坐！」花葉茂拉開椅子。

三人坐下。

「佟小姐吃點什麼？」曾正洋和藹地問說。

佟櫻美微笑點頭：「謝謝！我吃過來的。」

「要不要來客冰淇淋？」花葉茂問。

「謝謝！不用了。」

花葉茂裂嘴露出了黃板牙說：「啊！我們現在去『王子飯店』，就在隔壁巷子內。兩三分鐘就到了。」

於是三人起身走往「王子飯店」。

花葉茂和佟櫻美走在前面。花葉茂像是邊走邊在交待佟櫻美事情。

曾正洋走在後面。仔細打量著佟櫻美。見她身材雖然不怎麼高不足一六〇公分，但身材較好。有著一雙勻稱乳白的美腿。符合東方女人美的標準。（註）而且有著脫俗的典雅氣質。

不到三分鐘，來到了「王子大飯店」。飯店位於中山北路一段八條通內，獨棟四層樓建物。從外觀看，並不起眼，有些老舊。但位於巷內，鬧中取靜，又毗鄰著名的六條通。講到這裡的幾條通，曾經是臺北著名的酒廊、CLUB 地區。早在日據時代就有所規劃，為臺北的不夜城。範圍橫向（西向東）從中山北路穿過天津街、林森北路至新生北路止。縱向（南向北）自市民大道、長安東路、南京東路至中山北路二段十一巷止。依次為一條通……二條通……三條通……到九條通。（亦有一說到中山北路二段二一巷稱為十條通。）以中山北路一段一〇五巷六條通，巷通較寬、店宅最密集、最負盛名。這裡的幾條通，從中山北路穿過天津街到林森北路，這段區塊又稱為前條通；過了林森北路至新生北路這段稱為後條通。前條通又比後條通熱鬧有名。

這裡的幾條通與當時北投限時專送叫小姐服務，以及溫泉喝酒「拿卡西」走唱，同為臺北有名的風月場所；名聞中外；為外國客人來臺必玩的地方。早在五、六十年代，鼎盛時期的幾條通，每當華燈初上，門庭若市，車水馬龍 CLUB 酒廊內的小姐和酒客猜拳敬酒、嬉鬧聲不絕於耳。而酒客中以日本人居多。這裡的幾條通，愈晚愈熱鬧。至到凌晨兩、三點，酒客盡興打烊為止。當時的幾條通一片天，稱得上是男人的溫柔鄉、小天堂。如今早已式微，不復當年盛況。

花葉茂三人進到「王子大飯店」，櫃檯小姐笑臉迎客「歡迎光臨！」

花葉茂笑瞇瞇說：「休息！」

櫃檯小姐將鑰匙交給了花葉茂「三〇一房請乘電梯謝謝！」

三〇一房，約十四、五坪，算是蠻大的。中間靠牆一張上好木質大床。床的四角各豎立一木桿上鈎吊白色羅帳。床邊左右各置木質小檯几一座。上擺設古色檯燈乙盞。

床前牆壁前為一大型梳粧檯。潔淨的玻璃，將整個半面房內景物全映入鏡內。右邊擺設一組皮質高級沙發及圓檯桌一張。左邊為一架大彩色電視機。

三面牆壁上各掛有複製畫一幅。室內為日式現代設計風味。

曾正洋忙著將所有窗簾拉上。

花葉茂和佟櫻美則坐沙發上交談。只見花葉茂口沫橫飛，笑瞇瞇說：「啊！佟小姐，對曾先生要自然一點，不能緊張。妳一緊張，他就會跟著緊張。」

佟櫻美面帶笑容說：「是！」

花葉茂接著又說：「還有，如果有警察臨檢，妳就說跟曾先生是朋友，在街上碰到，因為他身體不適，頭有點痛，就陪他到這裡休息一下，等好一點再送他回家。」

佟櫻美點頭道：「是，是。」

「啊！記住，你們用過的衛生紙，要立刻丟進馬桶沖掉，不要留下證據。」

「是、是、」佟櫻美很有耐心的聽。

花葉茂忽而壓低嗓門故作神祕說：「啊！還有，你們在『玩』的過程中，妳要特別注意曾先生的反應。如果他有洩不停，就是一般人說的『馬上風』也就是脫陽，精液洩不停，洩不止的時候，妳要趕快在他的身體上咬一口，或是找個尖銳的東西，像針、髮夾，重刺他的身體，就會停止洩精。妳要特別注意。雖然這種情形很少發生，但是不能太大意。」

佟櫻美連說：「是、是、」

花葉茂用手指頭搔了下頭。忽而又嚷道：「啊！還有一點很重要，妳要記清楚曾先生的名字；是曾—正—洋，不能記錯。我也跟曾先生講過，要記住妳的名字。警察臨檢問的時候不能講錯。」

「是，是，」佟櫻美連連點頭說是。

一旁的曾正洋，對花葉茂「苦口婆心」一再交待佟櫻美，甚為感動。只是在這個節骨眼，也未免話多了一點。真是好事多磨。

花葉茂自己也感覺到，話是多了一點。於是笑嘻嘻道：「啊！我該走了！再不走，我會被你們趕走！」

「哪裡！哪裡！謝謝花老師！」曾正洋笑笑說。

花葉茂起身，走向房門。

曾正洋，佟櫻美二人隨後。

花葉茂逕行打開房門。回頭裂個大嘴笑嘻嘻露出黃板牙說：「啊！祝你們兩個玩得愉快！再見！再見！」

「花老師再見！」二人同說。

走了花葉茂，這片小天地就屬倆人所共有。

曾正洋將房內燈光調暗些。

佟櫻美緩緩走到梳粧檯前。低頭撥弄耳邊髮梢。模樣就像是個十七、八歲的小姑娘，有著羞澀感。白淨淨的臉蛋，一對烏黑粗細適中的柳葉眉；皎好的身材。透露出清新、淡雅、皎潔的氣質。這是曾正洋心目中最心儀的女孩。

曾正洋雖說不緊張，但心口仍然砰砰跳得很厲害。這是見到女孩的必然直覺反應。忽而，想起花葉茂剛才在「隆特力」所說，追女孩子的「三要一不」祕訣：第二個原則就是要主動。於是深深吸了口氣，臟足勇氣走到佟櫻美面前。也不知道是哪來的勇氣，竟然伸出雙手抱住了佟櫻美。而她並沒有拒絕的意思。啊！真是「天美時」太美好了！

「佟小姐，我可不可以叫妳的名字？」曾正洋平時見到女孩子緊張手足無措的窘態，竟一掃而空。泰若自然的問說。

佟櫻美「嗯！」微笑地點了點頭。

「櫻美，妳好！」

「你好！」佟櫻美輕聲的回了一句。仍然底著頭。

「我先去洗澡，妳坐一下。」曾正洋鬆開了雙手。

佟櫻美抬頭望了曾正洋一眼，點點頭。

佟櫻美褪下了連身衣裙，著奶罩和鵝黃色半透明緊身小三角褲。展現出皎好身材，站在梳粧檯大鏡前，上下左右仔細端詳鏡中的自己在「孤芳自賞」。因為看得太入神，加上燈光幽暗，地毯行走無聲。沒有注意到曾正洋浴畢走近。一抬頭，見鏡內忽然多了個人影。佟櫻美頓時嚇得「花容失色」，不由驚叫一聲。

曾正洋驚覺嚇到了佟櫻美。於是緊緊把她摟進懷裡，頻說：「對不起，對不起，嚇到妳了。」像小女孩受到大人責罵，佟櫻美很委曲的伏在曾正洋懷裡「嗯～～嗯～～」哼著。

此刻最好的安慰方法，就是湊上嘴唇熱吻。曾正洋那敢怠慢，還求之不得呢！一口就蓋在佟櫻美小嘴上吻了起來。四片唇兒如膠似漆的密合在一起。像是雙方要把對方給吞進肚裡似的。

過了好一會，倆人才依依不捨般的分了開來。

曾正洋略帶磁性的語調說：「櫻美，轉過身，背著我。我為妳服務替妳解帶脫褲。」

就像頭馴服的小綿羊，佟櫻美邊點頭邊轉過了身子，背向著曾正洋。

曾正洋先將奶罩解下，回手扔到背後的床上。接著如王子向公主求婚跪單腳；將鵝黃色半透明小三角褲，慢慢從大腿拉到腳踝，先右腳後左腳褪了下來。

佟櫻美赤裸裸著身體背著曾正洋。曾正洋雙手環抱大腿，臉頰貼在屁股縫上；鼻尖剛好就刺在股溝上。

熱臉貼冷屁股的感覺還真好。鼻尖和臉頰就在股溝屁股上下來回磨磳著。

磨磳了好一會，曾正洋才起身，將佟櫻美推進浴室。

愛好音樂的曾正洋，在床頭櫃按了ＦＭ調頻音樂網。揚聲器正播放浪漫的情調音樂。陶醉在音樂聲中；與一日三餐同等重要。認為音樂可以洗滌身心的疲憊；還可增進生活的情趣以及變化人的氣質。

浴室門打開。一位清新脫俗又有氣質的女孩，裹著浴巾走向床邊。

曾正洋面帶微笑，紳士地掀開了毛毯一角，歡迎可愛的佟櫻美上床。

曾正洋楞視著一旁的佟櫻美。佟櫻美感覺到他的眼神有一股強大的磁力；又好像有千言萬語要跟她述說。自己彷彿快要被熔化了似的。或許是男人的一種魅力吧！怪不好意思，羞紅著臉。

曾正洋看在眼裡，覺得她是個令人疼愛的女孩。忽而緊緊摟著她，又是一陣熱吻。

倆人嘴裡舌來舌去很飢渴。如久旱逢甘霖般。都有一個共通的感覺「一見如故，相見不恨晚」。

「性」事開始，好戲登場。曾正洋舌尖往下遊走。嚇！真美！小奶奶還真香嫩。不是很大，但很挺。像水梨般，稱得上「美好挺」。以她的身材來說，算是恰到好處。其實，美的標準就是比例原則。

舌尖在「玉山紅梅」（奶奶和奶頭）上，輕舔「紅梅」。當舌尖上的肉蕾與「紅梅」的肉蕾相互磨擦的時候，敏銳的神筋像是擦出火花似的，相互在通電。這是愛的交流和感受。

佟櫻美如觸電般，打了個抖擻。小嘴倒吸了口涼氣。這是刺激後，舒服的反應。

這時，曾正洋將「紅梅」反覆的含入口中再吐出。「紅梅」呈紫紅色凸挺硬大，彷彿還冒著熱氣，發出了「絲絲」聲響。

舌尖往下移，經過肚臍眼的時候，小舌尖還調皮往肚臍凹下的窟窿裡頂了頂。這個動作觸動了神筋。佟櫻美身體顫動了一下。

「果嶺」（陰阜）上，毛茸茸綠油油的一片。曾正洋嘴臉輕輕貼靠在小草上（陰毛），感到熱臓臓的，富彈性；並散發出淡淡的清香。

曾正洋唇舌合用，在小草上一口一口舔著。不一會，「果嶺」上整片草，被口水舔得糾成一束束。就像落湯雞的雞毛，被雨水淋後結成束狀。

為了取得最佳位置便宜行事，曾正洋溫柔地說：「櫻美，我們改變一下姿勢。我蹲床邊，妳身體橫躺床中間，屁股靠床邊稍為超過床邊一點點。」

說著，曾正洋一個魚躍下了床，蹲在床邊。

佟櫻美跟著身體橫躺。動作乾淨俐落，一點就通，倆人還真有默契。

曾正洋隨手將枕頭放佟櫻美屁股底下，使「陰部」蹺高突起些。「來，妳的腳踏在我的膝蓋上。」

就在這個時候，曾正洋眼睛為之一亮。驚見佟櫻美的「陰部」真是美極了！「陰阜」凸起，圓臌臌的。配上濃密的陰毛，雪白肥美的「大唇唇」（大陰唇）；「小唇唇」（小陰唇）肥厚適中，色澤粉紅水嫩。狀如「豌豆夾」又似「柳葉片」。「小唇唇」線條弧度非常優美。「花口」（陰道口）平整；「花蒂」（陰蒂）凸臌如小紅豆般。佟櫻美的「性」器，稱得上是自然美的好東西；女人中的極品。可說是，千百女人中難得一見的稀有珍品。

曾正洋佔絕佳位置。整個美陰部，盡收眼底。

「花口」早已是溼漉漉的一片。蛋清般的津水股股溢出。曾正洋如獲珍寶，全都舌捲進了嘴裡。這是珍貴的瓊漿津水。

接著，舌頭先在「大唇唇」上輕舔。「大唇唇」兩邊唇壁上還長著細小的「小草」。舌尖舔完右片再舔左片。就像是在吃魚肚片，口感軟軟甜甜的。

小妮子佟櫻美，半閉著眼睛，微張小嘴，在盡情舒服的享受呢！

現在要享用小肥肉。曾正洋嘴唇輕嗦「小唇唇」上面一小塊脂肪較厚富彈性的地方。只須用一點點力嗦進口裡再吐出。如此重覆的嗦進吐出；同時也發出了微弱的「嘖嘖」聲。

品完小肥肉接下來是「小唇唇」。舔之前，曾正洋將頭側一點，儘量使嘴和「小唇唇」成平行，以便宜行事。「小唇唇」輕輕唅進嘴裡再吐出。方式同前。

佟櫻美舒服得在扭動屁股。小嘴「嗯～～啊～～嗯～～啊～～」哼叫不停。股股暖流從「花口」流出。實在是被舔得太舒服了。

曾正洋嘴上功夫一流，堪稱絕頂功夫。女人全身敏感地帶，性感點，都瞭如指掌。深知什麼地方要輕輕舔，什麼地方稍須用力舔；什麼地方要唅嗦，什麼地方要輕咬；什麼地方又須若實若虛；何處用舌，何處用唇；什麼地方舌尖須帶點口水，都運用自如，且都能拿捏恰到好處。

「花蒂」（陰蒂）是女人全身最小、最珍貴的「小東西」。是女人的「樂蒂」。

曾正洋展現他高超的「舌」功。用舌尖前端一點點，如火柴頭一丁點的地方，在「花蒂」由下往上，似接觸未接觸輕輕緩慢舔；並且舌尖一定要帶有口水。且保持溼潤狀態。這樣，「花蒂」才不會乾澀而受傷。

當舌尖舔到「花蒂」時，佟櫻美全身像是觸電似的痙攣顫動。口中不由叫出「喔！」的一聲。

曾正洋心裡明白，這是舔到她的癢處。觸到了「花蒂」上最敏感的神筋，舒服亢奮的反應。也了解她是個很懂得享受「性」；是個「性」需求很強烈的女孩。

「嗯啊～～嗯啊～～嗯啊～～」佟櫻美小嘴哼個不停。樂死了！

曾正洋如蛇信般的舌尖，很輕巧如蜻蜓點水在「花蒂」由下往上連續不斷的舔。

佟櫻美已樂得，左右來回的搖頭擺屁股。樂在高處，不時兩腿還會緊緊夾住曾正洋的頭臉，同時「花口」也湧出股股的津水。曾正洋舌頭往下一捲，都進了嘴裡，一滴也沒浪費掉。

曾正洋偶而還得，抽出抱扶佟櫻美的一隻手，來安撫一下自己火爆的「小弟弟」，稍安勿燥。美哉！現在整個「陰核」如猴子屁股般的紅；凸脹的核心「花蒂」像粒小紅豆硬突的。

忽而，床第一聲雷。佟櫻美大叫一聲「耶——」接著，屁股抬舉高高離床約五、六吋高；整個「陰部」突鼓大大的，像個大紅柿子，硬硬的。緊接著從「肉縫」中噴射出一道小水柱；噴射到七、八吋之遠。上了「花蒂」高潮。

就在同時，曾正洋眼明嘴快，一個「獅子大開口」，將水柱喝進嘴裡。雖然未能全數喝進口，但也喝了大半。

曾正洋眼見情景，嘆為觀止。真不可思議，噴水如此的遠。想起，曾經看過一本書，書中提到女孩子「陰核」內噴水叫做「潮吹」。意思就是海浪打在岩石發出的聲響。

佟櫻美可真樂壞了。邊大呼吸、邊大喘氣。嘴裡還不停的喊叫「好舒服……好舒服……好舒服……」。深深體會到曾正洋嘴上功夫之厲害。上次跟花葉茂老師玩的時候，已領略到他嘴上功夫一流；可是今天曾正洋才是高手中的高手。

俗話說「打鐵要趁熱」。緊接主戲登場，「媾合」開始。曾正洋立馬站起彎著身子。雙膝下靠在床沿，雙臂攏住佟櫻美大腿。來個「老漢推車」和「大鵬展翅」混合招式。

「勒眼爆筋」壯碩的「小弟弟」，對準已張開像個「喇叭花」口的「小妹妹」「花口」，就直通通，噗嗤！的頂進了「花心」裡頭。曾正洋像吃了「人蔘果」痛快的「歐——」吼了一聲。

佟櫻美「小妹妹」裡，被塞個飽滿，更是透心的「啊——」爽叫一聲。

「小弟弟」開始往「小妹妹」的「花心」裡抽送摩擦，享受肉質的觸感。完全緊密的接觸，就像是「十個指頭戴上手套」那樣的完全密合舒適。

愛的抽送，先輕而緩；採三輕一重刺「花心」交媾。如輕歌妙舞般。彼此在感受彼此，享受彼此。

愛之抽，逐漸加快了動作。此時，猶如日本武俠小說，宮本武藏與佐佐木小次郎在船島決鬥的場景；小次郎在沙灘舉刀如「魚燕穿梭，輕而快」。連番蜻蜓點水般的重刺「花心」，弄得佟櫻美爽死。「嗯啊～～嗯啊～～嗯啊～～」哼叫不停。叫得響亮，哼得漂亮。

肉戰進行的「如火如荼」。陽門對陰戶，撞擊力道之強勁，劈啪！劈啪！響聲不絕於耳。「小頭頭」重刺「花心」，欲將「花心」給刺穿才肯罷休似的。

「嗯啊～～嗯啊～～嗯啊～～」樂極喊叫。

已經「操」了近千抽。曾正洋渾身是勁，威猛無比。「小弟弟」打得「小妹妹」火紅。大有一「根」當關，「萬婦莫敵」之勢。也玩絕了「大鵬展翅」加「老漢推車」的混合招式。頂刺「花心」劈啪！劈啪！撞擊陰部聲更加響亮。

佟櫻美已樂得「哭天喊地」。嘴巴「嗯啊～～嗯啊～～嗯啊～～」吼叫。實在是太舒服了，整個身體已呈現全開放狀態。好一個愛玩，貪玩又會享受的女孩啊！

已進入了最後的肉搏戰。

千餘抽仍不疲。倆人「做」得渾身大汗。

佟櫻美樂得雙目緊閉，上門牙咬住下嘴唇。搖頭擺臀「歐～～歐～～歐～～歐～～」大聲吼叫。一聲比一聲響亮；一聲比一聲急促。右腳腳趾頭，還頻頻用力勾拉曾正洋左背。這個小動作，像似在暗示「小弟弟」欲刺穿「花心」才痛快！才甘休！

就在這個時候，曾正洋突然感覺到，「小妹妹」內，有一股強勁的夾擊力和推擠力，欲將「小弟弟」給推擠出「花口」。心裡明白，佟櫻美要洩了，要上高潮了。於是「快馬加一鞭」，進行最後驚天動地六十秒白刃戰。加足馬力，火力全開。超急速抽送頂刺。碩大的「小弟弟」如鋼鐵般的堅硬，亮得發紫，「勒眼爆筋」的就像是歌舞劇「歌聲魅影」中，男主角臘燭熔化似的半邊臉，醜陋極了。

交媾撞擊聲，劈啪！劈啪！更為輕脆而響亮。力道之強，速度之快，刺心之準，如排山倒海；可說是撼江山而泣鬼神。只要現在，不管明朝。已經到了「神仙也嫉妒」的地步。

忽而，床第一聲雷，咬牙切齒，接著「耶————」的大喊。佟櫻美半抬起上身，一口就狠狠咬住了曾正洋的肩頭肉。摟抱住脖子，死也不放。洩了、狂洩了、徹底洩了；上了陰道高潮。

幾乎同時，一聲獅吼！曾正洋也洩了，上了高潮；射精放種在佟櫻美的「花心」內。

這是個天衣無縫，人間最完美的「媾合」；是天作之合。男歡女愛，臻於無界。

不知道過了多久？倆人才依依不捨鬆開了手；並抽出了「小弟弟」。「小弟弟」和「小妹妹」，親密的還不想分開呢！

隱約見佟櫻美眼睛，泛出了粼粼的淚水。是喜極而泣；是歡悅的淚水，也是滿足的淚水；更是對曾正洋感激的淚水。

曾正洋上身趴在佟櫻美身上。嘴唇在輕輕碰觸小奶奶。是一種愛的動作和表示吧！

此時，「無聲勝有聲」。倆人都在回味方才愛的「交媾」。都洋溢著「性」福，愉快和最大的滿足。

倆人背靠床頭板，毗肩而坐。

曾正洋楞視一旁的佟櫻美，目不轉睛，好像恍神似的。

「怎麼啦！？」佟櫻美小聲問說。

「哦！」曾正洋回過神。笑笑說：「看妳啊！」

佟櫻美俏皮的說：「還說呢！人家都被你看光光了。」

曾正洋笑了笑說：「妳也不吃虧啊！我還不是被妳看光光。」

佟櫻美羞紅著臉道：「哪……不一樣嘛！」

「有什麼不一樣？男女脫光了都一樣。」

一記小粉拳搥在曾正洋胸口。模樣清純可愛。

曾正洋故意裝作痛苦樣子：「好痛！好痛！」

「少來！」

「這叫打是情，罵是愛；不打不罵不相愛。」

「是你。」

「彼此，彼此。」曾正洋笑瞇瞇又說：「剛才床上的妳，跟現在的妳好像是倆個不同的妳。」

「哪有！？還不都是我。」佟櫻美俏皮的回說。

「當然都是妳。我說的是一個動態的妳；一個靜態的妳，是兩個不同的妳。」

「有嗎？」佟櫻美一臉狐疑的表情。

曾正洋笑笑的說：「剛剛床上玩的時候，妳搖頭又擺尾，都是大動作。嘴巴嗯啊叫得好大聲。」

佟櫻美一臉羞答答說：「『做』哪種事，本來就是這樣嘛！」

「可是妳很興奮，很激烈。」

「說真格的，你還不是，剛才你大吼一聲，我的耳朵都快聾了。」佟櫻美說完格格笑了起來。

「說得也是。我是獅吼！我倆都一樣，妳歡我愛嘛！」

佟櫻美低著頭，臉有點羞澀。

曾正洋左手食指頭在佟櫻美鼻尖上，輕點了一下說：「很好啊！女人在床上要野一點，像個蕩婦；下了床就要羞答答的，是個淑女。要『動如虎、靜如兔』。如果是石膏美人，哪就沒有味道了。」

佟櫻美只是低著頭聆聽。

曾正洋接著又說：「說實在，我倆有緣才會一拍即合。」

佟櫻美面露笑容說：「說真格的，我也相信男女要有緣份，才會在一起。」

曾正洋笑笑說：「我們倆是……一見如故……」

「……相見不恨晚。」佟櫻美調皮接嘴說。

「對，對，說得很好。」曾正洋邊說邊點頭；接著又說：「櫻美，妳外表雖然不是天仙美女那麼漂亮，但是妳很耐看，很有氣質。」

佟櫻美雀躍說：「對啊！很多人都這麼說。」

「妳給我的第一印象就是氣質。妳的美是一種脫俗的美；就像電視上蔡……什麼……」

「蔡燕萍，」佟櫻美接說。

「對，蔡燕萍說的自然美。就像白色杜鵑花那種美。」

「你說我是杜鵑花哪種美？」

「嗯！是白色杜鵑花。白色杜鵑花清新、淡雅……，我上大學的時候，曾經寫了一首像詩一樣的短句，就是寫白色杜鵑花。記得是這樣寫的聽好，嗯：

花開了！杜鵑花開了！

真是興奮極了！快樂極了！

生平最喜歡白色杜鵑花！

白色杜鵑花清馨、淡雅、皎潔、單純！

每當我看到小山坡、小河邊，一遍遍、一叢叢的白色杜鵑花，我的魂都飛了！

佟櫻美笑說：「那你不是成了白杜鵑花花癡了嗎？」

曾正洋歡悅說：「說對了！因為我喜歡純真。因為白色杜鵑花有那種脫俗美。」笑笑又說：「剛剛我說過，妳的美就像白色杜鵑花那樣美，那樣小巧可愛。嗯……妳身高好像不到一六〇公分吧！」

佟櫻美不假思索脫口而出：「配你剛好！」

突發奇來的驚人之語，曾正洋一時傻住了。半晌才說：「哪……妳乾脆送給我算了。」

「要怎麼送？要怎麼送？我是人又不是東西。」佟櫻美興奮的喊說。

「……就是……就是……跟著我呀！」曾正洋語塞，還真不知道如何回答是好。

「………」換佟櫻美不知要如何說才是。

曾正洋緊接著說：「……就是做我的老婆啊！」

「你要養我？」佟櫻美興奮的問。

「那是當然。」問的快曾正洋答的也快。

忽而，像高速行駛的車輛，突然緊急煞車。佟櫻美慢吞吞說：「說真格的，那還要看，我們是不是有緣份啊！」

曾正洋忽忙說：「有、有、有，剛才不是說了嗎！？我們有緣才會在一起。」說得斬丁截鐵鏗鏘有力。

「……」佟櫻美啞口了。

曾正洋緊接著說：「我們不僅是一見如故，相見不恨晚；還是上天巧安排呀！」

佟櫻美笑而不語。忽而，眉頭皺了一下，臉上略顯不適的樣子。

曾正洋見狀問道：「妳……怎麼啦？哪裡不舒服？」

「沒有啦！」佟櫻美嘴裡說沒什麼；可是表情卻顯出有些痛苦的樣子。

「我……」佟櫻美有點難以啓齒。

曾正洋很關心的再問說：「櫻美，到底是哪裡不舒服？沒關係，說說看。」

佟櫻美無奈的說：「沒什麼啦！只是……我……下面有點痛。」

曾正洋笑了笑很溫柔說：「『妹妹』痛是不是？」

「嗯——囉！」佟櫻美怪不好意思點點頭。

曾正洋抿嘴，稍猶豫了一下說：「讓我看看。」

「不要緊啦！」佟櫻美有點不好意思。

「沒關係，（笑笑）反正妳都讓我看光光了。不多這一次，來，躺下來，跟剛剛一樣，橫躺床邊。」說著曾正洋一個翻滾就下了床。

佟櫻美躺下身，曾正洋褪下了她的小三角褲，打開兩腿。順手開亮了小檯几上的檯燈。乍見整個「陰部」紅腫腫，棉臌臌的；就像是酥皮濃湯覆蓋杯口上的酥皮；又似泡芙般。

曾正洋趕緊致歉說：「對不起！對不起！是我『做』的太過火，撞擊太用力了。『妹妹』被我撞紅腫了。」

「沒有關係！」佟櫻美不以為意。

「都是我不好，太用力了，讓妳受傷。」曾正洋再次致歉！

「不要緊，舒服就好！」佟櫻美自然流露的一句話。不以為意。

「石破天驚」冒出的一句話，曾正洋傻了眼；讓他感到很不可思議。

話一出口，佟櫻美也驚覺到，話說得太直、太白了。女孩子應該含蓄一點。頓時覺得不好意思。

「對、對，妳講得很好，配合的愉快最重要。」曾正洋化解尷尬，只好這麼說。

佟櫻美不好意思點點頭。隨手在小檯几上抽取了兩張衛生紙打了兩三個對折，然後放置在三角褲底再穿上褲子。

曾正洋叮嚀說：「回家後，妳用溫熱毛巾敷蓋『妹妹』上；熱毛巾要多敷幾次。不過，這幾天就不要穿緊身小褲褲；要穿寬大一點的褲褲。」

「知——道。」佟櫻美調皮的回一句。

曾正洋面帶笑容說：「雖然妳喜歡穿半透明小三角褲，很性感；現在只好暫時忍耐穿阿嬤褲。」

佟櫻美一記愛的小粉拳，輕輕搥在曾正洋胸口。曾正洋樂在胸口，甜在心裡。接著又說：「還有，妳到藥房買點消炎消腫的藥，熱毛巾敷後可塗抹在『妹妹』上。如果這一、兩天能夠不洗澡就不要洗。我看妳身體皮膚很好，很乾淨；兩天不洗沒有關係。」

佟櫻美瞪大眼睛「哪可能！說真格的，我每天出門前一定會沖一次澡；回到家裡第一件事，就是立刻沖澡。睡前還要洗一次澡。我很愛乾淨，要我不洗澡，我會很難過。」

曾正洋連連點頭道：「櫻美，難怪妳身上皮膚，沒有一點瑕疵，白白淨淨的。尤其是妳的……

『小妹妹』，粉乾淨，只有體香，沒有一點異味。」

佟櫻美臉上又是一陣羞紅，不知如何是好。

曾正洋覺得說得太白露了一點。女孩子嘛，聽了會不好意思。於是又賠罪說：「怪來怪去，都是我不好，我惹的禍。『妹妹』被我弄腫了。以後會小心，會改進，請放心。」

化解了尷尬，佟櫻美開懷地說：「知道就好。說真格的，以後要小力一點。」

「會、會，我會注意。我怎麼捨得弄壞『妹妹』，我會心疼呢！」

佟櫻美瞅了曾正洋一眼。

倆人又坐床上，背靠床頭板毗肩而坐。

曾正洋若有所思，想了想問說：「有要好的男朋友嗎？」

佟櫻美搖搖頭：「已經分手了。」

「為了什麼？」

「說真格的，我們個性不合。」

「喔！」曾正洋微微點點頭，也不便再問。於是改話題說：「對了，妳是怎麼認識花葉茂老師的？」

「是花老師到我店裡認識的。」

「妳開店？」

「對啊！我跟我表姊合開的，是間小說出租店。最近才收的，不做了。」

「不好做？」

「沒什麼生意。」

「賠了多少錢？」

「十二萬。我跟我表姊一人賠六萬。」

「損失也不小啊！」

佟櫻美很無奈說：「說真格的，這也是沒辦法的事啊！」

曾正洋微微點點頭。

「那你跟花老師認識很久了吧！」佟櫻美轉移話題問說。

曾正洋略想了下「嗯……大概有十多年吧！但是，中間有好幾年沒有連絡。」

「為什麼？」

「這個……告訴妳也沒有關係。花老師跟我借了一些錢，一直沒還我；他不好意思跟我連絡，大概是這個原因。」

「那他現在又怎麼會找你？」佟櫻美好奇的問。

「這我也不太清楚。前兩三個禮拜，他突然打電話給我，向我訴苦；說他這幾年很苦，沒有錢還我。我就告訴他，既然很困難，目前我也不缺錢，就算了。算我請客，錢就不用還了。」

佟櫻美眼睛為之一亮；閃了閃問：「他欠你多少錢？」

「前後一共大概五萬塊吧！」

佟櫻美眼睛眨了眨說：「所以他把我介紹給你？」

「可能是這樣吧！我也不太清楚。」

佟櫻美瞪大眼睛笑說：「噢！我很貴呢！介紹費就要五萬元呢！」

曾正洋滿臉喜悅說：「不貴，不貴，物超所值。有了妳，太便宜啦！」

佟櫻美笑了，笑得很甜美，兩手將頭髮往頸後拂拭。然後問說：「說真格的，五萬元你不覺得可惜嗎？」

「當然可惜。這樣也好；花老師以後總不好意思再開口跟我借錢吧！」

佟櫻美一臉訝異說：「你是用這個方法來拒絕他？」

「也不是這樣講。如果用這個方法拒絕他，代價也太高了。不是說嗎？『有借有還，再借不難』。」再說，朋友也只能救急；不能救窮。就是這個道理。」

佟櫻美點點頭。然後問說：「你是不是在雜誌社上班？」

「妳消息還真靈通。」

「是花老師說的；他還說你每天都很忙。」

「我的底細妳知道還不少。」

佟櫻美撅個小嘴：「是他說的嘛！」

「小心！妳不要被他蓋了。」

「才不會呢！我只是聽聽。他是他，我是我。」

曾正洋笑笑說：「別介意！說著玩的。妳當然不會被他蓋。」

「說真格的，花老師口才很好。很會說呢！」

「當然，當老師的口才都很好。老師的工作，就是用嘴巴的工作。」

佟櫻美格格笑了起來。忽然想到說：「曾先生，你還沒有告訴我，你做什麼工作？」

曾正洋一把摟住佟櫻美，在頭髮上親吻了一下說：「哦，對不起！一打岔就忘了。我在一家傳播公司工作。專門做廣播電臺廣告。電臺廣告妳知道吧！」

「就是收音機節目中的廣告。」

「答對了！有概念。」

「那你的工作是什麼？」

「妳倒會追根究底。我負責的是外勤工作；就是一般說的外務員，我是主管。就像房屋仲介公司的業務員；保險公司的經紀人。簡單說，就是公司與客戶之間的連絡人、經介人。這樣說，妳就明白了。」

佟櫻美小嘴不由叫出「喔！」接著又問「那你是領薪水的嗎？」

曾正洋心想：妳還問得真仔細，像是法官審問犯人。笑了笑說：「當然囉！工作不領薪水，怎麼生活！廣告外務員沒有固定薪水。公司每個月只付外勤津貼；也就是車資加油錢。我還好，因為我是業務主管才有底薪；但是薪水並不高，我主要收入是業績獎金。也就是抽取廣告成交後的佣金。成交業績愈多金額愈高，當然佣金就抽的愈多。所以說，跑業務很辛苦，要很勤奮，要很努力工作。有人開玩笑說，跑業務就要跑斷腿才有高收入好成績。」

「喔！說真格的，你有沒有跑斷腿啊！」佟櫻美格格笑了起來。

曾正洋搖搖頭笑說：「腿雖然沒有跑斷，但是每個月跑破好幾雙鞋。」

佟櫻美又格格笑。

曾正洋摸了下頭髮說：「為了業績只好拼了……葉啓田不是有首歌……」

佟櫻美用臺語搶說：「愛拼才會贏。」

「答對了！要贏就要拼。妳呢？小說出租店結束後準備做什麼工作？」

「只好做以前的本行，修改衣服再兼賣服飾。」

曾正洋點點頭說：「這樣比較隱當。」

就在這個時候，檯几上電話鈴響，曾正洋接聽。櫃檯小姐告知，三個小時休息時間已到。

佟櫻美看了下檯几上時鐘說：「我也該回去了。還有工作要趕。」說完，下床穿著衣服。

曾正洋亦忙穿衣；從皮夾抽出六仟元交給佟櫻美「請收下。」

佟櫻美說了聲「謝謝！」將錢收進皮包裡。

曾正洋笑容可掬說：「以後可以約妳嗎？」

佟櫻美點點頭。

曾正洋抿個嘴，想了想說：「嗯……下個禮拜三，下午兩點，我們還是約在這裡，我會提早到。妳到的時候，問櫃檯小姐就可以了。」

「好！」

「如果臨時有急事不能來，我會儘早打電話給妳。我的呼叫器號碼是……」說著在小檯几上取了張便條紙和筆，寫下號碼交給佟櫻美又問說：「妳的呼叫器號碼方便給我嗎？」

佟櫻美點點頭，從皮包內取出一張空白的名片紙，寫下號碼後給曾正洋。

曾正洋接過看了看說：「櫻美，上面沒寫妳的名字。」

佟櫻美望了曾正洋一眼笑說：「需要寫名字嗎？名字是要用記的。希望你不要弄錯了。」

曾正洋心裡明白是怎麼回事。心想：這女孩還真細心。於是說：「說得對！我會記住妳的名字。請放心，妳是我的唯一僅有。不會弄錯的。」

佟櫻美高興的點點頭。

「櫻美，我再坐一會，下禮拜的今天見！」

「再見！」佟櫻美正欲開門。忽而，曾正洋將佟櫻美抱個滿懷，並將嘴唇湊近她的唇上。如磁鐵般，四片唇兒交合一起熱吻了起來。

少頃，倆人才鬆開。

佟櫻美含情脈脈望著曾正洋，像似有話要說；但又無從啓齒。轉身拉開門正欲跨出，曾正洋呫囁道：「請記住，我們是一見如故。」

佟櫻美回眸一笑說：「相見不恨晚！」說完就開門走出，並輕輕帶上了門。

曾正洋心目中，殘留著佟櫻美那女孩離去的背影；頓時感到茫茫然。當轉身回頭時，不知為何已熱淚奪眶而出。這或許是對佟櫻美這女孩「一見鍾情」，動了真情；是真情流露吧！

＊　＊　＊　＊　＊

佟欣麗見佟櫻美坐縫衣機檯上有點恍神；眼睛楞視著縫衣機針頭發呆。問說：「是不是小說店收了白忙一場，回家改衣服不甘心？」

佟櫻美無精打采懶洋洋地：「不是啦！」

鬼靈精佟欣麗眨了眨眼睛說：「有心事對不對？一定是想哪個什麼……曾先生『做』哪個事對不對？」

「哪有！」

「沒有？」

「真的沒有啦！只是……」

佟欣麗搶說：「只是……想跟他『做』爽爽的事，還在想呢！」

「妳很煩呢！」佟櫻美說得無氣。

「免『假仙』啦！有什麼關係；跟男人『做』是很自然的事啊！女人都有需要嘛！」

佟櫻美仍然楞視著縫衣機針頭。

「看吧！還在想。」

佟櫻美霎時羞紅著臉。

「哈哈！臉紅了。想要，就要像我多找男人。妳就是懶得動。」

「金牛座就是這樣嘛！」

「說說看，那天玩得怎樣？」佟欣麗眼睛張得大大的追問。

佟櫻美笑瞇瞇點點頭，表示很滿意。

佟欣麗扮了個鬼臉大叫「耶！」接著說：「離婚都一年了，現在才『爽』到。妳有沒有搞錯？」

一副訓人的口氣說話。

「難找啊！」

「不是跟妳講過嗎，要多接觸男人，才有機會啊！」

「知道啦！」佟櫻美不耐煩的回一句。

「我是說正經的。知道要做到。」

「好嘛！」

佟欣麗得意說：「這還差不多。」接著又小聲的問道：「ㄟ他給妳幾次高潮？」

佟櫻美臉上又是一陣微紅。

「悶葫蘆就會臉紅。說說看嘛！」

佟櫻美吞吞吐吐說：「……不記得……有好幾次啦！」

「有高潮就有『爽』。哈哈！妳『爽』到了。」佟欣麗俏皮的說。

說到「爽」處，佟櫻美精神為之一振。面帶笑容得意說：「噢！曾正洋他很會『做』。他很細心而且很有耐心。說真格的，他戳得我很舒服，我從來沒有這麼舒服過。跟前夫十二年，都沒有享受過。」

「很好哇！遇到好玩的男人很難。就像我，跟我玩過的男人很多；但都滿足不了我。」佟欣麗語氣中顯得很無奈。

「可是，妳現在的男朋友，應該說是未婚夫余和中，不是很好嗎？」

「對啊！也只有他的『那個』才能滿足我。我的『妹妹』大又深，『沒法度』，別的男人都不是對手，當然就『爽』不到。」佟欣麗吐苦水。

佟櫻美笑說：「夠啦！妳有大鳥老公還不知足？妳是知道的；我的『妹妹』小陰道比較短，

知道嗎！那天曾正洋可能是他『做』的太用力，我的『妹妹』，被他頂撞的又紅又腫，腫得像小麵包一樣，現在還有點痛。這幾天，只好穿大一點的內褲，不敢穿緊身的小三角褲。」

佟欣麗幸災樂禍說：「哈哈！妳這個『悶葫蘆』玩過火啦！還怪別人，活該，是妳太貪心了。」

「不要這樣說嘛！說真格的，大概是太久沒『做』的關係吧！只顧享受不管其他。」

鬼精靈佟欣麗「哼！」了一聲：「終於說實話了。妳要多接觸男人多『做』；不要每天躺在床上看色情小說，想要了，只會自摸。假的！一點味道都沒有。要像我這樣，常跟不同的男人『做』，要玩真的；真槍真彈才好玩。」

佟櫻美哭笑不得，兩手一叉頭一歪說：「好啦！妳有完沒完。」

註：根據「星知亞」品牌創作工作室所做的研究：女生體型形成時，東方女性約為十八歲；西方女性約為十六歲。美腿的比值，足踝、小腿與大腿為三：五：七。足踝圍十九公分上下、小腿圍三三公分上下、大腿圍四五公分上下。如以此數據求取假設直徑值，六公分、十公分、一四公分；再求得三：五：七之比值。

4 賓館拍寫眞照

曾正洋臉色顯得有些著急，又看了看手錶，已經是兩點二十一分了，佟櫻美的人影都還沒見到。

曾正洋佇候在護山宮側門近半個小時。等人是要有耐心，尤其是跟女孩子約會更是要有耐心。講好兩點在這裡碰面，卻遲遲不見人影。佟櫻美就住附近，近在咫尺，前面左轉過兩條巷子就到了，步行最多四、五分鐘。

不管任何約會，曾正洋都會提前十分鐘到；這是他的習慣。不過今天則提前了半個多小時就到了。因為相約的時間尚早，所以先在護山宮裡面走了一圈；再到側門對面的「全家福」便利商店前椅子上坐了一會。

終於看到佟櫻美從前面的巷口走出來。皮包像是有千斤重壓在肩上；手裡提了個大紙袋拖著牛步，慢吞吞的走向這邊。

即使看到了人，還是花了兩、三分鐘才走到面前。

「牛小姐總算到了。」曾正洋開玩笑的說。

佟櫻美向曾正洋笑了笑。

「小姐，妳遲到了半個小時。」

「人家接了通電話，聊的時間比較久了一點嘛！」

「人家講電話，可是我心裡會緊張，擔心發生什麼事！」

「那可能，放心！」

曾正洋鬆了口氣說：「沒事就好，沒事就好！」

忽然，佟櫻美瞪大眼睛說：「剛剛你有沒有看到一個騎腳踏車的男人經過?大概兩、三分鐘前。」

曾正洋一臉狐疑的說：「我沒注意……啊想起來了，好像是一個中年男子，穿了件汗衫……將兩邊袖口捲起來；他邊笑邊自言自語的經過。因為他袖口捲得短短的，動作怪異，才引起我的注意。」

佟櫻美很肯定的說：「對，就是他，就是騎腳踏實的男人。剛剛他在前面的巷子裡看著我，笑嘻嘻的一邊騎車一邊還掏出他的『鳥』給我看。他對著我露鳥，好可怕！當時巷子裡沒有其他的人跟車子。」

「妳害怕?我看不會吧！走在路上還可以賞鳥，嗯！不錯嘛！」故意逗佟櫻美說。

「哪有！害怕都來不及了！」

「那不是很可惜嗎！」

「有什麼好可惜！」

「沒能好好的賞鳥啊！」

「噁心！」

「我看妳『口是心非』。」

「那是你！」

「男人看男人有什麼好看?」

「他是變態，你還說這樣！」

曾正洋笑臉的說：「櫻美，對不起啦!跟妳開玩笑的。」

佟櫻美微仰著頭看曾正洋，一副勝利者姿態小聲的說：「噁心的事也要開玩笑！」

曾正洋學臺灣國語小聲說：「『樹』（是）啦！『樹』啦！」

佟櫻美笑了，模樣可愛。

曾正洋接著說：「櫻美，放心，光天化日下，變態人還不敢對妳怎樣；如果是在晚上的話，情況可能就不同了。不管白天或晚上，路上行走要注意自身安全。現在變態無聊的男人很多；萬一遇到這種情形，最重要的是沉著。千萬不能心慌；如果心慌歹徒就有機可乘，等於幫他製造機會。遇到這種情形最好趕快走向人多、車多、燈亮的地方，就比較安全了。」

「知道了。」

「還有，這個露鳥變態人，很可能就住在附近。以後妳最好不要在同一條巷子進出，也不要在固定的時間進出；提前或是延後一點比較好。」

「好！」佟櫻美還點了點頭。

在曾正洋的心目中，佟櫻美是個純真可愛的女孩。

曾正洋用手輕輕的撫摸了下佟櫻美的頭髮笑笑的說：「櫻美，放輕鬆，待會還有我的鳥可欣賞啊！既安全又可看個飽；欣賞完之後，我的鳥還會很快樂的飛進妳的鳥巢裡，給妳舒服的享受呢。」

佟櫻美鼓紅著臉，舉起小粉拳在曾正洋的胸前輕輕的搥了一下；噘著小嘴輕聲的說：「你好壞！」

「哈哈！『男人不壞，櫻美不愛』啊？」

又是一記小粉拳搥在曾正洋的身上。佟櫻美小嘴叫出：「我才不呢！」

「妳又『口是心非』了。」

「哪有？」佟櫻美紅著臉，像個熟透的紅蘋果。

曾正洋最愛的就是這個「調調」。

曾正洋騎機車載著佟櫻美，轉了兩個彎不到三分鐘就到了「上格賓館」。曾正洋和佟櫻美是賓館的常客，至今已有七、八十次的紀錄。

習慣上將機車停在「賓館」大門前右方。停妥曾正洋掀開坐墊取出相機、腳架步入賓館。

「歡迎光臨！」櫃檯小姐笑臉迎客。

「休息！」曾正洋熟練的說。

「謝謝！」將房門磁卡交給曾正洋。

進了三〇七房扣上門後，第一件事將窗簾全都拉上。

房間為邊間呈扇形（半圓形），弧度優美，空間寬敞，沒有壓迫感。房間雖然有些老舊，但佈置典雅，三面採光；窗簾、床具、沙發整潔。

架好了相機裝上了底色，今天為佟櫻美拍寫真照。這是倆人相識以來首次為她拍照。

「櫻美，妳看我們是先玩？還是先拍照？」曾正洋徵求佟櫻美的意見。

「看你啊！我都可以沒差。」女孩嘛，回答較為含蓄。

曾正洋想了想「我看還是先拍照，然後再玩。這樣妳的頭髮不會亂，臉上的淡粧也不會花；妳覺得呢？」

「ＯＫ！」佟櫻美興奮而爽快的來了句 English。

曾正洋比了個手勢說：「我們這就開始吧！對了！請將空調調低一點，調到23度C，因拍照動來動去會比較熱。」

「ＯＫ！」又說了一次 English。

曾正洋覺也奇怪，從來沒聽過佟櫻美說過一個英文字母；今天倒很新鮮啊！如果講日語她沒話說。至少日本也住過四年，但是英文26個字母都弄不清楚還來個ＯＫ！「嘿！妳什麼時候學英文啦！」

「沒有啦！人家高興嘛！ＯＫ誰都會說啊！」

「是不是今天要拍寫真照妳很高興！」

「嗯——囉！」佟櫻美調皮的回一句。

「還有……」

「……」

「想起來了！妳等下要賞鳥……還有……還有……要我的鳥飛進妳的鳥巢裡，對不對？」曾正洋故意逗她。

佟櫻美有點不好意思。抬手又是一記小粉拳；忽而將頭倒在曾正洋的懷中。

曾正洋心想：櫻美啊！妳是個天真可愛的女孩啊！

倆人默默的擁抱，彼此在感受對方。

良久，佟櫻美抬起了埋在懷裡的熱臉。曾正洋在她額頭上輕吻了一下說：「櫻美，妳準備了幾件漂亮的衣服拍照？」

可愛的佟櫻美搬起了手指頭在數「一……二……三……四……五，」舉起了巴掌說：「嗯！五套！」

曾正洋被她純真的動作給迷住了。心想：天地再大，萬物盡有，我都不要；我只要可愛的佟櫻美就夠了！

曾正洋笑笑的說：「好！親愛的櫻美，就從妳身穿的服裝開始拍。」

佟櫻美穿的是件桃紅色小方格連身裙裝。短袖，袖口綁鬆緊帶，肩上為挖空有細帶點綴。倍顯青春、美麗、活潑又帶點文雅氣息。

曾正洋先取景然後架好腳架相機；同時調好了光圈、速度、距離。手持快線，然後仔細的看著佟櫻美，上下打量著。

佟櫻美顯得有點不自在；好像自己被看光光似的。女孩嘛，當然會不好意思，羞紅著臉。

「說真格的，你為什麼一直盯著我看？」佟櫻美不解的問。

「這妳就不了解了。人體攝影最重要的就是先要先看相，要找出被照人的面部、身體的優點、缺點和特點。要抓出面部和身體的優、缺點和特點後才能瞭解如何取景、選角度，如何打光，用什麼鏡頭拍；最後才是營造氣氛抓神態，捕捉表情、動作的一剎那。這樣才能拍出一張傑出的照片。」曾正洋娓娓的述說。

「拍照還這麼麻煩啊！」

「那是當然。照片要拍得好，除了拍照的人技術、經驗要好要豐富外，藝術修養也要夠；同時和被照人的溝通、默契、互動也很重要。當然拍照是件麻煩的事。」

「所以你要盯著我看！」佟櫻美調皮的說。

曾正洋哈哈笑了起來搖搖頭說：「告訴妳，我可不是隨便看，剛才我不是說了嗎？是有道理的啊！臺灣在四、五十年代，有位鼎鼎大名的人像攝影大師徐凱倫先生，以妳的年齡當然不知道他是何人，在那個時代，他是人像攝影權威。有人曾向他請益，要如何拍好人像？徐大師說：『拍人像的訣竅是要先看相。如果你預計這個鏡頭需要十分鐘完成的話，那麼，你先要用七分鐘的時間看相；最後剩下的三分鐘才是你捕捉按快門的時間。』這是徐大師的攝影名言。」

佟櫻美對攝影雖然不懂，但曾正洋說得淺易明白，倒也能「一知半解」稍有個概念。

房間呈扇形，整面半圓形的窗簾圖案棗紅色底白色大花朵，加上灰白色的葉片。曾正洋覺得以這個做背景還不錯。於是說：「櫻美，妳站在窗簾前面，先拍半身。」

佟櫻美站在窗簾前「手足無措」不知如何是好。

「放輕鬆，自然一點……頭向右邊側一點點，收一點下巴……好，微笑一點，嗯！就是這樣……眼睛看鏡頭……很自然的看……不要瞪著看……」

忽然鎂光燈閃了一下「卡達」一聲，已拍了一張。

「啊！你拍了，」佟櫻美很驚訝的問說。

「當然，拍照就是要在不知不覺中拍才自然。剛剛妳的神情不錯，所以我就按下了快門。」

「你告訴我一聲，我有個準備啊！」

「我不是說了嗎！要表情自然，就要在『神不知鬼不覺』按下快門；這樣才拍的自然。」

「噢！」像小女孩般的叫了一聲。

曾正洋微笑的點點頭。下面鏡頭，妳……站在木椅後面，兩手肘撐在椅背上，兩手掌托住臉夾和下巴。

「腰有點酸。」佟櫻美躬著腰，雙手托著下巴說。

「要漂亮還怕酸，忍一下吧！鄧麗君有張紀念專輯 C.D 的封面照就是這個 pose，很秀美。我是參考她這張照片來拍妳的。」

「我這樣好看嗎！？」佟櫻美一聽到鄧麗君就失去了信心。

「當然好看啦！放心，妳們氣質相同，臉型都是圓圓的娃娃臉很可愛；只是身材妳比鄧麗君小一號而已。小鄧日語歌唱得好，在日本連續兩年得過歌唱賽大賞。」

「對啊！她得冠軍的時候我正在日本。」

「櫻美，妳的日語歌也唱得很好啊！所以說，她是『小鄧』妳是『小小鄧』。」曾正洋誇讚的說。

「才不呢！我是櫻美；我哪能跟她比。我要做我自己。」

曾正洋豎起了大姆指說：「很好！妳是櫻美，櫻美就是妳，有個性。親愛的，現在準備要拍了；照我剛剛說的做。」

佟櫻美躬身兩手托住下巴。

「很好，頭往左邊稍微轉一點……好，太多了，回去一點點，OK！很好，就是這樣。」手揑著快線走近佟櫻美用很輕鬆的口氣說：「現在心裡想一些快樂的事。」然後慢慢退回相機旁。

佟櫻美若有所思，面帶歡悅。

忽然閃光「卡達」拍了一張。

「OK！妳的配合度很好，很自然，有明星的架勢！」曾正洋稱讚鼓勵的說。

「才不呢！說真格的，我最怕照相了，因為我一看到鏡頭就不知道如何做。」

「大多數人拍照多少都會這樣。」

「我好像比較嚴重。」

「這是因為不常拍照；還有跟攝影師之間的溝通配合有關係。更重要的是被拍的人要能『放得開』，拍照的人要能『抓得住』才會有好作品。」

佟櫻美笑了。笑得是那麼的自然、甜美、純真。

緊接閃光「卡達」又拍了一張。曾正洋說：「櫻美！我抓到妳了！」

「才不呢！說真格的，我很難『抓』！」

曾正洋邊笑邊點著頭說：「妳說得沒錯，我們交往快一年了，雖然我抓到了妳的人；但我總覺得還沒抓到妳的心。」

「你很貪心，不但要我的人，還要我的心。」佟櫻美邊說還邊點著頭在加重語氣。

「妳講的沒錯，這樣才能算是真正的得到妳。」

「說真格的，金牛座的人是很難追的；要得到我的心至少要三、五年啊！」

「我當然知道。」曾正洋還點了點頭。

「知道嗎！金牛座的人很理智、現實，是封閉的，是很難動感情，也不輕易放感情的。」

「我會用真情打動妳；我有信心會得妳的心。」曾正洋宣誓的說。

「那要看你的表現啊！」

曾正洋很堅決肯定的說：「妳放心，我會的。」

曾正洋伸出了右手掌迎向佟櫻美；佟櫻美亦伸出右手掌，倆人「擊掌」為信。

接下來佟櫻美換服裝，曾正洋也利用空檔構思下個場景、鏡頭、表情的拍照。

喜愛音樂的曾正洋，此刻竟然忘了放音樂。於是走到床頭觸按控制鈕，播放音樂。只要一聽到音樂，曾正洋全身的細胞都活躍了起來。現在正播放維瓦弟的「四季」，這是他最有名的協奏曲。現演奏的是「秋」協奏曲部份。（「四季」分春、夏、秋、冬四齣協奏曲）。音揚旋律優美，曾正洋聽得精神奕奕。

佟櫻美換好了裝，穿了件白色竹節似的長袖上衣，V字形領口，門襟一列白色排扣；下身為紅色短裙。整體紅白色搭配的不錯。長及肩的黑髮，白皙的臉龐，襯托出一股少女般的青春氣息。

因為佟櫻美穿白衣紅裙，曾正洋仍以大朵花窗簾為背景。

「櫻美，妳坐在靠背椅上；右手肘放扶手上，頭往右微側，右手掌托臉頰。」

佟櫻美坐定，手托臉有點不自然。

「手掌四指微握，臉頰靠在四指上，姆指豎起點在臉頰上……對了，就是這樣。」

曾正洋將腳架往前移一些，取半身景。

曾正洋端看了一下說：「視線看妳的左上方，微露牙齒……好，露一點點……想想今天最高興的事……想想看……」

閃光「卡達」，拍了一張。

佟櫻美以為拍好了正欲起身。

「別動，還要拍。」

「喔！」佟櫻美乖坐椅子上。

「繼續想，想想今天最高興的事。」

佟櫻美微側著頭眼睛眨了眨在思索。

「哈哈！我猜妳最興奮的事，就是等一下又可以跟我好好的做了。對不對？」故意逗佟櫻美。

「少來，才不是呢！」

閃光「卡達」搶拍了一張佟櫻美可愛的模樣。

「啊！我在講話你就拍了！」

「沒錯！我看妳說話的表情很好，我就搶拍了一張。」

佟櫻美又以為拍好了剛欲起身，曾正洋忙說：「別急，還沒好，請坐！」接著又說：「下面的鏡頭讓妳自由發揮、自己擺pose、自己做表情，『自助餐』式。」

佟櫻美仰頭想了想，然後雙臂用力交叉在胸前。

曾正洋笑笑的說：「妳這個樣子很霸氣，活像隻母老虎。」

「是你說的，隨我。」

「OK！就這樣。」

佟櫻美得意地愰了愰頭，嘴角帶著一絲的笑意。

緊接又是閃光「卡達」摸捉了這個鏡頭。

「噢！你動作真快！」

「不快就拍不到妳得意洋洋的嘴臉。」

佟櫻美眼睛瞪得大大的，一臉無奈的樣子。

閃光「卡達」又按下了快線。

「啊！你很喜歡偷拍人家。」

「沒有偷拍人家；我是面對面的拍人家！」

又是一記小粉拳搥在曾正洋的肩上。鼓著小嘴說：「你是八哥啊！愛學人家講話。」

學佟櫻美的口頭語：「『說真格的』，我不是八哥，當然不會學人家說話。」

「又來了！」佟櫻美又是一記小粉拳打在曾正洋胸口上。

曾正洋是打在身上樂在心裡。笑著說：「別打了！趕快拍完好收工；妳說今晚請我吃大餐。」

佟櫻美一臉狐疑地搖愰了下腦袋說：「咦！哪有！我怎麼不記得？」

忽然閃光「卡達！」正好捕捉到了佟櫻美狐疑表情的鏡頭。

「噢！你又在偷拍耶！」

曾正洋哈哈笑了起來「妳怎麼說我偷拍！我又不是狗仔；我是光明正大對著妳拍的。好啦！這件衣服拍好了。別怕皮包失血，妳沒說要請我吃大餐；剛剛我是隨便說的，為的是要營造妳狐疑的表情。」

「你好壞，騙我。」

「善意的欺騙嘛！唯有這樣才能拍到妳狐疑真實自然的表情。請換衣服。」

佟櫻美對曾正洋報以微笑，表示同意他的做法。覺得他是很用心的在拍照，是完美主義者；心裡不得不佩服。

佟櫻美換了件紅豆色底，小白花圖案無袖連身裝。「正洋，幫我拉背後的拉鍊。」

曾正洋很體貼慢慢的拉上了拉鍊。然後順勢將佟櫻美抱入懷中；輕吻著。如微風吹皺了湖水激起了水波；佟櫻美溫熱的小舌伸深入了曾正洋的口中；倆人在進行愛的媾通哩！

滿足了「口慾」，佟櫻美用手在撥弄著頭髮。

曾正洋輕聲的說：「櫻美，請補一下口紅。」

佟櫻美點點頭「嗯！」了一聲走向梳粧檯。

曾正洋仔細的端詳佟櫻美身穿的紅豆色底小白花無袖洋裝，有著春意蕩漾，散發出性的氣息和光彩。決定要她表現浪漫一點，以性需求的肢體暗示來表達；主題很明確。

「櫻美，妳站在這幅畫下面。（牆壁掛一幅16吋水彩小畫。畫面為一隻白描鳥站在枝頭，望向遠山和太陽。）身體站直胸略為挺一點；左臂彎曲，手腕放腰上，右臂自然垂下。臉上表現出需要和期待的表情；略帶點風塵味。」

「你要我當風塵女郎啊！」

「哎！這是表演嘛！我怎捨得妳做風塵女郎。拍照也是一種『無聲的表演』啊！」曾正洋急忙解釋。

佟櫻美調皮的說：「噢！『樹』（是）這樣啊！」

曾正洋笑笑的點點頭。覺得佟櫻美這件連身裝不論花色、款式、質感都能溶入風塵味道。穿在身上曲線畢露。衣料細薄，有如「春風吹面薄如紗」般；隱約可見奶罩、三角褲，十足的性感。

曾正洋有如出題面試說：「櫻美，想想看，妳現在最需要的是什麼？……青春、美麗、……金錢……還是男人……」

「……這個……」還真不知道如何說。

「沒關係，表演嘛！」

「……」

閃光「卡達！」拍下了一張。

「繼續，這個鏡頭會多拍些；因面部表情不容易抓。」

「妳儘量想，希望最美啊！」

閃光「卡達！」又拍了一張。

「再想想看，認真的想，什麼都行。」

佟櫻美楞視著，若有所思。

「我知道了！妳一定是在想……想……我的小鳥啦！」故意逗說。

佟櫻美噘著小嘴說：「才不是呢！你亂講！」

曾正洋笑著再逗她說：「妳不承認也沒關係，看，妳都寫在臉上啦！哈哈！」

佟櫻美有點臉紅害臊。

閃光「卡達！」曾正洋這回總算抓到她了。雖然跟原先所想要的並不一樣，但意外捕捉到了另一種感覺。

「ＯＫ！我們休息一下。」曾正洋喊說。然後走到飲水機取了兩杯冰水，一杯交給佟櫻美。曾正洋喝了口水，望著佟櫻美問說：「累不累？」

佟櫻美點了點頭說：「當然會累啊！你說我做怎會不累。」

曾正洋微微點點頭說：「不錯，拍照是很累；但是也有樂趣。當妳看到一張張生動美麗的照片，妳會很高興很快樂。」

佟櫻美望著正洋點點頭。

曾正洋接著又說：「因為人隨著歲月增長會老化；美好的青春是留不住的；但是照片可以幫我們留住青春。十八歲拍的照片，五十年後拿出來看，照片上的妳還是十八歲；依然是當年的青春美麗。」

「對啊！」佟櫻美的小嘴不由叫出。

「很好，那妳今天可要好好的表現了！美麗的影像，就交給我複製照片來紀錄儲存。現在請換衣服。」

可愛的佟櫻美「嗯」了一聲，就像隻活潑小鳥登、登、登、雀躍到梳粧檯前換裝。

曾正洋則是一邊思索下個鏡頭的拍攝，一邊聆聽揚聲器播放的古典音樂。

沒多久，站在眼前的佟櫻美，換了條白色小短褲配上一件淡綠色的無袖T恤。淡粧白皙的皮膚，散發出一股青春的氣息。

看在眼底，心裡狂叫好標致的女孩；像隻青春小鳥，令人疼愛。曾正洋看呆了眼，楞視了好一會才恍過神來。於是用手拍了拍椅子扶手說：「妳的小屁屁就靠坐在扶手上，左大腿翹疊在右腿；左手撐在左扶手上，右手垂放大腿上。身體重心傾向左邊一點點，面帶微笑……微笑自然一點。」曾正洋像在捏麵人似的指揮佟櫻美擺 pose 做表情。

拍照嘛！為了要留下美好的鏡頭，佟櫻美也就不怨其煩樂得配合。

手握著快線，又在故意逗佟櫻美「瞧妳一臉興奮的樣子，該不是待會要好好的吃我的『熱狗』啊！」

佟櫻美瞪著曾正洋說：「不要講那麼難聽嘛！」

閃光「卡達！」曾正洋按下了快門。

「妳的表情很好，很自然。其實，我也是在想，等下要吃妳的『甜甜圈』（小妹妹）哩！」

佟櫻美揚起了嘴角「嗯～～」了一聲，作撒嬌狀，但作的並不是很自然。

閃光「卡達！」曾正洋搶拍了一張，覺得這是佟櫻美另一種真實的表情。

曾正洋的目光移向了一雙美腿，稱讚的說：「櫻美，妳的腿很漂亮！」

「對啊！很多人都這麼說。以前我住日本的時候，有一位鄰居阿婆，就很喜歡我的腿，說我是美腿姑娘。因為日本女孩子的腿大多不好看。」佟櫻美很得意的說。

曾正洋點點頭笑笑的說：「不是吧！應該是日本男人說的吧！」

佟櫻美猶豫了一下略帶尷尬的說：「嗯……都有啦！」不敢實說是怕曾正洋會想太多。

緊接閃光「卡達！」拍下了這個鏡頭。

佟櫻美是個不善說謊的女孩；只要說的表裡不一致，立刻就會顯示在臉上。這點，曾正洋很了解。

曾正洋笑嘻嘻點著頭說：「model 又該換衣服了！」

佟櫻美走往梳粧檯，曾正洋望著佟櫻美的背影，盯著她的腿看。心想：雖然不高，但天生一雙美腿；不瘦不肥，白白的很勻稱。難怪會被她迷得「七暈八素」的。

這時佟櫻美已換好衣服。站在面前的佟櫻美，眼睛為之一亮。那麼正點的女孩換上一襲淡咖啡色洋裝。短袖，裁剪的很適體；將她的身材線條裹得原形畢露；恰到好處。該凸的地方凸，該凹的地方凹；臉上淡粧，點了桃紅色口紅，更顯出亮麗而性感。

「櫻美，這件洋裝穿高跟鞋會比較搭配。」

佟櫻美很得意的說：「放心！我特地帶了咖啡色高跟鞋，就是配這件咖啡色洋裝。」

「太好了！穿上高跟鞋更能使妳的身材『亭亭玉立、前凸後翹』。」

佟櫻美鼓起了小嘴說：「你又在笑人家的奶奶不夠大。」

「怎麼會了！我不是說過美是『比例原則』；以妳的身材不算小啦！況且妳的奶奶是『美好挺』啊！」

可愛的佟櫻美滿意的笑了。

曾正洋走到牆壁前「ＯＫ！半身，櫻美，妳站牆壁前面，背上面微靠牆壁……右手握左手臂上面，左手掌輕輕撫摸左臉頰……頭微側左邊……好，側一點點就好……好……好，太多了，回去一點點……」

佟櫻美身體略顯僵硬了些。

「來來！身體放輕鬆，胸要挺一點……對，就這樣……乳房就比較挺了嘛！好，就是這個姿勢。」

曾正洋瞇著眼看了看「頭再低一點點，眼睛看右前方下面兩公尺的地方……好，」

曾正洋將相機腳架往後退了一點。

「這個鏡頭，妳在沉思……對了，思君，想念夫君；就是那種望夫早歸的思念之情。」曾正洋在指導佟櫻美做戲。

曾正洋忽然一個箭步走到床頭旁小檯几，將F.M的音量略為調大些；藉音樂來營造氣氛。現播放的是古典音樂。

繼續指導佟櫻美做表情。曾正洋看了略皺了下眉頭說：「櫻美，妳這個表情雖然做的很好……可是我怎麼看妳的表情哪是在思君；根本是在思春嘛！」

可愛的佟櫻美噘著小嘴諾諾的說：「我那知！」
「好，OK！OK！就這樣，思君、思春都很好！」
閃光「卡達！」、「卡達！」連拍了兩張。
「櫻美，我知道妳心裡想說：正洋我好想你，夜夜都在思念你，快點回來吧！想死你了……。」故意逗她。
噗嗤！佟櫻美格格笑出聲：「討厭！」
「啊！破功、破功、不可以笑，妳現在是飯不思、茶不飲的思念夫君早日回來！」
「人家做不出嘛！」
「做做看，現在是演妳自己。」
「好嘛！」
「嘿！想我……想我……想最親愛的曾正洋。」曾正洋再逗她。
閃光「卡達！」哪能錯過，拍了下來。
佟櫻美又忍不住笑了出來。
「來，來，妳先培養情緒。妳的夫君曾正洋現在遠在西藏旅遊，很想念他……」曾正洋像是在拍電影導演跟演員說戲。
「喔！」佟櫻美忍不住又笑出。
閃光「卡達！」曾正洋覺得櫻美這個模樣怪可愛的，就拍了下來。
「嗯！真好笑！現在你不是站在我面前嗎！」佟櫻美調皮的說。

曾正洋聽了真是哭笑不得。「哎！這是假設的嘛！我當然在妳面前正在跟妳講話啊！」說完，忽而將佟櫻美抱個滿懷，卯起來狂吻佟櫻美。突來一招，佟櫻美還沒來得及反應，曾正洋的熱唇已蓋在佟櫻美的嘴上；溫熱的舌頭已伸了進來。倆人如「久旱逢甘霖」般的擁抱熱吻。

一陣小旋風過後，曾正洋緩緩的說：「真對不起，妳又得梳理頭髮，點口紅了。」

佟櫻美的眸子充滿著歡悅，小嘴輕聲的說：「那有什麼關係！」曾正洋突來的舉動，就像久旱的急時雨，滋潤了佟櫻美的心房。女人也是有這個需要啊！感覺真好。

梳粧檯前佟櫻美歡欣的在梳理頭髮、補粧。

曾正洋也忙將相機拉到更遠些以便拍全身照。

佟櫻美已補好了粧。曾正洋手指著牆壁說：「妳肩還是靠牆壁，只是背上面靠牆。右腳腳尖點地，左腿在右腿後面，正面看兩腳疊靠在一起。兩手揹在背後……低頭……頭……稍微向右一點點……」

「我眼睛看哪裡？」

「……嗯……看妳腳尖前面一公尺的地上……OK！就是這樣。」

曾正洋手握「快線」，準備隨時按「快門」。「櫻美，妳真是天才，一說就會，做得很好，不輸演員電影明星。」

「當然囉，說真格的，是你教的嘛！」

「小嘴真會說。好，隨時要拍了，繼續想念妳的夫君……要表現出心靈的空虛難耐，有失落感。」

佟櫻美照要求努力的在做；但是，做不像，還真難。

曾正洋加油鼓勵的說：「妳做得很好，不急慢慢來……表情再誇張一點……一點就好……嗯……想想『昨夜夢醒時』……那難忘的『午夜香吻』……」。

閃光「卡達！」。

「……思君……思君……」

閃光「卡達！」。

「……我的『小妹妹』粉想你啊！……」

佟櫻美格格笑了起來「你怎麼說『這個』嘛！」

「培養情緒，培養情緒，姊姊想夫君當然『妹妹』更想啊！」

「不要這麼說嘛！」佟櫻美撅著小嘴。

「我是故意挑逗妳，拍照也是需要挑逗情緒。放輕鬆一點，拍得就比較自然。好，再來，思君……想啊……想……」

閃光「卡達！」

「不錯嘛！有那個味道了。就是這樣，想想午夜夢醒時的寂寞……空虛難耐……」

閃光「卡達！」、「卡達！」連拍了兩張。

「太好了！再加強一點點……一點點……」

「人家腰好酸。」說著還挺了挺腰。

「放心！馬上就拍完了。待會我們在床上親熱的時候，妳動來動去的腰就不酸了。」曾正洋故意逗她。

佟櫻美嘟著小嘴說：「又—在—說—這—個。」

閃光「卡達！」搶拍了一張。

曾正洋大喊：「抓到了！抓到了！抓到妳的面部表情了」。嘴形像是在說：「夫—君—回—來—了！」說著彎下身抱住佟櫻美膝蓋部位往上抱，高高的舉抱著。曾正洋將整個臉緊緊覆貼在「陰阜」上面。嘴裡呼出的熱氣吐出，穿透薄薄的洋裝和三角褲，佟櫻美頓時感到一股暖流直刺在「陰部」凹處，溫暖、刺激而舒服。當然，曾正洋亦從「鳥巢」中吸取了芳香精華也得到了回饋。

舉抱吐納動作持續了數分鐘才放下。倆人都面紅耳赤非常的「性」奮。曾正洋用手拂理了下額頭的頭髮，然後說：「今天的拍照ＯＫ！結束收工。」

佟櫻美終於鬆了口氣，雀躍地拍著手，小嘴叫出「好耶，」。一是被完美主義的曾正洋拍照擺佈、折騰了一個下午，這會兒「如釋重負」；再就是又到了"Happy time"當然很「性」奮。

可能是今天拍照擺pose的關係，佟櫻美浴罷，著了條三角褲，對著梳粧檯的大鏡子在做自我表演。凝望鏡中的自己搔首抬眼；一會兒惦腳挺胸作「前凸後翹」的模樣；一會兒又對鏡「杏眼圓睜」裝可愛的樣子。不時用舌尖舔著上下嘴唇看鏡裡自己的身材曲線；並且點了點頭，像是很滿意自己的身材。

也許是房間的燈光幽暗地毯無聲，沒發現浴室出來的曾正洋已悄悄地走到了身後。佟櫻美正望著鏡裡的自己入神。忽然發現鏡裡多出了一個人，本能地「啊！」叫了一聲，嚇得「花容失色」。

轉身見曾正洋，就緊緊的抱住，像少女接受了委曲似的打著曾正洋胸前說：「你嚇死我了！走到身後也不出一點聲音。」

曾正洋陪笑的說：「是妳看鏡子看得太入神了。這已經是第二次了；上次在『王子飯店』妳也被嚇到了。」然後看著櫻美上下打量，點了點頭說：「嗯！妳好像是有自戀狂！」

「不要這麼說嘛！人家是自我欣賞嘛！」佟櫻美故意阿著嘴巴說。

「妳想『孤芳自賞』啊！」

「是……跟你……共賞嘛！」佟櫻美話隨風轉舵。

「好，我們『共賞』，現在還要『共享』……。」一個「餓虎撲羊」抱起佟櫻美轉身雙雙倒在床上，倆人糾纏在床上一陣狂吻。曾正洋堅硬的「小弟弟」早已耐不住，直挺挺的頂槓在「陰阜」凹口上，不停的磨擦，就像是兩條蚯蚓捲在一起曲動。

小玩之後，曾正洋手指在「小肉縫」上輕輕摸了摸，小蚌蛤吐了很多水；三角褲底已是滑溼溼的。曾正洋將三角褲脫了下來，平平整整的放置在床邊的小檯几上風乾。

佟櫻美躺在床上，兩腿伸直，見「陰阜」上一團烏黑很是撩人。曾正洋一個小翻身就坐床中央，兩手掌握住佟櫻美的腳踝就輕輕的往屁股推；並將兩腿叉開成「大」字形直到兩腿垂直。只見「小蚌蛤」紅通通、熱鼓鼓的張開了小嘴；「肉縫」中還吐露著小肉芽哩！真是太美了！「櫻美啊！妳天生一個漂亮的『小妹妹』，這是上天獨厚妳啊！」

「大家嘛『港況』！」

「當然不一樣！看似差不多但是還是有差別啊！」

「哪裡不一樣？」櫻美天真地問說。

「女孩子的『妹妹』有大小厚薄平凸之別。」

可愛的佟櫻美小嘴「噢！」了一聲。

曾正洋笑笑的問說：「妳的『妹妹』屬於哪一種知道嗎？」

「我哪知！」

「當然妳不知道，妳是女生嘛！」

佟櫻美瞪大眼睛望著曾正洋笑說：「那你一定有跟很多女人來往過，所以才會那麼清楚。」

曾正洋急忙解釋說：「沒有啦！是書上看的；有些是朋友聊天說的。知道嗎！妳的『妹妹』是屬於『小而凸不厚不薄』那種，是最漂亮、最好的『妹妹』。千百個女孩中難得有一個啊！」

可愛的佟櫻美小嘴又「噢！」的叫了一聲，微紅的臉上充滿了歡悅。

曾正洋背靠著床頭，摟抱佟櫻美的頭溫柔的說：「櫻美，講個故事給妳聽，也不能算是故事，是真有其事。是以前聽一位老先生講的；他說，以前在大陸有些地方，女孩子到了十一、二歲開始發育的時候，媽媽會叫她們『坐罈子』。什麼是『坐罈子』？就是在家裡比較隱密的地方在地上放一個罈子，如裝酒的酒罈大小。女孩子脫下褲子將『陰部』坐在罈子口上面。罈子口大小直徑約三吋左右，坐在上面，『陰部』剛好和罈子口緊緊的密合。女孩子的『陰部』因身體坐在罈口的重量和地心引力的關係，整個就凸垂在罈口下，讓整個『陰部』充血而臌大。如此天天坐在罈口上面，坐久之後，女孩子的『陰部』就會變得『臌』而肥美，這就是女孩子『坐罈子』。因為這是有計劃長期『坐罈子』來培養壯大女孩子的『陰部』，所以『坐罈子』又叫做『養B』。

現在妳明白了吧！」

佟櫻美覺得有些「不可思議」半信半疑的。

曾正洋在佟櫻美的額頭上輕吻了一下說：「我剛才說的女孩子『坐罈子』，雖然是『養B』養得很凸美，但畢竟是後天練出來的，是人工養成的；而妳的『B』是天生的、自然的。妳是自然美，很珍貴啊！」

可愛的佟櫻美聽了，羞澀歡悅的在曾正洋懷裡扭動了一下身體；嘴裡還很小聲的「嗯！」了一聲。

曾正洋樂呵呵的說：「櫻美啊！妳有肥美的『B』，我有口福咧！是我在享用啊！」

可愛的佟櫻美忽而抬起了伏在曾正洋胸前的頭，羞紅如蘋果般的臉眼睛瞪著曾正洋，揚手一記小粉拳捶落在他的胸口。佟櫻美小嘴上門牙還咬著下嘴唇哩！模樣可愛極了！

曾正洋滿臉「性」奮，雙手托著佟櫻美的臉頰笑瞇瞇的說：「我現在要吃櫻美鮮嫩的罈子肉囉！」

「迫不及待」的佟櫻美「嗯」字還來不及出聲，小嘴巴已被曾正洋的大嘴整個給含包住了。

曾正洋與佟櫻美開始儘情的享受倆人專屬"Happy time“。

「妳歡我愛」呀！

5 教授們陽明山「中秋夜宴」

佟櫻美和佟欣麗在五樓加蓋的鐵皮屋忙著趕工。

「櫻美，邱老闆這次送來的衣服超難做又超難改，我怕……改壞了賠不起。」佟欣麗沒自信的說。

「『沒法度』！好改難改都要改；這幾件妳放著，我來改；妳改別的吧！」佟櫻美交待說。

「可是邱老闆這批衣服趕著要，後天就要來取貨；妳一個人趕得出？」佟欣麗著急的說。

佟櫻美笑笑：「沒關係，說真格的，大不了今晚加班。」

「拜託！今晚是中秋夜，苗主任跟我們有約啊！」

「我當然知道。可是做我們這一行，客人第一，客人什麼時候要，我們就什麼時候交給他。苗主任他們的約會妳去就行了。」

「忙不過來還要我去，可是……」

忽然電話鈴響。佟欣麗忙接電話，嘴裡唸道「來了」。

「喂……苗主任您好……」

苗主任電話裡說：「……今晚中秋夜，晚上在陽明山招待所有個 party，四點在臺大校門口集合，有車上山。妳和妳姊姊小佟一起來。」

「苗主任，可是我們今天很忙，要趕工作……可能沒辦法參加……。」

「哎！先擱一邊，中秋佳節，輕鬆一下。我們事先約好的嘛！今晚有很多教授參加這個餐會。大家見面認識、認識，吃吃飯，聊聊天。記住，叫小佟一起來。」

「苗主任請等一下，我問問櫻美看她的意思……。」

「不用問了！妳們趕快準備，四點臺大校門見……對了，上回妳們見過的賁主任，他還特別交待，指名小佟一定要來。記住！」苗主任語帶命令說。

「那……」

「好吧！就這樣了，記住，四點臺大校門口見。」苗主任說完就掛了電話。

佟欣麗急說：「櫻美，他們要我們倆個一定要去！」

「是誰？去哪裡？」

「苗主任啦！陽明山招待所；今晚有個 party，四點在臺大校門口集合坐他們的車上山。」

佟櫻美放下手上的衣服問道：「是什麼 party？」

佟欣麗搖搖頭說：「不知道哩！大概是吃吃飯唱唱歌什麼的。」

佟櫻美望著工作檯上的一堆衣服說：「可是有這麼多的衣服要趕工呢！」

「沒辦法，我也是這麼告訴他的啊！可是，苗主任一定要我們倆個參加。」佟欣麗解釋說。

佟櫻美想了想無可奈何說：「衣服回來再趕吧！」

於是倆人放下了手邊的工作，到小房間換衣服。十餘分鐘後，佟櫻美著白色短袖（袖口紫紅色滾邊）上衣，紫紅色大花短裙，輕盈而淡雅。佟欣麗則換上桃紅色小方格連身衣裙，鮮艷亮麗。鎖好房門，倆人匆匆下樓，搭乘公車趕往臺大校門。

坐了一個多小時的公車來到了臺大校門口。

靠新生南路邊，停了一輛九人座休旅車。

苗學強和賁世民正在車門口交談；另外還有三、四位教授坐在車上。苗主任見佟櫻美、佟欣麗向她們招手，倆人走到車旁。

苗主任笑臉相迎說：「歡迎我們美麗的姊妹花。」

姊妹二人向教授們點頭打招呼。

賁主任目光掃了一下車上的人說：「苗兄，大家都到齊了，我們上車吧！」

於是車外的人魚貫而入上了車。苗主任開車，賁主任坐旁邊。佟櫻美、佟欣麗坐後排。

休旅車開動，駛往陽明山招待所。路經新生高架橋、圓山、中山北路、士林官邸直上仰德大道往陽明山。

車行約四十餘分鐘到達陽明山湖山路「招待所」。

「招待所」位於湖山路旁，近陽明山公園停車場。由路邊沿石階步道而下折兩三個彎道，約兩三分鐘腳程。

「招待所」為一黑瓦木板平房建築。獨棟，為日據時代所建。雖歷經漫長歲月的風吹雨打，但維護完整無損。屋宇四週花草樹木茂盛，空氣新鮮，環境優美。遠離了都市水泥叢林的塵囂。

「招待所」前有小院，視野遼闊，可眺望華岡、北淡、觀音山一帶。室內面積寬敞，地坪為日式「塌塌米」。一大廳三小房，設有溫泉衛浴，與一般民舍住家相同。原為校方招待外賓之用；後改為教授員工度假休憩場所。

一行人走進了「招待所」大廳。廳內中間有一大圓桌，已坐了四、五人；其中有兩位小姐。桌上已擺滿了菜。

為免於污染與寧靜，「招待所」無炊設置。因此，餐會菜餚飲料全是經由餐館外送。

苗主任向在場人介紹佟櫻美、佟欣麗說：「這是佟櫻美小姐，是姊姊，叫她『小佟』就可以；旁邊是佟欣麗小姐，她是妹妹。」

大家拍手歡迎。

在坐的教授，佟欣麗大多認識，吃過幾次飯。但是佟櫻美除了苗主任和賁主任葉教授見過一次面外，其他的人都不認識。

「請坐，請坐，嗯……我看……妳們姊妹還是分開來坐……欣麗坐苗主任旁，小佟就……就坐在賁主任旁好了。這樣在座的四位小姐就像插花一樣隔開來坐。這叫做『雨露均沾』啊！各位意下如何？」一位身材較高的教授說。

「吳主任，您安排就是了。」大家附和著說。

最重要的小姐們座位安插好了，就算是底定了。

賁主任以主人的身份說話：「先敬祝各位中秋佳節愉快！謝謝各位的光臨。很難得在中秋佳節大家齊居一堂會餐。感謝苗主任和楊教授二位提供的洋酒。待會，各位請儘量的喝；今晚大家喝個痛快，不醉不歸。同時我們也要謝謝在座的四位年輕漂亮小姐光臨！使今晚的聚會生色不少。

美中不足的是，本招待所，因為環境優雅寧靜，為了不破壞優雅的氣氛；因此本招待所在規劃設施之初，就沒有卡拉OK的設置。所以無法讓大家在酒興之餘能夠高歌一曲，感到很抱歉！不過，今晚的菜餚非常的豐盛，也準備了很多的酒，大家可以開懷暢飲，喝個痛快！我舉杯向各位敬酒，我先乾為敬。（一飲而盡）……謝謝！」賁主任說完坐下。

大家報以熱烈掌聲。

「大家請用菜，請——」賁主任比了個手勢。

於是大家用菜。苗主任邊吃邊為佟櫻美、佟欣麗一一介紹在坐賓客。

苗主任由右手邊逐一的介紹：賁主任，妳們認識，上次見過，右邊這位是楊教授、再來是吳主任、林小姐、陳教授、欣麗見過，梁教授、右手是蘇小姐、胡教授、張教授、欣麗也見過，旁邊是黃教授和葉教授；見過的。」

佟櫻美、佟欣麗站著一一向教授、小姐含笑點頭打招呼。介紹完二人坐下。

苗主任向佟櫻美、佟欣麗說：「漂亮的姊妹花，來，跟大家敬酒啊！」

「佟櫻美她不會喝酒。」佟欣麗連忙解釋。

「沒關係，喝一點點意思意思就好。」苗主任說。

倆姊妹起身向大家敬酒。「敬各位教授、小姐。」佟欣麗兩手托杯一口喝光；佟櫻美只喝了一小口。

「小佟，乾了嘛！一小杯沒關係的，妳妹妹都乾了。」賁主任語帶命令說。

「賁主任，我真的不會喝酒。」佟櫻美急忙解釋。

「沒關係的，剛開始的時候在座很多教授也都不會喝酒，喝酒也是要慢慢練的。第一杯酒總是要乾的嘛！喝醉了我送妳們回去！」賁主任隨口說說。

佟櫻美無奈，只好舉杯說：「我敬各位」將手中的大半杯酒喝光，喝完面帶苦澀的表情。大家拍手。

「這就對了嘛！欣麗，妳要多喝些，我知道妳能喝，妳沒問題，要多表現表現啊！」賁主任又在命令式的說。

「謝謝主任，我會盡量喝。」佟欣麗畢恭畢敬說。

「來，來，光顧到說話，各位請用菜，來，請——。」賁主任夾了口菜，大家跟著夾菜。

賁主任接著揀了一口菜放進佟櫻美小盤裡，親切的說：「小佟，趁熱的吃『干絲炒肉』味道不錯。」

「謝謝！」佟櫻美夾了一口送進嘴裡。

賁主任喝了口酒，吃了口菜在嘴裡慢慢的嚼。「小佟，上次我們見面後，到今天差不多有半年了吧！」

佟櫻美想了想說：「上次好像是在去年的十二月，我記得那天很冷，到今天已經有九個多月了。」很認真的回答賁主任的問話。

賁主任很驚訝的說：「時間過得真快啊！轉眼都九個月了，我還以為是半年，哈哈！我的腦筋不好，來喝酒！」賁主任拿起酒杯，喝了一口。

佟櫻美雙手托杯，小喝了一口。

賁主任繼續說：「這中間，我們舉辦了兩三次的聚會，妳沒來，大家都很失望，欣麗都參加了。」

佟櫻美解釋說：「我知道，欣麗都跟我說了。很抱歉！說真格的，因為工作忙，每天都在加班趕工作，有的時候做到晚上十一、二點鐘。」

賁主任吃了口菜。「小佟，吃菜。」

佟櫻美夾了一口菜送進嘴裡嚼著。

苗主任在餐桌對邊笑笑的說：「賁兄，欣麗告訴我說，小佟，這一兩年的確很忙。所有的工作大半都是由她一肩挑起，每天忙裡忙外的。」苗主任為佟櫻美緩頰說。

「看吧！苗主任在替妳講話。這叫做『路不平旁人踩』啊！咯咯……小佟，趕快敬苗主任啊！」

佟櫻美舉杯向苗主任敬酒。

賁主任接著說：「工作忙沒有錯，但是身體也要注意啊！不能為了工作而忽略了健康。希望妳常常參加我們的聚會，放鬆一下自己。」

「謝謝主任的關心，有空我一定會參加。」

胡教授點點頭說：「佟小姐，賁主任說得對，自己的身體最重要，健康第一。健康的身體是『萬事之本』啊！歡迎妳常來參加我們的聚會。佟小姐，我敬妳！」胡教授一口將杯裡的酒喝光。

佟櫻美雙手端杯喝了一點點說：「謝謝教授，我會的。」

這時對面的黃教授端著酒杯說：「各位！今晚是中秋夜，大家歡聚一起同享『杯中之物』，還有美麗的小姐作陪同歡，也是人生一大樂事。我們不是『酒食徵逐』的在一起飲酒歡樂；主要的是以酒會友，以友益己。並藉此來增進彼此間的友誼。」

賁主任舉杯說：「黃兄，說得好，我們不是讌飲，是促進友誼。乾啦！」隨即一口乾了杯裡的酒。

黃教授亦乾杯。隨手又斟滿了酒杯說：「謝謝賁兄，今晚大家能齊坐一堂喝酒，拜賁兄所賜。講到喝酒，讓我想起周禮天官上記載有『三酒』。什麼是『三酒』？就是將喝酒分成三種，分為『事酒、昔酒、清酒』。『事酒』就是有事而喝酒；像婚喪喜慶、交際應酬等。『昔酒』就是沒事而喝酒；如一個人喝悶酒，最傷身體，不好。『清酒』是祭祀的酒。如拜神祭祖的酒。哪有人問我們今晚喝的是什麼酒？我跟各位報告，我們喝的是『中秋月夜酒』。我敬各位！乾！」黃教授兩手舉杯而乾。

賁主任舉杯說：「為『中秋月夜酒』大家乾杯！」

大家舉杯同乾。繼續吃菜聊天。

坐在賁主邊的楊教授這時也舉杯邀佟櫻美喝酒。

佟櫻美雙手舉杯，喝了一點點，說了聲「謝謝！」

賁主任忽然哈哈笑了起來。「小佟，妳們不知道啊！楊教授酒量好得很，千杯不醉啊！妳們姊妹倆要多多敬楊教授酒啊！哈哈……。」

楊教授合手作揖的說：「賁兄，愧不敢當！我喝酒是有膽無量。講到喝酒，在坐的人誰人不知、無人不曉，賁兄才是酒國英雄啊！我是『小巫見大巫』相形見拙；怎敢跟賁兄相提並論啊！」

大家哈哈大笑。

苗主任見狀忙說：「你們兩位都別客氣了。賁主任、楊兄酒量都好的很，都是海量。」

賁主任笑了笑說：「謝謝苗兄誇獎，我哪是什麼海量。哎！我不識酒為何物？只是把酒當水喝。哈哈……」。言下很得意。

楊教授豎起大姆指稱讚道：「了不起啊！真是了不起啊！賁兄以酒當水喝，不是海量是什麼？」呵呵呵笑。

苗主任接口說：「楊兄說得是，以酒代水，這還用說，當然是杯中物之王，是酒王。」

大家附和說對！對！

賁主任目光掃視了大家笑說：「真不好意思，各位高估了我。酒王有像我這等身材的嗎？我身體瘦小，肚子能裝多少酒？哈哈……」沾沾自喜地。

楊教授搖搖手說道：「賁兄，此言差矣！」

「怎麼說？」賁主任不解。

楊教授拿起了酒杯笑呵呵說：「賁兄，『酒有別腸』啊！」說完喝了口酒，將酒杯放桌上。

「喔！」賁主任有點驚訝。

楊教授點點頭說：「在十國春秋這本書裡記載『閩主曦謂周維岳說：岳身甚小，何飲之多。左右的人就說了：酒有別腸，不必長大。』這句話不就明白告訴我們說酒量的大小，是不可按常理而論的。」說完呵呵笑了起來。

大家點頭稱是。

賁主任笑笑的說：「楊兄博學，所言甚是。也許我是例外吧！」於是舉起酒杯一口乾了。

楊教授跟著也呵呵笑了起來，將杯中的酒乾了說：「我這叫做『酒入舌出』，喝了酒話多啊！」

大家跟著舉杯喝酒。

賁主任將酒杯斟滿說：「說實在，酒這東西確實讓人著迷。俗話說：『酒可陶情適興兼能消愁，三杯五盞樂悠悠』。男人啊！只要『黃湯』三杯一下肚，就酒言酒語的胡說八道。尤其滿嘴離不開女人品頭論足的。對男人來說酒跟女人可以劃上等號啊！哈哈……」

對面的張教授興緻勃勃的說：「賁兄，不掠人美。談到女人，在坐的最有心得非兄莫屬了。」

大家紛紛點頭頗有同感。

賁主任喝了口酒、吐了口酒氣自傲的說：「說我對女人有心得，那是抬舉我。說穿了，我只不過是稍為瞭解一點女人的心裡而已。向來我就把女人當做是一件藝術品仔細的欣賞；並且細心觀察；並試著接觸瞭解她。」

張教授大悟：「賁兄，真了不起啊！您這是『即物窮理』，是求真的精神嘛！」

賁主任搖搖手笑說：「那還不夠，這還得要做功課。『書』是最好的老師啊！哈哈……」

張教授望了望大家說：「賁兄，原來如此。」

賁主任又哈哈笑了起來忙說：「各位！菜都快涼了請用菜！這道東坡肉口味很好啊！肚子愈餓愈好吃，不能飽了肚子再吃啊！哈哈！各位請嚐嚐。」

張教授夾了一口菜送進嘴裡嚼著。笑嘻嘻的說：「賁兄，『飢不擇食』，肚子餓了什麼都好吃啊！」

賁主任望了望在座的四位小姐笑著說：「張兄，『飢不擇食』，小心吃壞了肚子；有美食，當然是要挑著吃啊！哈哈……。」邊笑邊望著佟櫻美。

大家哈哈大笑。

教授和小姐們喝酒的喝酒，吃菜的吃菜。

「吃美食，吃美食。」楊教授一邊唸一邊夾了一口菜送入口裡；然後呵呵的笑了起來。

張教授喝了口酒微微點了點頭向賁主任意有所指說：「賁兄，說的不錯，美食是要挑著吃。此話儘在不言中。我看兄臺『醉翁之意不在酒』啊！」

賁主任手掌輕輕拍了一下桌子點頭說：「『英雄所見略同』嘛！」。彼此，彼此，說完哈哈大笑。

大家也都笑了起來。

賁主任端起酒杯嚷說：「各位！別顧到講話，喝酒，喝酒，用菜，用菜，」隨即將手中的酒乾了。

大家也都乾了杯中酒。忙著夾菜吃。

賁主任看了看四位小姐說：「美麗的小姐們，喝酒啊！今晚妳們是佳賓。放心，喝點酒無妨。喝酒！」

小姐們不好意思端起酒杯在嘴唇上碰了碰。

「賁兄，苗兄，謝謝兩位；今晚大家坐在這裡喝酒談笑；還有四位『如花似貌』的水姑娘作陪，這叫做酒色雙全。非常感謝兩位的用心安排。」胡教授邊吃菜邊誇讚的說。

楊教授也附和說：「對，對，都是賁兄和苗兄的細心策劃。今晚『中秋夜宴』菜餚豐盛，小姐秀美，酒色絕佳啊！讓大家『食指大動』。」微張著嘴呵呵呵笑。

賁主任揮揮手自謙的說：「哎！準備不足，招待不週。這些菜色只能算是『飯糗茹草』。各位將就的吃。嗯……四位美麗的小姐倒是『秀色可餐』哈哈……。」

「這是賁兄和苗兄最了解女孩子，深得女孩子芳心，才能有巧安排啊！」楊教授興奮又呵呵笑了。

賁主任帶著幾分酒意很得意說：「剛才我說過要了解女人，書是最好的老師。前些時候我看了一本書。這本書名叫『姑妄言』。這是清朝雍正時曹去晶寫的；曹去晶是何人我就不多說了。我講重點，『姑妄言』還是我國色情小說的鼻祖，也是我國第一本性文學長篇小說。曹去晶為何取書名為『姑忌言』？他說世人以妄為其或是以其為妄；原因就在此。書中對男女性事寫得很細膩，很精彩。如男女同性戀、一男多女或一女多男；什麼淫僧、淫婦、淫婢；更有意思的還有人狗交、人驢交、人猴交……等都有很詳盡的描述。『姑妄言』這本書裡談到了女人美的標準。當然包含了女人外在的美以及較露骨的內在美。書中談到女人美要：『體滑如脂，骨溫如玉，上口似櫻桃，下口包含紅芍藥，橫唇如赤豆，直唇微露紫雞冠。』這幾句話將女人的體膚、器官、形狀、大小比喻得恰到好處，描寫得非常細膩入微。」賁主任說著，用眼光掃瞄了在場的四位小姐。小姐們當然也都不好意思微紅著臉。

賁主任接著說：「我還在另外的一本書上看到一段談論一個好女孩，也就是所謂的美女必須具備的三個條件；其中的一個條件就是宜小；另外兩個是宜瘦、宜嬌怯。宜小指的就是女孩子的嘴巴要小，如櫻桃小嘴。還有女孩子下面的『東西』也要小。要小巧秀氣，不能大。這一點跟『姑妄言』書裡所說女人美的標準，這兩本書看法相同，脗合，可說是『英雄所見略同』啊！」說完，賁主任看了佟櫻美一眼。

佟櫻美羞紅著臉很不自在。

賁主任微微的點點頭笑笑的拿起酒杯喝了口酒。

張教授聽得很入神，笑了笑說：「書上寫的都美化了；在現實生活中，哪會有這種女孩子。就算是有的話，也是『鳳毛麟角』少之又少啊！」

賁主任搖搖頭說：「話雖然這麼說，但還是有很多擁有好『東西』的女孩子。」賁主任眼光又掃了佟櫻美一眼。接著又說：「其實只要看女孩子的嘴型、大小、弧度和嘴唇的厚薄、顏色，就能夠知道女孩子下面的『小嘴』了。準得很，八九不離十啊！」賁主任色瞇瞇的述說。

張教授佩服的說：「想不到賁兄功課做的很深啊！了不起！了不起！」

賁主任搖搖手說：「哪裡！哪裡！過獎了。雕蟲小技不足掛齒啊！」

賁主任喝了口酒接著又說：「在『姑妄言』這本書裡，另外還有一段描述女孩子下面的『東西』，寫得很生動、很精彩。」

苗主任眼睛為之一亮問說：「怎麼說？」

賁主任色瞇瞇的眼睛飄了下四位小姐說：「書中對女孩子下面的兩片唇唇的描述是：『……兩片肉蓮蓬，小花心吐縫中，光乍乍形如蚌，奇珍易逢，名花易逢，羨他此竅誠難夢，鼓蓬蓬，想嚐異味，須得入其中。』」賁主任如朗讀古書般的流暢押韻。

苗主任聽後，吸了口氣，徐徐吐出說：「形容得真是恰到好處啊！」

張教授也興奮的竟然拍打著手掌說：「妙啊！妙啊！真是說得妙啊！」張教授本性自然的流露；可謂人老心未老。

四位小姐聽的個個紅著臉，不好意思的面帶尷尬。

賁主任哈哈大笑的說：「各位請注意！不要忘了這段話的精髓，在最後的兩句『想嚐異味，須得入其中。』……各位要知道，女孩子的『東西』再好，還得要親身深入裡面體會，才能品嚐到異味啊！哈哈！」賁主任色瞇瞇的眼睛又飄了佟櫻美一眼。

佟櫻美又是一陣臉紅，顯得混身不自在，如坐針氈。

這時候，張教授兩眼笑成了一直線。「嘿！想不到賁兄在這方面還蠻有研究，蠻有心得嘛！」教授們交頭接耳的談論著，個個眉飛色舞性趣盎然。

賁主任又喝了口酒，嘴裡徐徐吐出了一股酒氣，臉上表情忽然變得較為嚴肅說：「各位！可別太『性』奮。要知道；書中還特別提到了一點，在這裡提供各位參考，請注意聽。書上這段話是這樣寫的：女人下面的小嘴……形如淡菜，有肥瘦大小毛光不等。雖微有小異，其形總一。性鹹有微毒，少服令人陽不元，常服則多嗽，多服則體弱成虛怯症不治。……野產者味極佳，有大毒，恐有殺身之禍……。請各位稍須注意。」

四位小姐聽得面紅耳赤面面相覷。

張教授的一線眼，此時也變成了杏圓大眼。「賁兄，該不是『危言慫聽』吧！」

不愛說話的葉教授亦附和說：「恐有殺身之禍，此話言重了。」

賁主任忽又語帶輕鬆笑著說：「張兄、葉兄，我不是在嚇誰！書上的確是這樣講的。大家心裡都很明白，這種事，說歸說，做歸做。沒聽過『願為牡丹花下死，做鬼也風流。』這句話？哈哈……」。

張教授望了賁主任一眼諾諾的說：「我也曾經看過一首詩，一共四句，後兩句是這樣寫的『風流早死沒人憐，牡丹花下名空得』。值得嗎？」

賁主任搖搖手像是在做結論說：「唉！這是每個人所追求的目標不同，價值觀當然也就互異。有人連大好的江山國家都可以放棄，只愛美人，那死又算得了什麼！古今中外的例子不勝枚舉。例如：我國古代有名的唐明皇鍾愛楊貴妃；五代南唐國君李後主李煜，他除了文采好外，他愛大、小周后。又如外國像英國有名的溫莎公爵，他也就是愛德華二世，不愛王位，只愛茲普森沃麗斯；又如荷蘭的第二王位繼承人安弗裡索和瑪貝爾等，都是『不愛江山愛美人』的例子。大家也都知道連出生入死戰柄輝煌的英雄也難過美人關啊！哈哈……」。

張教授聽後倒也寬了心。微微點著頭笑笑的說：「賁兄『博學多聞』，你閒書看得還真不少啊！」

賁主任得意地笑說：「哪裡！哪裡！是張兄說得好。宋真宗，勸學文書上不是寫的嗎！『娶妻莫恨無良媒，書中有女顏如玉』啊！哈哈……」

大家也哈哈笑了起來，小姐們不言不笑呆坐椅子上。

賁主任舉杯向大家敬酒「敬各位！乾啦！凡書開卷有益哈哈……乾……」

教授們舉杯喝酒。四位小姐祇是酒杯碰碰嘴唇。

黃教授酌飲了一口酒嘴巴哈著酒氣說：「講到玩女人，說穿了，哪個男人不風流？有幾個真是『書中有女顏如玉』？社會上偽君子多得是。利用職權或是工作之便藉故親近誘使玩弄漂亮小姐的人，比比皆是。」

梁教授高抬著雙手輕輕拍著說：「說得好！孟子的門生告子說過『食色性也』。人愛好美食和喜愛女色是人的本性。一語道破了男人貪愛女色的心裡。」

黃教授也微微地點了點頭，頗有同感；將手中杯裡的剩酒一口喝光，吁了一口酒氣說：「男人啊！一生中身邊少不了有個『紅粉知己』才不虛此生。這也是需要的，人生嘛！重要的是人不能『忘本』。家裡的妻小總是要照顧好才行啊！這就是西洋『理則學』上三段論法所講的，只要大前提正確，小前提即使有錯誤，結論還是正確的。」

梁教授點點頭笑道：「黃兄說得好啊！」

對面的張教授湊熱鬧說：「各位都知道臺灣有個玩女人的專家也是大玩家，名叫ＸＸＸ。玩女人就是他的工作；也是他日常生活的全部。為了方便玩漂亮的美女，曾經千方百計的當上了中國小姐選美會的會長。平常就乘坐他那輛白色像條蜈蚣似的『勞斯萊斯』加長轎車，在大街上晃來晃去到處獵艷尋找年輕漂亮美眉。雖然說他沉迷女色遊戲人間玩世不恭；但是玩女人確有他獨到之處。他玩女人的名言是：『攘外先要安內；零存不必整付；喝牛奶不需養條乳牛。』話講得有道理啊！值得大家參考借鏡。」

黃教授豎起了大姆指誇讚的說：「有道理，遊戲規則訂得太完美；ＸＸＸ不愧是玩女人專家。」

教授們也都頻頻點頭。小姐們像蚊子般靜悄悄的。

這時，賁主任舉起了酒杯說道：「諸位，諸位，不要忘了酒跟女人是等值啊！都是男人的最愛……哈哈……喝酒！喝酒！」說完隨即將手中的酒喝乾。

大家也都舉杯喝酒。小姐們拿起酒杯做做樣子。

賁主任望了望四位小姐說：「美麗的姑娘吃菜啊！不要客氣。」說著又斟滿了酒杯就一飲而盡，手拿著空酒杯接著又說：「如果男人在外『逢場作戲』單純的玩女人還好，怕的是遇到了『紅粉知己』一頭就栽進了女人的裙子裡談感情，可就昏了頭。既不瞻前更不顧後，為了女人什麼事都做得出來，往往是不計後果的。更無視別人的眼光和勸告。說到男人喜歡玩女人，這也不是那個男人的專利，誰都可以，人人都會玩；只是各有各的玩法和玩的方式和巧妙不同而已。自古以來尤其是那些文人墨客雅士，生活中總是離不開女人；當然女人也是離不開男人（眼睛瞄了佟櫻美一眼）。歷史上漢朝時的卓文君與司馬相如的故事，大家都耳聞能詳。卓文君是個了不起的女人。她不但文學好，音樂的造詣高。不僅如此，她還長得很美，是個大美人呢！史書上稱她『面目皎好，眉色如望遠山，臉際常若芙蓉，肌膚秀滑如脂。』司馬相如也是位大辭賦家，才華橫溢。他知道卓文君多才多藝，對琴藝也頗有研究。為了得到她，於是就用了一計，叫做琴心挑；親彈奏了一曲『鳳求凰』。這是古代時候男女挑逗的情歌曲。卓文君聽後，芳心大動，於是私奔投入了司馬相如的懷抱。司馬遷的『史記』和班固的『漢書』，這兩大著作裡，都記載了這段羅曼史生動感人的故事。雖然故事情節上有些戲劇化，但不失傳為千古風流佳話。」

陳教授語帶酸葡萄插嘴道：「可別忘了，史上寫卓文君十六歲嫁人為妻，十七歲就死了丈夫，成了寡婦。雖是個才貌雙全的美人兒；畢竟被人開苞用過了；還有什麼可稀奇的啊！」

賁主任臉上泛著酒氣瞅了陳教授一眼，笑了笑說：「陳兄，寡婦有什麼關係？寡婦就不能再嫁嗎？再說女人被男人用過又何妨？只要女人長得美，『東西』好，當然稀奇啊！我國歷史上第一美女西施這個大美人，在越王勾踐為吳所敗，因為吳王夫差好色，於是被越王勾踐用美人計將西施獻給了吳王夫差。吳王抱著西施這個大美人日日春宵，以致最後送掉了江山。吳國滅亡後，西施老情人范蠡，照樣捧著西施這位『殘花敗柳』當寶，還『甘之如飴』呢！所以說，這檔子事，只要喜歡就好；用過沒用過並不重要。我說陳兄，你思想迂腐，患有觀念上的潔癖啊！」

大家哈哈大笑。四位小姐則靜靜坐著。

陳主任皮笑肉不笑微微地點著頭嘴裡還嗯嗯了兩聲，像是心裡有著幾分不服氣的味道。

好色又好酒的賁主任又舉起了酒杯，示意大家說：「喝酒，喝酒。」一口氣將杯裡的酒乾了；一對色瞇瞇的眼睛還盯著佟櫻美看；就像是要把佟櫻美當作下酒佳餚，恨不得一口吞進肚裡才甘休。

賁主任猙獰的嘴臉讓佟櫻美很不舒服。但是又能如何？

賁主任放下了手中的酒杯，接著又說：「剛才講得是文人愛美女，當然身經百戰的軍人也不例外。常話說『英雄愛美人』，這話講得不錯；但是『英雄難過美人關』這才是重點。現在我講個『武』的，舉個武將例子。（說著面朝陳教授）陳兄，我要講的例子中美女也是被人用過的。（哈哈！）（大家也跟著大笑）。三國時有位武功蓋世，過五關斬六將，人稱美鬚髯的關羽。也就是『家喻戶曉』的關公。別看他沙場殺敵威武勇猛，為曹操下的一員猛將，可是見了美女就難過了。他曾經看上呂布一個部屬的妻子杜氏，見其貌美迷人。關羽曾三番幾次向曹操要求，希望能將杜氏這個美女納為己有。但始終卻未能如願。也就因為如此，反而便宜了曹操。讓曹操霸佔杜氏據為自己享用。這件事令關羽大失所望，懊惱萬分。可見關武聖也是非常鍾愛美女，難過美人關。再舉個近一點的例子，也是『武』例子。二次大戰日本嚇嚇有名大家熟悉的海軍大將山本五十六，他也是日本偷襲美國珍珠港的策劃者。山本身材很矮小，我沒記錯的話，他身高大約只有五尺二寸半（用手比了比自己）跟我差不多高。（大家哈哈大笑。賁主任自己也笑了出來）他這個人既愛賭更愛美人。他的愛賭，我就不多說了，我只講他愛女人這方面。他二十八歲在艦隊當預備參謀的時候，就跟一個十六歲未成年的小嫩草，見習藝妓小女孩打得火熱。就是我們現在所講的談小戀愛。有意思的是，山本還常常揹著小女孩去買餅糕水果。山本這不是『老牛吃嫩草』嗎?後來他認識了河合千代子，也是個藝妓。算是山本人生中的紅顏知己，那時候山本已結婚。他和千代子相交了很久，直到山本在一次視察前線時，被美國截破密碼座機被擊落而殞命為止。山本身為軍人和千代子聚少離多。但書信往來頻繁。信中寫得情意綿綿肉麻兮兮。信中也常寫到『百萬雄兵猶可破，一雙纖手竟難防』；還有什麼『男人推動天下，女人推動男人』的辭句。看不出山本這個人粗中有細；對女人也蠻信崇。這就是所謂的『英雄難過美人關。』哈哈!來來吃肉喝酒，吃肉喝酒！」眼睛又飄了佟櫻美一眼，心中還真想咬她一口。

苗主任聽得「心花怒放」，笑嘻嘻說：「美女，美女，不但使男人生活多姿多采；而且更能豐富人生。有了美女，還能激發男人的事業心、企圖心和鬥志。所以說美女可說是男人的一劑大『補帖』。」

苗主任和賁主任何來是「秤不離鉈，鉈不離秤」。玩女人哼哈一組「麻吉」得很。

賁主任望著苗主任笑笑點頭說：「苗兄說得好啊！我看你最需要補補啦！（目光掃了下四位小姐）苗兄，莫忘今宵，今晚就來個大『補帖』補補如何啊！」

大家起鬨說「有美女在座，當然得補補啦！」

苗主任被大夥捉弄得啼笑皆非，臉孔脹得通紅。

賁主任解圍說：「各位，喝酒，喝酒，英雄都難過美人關，彼此，彼此啊！」

教授們相互舉杯喝酒談笑。

這時梁教授右手指輕打著桌面。忽而感慨的說：「英雄都難過美人關，真是一針見血。男人遇到了紅粉知己，過得是『情』關；見了女人就想玩是色關。唉！色關易過，情關難逃。」說完還搖了搖頭。

黃教授頗有同感「不錯，大多數男人追求的是色；只有少數人是為情。兩者差別很大；色只是滿足肉慾。但是情除了肉慾還包含愛。雖然說是日久生情，問題是男女要經得起時間的考驗。尤其是女人的青春短暫有限。『色衰愛弛』是必然的結果。真正不嫌棄的男人少之又少。剛才張教授提到玩女人專家ＸＸＸ，就是典型的好色之徒。而英國的溫莎公爵，不愛王位鍾愛茲普森沃麗斯，這才是真情、真愛。」

梁教授也跟著說：「這種男人極少數。大多數男人是接觸女人愈多愈好。像清朝有名的紀曉嵐，他人奇醜無比，他善於雄辯，更是個十足的風流臣子；酷嗜玩女人，人雖長得醜怪其貌不揚，但他『天賦異稟』無人能比。他平常不吃米飯，以肉當飯。每天上朝前要玩女人；退朝後再玩一次；中午時分又一次；黃昏、晚上睡前再各玩一次。一天加起來總共要玩五次女人。而且是要玩不同的女人，才能滿足。紀曉嵐稱得上是超級好色之徒。」

黃教授連連點頭興緻勃勃接口說：「紀曉嵐的風流故事一籮筐，太多了，不勝枚舉。我也是從書上看的。紀曉嵐五十二歲時編修四庫全書；據說，他因忙於編著，一連幾天未回家。弄得眼紅虛腫，乾隆皇見了以為是他勞累過度，要他休息一下。一旁紀曉嵐的好友稟報乾隆說，紀曉嵐不是因勞累而起，而是他夜夜離不開女人之故。乾隆聽了後當夜就賜宮女三人給紀曉嵐。三個宮女都是十八歲貌美處女身。要紀曉嵐與三個宮女睡上一晚。然後隔離，交由太監看管。三個月後命太醫診脈，結果診出三宮女都懷有身孕。十個月後，三宮女臨產。最奇妙的是三個宮女都生男嬰。乾隆為此還特寫了一首詩。嗯……好像是這樣寫的：『一夜坤試風流，分娩十月降三牛；牛公更比犢公莽，答部桃紅何說羞！』由此可見紀曉嵐精力過人，是奇葩，是色中之龍。」

賁主任淺淺酌了口酒說：「紀曉嵐『得天獨厚』是天生贏家，萬千人中難得一人，他才是不折不扣的大『色』徒啊！一般人只得靠後天調補、調補。還不見得有他的千百分之一啊！哈哈……。」

聽到男人壯陽，張教授眼睛為之一亮說道：「賁兄提到男人調補壯陽，曾聽說有一種方法對男人最補。」像是釣胃口慢條斯理的說。

「什麼好方法？」久未開口的苗主任迫不及待的問。

張教授望著苗主任笑笑的說：「苗兄哪需要補，身體壯又結實，像是喝了『蠻牛』、『保力達B——』」故意將『B』字音拖的很長。

大家哈哈大笑。苗主任顯得有點尷尬。

四位小姐不好意思低著頭。

就像是燈謎謎底揭曉。張教授嗯、嗯了兩聲，清清嗓門說：「大家可能都聽說過就是吃陰棗。方法就是把乾皺的紅棗塞進年輕貌美、最好是處女的陰道內。經過一晚，紅棗吸吶了裡面的精華，第二天起床立刻取出。紅棗已浸泡脹得很飽滿。然後立刻服用。連續不斷的每天服用這種紅棗，男人不但能滋補身體，精力旺盛，還能返老還童，老當益壯。玩起女人更是攻無不克，百戰百勝。」

楊教授皺起了眉頭說：「這……這對女孩子很傷啊！也太缺德了吧！」愛呵呵笑的楊教授這時也笑不出來了。

「那是當然，女孩子體內最精華、最珍貴的東西都被紅棗吸乾了，身子當然就受損了。需要休養一段時間才能恢復。吃陰棗，這是傷天害理缺德事，千萬不可為啊！」張教授感歎說。

很少講話的吳主任也開口說道：「清末湘軍將領左宗棠他就是個採陰補陽的高手，並且所做所為都是傷天害理人神共慎之事。他後房少女就多達三十幾個，每個都精挑細選，個個年輕漂亮身體健康。月經來時取用她們的經血煉成『紅鉛丸』來補身壯陽。有位少女羞而不從，屢勸不成，左宗棠最後便殺了那名少女。」

楊教授聽了勃然大怒說：「這豈不是『草菅人命』！為了一己之淫，竟然殺人，行為齒敗，連禽獸都不如。」

吳主任笑著說：「消消氣！楊兄那是以前，現代人不大可能啦！現在醫藥科技發達，男人壯陽藥多的是。什麼威爾鋼……犀利士、樂威壯……都很好用！男人夠性福啦。」

賁主任舉杯高呼：「敬各位，性福的男人！喝酒、喝酒！」說完一口將杯裡的酒喝乾。引起一陣笑聲。教授互相敬酒談笑，很熱絡。小姐們只是舉著酒杯在嘴唇上碰碰做樣子，然後低頭吃菜。

胡教授端了杯酒走到佟櫻美、佟欣麗面前裂嘴笑嘻嘻的說：「敬美麗的姊妹花！」說著將杯裡的酒一飲而盡。

姊妹倆喝了一小口酒同聲說：「謝謝教授！」

就在佟櫻美、佟欣麗跟胡教授敬酒的時候，賁主任和苗主任這對「亨哈」一前一後離開了座位，到後面洗手間如廁。

在洗手間內，苗主任帶著幾分酒意，對著賁主任很興奮的右手緊緊握拳用力往下一搥，用臺語大聲的說：「開查某！（玩女人）」。

「中秋夜玩女人真是詩情畫意啊！苗兄相中何人？」賁主任心中早有此意。兩人志同道合臭味相投。

苗主任右手掌在胸前拍了一下，有勢在必得說：「今晚『阮嘜甲小佟』。」開門見山直接了當說。

賁主任心想：老苗仔，你倒是先說先贏「捷足先得」。唉！只怪自己想在心裡行動不夠積極錯失良機。還真懊！勉強裝出笑容說：「嘿！還真是巧，我也想玩她！」

「幹嘛哩！」（是這樣嗎？）苗主任心想：「好家在」（很幸運）虧我講得快，不然豈不是先便宜了他。

「苗兄，我們口味相同啊！」賁主任心裡既興奮又矛盾還帶點酸味。

「賁兄，實不相瞞，她們姊妹倆個，妹妹佟欣麗我早就玩過了；小佟還沒碰過。……我看這樣好了，今晚你先玩妹妹欣麗，我上小佟。下次我們 Change 再交換玩。閣下如何？」苗主任打的是如意算盤。

賁主任緊閉著嘴想了想說：「好吧！就照苗兄說的，我們『一言為定』。」心想：這不失為兩全其美的辦法。

兩人高興的握了握手，算是達成了「君子協定」。兩人面露笑容的回到了餐桌位子上。

苗主任坐定後，心想：太好了！今晚玩小佟，『鮮肉』上口，千萬不能砸鍋，要伺機而行不可超之過急。

這時，夜宴已酒過三巡，菜嚐五味。教授們個個喝得都有些醉意。平常自視清高「道貌岸然」的教授們，此刻也都借酒壯膽。受人仰慕的教授就死纏著小姐不停的問長問短，拉東扯西的。滿口的酒言酒語，嘻嘻哈哈的拉手碰腳。吃足了小豆腐，酒態百出。跟平日課堂授課，判若兩人。「酒和女人」讓師道蕩然無存。這些教授的嘴臉就是最真實的寫照。

半醉的張教授拿著一杯酒，搖搖晃晃走到佟櫻美面前說：「小佟，我敬妳。」說完一口將杯裡的酒喝光。

佟櫻美兩手端起酒杯說：「謝謝教授，我隨意。」喝了一口酒。

張教授很不悅，不肯放過說：「嘿！小佟乾了！」說著將自己的酒杯倒滿了酒，就往佟櫻美面前送：「來，乾了這杯！」

佟櫻美急忙說：「張教授，實在抱歉！我真的不能再喝了。」將張教授手上的這杯酒給推了回去。

張教授頓時覺得有失顏面「我說小佟，妳就不夠意思，不給面子。賁主任敬妳酒妳就乾了，我敬妳酒，妳就拒絕；這不是『厚彼薄此』嗎！喝了吧！」於是又將酒杯伸向佟櫻美。佟櫻美無奈，不知如何是好。就在這時，苗主任抓住大好的機會，一個快步，搶在張教授面前將酒杯接了下來含笑的說：「張兄，真對不起，小佟不能再喝了。張兄，看在我的面子，請讓我替她喝了這杯酒。」隨即將手中的酒一飲而盡。賠笑臉的說：「張兄，請多包涵！」

張教授有了臺階下，只好摸摸鼻子走開了。

苗主任的解圍，適時化解了窘態，心裡感激萬分。佟櫻美連說：「謝謝苗主任！」

苗主任笑了笑說：「不用客氣。張教授酒喝多了，心情好，一高興就這樣；他並無惡意，這點妳可放心。」

賁主任笑嘻嘻的走了過來，一旁敲邊鼓「我說苗兄，你對小佟還真體貼啊！剛才替她說話，現在又為她擋酒。苗兄，你真是個溫柔又體貼的好男人啊！小佟，妳可要好好的謝謝苗主任啊！哈哈！你們倆還真像是一對啊！哈哈……。」賁主任的話中有話，佟櫻美當然感受的出來。心裡既興奮又緊張；對苗主任也產生了好感。於是順手在餐桌上取了瓶果汁，倒了半杯，一口氣喝光壓壓忐忑的心。

苗主任和賁主任起身一同走往佟欣麗那邊。

剛走了個張教授，現在又來了個梁教授。一屁股坐在佟櫻美旁邊說：「小佟，我們喝點酒。我乾杯妳隨意，喝酒是不能勉強的；尤其是對小姐。」梁教授一飲而盡。

佟櫻美只喝了一小口。「謝謝教授。」

梁教授喝完酒就走開了。佟櫻美覺得梁教授人還不錯，很紳士，不強人所難，倒也釋懷多了。

這時餐桌對面的苗主任正跟一旁的佟欣麗在咬耳朵。

只見佟欣麗頻頻在點頭，不一會說完起身往這邊走來。

佟欣麗走到佟櫻美旁附耳小聲說：「苗主任對妳有意思，想要跟妳上床 Happy。『做』完以後他會給妳五仟元；妳的意思了？」

佟櫻美心中雖然早有預感，但比想像中來得快了些，又驚又喜，聽後低頭不語沒有表示可否。這是女孩子的矜持。

姊妹倆個僵持了有半分鐘。佟欣麗以為佟櫻美不肯，於是慫恿說：「櫻美，我們既然已經來都來了，我看，妳就答應苗主任算了。反正我們女人跟老公在床上也是玩，跟別的男人在床上也是玩，有玩又有錢拿，有什麼不好？」

其實，佟櫻美的想法和佟欣麗的說法是一樣的。自己何嚐不想？況且對苗主任的印象還不錯。再說，跟不同的男人上床玩，可嚐到不同男人的刺激和味道不是很好嗎！雖然說，跟曾正洋兩人的感情很好；在床上能獲得最大的性滿足；但是，偶而遇到喜歡的男人，只要掩飾的好，不讓曾正洋發覺，還是可以接受別的男人上床玩玩啊！一方面可以滿足自己跟不同男人上床玩的「性」刺激和滿足；另外還可以增加自己的額外收入，有何不好？又有何不可？

佟櫻美點點頭說：「我答應跟苗主任玩；但是有一個條件，要戴套子（保險套）。」（佟櫻美的顧慮：一是怕傳染到性病。二是可避免被苗主任污染。）

佟欣麗總算放下了心中的大石頭說：「這個簡單，包在我身上；妳放心！我這就去告訴苗主任。」

佟欣麗像個小媒婆似的將佟櫻美願意跟他 happy 的事面告了苗主任。

苗主任聽後，興奮不已，滿臉歡悅。心想：真不可思議。這麼漂亮的女孩，竟然一口答應了他的要求；可以跟她上床 happy 呢！真是太好了！保險套的事，馬上進行。

於是先問賁主任：「賁兄！真是個快樂的好消息！小佟已經答應跟我一起 happy；但是她有一個要求，就是要戴保險套。賁兄，你有沒有保險套？」

賁主任老神在在的說：「有有有！要知道，這是我日常必備的隨身配備。唉！苗兄，現在的女孩子太開放、太隨便。她今天可以跟你上床，當然明天也可以跟別的男人上床。就像是一隻花蝴蝶，在男人中穿來穿去的。一個女孩子可以同時『劈腿』好幾個男人，你不要覺得奇怪。我們總得『明哲保身』，做些防範啊！」

苗主任感佩的說：「賁兄，玩女人還有萬全的措施啊！」

賁主任嘆了口氣說：「我們為人師表者，若不注意自身的安全而感染了性病，豈不是見光死！那就難看到家了。」說完從褲子口袋摸出一枚保險套給苗主任。

「賁兄，謝謝！」苗主在如獲至寶般。

「謝什麼，別忘了我們的『君子協定』啊！今晚，苗兄『捷足先得』，先享受，小佟下回可輪到我了。哈哈！苗兄，我們口味相同啊！哈哈！今晚，上完了小佟之後，苗兄，可是要講評，並作心得報告啊！哈哈……。」

「賁兄，那是一定……那是一定……。」苗主任滿懷興奮的回答。

苗主任回座後，又與佟欣麗耳語一番。

佟欣麗像是花花大使，到佟櫻美旁咬耳朵：「待會妳看苗主任的眼色，他會帶妳到旁邊一號小房間去happy。」

賁主任舉杯向大家說：「各位，請用菜，喝酒。」

苗主任贏得了小佟的芳心，樂的嘴都合不攏。在座的教授，有的人已看出了端倪。

張教授開玩笑的說：「苗兄，這會兒，怎麼滿面春風笑不離口啊！說說看也讓大家分享！分享！」

苗主任笑瞇瞇說：「張兄，沒什麼！」

「……嗯，不對，苗兄現在的心情跟先前的心情明顯的不一樣，簡直是判若兩人。說出來讓大家高興，高興嘛！」張教授窮追猛打，「鍥而不舍」的追問。

賁主任見狀替苗主任解危，面帶笑容的說：「謝謝大家，苗兄剛才聽我講『姑妄言』這本書的一席話，很興奮，就立刻採取行動，上天不負有心人，哈哈！苗兄，此刻已覓得女孩子的『好東西』了。哈哈！」

大家哄然大笑。

「苗兄既然得到了女孩子的『好東西』，那就啊！就……就……就趕快深入裡面……裡面……品嚐『異味』啊！」張教授興奮的像是吃了「開心果」似的。

大家又是一陣大笑。

賁主任瞄了佟櫻美一眼，只見羞紅著臉低著頭，怪不好意思。

賁主任像是辦喜事般，高舉著酒杯說：「各位！各位！我們為苗兄乾杯！（喝光杯中的酒，空杯示眾）賀喜他今晚獲得了女孩子的好『東西』。大家都不是外人，現在我就代苗兄宣佈，待會，苗兄跟我們美麗的小佟要在旁邊小房間裡面 happy 呢！」

大家拍手叫好，佟櫻美低著頭不敢抬起；臉上熱哄哄的，心情既興奮又羞怯。

張教授成人之美的說：「是嘛，苗主任人好，既溫柔又體貼，對女孩子在床上的服務更是沒話說。苗兄，站著像一堵牆，給女孩子有安全感。苗兄和小佟是完美的一對，可謂『珠聯璧合』啊！」

又是一陣叫好聲和掌聲。

經張教授這麼說，苗主任有點不好意思。但是恭維的話，聽在耳裡還是很高興。急忙欠身笑瞇瞇的連說「謝謝！謝謝！」。

佟櫻美瞄了苗主任一眼臉上有點紅暈暈的，顯露出羞澀歡悅之情。

賁主任拍著手掌笑笑的說：「苗兄跟小佟實在是完美的一對啊！大家『有目共睹』。嗯……唐朝大詩人杜甫有首詩叫『客至』，大家都很熟悉。在這首詩中有兩句寫得很精妙，可說是苗兄和小佟的寫照。這兩句詩就是『花徑不曾緣客掃，蓬門今始為君開』。這句『蓬門為君開』寫得太絕妙了。今晚小佟的『蓬門』想必是為……苗兄而大開了……哈哈……」。

大家爆笑頻頻點頭拍手。

在坐四位小姐個個都低著頭；佟櫻美更是很不自在。

張教授笑得合不攏嘴嚷說：「賁主任比喻得太傳神了……杜甫另外還有一首詩也有那麼一點

味道叫『江南逢李龜年』；裡面的兩句是這麼寫的『正是江南好風景，落花時節又逢君』。這個『落花逢君』還用說，當然是非苗兄莫屬了。苗兄可是今晚的最大贏家啊！」

又是笑聲。

忽然有人冒出一句：「花落老苗口，老牛吃嫩草」。

引起一陣爆笑。

老邁瘦小的陳教授也湊起熱鬧，慢條斯理的說：「想不起來是誰作的，也是唐詩。嗯……是什麼……什麼……『疏松影落空壇靜，細草……細草春苗……小洞幽』。句子中『細草春香』和『小洞幽』寫得很細膩很好。」像是踩到了雞脖子，有氣無力的嘶吼說。

賁主任笑了笑說：「我說陳兄，這首詩是韓翃作的七言律詩，是『同題仙遊觀』其中的兩句。『細草香小洞幽』佳句！佳句！喔……苗兄可好好體會個中滋味囉！哈哈……」。

又是大爆笑。

佟櫻美頭低低的，如坐針氈般。

「對，對，……想起來了……哎老啦！老啦！腦袋裝的全都是漿糊，腦袋不管用啦！」反應遲頓的陳教授說完也呵呵的笑了起來。

「陳兄，腦袋不管用不要緊，只要下頭聽使喚堪用就好。」賁主任挖苦的說。

大家哈哈大笑。

這時梁教授帶著幾分酒意衝著賁主任、陳教授喃喃的說：「賁主任、陳兄，二位一搭一唱的，古詩新解，引用絕妙，開了眼界助興不少啊！」身材高大的梁教授，坐著仍出人頭地高人一等。

賁主任端起桌前的酒杯喝了口酒笑笑說：「梁兄，我們說得是酒言酒語，請勿見怪。只不過是借古詩發揮一些想像力，營造喝酒說笑的氣氛添加一點酒興。最主要的是撮合苗兄跟小佟這一對的『好事』哈哈……」。接著又說：「中秋花月夜。苗兄，小佟你們倆個，待會可要好好的享受，享受啊！哈哈……」

大家起鬨，將賁主任和佟櫻美「送作堆」。

張教授揮揮手狷急補上一句：「苗兄啊！聽好了……將柳腰款擺，花心輕摘，露滴牡丹開……苗兄，『花心』要輕摘，可不能玩過了頭，弄傷了人家的嫩蕊啊……」

大家爆笑。教授們，笑淚灑老臉。

賁主任邊笑邊說：「張兄，形容的好，把『西廂記』裡張生和崔鶯鶯倆人幽會的艷詞都搬了出來。說是『嫩蕊嬌香蝶恣採』，張兄說得是要苗兄『憐香惜玉』，千萬不可以任意亂來。哈哈……」

又是一陣爆笑。

苗主任嘴巴張得大大的不知所措。

佟櫻美羞紅著臉低著頭。其他三位小姐紅著臉面面相覷。

張教授點頭笑說：「賁主任所言甚是，『臨門一腳』。賁兄古典文學看得不少，造詣很深啊！『西廂記』也都『瞭若指掌』。佩服，佩服！」

「哪裡，哪裡，我的興趣就是閒來無事喜歡看點古詩、古詞、古書，打發時間罷了！」

沉默許久的黃教授也開腔說道：「今晚在座的四位小姐可說是各有千秋，各有品味。個個都漂亮。古時候的四大美女，西施、貂蟬、王昭君和楊貴妃，今晚都復活了；跟大家齊坐一堂。西施就是小佟嘛！寫歷史小說很有名的南宮搏，在他寫的『西施』小說裡，他用八個字來形容西施。哪八個字呢？就是『亭亭玉立，青春鮮嫩』。寫得精煉形容得太完美了！這句話用在小佟身上再恰當不過了。」說完還吞嚥了一口口水。

引得大家哈哈大笑。

賁主任興奮的舉起酒杯說：「敬四大美女，喝酒！」心想：小佟西施，下回換我上床跟妳 happy 了。哈哈！

既然 happy 的事已被公開了也就無所謂。於是苗主任向佟櫻美使了個眼色，就逕自走往一號房。佟櫻美起身緊跟在後。

大家投以羨慕的眼光看著他們倆個進入小房間。

陳教授摸了摸頭笑嘻嘻的說：「老苗還真有一套，今晚的西施姑娘被他搞上了。人家小佟可是個白白淨淨的女孩子，像朵盛開的鮮花，正青春鮮嫩啊！老苗還真有艷福，這下子可好好的享用小佟呢！」話中酸酸的。

「陳兄，你吃哪門子醋啊？口水都流了下來，改天換你上場表演、表演不就得了嗎！」黃教授挖苦的說。

陳教授搖搖頭說：「唉！我哪能跟老苗比。麻衣相上不是說嗎？『貴人身重腳輕，小人身輕腳重』。老苗身體圓滾滾的是貴人；我骨瘦如柴，哪能跟他比啊！」

大家哈哈大笑。

瘦小的陳教授兩手一攤無可奈何的聳了聳肩。

王教授側過頭來衝著賁主任笑嘻嘻說：「我說賁兄，送走了老苗和小佟進洞房，接下來該賁兄跟欣麗進洞房了吧！」

賁主任端起了酒杯喝了一口酒面帶笑容對王教授說：「王兄，急什麼，『皇帝不急，急死太監』；我都不急，你急什麼啊！」

「唉！賁兄，您要知道『春宵一刻值千金』啊！您是不急，可是有人急了！」王教授打趣的說。

一旁的人也附和在起鬨說「對啊！對啊！」

佟欣麗坐一旁，不好意思的低下了頭。

梁教授也插一腳說：「王教授說得沒錯，賁兄『成人之美』把苗主任和小佟『送作堆』，但是可別冷落了我們的欣麗妹妹啊！」

賁主任又喝了一口酒，然後徐徐的吐出了一口酒氣笑笑的說：「我說梁兄啊！還是多關心自己吧！你自己的老相好還在候著你啦！哈哈……」

這時輪到林小姐不好意思，低著頭在撥弄手指頭。女孩子嘛，講到了自己，就渾身不自在了。

王教授望著賁主任和梁教授說：「我看『大哥也不要說二哥』，你們這兩對佳偶也該到位了。今晚是中秋夜『花月良宵』；有漂亮女孩子陪玩，怎能虛擲良宵啊！事不宜遲，要儘早享受啊！」扮起了月佬。

在大夥一再的慫恿下，「賁麗」和「梁林」兩對佳偶也分別進入了二號和三號小房間。

三間小房均已客滿。蘇小姐只得獨坐一旁。其他教授們面臨「英雄無用武之房。」的窘態。

只有望「蘇」興嘆了！」

一號房間的苗主任和佟櫻美，倆人還在房門內緊緊的抱在一起熱吻。苗主任伸出一隻手撫摸佟櫻美的大腿和陰阜。佟櫻美興奮的微微扭動著身體。

苗主任吃過了甜點很興奮的說：「小佟，我先去浴室洗澡。」

佟櫻美羞紅著臉點點頭。

「招待所」為早期舊式建築。三間小房均無衛浴設備，必須到客廳後面共用一間浴室。苗主任走出小房。

佟櫻美利用這個空檔仔細觀看室內的佈置和設備。

小房間約六、七坪為三間中最大的一間。無床，純日式「塌塌米」。備有棉被、毛毯、枕頭、梳粧枱……等。

房間佈置整潔雅緻。日式照明燈具，光線幽暗柔和。佟櫻美順手將燈光再調暗些。覺得脫光了衣服的身體暴露在太亮的燈光下，很不習慣也很不舒服。

苗主任浴罷進房，見佟櫻美在觀賞房間，於是輕聲說：「小佟，這裡是三間小房共用一間浴室。妳要趕快去洗。出房門左轉在客廳的右邊。」

佟櫻美出了房間。苗主任心想：今晚，邊喝酒，邊跟小佟在小房間 happy 這種感覺，真是人生一大享受啊！

「享受，享受，真是享受！」此刻，在二號小房間裡跟佟欣麗配對的賁主任，心裡亦是如是的說。

賁主任個頭很矮，身高只有一百五十多公分。身體乾瘦，皮膚黝黑，活像個「印度阿三」。語云：「人不可貌相，海水豈可斗量。」在這一夥教授中雖然外表屬他最差但「貌不驚人才出眾」。尤其講到玩女人，賁主任可是一等一的，是出了名的「色中餓鬼」。只要是被他看中意的女孩子，無不就範，是很難逃出他的手掌。

這時，賁主任伸手剝下了佟欣麗的三角褲，一雙銳利的色眼直瞪著她的陰阜。佟欣麗的陰毛長得很柔細，呈倒三角形，毛色略黃。賁主任心想：妹妹的「東西」還不錯，姊姊的「東西」想必更好。今晚遺憾的是沒能玩到小佟，但「沒魚蝦也好」。就先嚐嚐妹妹的味道吧！只是今晚便宜了老苗仔。

賁主任猴急的打開了佟欣麗的雙腿，開始舌吻「小妹妹」。覺得佟欣麗的「小縫兒」也不錯，「東西」也很漂亮。舌頭慢慢的舔著「小縫」。賁主任覺也奇怪，嘴巴雖然吃著佟欣麗，但是腦子裡卻浮現的是小佟的影子。時時刻刻都忘不了小佟。想到了小佟就一肚子氣，好好的一件美事，被自己給弄砸了。哪裡會知道半路殺出了個老苗仔，把原本的計劃全都給打亂了。

賁主任在床上生著悶氣，影響到自己「小弟弟」的加溫和「性」趣。唉！不想了，不能再想小佟了；再想的話「小弟弟」就要軟趴趴了。還是好好的玩佟欣麗吧！於是來了個「餓虎撲羊」，使命的舔吃佟欣麗的「小妹妹」；吃得倒也很過癮。

這時，賁主任那根據「痲花捲」似的「小弟弟」，細細長長的毫不費力的戳進了佟欣麗的「小妹妹」裡面，於是使勁的抽送。

佟欣麗人雖然長得很嬌小，但她是個很有「深度」兼具「廣度」的女孩。她的「小妹妹」非常的深也很寬大，跟她的身高體形不成比例。

賁主任很賣力的戳「小妹妹」，但總覺「小弟弟」戳進裡面好像不著邊際似的。就像老舊汽車引擎活塞鬆大漏氣一樣。其實是賁主任的「小弟弟」細長口徑小不夠粗；碰到佟欣麗這種深長寬大的「小妹妹」就沒轍了。玩得不痛不癢，好比「竹竿在水缸裡面攪水」四邊不碰，不著邊，摩擦力也就不夠，當然就不會爽，不會痛快了。

對佟欣麗來說，賁主任的「小弟弟」就好像是隻「筷子」在「妹妹」裡面戳來戳去的，在裡面划水般，也就索然無味，不會舒服到哪裏去。心想：今晚看在錢的份上，閉上眼睛，任由賁主任擺佈吧！回家後，只好找老公的那隻「大鳥」來滿足囉！

三號小房裡也正打的火熱，其實只能說是乾熱。瘦高的梁教授跟矮小的林小姐正在玩兩頭甜的69式；正苦於「搆上不搆下」的窘境。梁教授身高達一八〇多公分；林小姐嬌小，身高不足一五五公分。搆得了梁教授這頭，就搆不上林小姐那頭。解決之道，只有採取先後的方式。

梁教授伸出了不太靈光，略顯僵硬的舌頭在林小姐的「小妹妹」上舔吸了一會。人老邁了，胃口不大，林小姐的「B」算是吃飽了；就示意林小姐舔吸自己萎縮的「小弟弟」。

林小姐的舌頭像是個「電熱片」。很用心而努力的舔嗦梁教授「小弟弟」。慢慢的在加溫。梁教授跟林小姐有過多次的配合，梁教授對林小姐的技巧和服務讚不絕口。此刻，梁教授被林小姐舔的樂透心肺。張著大嘴在「啊……啊……啊……」有氣無力的喊叫。這對老邁的梁教授來說，已算是難能可貴了。

林小姐很賣力的「吹」了好一陣子，梁教授的「小弟弟」雖然是小有起色，充其量，也只能算是個「蒟蒻」而已。

林小姐張開了雙腿，「蓬門」已為梁君而洞開。梁教授見「小妹妹」的嘴嘴張開；水嫩嫩的，嘴裡吞嚥了一口口水，哈著嘴，頂著「小弟弟」就往林小姐的「B縫」裡戳。但是怎麼弄，就是不得其門而入。梁教授的「小弟弟」就堵在洞口，怎麼戳，「小弟弟」就是擠成一堆變成一坨肉。這叫「你急，我不急。」

林小姐只好用手指掰開「小唇唇」，使洞張大一些，好讓「小弟弟」能順利入口。

「沒法度」，梁教授的「小弟弟」軟趴趴的，就是硬不起來。梁教授又急又惱的，心想：唉！今天真是丟人現眼，「坍臺坍到家了！」

林小姐光溜溜的躺在床上見梁教授在一旁乾著急，自己不知道要如何是好？

難怪有人說：「『小弟弟』離心臟愈近，性能力就愈強；離心臟愈遠就愈弱。這話不無道理。」梁教授人高，「小弟弟」離心臟自然就遠了；加上年老體衰，已不能「楊枝遍灑」；是十足的衰佬啊！

現在回首，一號小房間苗主任和佟櫻美這一對。

這時佟櫻美洗好澡背著苗主任在脫衣。

苗主任穿條內褲躺在塌塌米上。肥胖的身體挺個大肚子，成「大」字形躺著。苗主任儘量的在放鬆自己；滿臉興奮，似笑非笑的表情流露出呆滯的表情。這時候，伸出右手的食指在門牙上偷偷咬了一下，還真痛！這不是在做夢，一切都是真實的。記得，去年第一次跟小佟倆姊妹見面的時候，就深深被她的外表和氣質所吸引。當時就意欲染指「一親芳澤」而未成，引為憾事。今晚「美夢成真」，小佟鮮活的在眼前，可以說是不費吹灰之力就手到擒來，予取予用。想到這裡，不由會心一笑。

佟櫻美褪完衣，身上裹著一條浴巾。上了塌塌米躺在苗主任身旁。此時，看起來，倆人就像是一對親密的愛人。

「小佟！」苗主任小聲的叫說。

「嗯！」佟櫻美應了一聲。

「小佟，我……我很喜歡妳……妳喜不喜歡我？」苗主任的聲音略有點抖怯。

佟櫻美不語。

過了一會，苗主任鼓足了勇氣，吶吶的說：「我……是說真的，去年第一次見到妳的時候……我……我就喜歡妳了。」

佟櫻美兩眼看著天花板仍不語。

「……跟妳在一起，我很快樂……妳喜歡我嗎？」苗主任不死心再問。

佟櫻美仍然望著天花板。覺得第一次上床就問這種話，未免有點太那個。於是小聲的說：「我不知道！」算是回覆了苗主任的追問。

苗主任覺得佟櫻美的回答等於沒回答；再問下去也是白問，不可能有結果。於是，輕輕抽下了佟櫻美裹在身上的浴巾。一個赤裸美麗女孩的胴體就躺在眼前。白白的如「白斬雞」般的肌膚。乳房雖不大，但很尖挺。乳頭紅嫩嫩的苗主任看得口水都流出來了。

苗主任急忙的脫掉內褲，緊緊抱住佟櫻美就是一陣狂吻。佟櫻美閉著眼睛任由擺弄完全配合。苗主任此刻像是從荒島監獄裡放出來的囚犯，十年沒見過女人似的，欲把佟櫻美整個人給吞進肚裡才干休。大板舌在乳頭上翻來覆去來回不斷的舔吸。弄得整個乳房上都是口水。

佟櫻美慾火上昇，微抖動著身體，鼻裡也發出了哼聲，儘情享受苗主任的舔吸。

苗主任舌頭往下舔吸，舔到了佟櫻美的「花巢」。頓時眼睛為之一亮。「小B」還真是漂亮。正如同賁主任所描述女孩子的「好東西」。陰阜很凸出、很飽滿。陰唇水紅色、陰毛濃密。苗主任「目不轉睛」盯著看；弄得佟櫻美羞紅著臉很不好意思。苗主任胸口卜通卜通響個不停，「小弟弟」已直挺硬了起來。

苗主任身材矮胖，體形像個胡瓜。而胡瓜蒂就是他的「小弟弟」。長度僅三節（三個手指併攏的寬度）。這會見了佟櫻美的「小妹妹」，他的「小弟弟」倒也挺長了些；這也只能算是小具規模而已。

苗主任這時已慾火高漲，頂著他的「小不點」展開了他的食美行動。先將佟櫻美兩腿打開成「八」字形。然後弓著身體趴在兩腿中間。因為身體胖，弓著身子很難受。為了吃美食，苦一點也是值得的。

苗主任的蛤蟆式加上狗趴式，一頭栽進了「花巢」。翻起了大板舌，就像是豬搶食叭嘰、叭嘰的舔吸「小妹妹」。真是吃相難看。

佟櫻美感到苗主任的大舌頭不夠靈巧，做愛的技巧又很笨拙；而且動作有些粗魯不雅。女人的性慾一旦被挑了起來，就一發不可收拾。而且佟櫻美又是個悶葫蘆騷的很！此刻性趣可大的哩！

佟櫻美蠕動著身體，儘情享受苗主任的舔吸。「小妹妹」裡已流出了湯水；嘴裡也「嗯～～嗯～～～」的哼叫了起來。

苗主任的大板舌在陰唇、「花蒂」（陰蒂）上更加的使力翻動舔吸。並大口大口的舔喝花口（陰道口）裡流出來的湯水。

佟櫻美「性慾」高漲，舒服的呻吟聲更加的響亮。緊緊的抱著苗主任。此刻倆人的關係，就像一對熱戀中的情人親密的在做愛哩！

苗主任的「小弟弟」已直挺挺的頂到了花口，正準備入侵的時候，佟櫻美忽然喊說：「苗主任，請戴保險套！我沒做避孕措施，很怕懷孕，拜託！」

苗主任雖然箭在弦上，蓄蓄待發，但事先已答允戴套子，怎能失信！趕忙戴上保險套。無奈，自己的那根兒「寶貝」體型稍嫌迷你了些，不是很大。戴上套子後，就像是「大人的西裝上衣，給小孩子當大衣穿」，哪會合身、鬆垮垮的。

苗主任體胖肚子大，多少會折損浪費一點「小弟弟」的長度。「小弟弟」真正能夠伸進「小妹妹」裡面的，僅僅只有兩節（兩個手指頭寬度）而已。苗主任的「小弟弟」戳進「小妹妹」裡面，幾乎感覺不出什麼；「不痛不癢」的，根本無法達到心中所期待的滿足感。這可用一句話來形容苗主任「豬八戒的身子，太監的根」。佟櫻美著實的很難受。

這頭，苗主任還沾沾自喜。慶幸自己的「小弟弟」，今晚能夠成為佟櫻美「登床入縫」的佳賓。於是便使出了吃奶的力氣，「小弟弟」拼命的戳「小妹妹」。因為苗主任的「小弟弟」是圓團團的，只是在花口（陰道口）「坨進」、「坨出」。也就是因為「小弟弟」不夠長，所以大部份的接觸，只是在「陰部」外面做磨蹭的動作而已。佟櫻美哪能夠得到滿足。頂多也只是「隔靴搔癢」罷力。根本就搔不到「小妹妹」裡面的癢處。弄得「小妹妹」裡面乾癢，難受極了，感到很性渴很難熬。

苗主任倒是戳得很過癮，津津有味。「小弟弟」鼓足了力氣，很急速的「坨進」、「坨出」「小妹妹」也全力配合張大了「小嘴」吃著「小弟弟」。佟櫻美嘴裡也「嗯～～嗯～～嗯～～」的哼著。

佟櫻美被苗主任弄得已是「慾火燃身」。「小妹妹」裡面實在是太癢了，太需要「小弟弟」能塞個飽滿、磨擦個痛快！自己也覺得奇怪，喝了一些酒之後，有著強烈的性需要，這是以前從所未有的事情。難道這是酒精在作祟？唉！在這個緊要當頭，苗主任的「小弟弟」偏偏起不了作用。失望到了極點。

就在呼吸的一瞬間，苗主任忽然打了一個顫抖，樂的眼睛一閉，一裂嘴，「小弟弟」已吐出了精水。洩精了！苗主任跟佟櫻美今晚的 happy 於是宣告結束。根本還沒有嚐到甜頭，床事就已草草結束了。前後加起來只不過是一兩分鐘的時間。佟櫻美很嘔，今晚的運氣真是有夠背。苗主任還真是個三很的人。他那根兒很短不說，他還是個很快的快槍俠；並且做愛的動作亦很笨。想到苗主任的三很就三恨！此刻的心情是「旺火燒空壺」，踏實的難過。

苗主任的「小弟弟」已「趴趴走」，佟櫻美沒得指望了。但是性慾還正在旺頭高居不下，只好自我解決了。解決的方法是「一根指頭五分鐘」自慰法。於是走出小房到浴室邊洗澡邊滅慾火。

苗主任呆坐在塌塌米上若有所思。心想：今晚跟小佟 happy，應該倆人都很樂；不過，剛才覺得她好像是慾猶未盡；會不會是她還沒上高潮我就草草洩了。唉！真沒用，自己表現的真差勁，很沒面子，很難看……等下問問小佟玩得如何？

佟櫻美洗好澡「自慰」完事，總算是滅了慾火，從浴室回來。

苗主任見佟櫻美身穿紫紅色大花裙婀娜多姿，輕盈美麗。偏偏自己漏氣，真是有夠氣，有夠衰。先去浴室再說。

佟櫻美一屁股坐在塌塌米上，想到苗主任就來氣。被白白折騰了一晚上，一丁點滿足都沒得到，結果靠得是自慰來解決，實在有夠糗。

圓滾滾的苗主任著長褲上身披了條浴巾回到小房。隨手一扔，將上衣丟在塌塌米上，邊用浴巾又擦拭了身體笑說：「小佟，這裡什麼都好，有山有水，環境優美，又安靜。遺憾的是房內沒有浴室，洗澡要到後面的共用浴室，真不方便。」身體擦拭乾將浴巾丟在塌塌米，俯身拿起上衣穿著。接著又說：「老房子，當初規劃的時候是一般的住宅，不是公共休閒房舍。當然，有好就有壞，沒有十全十美。」說完，一副貪婪的色眼盯著佟櫻美看。

佟櫻美很不好意思。迴避苗主任的眼神。

苗主任裂嘴笑著說：「小佟，妳雖然不是很高，但身材很好；尤其是妳的皮膚白白的，很細嫩。就……好像是一道菜；白切雞，也就是『白斬雞』。很白很嫩美味可口。」

佟櫻美聽了苗主任誇她身材好，皮膚白，心裡很高興。但比成『白斬雞』，有點刺耳，但也沒什麼不好。微笑點了點頭。

苗主任見「白斬雞」比喻佟櫻美還能接受，接著又說：「現在的年輕女孩喜歡戶外活動。如打球、爬山、郊遊、露營，所以身體曬得黑黑的。看起來很結實很健康。但是大多的男人還是比較喜歡皮膚白的女孩子。俗話說『一白遮九醜』。」哈哈！話峯一轉說：「小佟，妳的身體上下每個地方都白；是天生的白。也不怕會曬黑。」語帶輕浮。

佟櫻美頓感不好意思，羞紅著臉。

苗主任也自覺話講得太白了點，說過了頭。雖然說房間裡沒第三人，但是對女孩子講話還是應保留點。

「哈哈！下回請妳吃飯，我點個『白斬雞』。」苗主任又說溜了嘴。殊不知愈描愈黑，自己也感到有點尷尬。於是在櫻美耳邊小聲說道：「我們坐一會，等一下再出去。」又諾諾的問說：「小佟，今晚 happy 嗎？」

苗主任這麼一問，佟櫻美覺得男人都喜歡問這個。如果說舒服是騙人的；說沒有，苗主任面子又掛不住。男人都是要面子的。嘴巴說說又不用花錢，就給他一個口惠。於是小聲羞澀的說：「happy!」還點了點頭，表示真的很 happy。

滿臉陰霾盡散的苗主任，像是吃了定心丸似的，露出了笑容。心想：「好家在」，今晚差點出醜。高興的緊緊抱著佟櫻美；並在臉上親了一下；從口袋拿出皮夾抽出了伍仟元交給佟櫻美。

「謝謝！」佟櫻美將錢放進皮包裡。心想：今晚跟苗主任雖然沒能盡性的玩；但也沒有白白浪費時間，「失蕉得梨」啊！

不久，苗主任笑顏滿面說：「小佟，我們現在可以出去了。」說完，二人步出了小房間。苗主任還刻意拉著佟櫻美的小手笑笑的，表示倆人玩得很 happy。佟櫻美也以笑容配合。

大家都帶著羨慕的眼光看他們。

苗主任春光滿面拉著佟櫻美回到餐桌上，繼續跟大家喝酒聊天。

「黏皮糖」似的賁主任，裂嘴笑嘻嘻說：「各位！各位！大家恭喜苗兄今晚……揮桿進洞，旗開得勝！乾杯！」說完一口將杯裡的酒喝進肚裡。

大家哄笑，舉杯喝酒。

苗主任和佟櫻美呆坐椅子上很不自在。

乾瘦的陳教授，溫吞地將杯裡的酒喝乾了。喘了口氣，有氣無力的說：「我說嘛！苗兄圓滾滾的是福相，艷福……不……不淺啊！」話又帶酸酸的。

坐對邊的黃教授再次挖苦說：「我說陳兄，何必羨慕別人，找機會自個來，自個來……不就解決了嘛！」

陳教授直搖頭：「不成！不成！朽木難成材，……不成啊……不成啊……」

又是哄然大笑。

「陳兄，人各有其志，各有所長；怎可『自慚形穢』。」黃教授忙補上一句。

陳教授不願多說，只是搖搖頭，無力的揮了揮手；像是有著時不與我萬般無奈感；和一旁此時滿懷喜悅的苗主任恰成強烈對比。

這時賁主任輕輕「嗯、嗯、」了兩聲，清清嗓門。看著苗主任和佟櫻美笑笑的說：「苗兄！瞧你春風得意的樣子，哈哈……小佟的『東西』，味道如何啊！嗯……『蚌蛤』肉想必一定鮮美可口啊！哈哈！苗兄，請放一萬個心，嗯……絕對無毒，而且……而且……『多服』有益身心啊！哈哈……」

大家哄然大笑。

苗主任苦笑的直搖頭。

佟櫻美羞紅著臉低著頭，面子掛不住很不好意思。實在是坐不下去了，起身快步往後面洗手間走去。

佟櫻美一進洗手間，苗主任急忙噓了一聲說：「賁兄，拜託！請不要再說了。小佟坐不住，她臉紅的躲到洗手間去了，女孩子嘛！會害羞的。這種事怎能在眾目睽睽下攤開來見陽光？男歡女愛本是平常自然的事；但也不能敲鑼打鼓掛在嘴邊當歌唱啊！賁兄，拜託，拜託，請少說兩句吧！」苗主任的語氣幾近央求。

「好吧！你們這檔喜事，我們就不再鬧洞房了。」賁主任像是在下封口令；其實封的是自己的嘴巴。

過了一會，佟櫻美從洗手間回到座位上，她的眼眶紅紅濕濕的，像是剛哭過的樣子。大家感到事態嚴重，覺得很不好意思，也就不再談論他們 happy 的事了。

大家繼續喝酒聊天。

佟欣麗見自己的姊姊被人欺侮，很氣憤走到櫻美身旁很小聲說：「他們這些人實在是太過份了。」

佟櫻美搖搖頭很無奈說：「又能怎樣？這些人玩了人家還要玩笑人家。他們這些人都是『斯文敗類』。不想提他們。」

餐會不久在十點鐘結束。十二、三人分乘兩輛車下山返回臺北。結束了教授們的「中秋夜宴」。

*　　*　　*　　*　　*

日上三竿。向來「夜以繼日」晚睡早起的佟櫻美，此刻還賴在床上。晏起，是少有的情形。

佟櫻美眼睛張得大大的，若有所思。忽而想到，有幾件客人拿來改的衣服趕著要；下午要來拿。

想到這裡，懶蟲隨之一掃而空，從床上坐了起來。急忙拿起電話打給佟欣麗。

「欣麗，快！快來，要趕工啦！」

佟欣麗同樣賴在床上。揉了揉眼睛有氣無力「好——啦！」就掛了電話。

姊妹住處，近在咫尺，僅一街之隔。一、兩分鐘腳程。

「欣麗，今天電話妳接聽，我不接；如果曾正洋打來，就說我人還在南部，明天才回來。」

佟櫻美邊忙工作邊交待。

「怕了吧！做賊心虛。」佟欣麗趁機數落。

「不是啦！中秋節前曾正洋約我去賞月；我說我要回南部，中秋節，姊妹都要回家團聚。」

「就說嘛！人家約妳，妳不要，現在緊張了，又怕他知道。」

「是妳答應苗主任參加他們的中秋餐會，還說呢！」

「『沒法度』，妳也聽到的；是他們指定要妳參加的。妳也可以不去啊！不去，他們能怎樣？還怪我？」佟欣麗得理不饒人。

佟櫻美搖搖頭說：「不說了，說真格的，做都做了怎樣？趕快工作，客人下午要拿衣服。」

「奇怪了，我嘴巴說，可是我手還是在做啊！又沒停。」佟欣麗調皮地舉起雙手掌左右轉動。

佟欣麗這個動作把佟櫻美逗笑了。忽而佟櫻美張嘴打了個大哈欠。

佟欣麗「眉飛色舞」笑嘻嘻問道：「看妳沒睡飽的樣子，是不是昨晚又哪個……」舉起右手中指比了比。

「沒有啦！」

「又在『假仙』。有什麼好害羞，女人嘛需要。」佟欣麗豪放的說。（想了想）接著又說：「哼！還說了，想到昨天餐會跟賁主任『做』，他那根細細的，戳得不痛不癢一點感覺都沒有，真沒趣。回家後，還是跟我老公的那隻大老二『做』了兩次才滿足。」

佟櫻美放下了手中的衣服，羨慕的眼光望著佟欣麗說：「滿足就好。」

佟欣麗眨了眨眼睛俏皮問：「櫻美，昨晚妳跟苗主任『做』……爽到了嗎？」

佟櫻美一臉失望的說：「他嘛一樣！那個又短又小……還是個『快槍俠』啦！」

姊妹倆不由哈哈笑了起來。

忽而，佟櫻美很無奈的說：「欣麗，說真格的妳命好，回家有老公可以解決。我呢？害我整晚都沒睡好。」

佟欣麗很得意，又眨了眨眼睛說：「妳那個什麼……洋不是也很好嗎？會讓妳爽死。」

講到這裡，佟櫻美忽叫說：「『好家在』！昨天的事如果被曾正洋知道的話，我們就玩完了。」

「知足就是福。」一向開放的佟欣麗竟會冒出這句話。

不甘示弱的佟櫻美立刻還她一句：「妳還不是，有老公還不滿足，還要……」

「『嘜貢』啦！哪個女人會嫌男人多？妳只會看色情小說，睡不著，就『自摸』。拜託！」

佟櫻美很無奈說：「那也是沒辦法啊！」

「早就告訴妳了，要多接觸男人。妳不聽。」

「妳是妳，我是我，是不一樣的嘛！」

「妳是想又怕，悶騷。除了曾正洋，妳能滿足嗎？嘛是要偷吃才行啊！」

「嗯——囉！趕快工作。」佟櫻美命令式口吻說。

佟欣麗俏皮地做了個鬼臉。

6 教授們之男女遊戲

佟櫻美埋頭認真的在工作。最近氣候寒冷，改衣服的客人比平常多了許多。佟欣麗因早上有事，說好中午來上班，已經一點多了還不見人影。有好幾件衣服客人等著要，真急死了。這個時候佟欣麗匆忙的趕了進來。

「櫻美，抱歉！臨時出了點狀況，所以來晚了。」

「沒關係，趕快工作。」

佟欣麗見櫻美上身僅著長袖衫問說：「今天很冷啊！妳不怕冷？」

「工作忙就不會冷也忘了冷。年前是我們修改衣服的大月，忙都來不及，哪有空怕冷。」佟櫻美對佟欣麗沒轍。姊妹五個她最小，處處都得讓著她。

「可是我們這間工作室是頂樓加蓋的鐵皮屋，寒風一吹有夠冷啊！」佟欣麗抱怨的說。

「沒辦法，租鐵皮屋才便宜嘛！這還是因為我們五樓和鐵皮屋一起合租，房東才算我們便宜一點。」

佟欣麗又抱怨說：「便宜又怎樣？鐵皮屋就是這樣冬冷夏熱。」

「省省吧！說真格的，妳結婚前幾個月，我們日子是怎麼過的！沒有收入，兩個人常常一天只吃一餐；餓了就睡覺。妳忘了嗎？」佟櫻美是以姊姊的口氣說話。

「櫻美，今天真的很冷，晚上我們去吃火鍋？」佟欣麗見風轉舵，故意轉移話題。

佟櫻美忽然想起來說：「妳不是說……今天苗主任他們會約我們嗎？」

「是喔！可是……會不會是今天還不確定；可能是這兩天吧！」

「苗主任沒告訴妳嗎？」

「誰知道，他們都是當天才通知。」

「好吧！如果今天沒電話，晚上就去吃火鍋。」

「好耶！嗯……我問妳，妳跟曾正洋交往現在到底如何？」

佟櫻美抬頭望了佟欣麗一眼說：「我哪知，我們一個禮拜見一次面，見面後再約下一次的時間；偶而通個電話，誰知道以後會怎樣？」

「跟他交往有半年了吧！」

「嗯……我們是四月認識的，現在是十二月，差不多有八個多月了。反正我跟他是交易性質；過一次算一次，那天沒連絡了也就斷了。」佟櫻美感慨的說。

「那妳有沒有跟他進一步的打算？」佟欣麗關心的問。

「這種事一切隨緣，以後會怎樣，是以後的事，再說吧！」

「那……」

電話鈴響起。

佟欣麗急忙說：「來了！」

「妳接吧！」佟櫻美不想接。

佟欣麗拿起電話：「喂！你是……」

「我是苗主任，欣麗，又到了 Happy time 歡聚的時間。下午三點妳們直接到賓館……就是上次我們去過的那一家……大安森林公園旁ＸＸ賓館……三點鐘我跟責主任會在賓館等妳們，到了賓館問櫃檯我們在幾號房，直接上來。好吧！下午見。」說完，苗主任就掛了電話。

「怎麼說？」佟櫻美忙問。

「苗主任要我們下午三點直接殺到賓館。」佟欣麗說完將手中的電話放回電話機座上。

「地點妳知道？」

「就是上次我跟他們去的那家，在大安森林公園旁邊。」

佟櫻美望了下壁鐘說：「現在還不到一點，我們坐公車去，到那裡時間剛好。」

「那我們準備吧！」

佟櫻美穿了件皮外套，佟欣麗加了件米色大衣。

＊　＊　＊　＊　＊

到了大安森林公園已快接近三點鐘。

佟欣麗提議說：「我們先在公園坐一下，三點五分以後再進賓館。」

「好吧！我們就在這裡坐幾分鐘。」佟櫻美接著問說：「今天就我們跟苗主任、責主任他們？」

「應該是吧！這種事，他們很少會找其他的人。」

佟櫻美點了點頭。

佟欣麗忽然想到說：「啊！現在把妳的『呼叫器』調到振動，免得『香吉士』（曾正洋呼叫器末尾三數字為三七四，櫻美、欣麗背後常叫曾正洋為『香吉士』）呼叫妳的時候才不會尷尬。」

「他很少呼叫我，除非臨時有事。」

「這種事難說，還是防一下比較好。」

「對喔！」佟櫻美從皮包取出「呼叫器」調到振動。

佟欣麗看了看手錶三點七分說：「我們可以進去了。」

倆人走出公園穿過馬路走向ｘｘ賓館。

「妳好！」櫃檯小姐笑臉迎人。

佟欣麗問說：「請問賁先生和苗先生在幾號房。」

「賁先生三一八房，苗先生三一九房。請乘對面電梯。」

二人向櫃檯小姐謝謝！逕上電梯。

「先到三一八。」佟欣麗說。

三一八房，佟欣麗按門鈴。

苗主任開門：「歡迎，請進！」

賁主任坐沙發上笑笑的說：「請坐，好久不見！」

「妳們坐床上。」苗主任示意。

賁主任色瞇瞇上下打量著姊妹倆，笑嘻嘻說：「姊妹花今天真漂亮啊！愈來愈『水』了！」

「賁兄，她們姊妹是『麗質天生』。就像電視廣告上說的是什麼……『自然美』。」

賁主任拍著手哈哈笑說：「對，對，蔡燕萍電視廣告上說的『自然美』！」

佟櫻美、佟欣麗顯得有些不好意思。

賁主任望著姊妹很興奮的說：「很高興來參加今天的四人『配對』遊戲。這次應苗主任的要求仍照上次苗主任跟小佟，我和欣麗。」

苗主任微笑地向賁主任點了點頭，表示謝意。

賁主任接著說：「我們兩對誰先『辦完事』，誰就撥個房間電話；如果happy還在進行式，就不用接。這只是個訊號。我們就直接在樓下大廳會合。因為接下來到臺大附近用餐。用完餐之後還要到附近的卡拉OK唱歌；有其他的教授小姐先在那邊唱歌，我們就在卡拉OK跟他們會合。唱完歌，最後的節目到臺大校園夜遊。這是今天節目的安排。祝大家happy！」

苗主任跟賁主任、佟欣麗點了個頭和佟櫻美離開三一八房到對面的三一九房。

進了門房倆人走到床邊，苗主任鑑於上次在陽明山招待所的糗事，不敢對佟櫻美太輕浮；僅擁抱以示今天合「做」共享，妳我都happy。」

佟櫻美今天的心情較為平靜，已沒有那種對男人的性需要和興奮感。上次跟苗主任玩得很失望，領教了他的三很（很短、很快、很笨）。床上的事情，對苗主任不能期望太高；只能當做「搔癢」。跟苗主任上「床」只是滿足自己對男人的多一種嚐試，另一個主要原因是急需用錢。無奈，跟苗主任玩是很難兩全其美啊！

苗主任邊脫衣邊說：「我先洗，妳看電視。」

佟櫻美恍若夢中驚醒，連忙點了點頭。

苗主任進浴室後，佟櫻美脫下了外衣、長褲。

一會兒苗主任從浴室走出，見佟櫻美僅著奶罩、三角褲性感迷人。興奮萬分，心都快要從口中吐了出來。

佟櫻美進浴室。苗主任躺在床上尋找A片頻道。日片頻道正播映一個十六、七歲學生打扮的女孩，跟一個五十餘歲的男人在玩六九式。女孩小嘴在舔男人的「小弟弟」，模樣就像是舔食冰淇淋。男人的舌頭舔吸女孩的「小細縫」如吃螺絲般。苗主任看得「目瞪口呆」面紅耳赤很入神，一臉興奮。心想：馬上就跟電視裡一樣，又可以吃「美」食了，說著將右手食指放進嘴裡嗦了一下。

佟櫻美裹了條浴巾從浴室出來。走到床邊用手拂弄了下頭髮略帶羞怯掀開毛毯鑽了進去。

苗主任隨手關上了電視。

「小佟，上次陽明山我多喝了點很抱歉！」苗主任略帶歉意的說。

「那天大家都喝了不少酒。」佟櫻美只是淡淡的帶過。

苗主任感到很欣慰，覺得佟櫻美善解人意。心想：今天要好好的表現一番來補償上次的不足。當然還要感謝賁主任將今天原本輪到他跟小佟而拱手讓予自己，因而欠賁主任一個人情。想到這裡一把將躺在旁邊的佟櫻美抱的緊緊的。勢必欲好好的幹她一番。

佟櫻美從苗主任的表情和肢體語言可以很明顯得感覺出他的意圖。心想：跟你玩，說真格的，你滿足不了我。

苗主任的身體像個大圓水桶，翻身壓在佟櫻美身上。

佟櫻美感覺苗主任已興奮的「小弟弟」槓在她的「陰部」就這麼一丁大；也許是天冷縮小了一些吧！

苗主任肥厚的大板舌從佟櫻美的臉頰慢慢移到嘴唇上；舌尖欲伸進口中，佟櫻美不拒絕也不主動張嘴。苗主任舌頭用力的頂進她的嘴裡攪動；於是雙手抱緊了苗主任熱吻了起來。

一陣熱吻後，佟櫻美偷偷用手在嘴角上抹了一下嘴角上的口水。

肥厚的大板舌猛舔佟櫻美小巧的乳房。苗主任就像「西遊記」小說中的豬八戒碰到女人一樣，弄得雙乳上滿是臭口水。

苗主任的手指在佟櫻美「花庭」上來回磨擦，「小妹妹」已濕漉漉。興奮的像蛇一般蠕動著身體。

主戲登場，苗主任掀開了毛毯，屈伏床上弓著身體翻動大板舌舔吸著佟櫻美的「花巢」。小肉縫裡流出了一股股津水。佟櫻美嘴裡發出了「嗯～～嗯～～嗯～～」聲。

只見厚厚的大板舌在「花蒂」上翻來翻去舔吸。可惜的是苗主任的技巧方法比較笨拙，大板舌又不夠靈活；就像豬在掙食嘴裡發出「巴幾」、「巴幾」響聲。又如「狗吃殘粥」聲。

佟櫻美聽在耳裡有股厭惡感。有什麼辦法，現在是苗主任花錢買下她的；身體暫時是屬於他的。只有「聽由苗便」。這正是「拿人錢兩予人痛快！」

剛剛看到日本A片裡女孩舔吮男人的「小弟弟」，苗主任也想嚐嚐被舔吃的味道。於是要求佟櫻美舔他的「小弟弟」。佟櫻美起初不願意，最後拗不過苗主任再三要求，免為其難舔吮他的「小弟弟」。苗主任的「小弟弟」只比他大姆指略為長一點粗一些而已。佟櫻美含在嘴裡有股腥味，實在噁心。輕輕舔嗦了幾下，將口水吐在衛生紙上包起來丟進床邊的垃圾桶內。難怪有人說：「男人的錢很好賺，但是賺得很噁心。」

性饑渴的苗主任，他那「大姆指寶貝」已脹的硬硬、興奮的在點頭。頭口還流出了一絲絲口水。

佟櫻美的「妹妹」亦紅鼓鼓開著「嘴嘴」等待吃「寶貝」呢。急忙說：「苗主任，請戴『套套』（保險套）。」

苗主任無奈。「穿雨衣」是上次講好的條件。只好伸手在小檯几上取了「保險套」套在「小弟弟」上。穿妥，「大姆指寶貝」就一頭鑽進了「小妹妹」裡面。只見苗主任啤酒桶肚子一拱一拱的抽送。

「小弟弟」雖然是很勇猛，但限於「大姆指寶貝」太迷你，只能算是「圪進」、「圪出」佟櫻美「小妹妹」裡面。實際伸進裡面的很有限。加上苗主任啤酒肚又笨手笨腳，發揮不了太大的作用。

佟櫻美慾火燒身，很性奮，也很賣力的配合扭動抽送，並且很親熱的抱著苗主任又親又吻的。但是總覺得「妹妹」裡面沒有落實感。「大姆指寶貝」始終搔不到「花心」癢處。佟櫻美感嘆自己只有付出而得不到回報。接著又像一道閃電，苗快槍俠眼睛一閉，洩精了。前後「做」的時間不超過兩分鐘。好在佟櫻美經歷過上次的親身體驗，早已有了心裡準備。雖然感到慾火難耐，倒也能控制自己。

床上肉搏戰已結束。苗主任起身入浴室，忽然轉身對佟櫻美說：「如果有電話先不要接。」

佟櫻美明白地點點頭。

苗主任已穿好衣服坐在沙發上沉思。覺得自己今天的表現仍然不是很滿意。

佟櫻美浴畢穿好了衣服在梳粧檯大鏡前梳理頭髮。

「小佟，今天妳 happy 嗎？」

苗主任突然又問這種事，佟櫻美覺得尷尬不好意思。只好點點頭「嗯！」了一聲，算是回答他。

苗主任滿意的笑了笑。心想：「還好，沒讓小佟失望。」

電話鈴聲響，佟櫻美望了下苗主任。苗主任示意接電話。

佟櫻美回答說：「……苗主任剛進浴室……好……好的。」掛好電話對苗主任說：「他們在大廳等我們。」

苗主任對佟櫻美笑笑。覺得善解人意，電話回話講得是恰到好處。不失分寸，拿捏得很好。

苗主任想了想忽問說：「小佟，妳有沒有男朋友？」

佟櫻美毫不考慮的回答：「還沒有！」

臉笑圓圓的苗主任說：「太好了，那我們以後可以多安排，安排，happy 囉！」

佟櫻美矜持低頭不語。

苗主任滿臉歡悅。心想：小佟不說話就是默許ＯＫ！。以後就可以常常跟小佟 happy 了。想到這裡，很高興的說：「小佟，不要緊張，也不必擔心，以後有空我會常找妳玩，讓妳 happy。」

說完還搖晃了下肥頭大腦。

佟櫻美仍然低著頭；臉上顯得有些興奮。

「小佟，時間差不多，現在我們可以下樓了。」說著，苗主任從皮夾裡抽出伍仟元交給佟櫻美。

佟櫻美接過說了聲「謝謝！」就將錢放進皮包裡面。這是今天「獻身」的代價。

二人下了電梯，賁主任和佟欣麗已在大廳等候。

瘦小的賁主任，有著一雙銳眼。像探寶似的，兩眼直盯著佟櫻美。想要從她的臉上欲發現或是看出什麼祕密似的。

佟櫻美迴避了賁主任的眼光，覺得很不舒服。

賁主任的視線轉向苗主任；笑瞇瞇說：「苗兄，小佟不錯吧！嗯……瞧你們倆『玩』得『難分難解』啊！到現在才下樓。哈哈……」話中意有所指。

苗主任感到很尷尬，今天畢竟是各玩各的女人，這又何必呢！於是苦笑的說：「賁兄，我先到門口攔車。」說完先行走出賓館。

四人來到了一家二樓餐廳。離晚餐時間早了些的緣故，餐廳稀疏的客人連他們也只不過兩桌。主角是賁主任，他點了幾樣菜還加了一個羊肉火鍋。羊肉火鍋是賁主任最愛吃的。

「苗兄，要不要來瓶小高粱？」賁主任還望了兩姊妹，像是徵求她們的意見。

倆姊妹首先搖搖頭說：「我們不會喝酒，謝謝！」

苗主任覺得兩個男人喝酒沒情調也不妥。於是說：「賁兄，不用了，吃完飯下面的節目再喝吧！」

四人有三人說不喝酒，自然也就作罷了。

用餐中，佟櫻美、佟欣麗大多在聽賁、苗主任說話；偶而回覆他們的問話而已。

愛吃羊肉的賁主任，嘴裡啃著羊肉邊開玩笑的說：「苗兄，紅光滿面的；今天啊，一定玩得很滿意……小佟，一定是給你餵得很飽啊！哈哈……」

賁主任講話有點失態。

苗主任苦笑搖搖頭說：「唉！沒關係，我一到冬天臉就會紅，這是體質的關係。」

「苗兄，臉紅歸紅，吃還是要多吃點。帶皮的羊肉最好吃，肉質香甜；羊肉湯更是鮮美補陽。來，多吃點！我說苗兄，剛才為了小佟……想必付出了很多。多吃點補補啊！哈哈……。」說完，還看了佟櫻美一眼。

霎時，佟櫻美臉上感到一陣熱熱的，很不自在，羞怯的，只好低下頭喝湯來掩飾。

苗主任也不知該說什麼好，覺得賁主任的玩笑話說過了頭。

賁主任從火鍋內揀了一塊瘦肉送到佟櫻美的碗裡。色瞇瞇說：「來，小佟，羊肉最補；補陽又補陰，好好補一補。」說著又揀了一塊羊肉送到佟欣麗碗裡，笑笑的說：「姊妹倆都辛苦了，補補……」

苗主任也夾了塊羊肉送進嘴裡慢慢細嚼。

「苗兄，如何?味道還可以吧！」

「還不錯。」苗主任口中嚼著羊肉說。

「有句話不是說『掛羊頭賣狗肉』。可見羊肉比狗肉還價高味美。」

「狗是人最忠實的朋友。吃狗肉也太殘忍了。我很少吃狗肉。」苗主任說。

「說得好，現在狗的身價不同啦!狗是人們豢養的寵物；不再是人的走狗。只有羊還是大宴小吃桌上的佳餚。吃菜，妳們姊妹要多點啊!補補嘛!」賁主任眼睛還盯了佟櫻美一眼。

賁主任又對著苗主任笑笑的說：「我看苗兄吃得太斯文。莫非剛才付出的雖多，但是補進的更多。哈哈……。」

苗主任又是苦笑。隨手夾了一口青菜送進嘴裡。

口無遮攔的賁主任接著又說：「男人最重要的三樣東西就是精、氣、神。苗兄是三樣俱佳。這就是苗兄剛才吃了古人說的『三峯大藥』。也就是女人的身體，上為紅蓮峯，中為雙薔峯，下為紫芝峯。指的是女人的唾液、乳汁和陰經三種分泌物；這是女人的三樣至寶。苗兄，想必今日採戰有術，喜獲小佟的至寶啊!哈哈……。」

苗主任真是哭笑不得，賁主任玩笑話也開得太重了。

佟櫻美臉上羞熱的如火紅不敢抬頭。連一向膽大開放的佟欣麗亦覺很不好意思。賁主任將男女間最隱密的私事講得太露骨了。

賁主任自知在女孩子面前這種話講得太赤裸裸，講話只好收斂些。於是自我打圓場說：「啊!隨口亂說的，玩笑話!不要見怪，苗兄，姊妹倆吃菜，吃菜。」

四人吃菜喝湯的蠻熱伙的。

這種輕鬆自在的場景還不到五分鐘，善言多話的賁主任又犯了老毛病，開始胡言亂語。

賁主任嘻嘻哈哈的對倆姊妹說：「我說啊！妳們佟氏倆姊妹，說實在，都很不錯，都很好！小佟個性內向，文靜、清純。就像座火山；裡面熱外面冷。這種女孩子最帶勁、最夠味。哈哈……欣麗活潑、熱情、可愛，像隻小麻雀；吱吱、喳喳的，小鳥依人吶！所以說，姊妹兩個都不錯；各有千秋，各有各的品味。總而言之，言而總之，姊妹倆都很好玩！哈哈……」賁主任品頭論足，脫衣解褲的，語多輕浮，仍難改老毛病。正是狗改不了吃屎。

苗主任覺得賁主任愈說愈離譜，愈不堪入耳，只好轉移話題。問說：「妳們姊妹平常常唱歌嗎？」

佟櫻美「如釋重負」般說：「很少，我們偶而也會跟朋友到卡拉ＯＫ唱唱歌。說真格的，平常工作很忙，比較沒時間。」

「大概一個月會唱兩三次啦！不一定，有的時候一個月都沒去卡拉ＯＫ唱歌。」佟欣麗解釋的說。

「今天時間多，等下妳們姊妹多唱歌，好好表現，表現！」賁主任不甘冷落接話說。

倆姊妹沒答腔，只是在吃菜。

賁主任轉移目標接著說：「苗兄的歌唱的很好。等下妳們要多跟苗主任合唱。」這是故意糗苗主任的話。

苗主任急忙解釋：「說笑了，賁主任才是高手，今晚賁兄可一展歌喉啊！」

賁主任搖搖手：「苗兄過講。我只是喜歡隨便唱唱而已。來，吃菜，天冷菜容易涼。」

「苗兄，其他的人都連絡好了吧！？」賁主任關心的問。

「賁主任放心！他們早就在卡拉ＯＫ開唱了。」

唱歌的地方離餐廳不遠。四人用完餐邊聊邊散步，不一會就到了卡拉ＯＫ店。這家卡拉ＯＫ店開設在巷內的二樓，規模不是很大，算是間中等歌唱店。長方形場地，像是由住宅改裝而成，二十餘坪。歌唱臺設在場地中間位置，燈光音影設備還算可以。座位、檯桌分設歌臺兩邊及中間成凹字形。

今晚除了這批教授和小姐外沒有其他的客人。這是平常日生意清淡常有的現象。即使有三兩個客人上樓來，看到這一票人時，也都自動離開到別家店。今晚，整個場地像是被教授們這夥包了下來，作為他們的「歌臺舞榭」。

四人進場後，佟櫻美和佟欣麗和在場的人一一點頭打招呼。

在坐的有楊教授、王教授、張教授、吳主任、梁教授、陳教授和蘇小姐、林小姐等。跟上次陽明山招待所餐會的人屬同掛，是原班人馬。

正在臺上唱歌的是胡教授，唱的是一首高難度的藝術歌曲「叫我如何不想他」。唱這類歌曲的人須要有點聲樂底子。不過，現在時下有些藝術歌曲用流行歌唱法；或是老歌新唱，也就沒有那麼嚴格和講究了。

這時，臺上的胡教授唱得蠻投入；雙手微微上揚，一臉哀思流露出心中思念之情；倒也唱得很入神。

佟櫻美姊妹向在場的人打完招呼，楊教授起身表示歡迎：「來，來，請坐，請坐，」隨後呵呵的笑了起來。

依照教授們的遊戲規則慣例，誰帶進場的小姐，小姐就坐在誰的旁邊。這個不成文規則，據說，沿用已久。這點，跟教授們平日在課堂授課的嚴肅、呆板、固執沒有兩樣。

這時臺上胡教授的「叫我如何不想他」完美演唱，獲得熱烈掌聲。encore（安可）聲不斷，胡教授只好又唱了首「紅豆詞」。這也是一首藝術歌曲。只見胡教授將感情溶入了歌詞和曲調中……滴不盡相思血淚拋紅豆，開不完春柳春花滿畫樓……。」

「妳們後到，趕快點歌。」楊教授笑呵呵將點歌簿交給了佟櫻美。佟櫻美又隨手給了佟欣麗。

佟欣麗和賁主任忙著翻看點歌簿選歌。

王教授見狀又忙遞上另外一本給佟櫻美：「小佟，這本妳拿去選歌。」

「謝謝！」佟櫻美微笑的向王教授點了點頭。

「紅豆詞」唱完。胡教授唱得很入神，眼眶裡隱隱泛著淚水感人肺腑。又獲得熱烈掌聲。胡教授藝術歌曲造詣很高。據說大學時代曾參加過學校合唱團，還是主唱。

接著是佟欣麗點的歌已打在螢光幕上，是以插歌的方式。歌名是「一生甘願為你錯」。是首臺語歌。

佟欣麗上臺高歌，唱聲尖有點刺耳，也許是第一首歌緊張加上嗓門還沒有唱開的關係；唱得不是很理想。唱完大家給予熱烈的掌聲鼓勵。

接下來這首是佟櫻美的日語歌「北國の春」，亦是用插歌的方式。

日語歌，是佟櫻美強項最拿手的歌，亦是她的招牌歌。唱腔咬字清晰流暢，聲音圓潤而甜美。加上臉型又酷似鄧麗君。唱完全場報以熱烈掌聲。不知道是哪位教授老爺，還拖著破鑼嗓子有氣無力怪聲怪氣的吼叫一聲，引得全場哄然大笑。

佟櫻美回座，屁股剛坐上椅子，賁主任就匆匆走過來豎起了大拇指說：「小佟，唱得真好！我還不知道妳的日文歌唱得這麼好！太好了！太好了！妳是不是學過日語？」

佟櫻美淺淺一笑說：「因為我在日本住過一段時間；差不多有四年。也許是這個原因吧！」

「嗯！不錯，不錯。小佟，妳歌唱得好，人長得漂亮又可愛，真是太好了。」說著，用手在佟櫻美的腰上摸了一把。

佟櫻美很不習慣本能地扭動了一下身子。這個動作，賁主任覺得不給面子，很不悅的走回座位。

俗語說「男頭女腰」。女人的腰男人是不可以隨便摸的。佟櫻美當然會不高興。

嚇！這時只見臺上的蘇小姐載歌載舞的熱滾滾。唱的是「我的心裡只有你沒有他」；恰恰舞步，輕快活潑。蘇小姐唱跳得很賣力，額頭滿是汗珠。

教授們，個個色瞇瞇盯著臺上蘇小姐的熱力大放送。楊教授更興致昂然的緊握著一旁林小姐的手掌，並用另一隻手在林小姐的手掌上，笑呵呵的跟著歌唱節奏打拍子。抱著「傍花隨柳」心態十足吃林小姐豆腐，好個老不羞。

蘇小姐的個人歌舞秀結束，獲得熱烈掌聲和怪叫聲。蘇小姐回到座位上，已累得上氣不接下氣；香汗淋漓頻頻拭汗。

這時「叫我不想她」藝術歌王胡教授拿了一瓶 Coca-Cola（可口可樂）走到蘇小姐旁，很紳士的對蘇小姐頷首微笑。並倒上一杯清涼可樂向她大獻殷勤。蘇小姐也報以微笑說了聲「謝謝」。胡教授微躬了身子坐在蘇小姐旁。打開了「話匣子」，於是倆人從天南地北談到男女私情，滔滔不絕言談甚歡。

蘇小姐的熱力歌舞後，接下來是苗主任和佟櫻美對唱的臺語歌「我的選擇猶原是你」。能夠和小佟同臺唱歌，苗主任歡悅的「打拱作揖」將佟櫻美擁上臺。苗主任挺個「啤酒肚」，跟佟櫻美窈窕身材以及年齡上的懸殊，大不相稱。

「我的選擇猶原是你」是首男女對唱合調歌。原唱蔡小虎、林珊，曲調歌詞唯美感人肺腑。前奏開始，苗主任麥克風握得緊緊頗為緊張。一來缺乏歌唱細胞；二來跟佟櫻美對唱更加「相形見拙」。一開口唱就不搭調，結結巴巴的照螢幕唸歌般……「如果會凍擱再選擇一遍……我的選擇猶原是你袜改變……」額頭已冒出了汗珠。

佟櫻美接唱……「如果會凍擱重來一遍，我的選擇猶原是你袜改變，雖然花開花謝有定時，我的愛無分春天秋天……」……「熟悉你是阮一生的伴侶，天涯海角阮追隨你……。」唱得圓潤音色好，而且投入了感情。唱出了愛情彌堅天長地久永不改變之情。

雖然說苗主任和佟櫻美唱得如此的不協調，不搭調好壞兩極，但亦達到了娛樂的效果。同獲掌聲的鼓勵。

接下來是陳教授的英文歌。歌名是「Are you lovesome tonight?」（今夜你寂寞嗎？）貓王 Elvis

Presley 所唱。六〇年代很流行的西洋熱門歌曲。

陳教授外型亦頗有三分貓王樣。圓蛋臉，一頭茂密的頭髮，略帶點脂粉味。只是無情的歲月，讓黑髮變為花白；臉上也留下了蒼老的歲月痕跡。當陳教授那低沉而帶磁性的聲音唱出第一句”Are you lonesome tonight?“（今晚你寂寞嗎？）

剛下臺回座的苗主任忽然「心血來潮」接口高聲喊說：「NO! NO!」

大家一陣歡叫。

陳教授唱出第二句：Do you miss me tonight?（今晚你想我嗎？）

苗主任又高喊：「yes! yes!」

大家又為之大叫。

苗主任突發奇來的舉動，讓大家感到很驚訝！不知道葫蘆裡賣的什麼藥。

這點，只有賁主任「心知肚明」。心想：老苗仔，你今晚當然不寂寞。小佟方才被你給玩了，你是吃飽了。我連邊都沒沾到。老苗仔，佔了便宜還賣乖。

陳教授這首 Are you lonesome tonight?果然不同凡響。有貓王般低沉而帶磁性的聲音；也有著午夜落寂的愁悵感。全場鴉雀無聲的在聆聽。

唱完全場掌聲雷動，encore（安可）聲不停。

在盛情難怯下，陳教授又唱了一首 Summer kisses winter tears（多少柔情多少淚）。這也是貓王的一首抒情歌。

這首 Sommer kisses winter tears 由陳教授口中唱出柔情似水。如歌詞中所說：「夏日的熱吻，冬日的寒淚……留下我虛度孤獨的夜晚和昨日的夢……」唱得扣人心弦，入木三分。也增添了幾分感傷。

陳教授再次獲得滿堂采。將今晚歌唱氣氛帶到了最高潮。

再接下來是賁主任點唱的國語歌曲「選擇」。也是首男女對唱的歌。原唱者林子祥和葉倩文。這首歌很唯美動聽。男女 key 都很高。唱低了不好聽，高了又不好唱。是首難度較高的歌。

賁主任人很矮，腸子離嘴巴近，唱歌中氣比較足。（歌壇上歌唱得好的歌星，八成都是矮個子。男歌星如謝雷、葉啓田、倪賓，女歌星如美黛、楊燕、張琪、張清芳、張惠妹等）。

這首「選擇」賁主任指名要佟欣麗同臺對唱。因為倆人一般高在臺上誰也不壓誰，好搭配。果然是人短歌唱得好。賁主任的「選擇」，唱得可圈可點。將這首歌的原味唱出了七、八分。對唱的佟欣麗唱得就不怎麼高明。聲音尖不說，幾乎是用喊叫；高音拉不上，只好轉用假音。好在大家是同樂。並沒有賽歌、飆歌的意味。也獲得了全場熱烈的掌聲。

賁主任回座後立刻和一旁的王教授在「咬耳朵」。

只見王教授頻頻點頭；隨即從桌上拿起了一張事先已寫好的點歌單跟賁主任微微點了個頭，兩人很詭異的笑了笑。起身往佟櫻美座位走了過來。

王教授面帶笑容說：「小佟，請點唱這首歌。」語氣是半命令式的。

佟櫻美見點歌單上寫的是首臺語歌「誰人甲我比」。面有難色的說。「王教授，這首歌是男調，我怕唱不好。」

「不會啦！妳歌唱得很好，大家都這麼說得啊？這首歌是賁主任交待特別為妳點的；還說，指定要妳來唱，他說妳一定會很喜歡。」王教授面露詭異的笑容。

佟櫻美只好將點唱單交給櫃檯。立刻插歌下一首歌。

這時臺上吳主任這首「夢中人」唱到最後一句「……我的夢中人兒呀！妳在何處？……妳在何處？……。」略帶感傷高舉右手指向遠方，像是在說夢與現實是遙不可及。夢中的人兒在很遠、很遠的地方……。吳主任唱作很投入，在大家熱烈的叫好掌聲中才回神。臉上泛著幾分惆悵深深一鞠躬下了臺。

電視螢幕立刻打出了下一首歌名：「誰人甲我比」。

這時有人故意用國語音大聲唸說：「誰來甲我比（誰來吃我B之意）是誰的？」

王教授故作勢趕忙叫說：「是小佟的啦！」

賁主任忽然大聲喊說：「哇！是小佟的……阮甲啦！（意：我吃啦！）」

全場哄然爆笑。

賁主任是個嗜酒好色之徒，有女色「嗜痂之癖」。

剛上臺的佟櫻美一陣臉紅，很氣憤被他們設計了。這些人，佔女人的便宜。真無恥、下流，一點格調都沒有。

佟櫻美很生氣，也就無心唱歌，只是含混應付的唱完。下臺後坐在椅子上氣吁吁的，愈想愈氣。

接下來又是首臺語歌，「一生只愛你一個」。張教授點的，男女對唱歌。張教授站在臺上向佟欣麗招手，邀她上臺同唱。

佟欣麗再度跑上臺跟張教授對唱。有趣的是，倆人各唱各的調，張教授唱歌原本就不怎麼高明。荒腔走板，聲如破鑼，有氣無力而且咬字不清。就這樣含混唬弄的唱完，逗得大家捧腹大笑。好在張教授「醉翁之意不在酒。」

帶著酒杯打通關的苗主任，此刻回到了座位上。見佟櫻美一個坐在旁邊，藉著幾分的酒意，伸手放在佟櫻美的大腿上。

剛剛賁主任的氣還未消；這會苗主任又伸手摸大腿，雖然有些不悅，但仍挺直著上身，並未躲避。畢竟苗主任是買自己的單，豆腐還是得讓他吃。

就在這個時候，王教授笑嘻嘻搖搖晃晃的端了一杯酒從林小姐那邊走了過來說：「小佟，我乾杯，妳隨意。」說完一飲而乾，還抖了抖空酒杯滴酒不剩。

佟櫻美雙手捧杯以茶代酒，喝了一口「謝謝王教授！」

王教授雖然有些醉意，但心裡還很明白。眼睛一瞄，見檯桌下苗主任的「鹹豬手」正在小佟大腿上遊動，很識趣的點點頭笑瞇瞇就走開了。

藉著酒意苗主任竟然「得寸進尺」，一手摸佟櫻美的大腿，另一隻手開始往佟櫻美胸前移動。手指漸漸就要觸到「乳房」。佟櫻美很不悅地扭動了一下身體，意思是告訴苗主任「適可而止」。心想：在床上，我的身體都給了你，任你怎麼玩都可以；但是在這種場合就不應該了，這是原則和尊重。

苗主任自討沒趣，於是在佟櫻美的頭上摸了一下，起身到別桌去了。

剛才苗主任的舉動，讓佟櫻美很不舒服。真是一波未平一波又起。一個人坐在椅子上生悶氣，無心看臺上的唱歌。

過沒多久，賁主任手上端了一杯酒，搖搖擺擺的走過來，一屁股坐在佟櫻美旁邊笑嘻嘻酒言酒語的說：「小佟，剛才妳唱的『誰人甲我比』（比字故意唸成B），唱得真好，很傳神，哈哈……。」

佟櫻美皮笑肉不笑說了聲「謝謝！」。心想：嘴巴還在吃豆腐，真無恥。

賁主任舉起手中的酒杯笑嘻嘻說：「這杯酒，敬美麗的小佟，乾杯！」酒杯舉得高高的。一連串的不愉快，佟櫻美實在沒心情喝酒，也不會喝酒；可是賁主任舉著酒杯在等她。看樣子是要碰杯乾酒，很難躲過；只好心不甘情不願的拿起酒杯跟賁主任的酒杯碰了一下。

賁主任「眉飛色舞」的說：「小佟真『善解人意』啊！哈哈……」一口喝光了杯裡的酒。不甘示弱，佟櫻美也將手中杯裡剩下的半杯酒全都喝下肚。霎時臉上露出苦辣的表情。眉頭皺得緊緊的。

賁主任見狀，很殷勤的遞上一杯白開水。色瞇瞇的望兩口就放在桌上。

賁主任笑嘻嘻的望了佟櫻美一眼，趁機將座椅略為往佟櫻美身旁靠近些，伸出手臂欲摟住她的肩膀。佟櫻美很不舒服地聳了下肩。賁主任很失望地將手臂放了下來搭在椅背上，化解了尷尬。賁主任沒料到佟櫻美是那麼難纏的女孩。心想：愈是難纏的女孩，愈是要弄到手。

前有苗主任的輕薄，現在又碰上了賁主任。佟櫻美非常的不悅。覺得這些人太輕浮、太不尊重女性。很不習慣也很厭惡他們的嘴臉。覺得自己很不適合這種場合。

這時候場面的氣氛很尷尬。佟櫻美低頭不語，也無心看臺上的歌唱。

賁主任已有了幾分醉意，也就顧不了什麼失態不失態。見桌上小盤子裡的魷魚絲，笑嘻嘻的說：「小佟，來吃點東西。」說著從小盤子裡拿了一根魷魚絲欲放進佟櫻美的嘴裡；賁主任的動作就像是在逗小孩子吃東西。

佟櫻美餘氣未消，加上賁主任不雅的動作，很快的用手接下了魷魚絲放在桌上說：「賁主任，謝謝！我從小就不吃魷魚絲；因為我不喜歡吃。」

賁主任霎時感到很訝異，也很尷尬。從未遇到過的事情，覺得很沒面子。冷笑了一聲說：「既然不喜歡吃，就不勉強妳了。」很生氣起身就走了。

佟櫻美氣呼呼的臭個臉呆坐著。心想：今晚我的客主是苗主任，講難聽一點，是他花錢包我的；我只有對他還可以容忍。別人想要吃豆腐佔便宜，哪可能。

碰了一鼻子灰，賁主任氣巴巴的坐在椅子上，對著佟欣麗和教授們劈頭就嚷說：「小佟，不好玩。一點都不解風情；碰都不能碰；她還自以為是『聖女』，跩得很。」大發牢騷。

吳主任安撫的說：「我說賁兄，先消消氣，慢慢說。小佟是怎樣招惹賁兄的啊？」

像是鬥敗的公雞，賁主任搖搖頭：「唉！剛才好心好意餵她吃魷魚絲，她竟然拒絕了，一點面子都不給。」剛才對佟櫻美不雅動作卻絕口不提。

吳主任哈哈的笑了起來：「哎！我還以為是什麼大不了的事。芝麻小事，小事，別介意。賁兄，現在有些女孩子，還是有『大小姐』的脾氣，別放在心上。」為佟櫻美緩頰的說。

「氣人的是，她還擺出一副『貞潔烈女』的嘴臉，碰都不能碰。」賁主任怨氣未消的說。

一旁的佟欣麗趕緊解釋說：「賁大哥！很抱歉！我姊姊就是那種個性，她還不大習慣這種場合，也就是因為這樣，所以她很少參加聚會。賁大哥，非常抱歉！」

王教授也附和賁主任說：「是啊！小佟個性內向，不喝酒，又不會鬧，又不肯合作。跟大家玩不起來、瘋不起來。我也覺得小佟不好玩。個性嘛！她就是一副『冷若冰霜』，石膏嘴臉。」

「沒說錯吧！這不是我一個人的看法，很多人都有同感。不是我在說，小佟，真的是不好玩。」賁主任心中仍有餘氣。

苗主任笑笑的打圓場說：「賁兄，消消氣，不要放在心上。其實小佟人還不錯。就像王教授所說，是個性使然。我剛才也碰了個釘子，瞭解了就好。每個人都有他的想法跟做法，別人是很難左右或是改變的；這是本性。雖然小佟和欣麗是親姊妹，但是倆個人的個性截然不同。欣麗活潑、外向比較開放。可以瘋瘋鬧鬧的；小佟恰好相反個性內向、保守。今晚的場合她就不太能適應了。所以說各有千秋，各有各的長處。」

「嗯！苗兄說得對，各有所長。小佟的長處，苗兄指的可是……『床』上之事啊！？哈哈……」賁主任仗著酒意，不吐不快，一笑解心憤。

王教授「沆瀣一氣」跟著哈哈大笑說：「對，當然是房事，那還要問。」

苗主任苦笑很無奈的走回座位。見佟櫻美還在生氣，擺個臭臉，靜靜的坐在椅子上。

苗主任和顏悅色的說：「小佟，還在生氣？想開一點，不管怎麼說，賁主任是個大學的主任，多少要給他一點面子。大家來這裡就是尋開心。熱熱鬧鬧的打成一片，玩在一起；偶而被碰一下或是摸一下，吃個豆腐什麼的，在所難免，是很平常的事，千萬別當真。」

佟櫻美板起臉說：「在這裡，大家各帶各的女人，各玩各的；說真格的，我不喜歡也不習慣被交換、喝酒、吃豆腐。講白一點，這是交易。」像是有一肚子的牢騷，不吐不快和盤托出。

苗主任搖了搖頭笑笑的說：「小佟，妳說的沒有錯，我都了解。但是做人也不能太直太自我。有時候身不由己，該勉強的時候還是不得不勉強。吃虧就當做是佔便宜。做人要隨和一點，不能太計較，太認真，對人對自己都不好。」

佟櫻美覺得「天下的烏鴉一般黑」，乾脆不語。原本想再唱歌，想到一連不高興的事情哪還有心情；只想早點結束早點離開這裡。

這時臺上的林小姐正在唱快節奏英文歌 **The twist**。小小的舞臺上，個子高高的梁教授正跟佟欣麗大跳「扭扭」舞哩！倆人一高一矮的很不搭調也不對稱。但倆人跳得很逗趣；只見梁教授跳起舞來，身體龍鍾僵硬，笨手笨腳的；歪抖著身體直點頭，像是在鬥公雞似的，倒也跳得不亦樂呼。

明亮的舞臺上唱跳二人組表演的逗趣熱鬧。昏黯的臺下也同樣熱鬧的很哩！吳主任跟蘇小姐也在狹小的空間大跳「扭扭」舞。兩人屁股扭來扭去，跟臺上大有媲美的味道。

「扭扭」舞，其實就是搓手、扭臀和曲腿的動作。只要站在原地曲伸著腳，扭動臀部和搓動手即可；並不需要很大的空間。

這時只見小舞臺上的吳主任和蘇小姐頭對頭，斜歪著身體，曲抬著一隻腳扭著臀部，倆人的手像是在搓「湯圓」似的前後揮動。忽而伸右手曲左腳；忽而又伸左手曲右腳。倆人扭得很賣力，扭得很原味。

大家坐著看熱鬧；兩隻眼睛臺上臺下的看著。

臺上梁教授和佟欣麗一高一矮跳得很逗趣，而臺下的吳主任和蘇小姐則是熱力大放送的扭跳。臺上臺下不分軒輊平分秋色。

隨著 Twist 的動感節奏，臺下的吳主任斜抖著身體，左右兩手前後在蘇小姐胸前舞動。跳著跳著……漸漸失控走樣，遂變成了脫軌的揮動。藉著臺下幽黯的燈光，吳主任的手掌忽左忽右有意無意的在觸摸蘇小姐的「乳房」。就像搓「湯圓」似的左右手掌大吃「豆腐」。吳主任這種猥褻的動作下流不堪入目。

更令人訝異的是蘇小姐，對吳主任伸「鹹豬手」大吃「豆腐」不雅的動作，竟然「視若無睹」毫無反應；也不迴避。完全不當一回事，令人費解。這或許是蘇小姐早已經習慣了、麻木了教授們的這些不堪動作；亦或許是「周瑜打黃蓋」一個願打一個願挨；各取所需，各得其便吧！

這時臺上的梁教授跟佟欣麗面對面扭得還真夠火。佟欣麗年輕，充滿活力；扭得渾身是勁；熱力四射，也扭出了力與美。

梁教授到底是上了年紀歲月不饒人，已經是累得上氣不接下氣，渾身冒汗只好身體直直的站著不動，只用兩隻手前後有氣無力的舞動。就像鴨子划水般。模樣滑稽，動作古怪，看得大家哈哈大笑。這或許是年入花甲，教授們的一種尋春方式吧！

就在這首 The Twist 又唱又跳結束後，教授們這場卡拉ＯＫ歌唱會熱鬧的落幕了。

接著賁主任宣佈下面的節目是「夜遊臺大校園」。這也是今天最後的壓軸節目。

臺大校園離卡拉ＯＫ店可說近在咫尺。一行人走走談談，一會兒就走到了臺大。

夜遊臺大校園純屬自由活動。成雙、結伴或是單獨遊園悉聽君便，遊畢後個自解散。

苗主任跟佟櫻美；賁主任和佟欣麗是現成的兩對；兩男兩女四人組向來是一掛的。

組頭賁主任和苗主任帶領著佟櫻美、佟欣麗姊妹在校園觀遊。校園甚大；到處矗立校舍建物。高高的棕櫚樹、庭園、花草、涼亭、小橋流水、運動場……等。賁主任和苗主任是現成的導遊、解說員，都一一簡要作了介紹和說明。其他諸如校史沿革、校風及校友狀況也都作了梗概述說。佟櫻美和佟欣麗也僅是「走馬觀花」和隨便聽聽而已。

遊園中，賁主任和佟欣麗儼然情侶般。很親熱的手牽著手，有說有笑；不時還以「老公」、「老婆」互稱。狀甚為親蜜。

苗主任和佟櫻美這對，可就不是那回事了，似如陌生人，倆人還保持了小小的距離。卡拉OK歌唱不愉快的事，佟櫻美耿耿於懷，心中仍有餘氣。苗主任不願再碰釘子，當然也就無福牽著佟櫻美美麗的小手了。

四人組在校園逛了好一陣子，雖然是寒冬，夜間室外溫度只有十七、八度。但是姊妹倆走的又累又熱，額頭上都冒出了細細的汗珠。尤其是佟欣麗，人很嬌，有點走不動了。氣吁吁提議說：「賁主任，我們休息一下好不好，腳很累。」

賁主任笑笑的說：「走一點點路就喊吃不消，妳也太嬌弱了！」

「人家是想休息一下嘛！」佟欣麗語帶撒嬌的說。

賁主任笑說：「女孩子，走走路就叫苦喊累，不是嬌，是什麼？」

「不一定，像櫻美最能吃苦耐勞。」佟欣麗不平的說。

「妳說小佟最能吃苦耐操？」賁主任故意將「勞」說走音，吃個嘴邊小豆腐。

「不是啦！賁主任，你想到哪裡去了。我說的是吃苦耐勞。」佟欣麗忙更正。

「喔！是這樣啊！我聽錯了，聽錯了！哈哈……」賁主任嬉皮笑臉的說。

好在這裡沒有路燈，看不見佟櫻美氣憤而羞紅的臉色。

大家繼續往前走，不久來到一轉彎處，見前方不遠的地方有一長木椅。

苗主任指向前方說：「我們就在那裡休息一下。」

四人坐在長木椅上。賁主任和苗主任分坐兩頭；佟櫻美和佟欣麗兩人坐中間。

就在四人剛坐定的時候，忽然發覺斜對面不太遠的角落，有兩個人影在晃動。隱約可見一男一女。男的坐在草地上背靠著牆角落。女的趴伏在男的腹部正蠕動著頭。兩旁有矮樹，角落光線幽黯不易發現，位置絕佳。

這個時候，忽然聽到女的小聲的驚叫：「啊！胡教授，好像有人來了！」

男的趕緊壓低嗓子「噓！」了一聲。意思是叫她不要發出聲響，已聽到了「風吹草動」。

「鬼靈精」佟欣麗一眼就看出是怎麼回事。

賁、苗主任當然「心知肚明」。

佟櫻美雖然反應慢了一點，但直覺上也知道是怎麼回事。

原來黑黯角落裡，是胡教授正和一個女的在玩親熱的「小頭頭」遊戲哩！女的喇叭吹得不亦樂乎！

苗主任起了惻隱之心小聲說：「賁兄，我們換個地方如何？」

在這種情況下，賁主任哪能說不好。於是點點頭。

四人悄悄離開，另覓地方。

最後落腳一處涼亭休息。

屁股才坐定，賁主任就急著打開「話匣子」說道：「老苗，剛才聽到了吧，是胡教授跟一個女的。想了想，我看是蘇小姐。你覺得了？」賁主任向來是「生冷不忌」心裡有話藏不住，不吐不快。

苗主任笑了笑說：「不用猜也知道，今晚總共四位小姐，眼前就有兩位，剩下的是蘇小姐和林小姐。在校門口解散的時候，王教授、梁教授一堆人簇擁著林小姐逛校園。你想不是蘇小姐還會是誰?這是最簡單的LOGIC（邏輯）。」苗主任向來在賁主任面前講話都是維維諾諾，矮了半截似的。此時倒像是英國神探「福爾摩斯」辦案，「抽絲剝繭」推理的說，語氣鏗鏘有力。

賁主任點點頭稱許道：「苗兄說得對，分析的一點都不錯。不過，他們倆個會在一起這點我倒是沒有看出來。」

「賁兄，男女之間的事很微妙，鮮少會讓人看見，都是私底下你來我往付諸行動的。」苗主任這時又彷彿是個男女兩性問題專家。

「沒錯，這叫做『明修棧道，暗度陳倉』啊！」

「可是平常聚會的時候，胡教授沉默寡言話不多，怎麼說，也很難把他們兩個擺在一塊。」換苗主任不解。

「說得沒錯。他們倆一個東西、一個南北的，相差甚遠，對不起來；的確是很不搭調。」賁主任亦有同感的說。

苗主任微笑的說：「實在是『匪夷所思』！」

忽然賁主任若有所悟叫道：「啊！我想起來了，想起來了……嗯！沒錯，錯不了。苗兄，記得嗎！？在卡拉ＯＫ，蘇小姐在臺上唱歌的時候又唱又跳的，非常賣力。下了臺後蘇小姐熱昏了。這時候胡教授特別拿了瓶『可口可樂』倒給蘇小姐喝。哈哈！就是在這個時候倆人相談甚歡，拼出了火花。準沒錯！」信心十足說。

「賁兄心思敏銳，『洞察入微』。分析的是毫釐不差。」苗主任恭維的說。

賁主任笑嘻嘻說：「可不是嗎！現在他們兩個，一個可『口』，一個可『樂』！哈哈……。」

「是，是，可口可樂！可口可樂！」「一丘之貉」苗主任也笑著說。

賁主任和苗主任你一言我一語，忽略了一旁的佟櫻美和佟欣麗。其實姊妹倆，早就被賁、苗視為他們的嘴邊肉；是同一掛的自己人，當然也就無所謂了。

可能是天冷的關係，這時候佟欣麗內急，問佟櫻美說：「要不要去洗手間。」

佟櫻美搖搖頭說：「還不用。」

佟欣麗起身走往前方不遠的廁所。

賁主任覺得機不可失，起身跟著佟欣麗說：「我來帶路。」

佟欣麗一跨進廁所，賁主任乘「性」尾隨而入。賁主任在廁所內向佟欣麗再次求歡。乾柴烈火於是倆人在廁所內演出了「四腳怪獸」的戲碼。

佟櫻美看在眼裡，覺得很不可思議。

苗主任很羨慕。笑嘻嘻的對佟櫻美說：「他們是在廁所內 happy 哩！」略停頓了一下接著用乞來的口吻說：「小佟，我們也進去 happy 一下如何？」苗主任「見賢思齊」，性趣大發，有樣學樣的要求佟櫻美。

佟櫻美搖搖頭說：「在那裡面『做』，不太好吧！」婉拒了苗主任的要求。心想：這種話你也講得出口！

苗主任碰了個軟釘子，當然也就不好再說什麼了。

賁主任和佟欣麗「辦完事」歡悅的從廁所出來。完成了他們的第二次 happy。

今天，這場教授和小姐的「男女遊戲」，到此暫時劃下了句點。

7 電影「龍捲風」

與臺北市一水之隔的三重，重新路二段、正義南北路交會口，是三重精華地段；也是車輛來往臺北和新莊桃園南下的交通要道。規模最大的天臺戲院廣場，剛好位於街角處，佔盡地利之便。

天臺戲院售票口前，曾正洋看著手錶已一點半，這是跟佟櫻美相約的時間；亦是倆人的第一次看電影。就在這個時候，忽而，感覺有個黑影在身旁晃動。抬眼一看，原來是可愛的佟櫻美身穿一襲黑白小方格洋裝，笑瞇瞇站在面前。

「老婆，妳練了輕功功啊！站身旁我都不知道。」

佟櫻美面露笑容說：「是你手機看得太專心了。所以我沒叫你。」

「妳是艘潛水艇，神出鬼沒突然冒了出來。」

「不是啦！這裡車多，聲音很吵，你又專心看手機，當然沒注意我來了。」

曾正洋笑笑點點頭：「妳說得對。」

佟櫻美抬眼望著售票口上方的電影海報問道：「看哪一部？」

「當然是由妳決定。」

「我都可以，沒差。」

曾正洋指著牆上的電影海報說：「既然都可以那……『龍捲風』如何？」

「好哇！」佟櫻美不加思索說。

「我很早就到了。電影海報我仔細看了一遍，覺得『龍捲風』不錯。不喜歡的話，我們看別的片子。」

「你喜歡就好，就看『龍捲風』吧！」佟櫻美一副輕鬆無所謂的樣子。

曾正洋感覺她的口氣好像是已經看過似的。於是問說：「妳看過了？」

「哪有。」還瞅了曾正洋一眼。

「不改？」

「嗯——囉！」調皮的模樣。

「好，看『龍捲風』！」就像古董書畫拍賣會，落槌定案。

電影廳場地不大，應該算是迷你了些。天臺戲院共分成十個廳；大廳約兩百個座位；小廳約百個座位。現今，大部份電影院都改為小廳制。將原本一個千餘座位的大廳，分割好幾個小廳。分別放映不同類別影片，以迎合滿足觀眾不同的選擇和口味，走小眾多樣化。這是電視第四臺和網路電視衝擊後，電影業因應的生存之道，亦是必然的趨勢。

曾正洋在販售部買了包爆米花和一瓶可口可樂帶進場。

電影廳，麻雀雖小，五臟倒也俱全。除了銀幕小了點（新藝綜合體標準銀幕寬六十尺高二五尺深十五尺），不及標準銀幕的一半外，其他聲光全採數位化新科技設備。

兩百個座位的大廳，還特別隔了兩三個「情人座」。顧名思義，是專門為年輕情侶而設。它是設在靠邊處，只不過是將座位前後加了個矮隔板，為一個雙人座的大位子。就像四、五十年代咖啡廳盛行的「卡座」。「情人座」倒也便宜行事。溫馨也很人性化。

曾正洋環視廳內，稀稀落落的觀眾不過十來人，大多散坐在中間這個區塊。有趣的是，倆人像是心有靈犀，不約而同一屁股就坐在「情人座」上；或許這是個巧合吧！

「龍捲風」是部災難片。展現了大自然驚人的破壞力。運用了科技，特技和電影的「蒙太奇」手法，觀眾有如身歷其境，震撼緊張處讓人捏一把冷汗。

電影觀賞中，曾正洋和佟櫻美儼若一對情侶。倆人身體都微側向內坐，這樣可以讓彼此的身體更靠近些。曾正洋脫下了身上的茄克，披蓋在倆人身上。邊觀賞電影邊吃爆米花；不時還親密的，妳一口我一口飲啜著「可口可樂」。

當然，曾正洋將茄克披蓋倆人胸前，除了隔冷氣外還另有妙用的。如此手藉茄克的覆蓋，可在佟櫻美「小褲褲」裡大上其手。曾正洋的一隻手中指頭早已插指「小肉縫」裡；並且很有節奏地進出運動。時而配合銀幕上電影情節而加快進出的動作。

「小肉縫」裡流出了滑溜溜的水。佟櫻美被指頭弄得很性奮很舒服。張著小嘴，微吐舌尖，身體也微微地顫抖；陶醉在愛撫中。當然曾正洋也將全身的亢奮性需求交給了手指頭。

曾正洋明白佟櫻美快要上高潮了，於是手指加快了動作。一隻手將茄克略為提高些，這樣「插指」的大動作，外面不易看出。另一隻手則在「快馬加鞭」，手指頭快速的「插進插出」。而自己的性慾亦隨著手指頭進出而起伏。

就在這個時候，佟櫻美「小肉縫」忽而，將曾正洋手指頭夾得緊緊的；一股暖流洩了出來。佟櫻美上了高潮，心口砰砰跳的很快，呼吸急促。嘴巴「啊……啊……」哼叫了起來，聲音不太大也不太小。曾正洋亦大大滿足了觸覺的性享受。

就這時銀幕畫面正映出，龍捲風捲襲農舍的鏡頭。震憾的音響效果，剛好掩蓋了佟櫻美的哼叫聲。

曾正洋插在「小肉縫」裡面的手指，並沒有立刻抽出。他知道，如果這時候抽出手指，黏呼呼的「B」水定會弄髒小褲褲。於是在佟櫻美耳邊說：「趕快用衛生紙包住『妹妹』處。」

佟櫻美從皮包裡抓了幾張衛生紙放在「妹妹」處。曾正洋始緩緩從「肉縫」抽出手指頭；隨手擦拭了「陰道口」。復將髒衛生紙緊緊的捏成團，放進佟櫻美皮包內。

佟櫻美又取出了幾張衛生紙，打了兩三個對摺放在褲底。結束了這齣「指」炮遊戲。

銀幕打出 **The end**，電影廳場燈亮起。佟櫻美滿面春風，露出了滿足的笑容。離場時，佟櫻美親熱地挽著曾正洋手臂；這是滿意的回報。

＊　＊　＊　＊　＊

四、五坪大小的小吃店，食客滿座。

曾正洋和佟櫻美只好坐在人行道露天桌。

曾正洋望著店裡店外的客人說：「這家店生意真好！」

「是啊！說真格的，別看店小，在三重很有名哩！有時外面都坐滿了人。」佟櫻美回道。

「妳一定常來吃囉。」

「偶而啦！只要在附近逛夜市或是經過這裡，都會來吃。」

「照妳這樣講，妳也算是熟客；由妳點菜吧！多點些。」

「好！你喜歡吃米粉湯，叫兩碗，我只吃半碗，半碗分給你。」

曾正洋點點頭說：「太好了？小菜隨妳點；但是不要漏了油豆腐和豬腸。」

佟櫻美笑笑說：「知——道。是你愛吃的。」

「哪能跟妳比；老婆妳，才是我最愛吃的咧！」

佟櫻美撅個小嘴瞪著曾正洋，模樣很可愛。

今日晚餐：米粉湯兩碗、油豆腐二塊、小腸一盤、燙青菜一盤和滷魚一塊。

曾正洋笑笑說：「下午『龍捲風』電影是秀色可餐；現在是小菜大餐。很豐盛啊！」

佟櫻美故作生氣狀說：「又來了！」然後笑瞇瞇又說：「吃飽就好，不要浪費。」

「不浪費，不浪費。我們今天都是吃飽就好不貪嘴。」曾正洋說完還瞅了佟櫻美一眼。

佟櫻美又撅起小嘴，似笑非笑的樣子，很可愛。

曾正洋笑笑說：「老婆，請用餐！」還用手比了比。

佟櫻美揀了塊油豆腐在小碟裡沾調味料。

曾正洋接著又說：「妳很節儉樸實。誰娶到妳，還真有福氣。」然後小聲說：「當然是我囉！」

佟櫻美報以微笑，溫柔體貼將沾好調味料的油豆腐送進曾正洋的口裡。

曾正洋頓時感到了一股溫暖，很感動。於是也夾了口青菜送進佟櫻美的嘴裡。這叫做「禮尚往來，相敬如賓。」

「記得嗎？我們是何年何月何日相識的？」曾正洋像是在口試問題。

「記得啊！去年、四月、十七日。」

「很好！完全正確。再過半個月就是我們相識滿一年，是我們的相識週年慶。週年慶，要好好的慶祝一下。」說完，扒了口米粉。

佟櫻美又夾了一小塊魚肉，「小心翼翼」的在剔魚刺。剔完將魚肉送進曾正洋的嘴裡。笑瞇瞇說：「說真格的，你吃魚很急，肉刺一起吞進肚裡；這塊肉沒有刺，我已經挑掉了。」

佟櫻美這個動作，曾正洋深為感動。連聲說：「謝謝！」

佟櫻美面帶笑容說：「吃魚要小心，先要挑掉魚刺才不會刺傷口腔或是卡住喉嚨。吃魚不能急，知道嗎？」

「這些我都知道，可是就是改不過來。」

「可以慢慢改啊！以後我會在身邊提醒你呀！」

曾正洋聽在耳朵裡，溫馨而感人。像是溫柔體貼的妻子。

滾燙的米粉湯，曾正洋已吃得滿頭汗。佟櫻美從皮包裡取出小手帕，在曾正洋額頭上點擦汗珠。這個窩心動作，讓曾正洋更為感動。

佟櫻美夾了塊油豆腐說：「你最喜歡油豆腐配米粉，來……」說著就送往曾正洋嘴邊。

曾正洋忙說：「妳吃吧！」

「我差不多飽了。阿……」佟櫻美很快將油豆腐送入了曾正洋的嘴裡。

真溫馨。曾正洋邊嚼邊說「謝謝！」接著又說：「老婆，十七號，是我們相識一週年。那天要拍婚紗照，這幾天妳要找時間休息。早點睡，多吃點青菜水果。這樣婚紗照就會拍得更好看，更漂亮。」

佟櫻美很歡悅說：「放心！我會的。」

「那就好！還有，更重要的是……從下個月起，老婆加薪了。每個月固定給妳四萬元生活費。這是日常生活費，臨時支出，或是購買物品另外再給妳。」

佟櫻美雀躍說：「好耶！」

「我們已經是夫妻了，當然要給老婆有生活的保障。」

佟櫻美高興的說：「謝謝老公！」

「不客氣，應該的。」說著，曾正洋揀了口青菜送進佟櫻美口中並說：「老婆吃菜。」

「謝謝！」佟櫻美亦夾了塊油豆腐放進了曾正洋口中「老公，吃豆腐。」

「啊！老婆的豆腐最好吃！」

*　　*　　*　　*　　*

曾正洋給佟櫻美的每日一電是每晚的必修課。相識至今從未間斷過。倆人正電話中：

「老婆，睡覺了嗎？」

「上床了，等老公電話。」

「對不起，我應該早一點打電話給妳。」

「為什麼？」

「下午我不是說過了嗎！下禮拜我們要拍婚紗照；我要妳早睡，睡眠充足，氣色好，才會拍得更漂亮。」

「沒差！耽誤不了多少時間。」

曾正洋笑笑的說：「我當然是希望新娘愈美愈好啦！」

「你還不是，工作忙，要找時間休息才重要。」

「我會的。我也要休養帥帥的，我們是天生一對。」

「嗯——囉！」佟櫻美調皮的說。

「可愛的老婆，我最喜歡妳這個調調。」

「好——嘛！」

「老婆，睡覺前，有沒有想我呀！」

「有——啦！」

「親愛的老婆，現在幾點了？」

佟櫻美望了下壁鐘。「九點四十。」

「不早了，該讓妳休息了。」

「我……」佟櫻美欲言又止。

曾正洋感覺電話那頭吞吞吐吐的，跟佟櫻美平常講話乾脆的個性不一樣。難道有什麼事不好講，於是故意用輕鬆的口氣問說：「怎麼啦！是不是捨不得老公，想多說幾句話？」

「不是啦！有件事，我一定要告訴你。」

「什麼事？說給我聽；我們一起分享。」

佟櫻美話到了口頭，還真難以啓齒。略想了想，鼓足了勇氣，硬著頭皮小聲說道：「……我……我已經有兩個小孩……」終於說出了口，如釋重負。

曾正洋乍聽下，先是一楞，隨之腦袋閃過了幾秒後才會過意說：「妳結過婚？」

「是，但已離婚了；離婚一年多了。」

「喔！」

佟櫻美語氣平淡的說：「如果你不願跟我繼續交往，沒有關係。」

曾正洋急忙說道：「不是，不是，我不會介意妳結過婚，有小孩。」

「說真格的，我不會怪你。」

曾正洋急忙解釋說：「那是過去，每個人都有他的過去；過去的都已經過去了。再說，那時候我們又不認識。今後才是最重要，我重視的是我們的今後。我怎會怪妳；沒必要，更沒有理由怪妳。請放心！」

佟櫻美很感動說：「是真的嗎？」

曾正洋毫不猶豫說：「當然是真的。我也離婚好多年了。每個人都有過去呀！老婆，我倆能在一起，這也是上天的安排呀！我很珍惜，我們都要珍惜。」

曾正洋動之以情，講出了肺腑之言。電話那頭佟櫻美已熱淚盈眶，深受感動。

「小孩多大了？」曾正洋語氣和藹問說。

「女孩八歲，男孩五歲。」

曾正洋笑笑說：「一男一女，兩個恰恰好。」

「那你呢？」

「彼此，彼此，也是恰恰好。」

曾正洋電話裡感受到，佟櫻美終於露出了笑容。於是笑笑說：「老婆，我很佩服妳將小孩子這件事說出來。這也是需要很大的勇氣。」

「說真格的，『伸頭是一刀，縮頭也是一刀』。不如乾脆說出來。」

「這種事，當然說比不說好，早說比晚說好。放心！真情經得起考驗，我們的感情不怕火鍊。」

「嗯——囉。」佟櫻美調皮的回了一句。

「妳的小孩呢？」

「在臺中，我婆婆帶。兩個小孩歸前夫。」

「妳看起來像十七、八歲的女孩。真難想像妳已經是兩個小孩的媽媽了。妳不說，誰都不信。」

佟櫻美面帶笑容，得意的說：「因為我是娃娃臉。皮膚白，少吃飯，喜歡吃青菜水果，所以我身材保持得很好，外表是看不出來的。」

曾正洋笑笑的接說：「裡面也是看不出來的。『小嘴嘴』粉紅水嫩，秀小可愛。哪像是生育過。」

「又講這個。」

「好，不講這個。老婆的『小嘴嘴』是老公專屬獨享的。」

佟櫻美故作生氣狀。「你……有完沒？」

「講完了，講完了。該跟老婆說 Good night!」

「這還差不多。」

曾正洋學佟櫻美口頭語：「說真格的，確實該讓老婆休息了。」

「啊！『八哥』你！」

「再見囉！老婆妳！」曾正洋說完就掛了電話。

佟櫻美手中仍緊握著電話。眼前似乎已看到了一線曙光。明天將會是一個燦爛美好的明天。心中期盼著。

8 洋美相識週年慶

客廳壁鐘響起了音樂。曾正洋望了臥房的時鐘，時間是晚上八點正。

曾正洋關心的口吻向一旁佟櫻美說：「親愛的，今天是我們的相識週年慶，妳上午做頭，下午拍婚紗照，可把妳給累壞了。老公很心疼呢！」

「才不呢！今天我很快樂啊！一點都不累。我有你這麼疼我的老公是我的福氣好、運氣好。人要知足才會快樂。『知足常樂』不是嗎？」佟櫻美臉上洋溢著喜悅。

曾正洋凝視著佟櫻美，用雙手將佟櫻美臉頰的髮絲輕輕的往後拂。很感動的說：「我跟妳一樣很快樂。在這個世界上除了妳之外，我什麼都可捨棄不要，妳是我的唯一、是我的最愛。」

「嗯——」佟櫻美有如撒嬌般，嘴裡很小聲，幾乎聽不見的嗯了一聲。含情脈脈的抬眼看著曾正洋，眼內含著淚水；裡面包含了對曾正洋的這份情、愛、和慾。

曾正洋將佟櫻美的頭抱入懷裡。佟櫻美深深感到愛和溫暖。

好一會，佟櫻美抬起了頭很小聲說：「老公，知道嗎！這一年我的生活變化很大。生活安定了，不像以前那樣每天過著有一天沒一天的生活。更重要的是，現在我有了你；你疼我、愛我，你給了我希望，我真的很幸福。」像小女孩似的用兩手手指在曾正洋臉上輕輕的撫弄著。

曾正洋也深深感染到佟櫻美大女孩的那份純情。笑笑的意有所指的說：「老婆，妳真的很『性』福啊！」

「幸福，那是當然的嘛！」真是個天真無邪的大女孩。

曾正洋哈哈大笑「我說的幸是性別的『性』。」

佟櫻美舉起了小粉拳輕輕的搥打曾正洋的胸口。臉上充滿著滿足的喜悅和甜蜜。

「妳不覺得『性』福嗎？」。

「『性』福啊！說真的，我跟我前夫結婚十二年，從來不知道什麼叫高潮；從來都沒有過高潮。跟你親熱才有了高潮；也才知道什麼叫做高潮。跟前夫『做』只是很舒服沒有高潮。」

「對嘛！只有我才能讓妳得到高潮。」曾正洋很得意的說。

「我們姊妹、朋友也常常會聊天談到這個問題。談到有很多的女人，一輩子從來不知道高潮是什麼？也從未有過高潮。」

「這就是男女配對要配得好、配得適當才行。我們倆個就是絕配。」

佟櫻美望了一眼曾正洋說：「有很多的女人感覺男人大多很自私；『做愛』的時候只顧到自己而不顧別人。」

「說得沒錯，這就是我說的配對要配得適當。配得不好只有慾而沒有愛，男女做愛最重要的是男人除了要有愛心，還要有耐心和細心。當然，男女雙方的互動配合也很重要；倆人同心合作才會完美。」

佟櫻美有點不好意思微紅著臉說：「嗯……我前夫每次『做』的時間很短；通常兩三分鐘；

很少超過四、五分鐘；我都來不及反應呢！」

「當然『做』的時間長短是一個因素；但是技巧很重要；『東西』的大小也有關係，但這都不是絕對。此外還有身體、心理、情緒、環境以及工作等等因素都會受到影響。」

「喔！」佟櫻美小聲的應了一聲。

曾正洋笑笑的接著問說：「看照片妳前夫個子很高；他的『小弟弟』大不大？」

佟櫻美微微低著頭說：「他的比較長一點也比較粗一點。但是我得不到高潮。因為他的粗大，反而讓我的『妹妹』常常流血。」

曾正洋心想：佟櫻美所謂前夫的比較長、比較粗一點，當然是拿他來作的比較。於是笑了笑點點頭說：「原來是這樣啊！」

「對啊！他很長，我的陰道比較短，他常用力戳，頂撞到我的子宮頸，常常流血發炎。」

「我說過，男女性器官長短深淺是其次，重要的是配合。像妳的陰道比較短、比較窄，配我剛好。配妳前夫就沒有那麼理想。所以妳『妹妹』常常被戳流血。這就是男女配合的問題。」

「喔！」佟櫻美天真的又應了一聲。

曾正洋像是在教授男女性愛生理寶典課似的又說：「我看過一本書，書上談到女人的『陰戶』就是女孩子的『B』；有五好；哪五好，就是『緊暖香乾淺』。這中間的『淺』就是『陰道』要短。那本書裡也提到五不好，就是『寬寒負濕深』。『深』指的就是『陰道』長。」

「為什麼女人的『陰道』短好長不好？」佟櫻美愈聽愈有性趣。

曾正洋笑了笑說：「我說的意思不是男女性器官長短的好不好，重要的是男女性器官是否配合。像妳前夫的『東西』比較長；而妳的『陰道』比較短。在『做』的時候妳就無法容納他全部的『東西』，他自然就感到不夠刺激了；因為他『東西』長的關係，就很容易頂撞到小宮頸而造成常常流血的原因。我們倆個『做』的時候情形就不同了；我們性器官長短很配合，雙方的『東西』就可以完全的接觸，緊密的密合；再加上技巧的巧妙運用，倆人玩得當然很儘性很舒服。」

「喔！是這樣子啊！」

「當然啊！比方說，男的『東西』短細而女人的『東西』長寬，也就是深的話，就像是竹竿在水缸裡攪水，四面碰不著。男女雙方的『東西』都沒有什麼感覺，那會滿足，當然就沒有性福了。」

佟櫻美很興奮的說：「對ㄟ！我明白了。」

曾正洋笑笑的說：「老婆，妳明白了很好！所以說男女可貴的在配合。要找到一對很相配的很不容易啊！尤其像我們倆個絕配更是很不容易。」曾正洋略停頓了一下，接著又說：「看妳跟前夫合照的照片，一高一矮身高差很遠；他的『小弟弟』又比較粗大；真難得妳的『小妹妹』沒被他塞爆變形、變寬鬆，還非常的完整漂亮！」

佟櫻美眼睛眨了眨笑笑的說：「這……可能是『做』的時間比較短；他很快就出來了。所以結婚十二年很慶幸我的『妹妹』沒有被他摧殘。」

曾正洋哈哈笑說：「如果是我的話，經過十二年的重力摩擦，每次都在四、五十分鐘以上，那妳的『小妹妹』豈不是早就被我給摧殘了！」

佟櫻美羞紅著臉得意洋洋的說：「可是跟你『做』我才能夠真正的享受到高潮快樂啊！」說

完還很歡悅地搖晃了下頭。

曾正洋也很得意地說：「那妳的『小妹妹』被我摧殘就不要緊沒有關係囉！」

佟櫻美撅起了小嘴：「那不一樣嘛！」

忽而曾正洋將佟櫻美緊緊的摟抱在懷裡。倆人都會心的微笑。

偎在曾正洋懷裡此刻沉浸在愛的暖流中。眼光裡充滿著歡悅和滿足。

曾正洋抱著佟櫻美溫柔的說：「妳很美！在我心目中妳真的很美！我以前喜歡身材高䠷的女人。但是認識妳之後，我徹底改變了這個觀念和看法。我現在深深體會到像妳這樣的女孩，雖然不怎麼高，給我的感覺是很可愛。甜甜的，就像隻小綿羊；又像是隻小鳥，很迷人。」

「不，我才不是羊也不是小鳥。我是隻小白兔；我屬兔。」佟櫻美撒嬌的說。

「那我就喜歡妳這隻小白兔。」說著曾正洋將整個嘴蓋在佟櫻美的小嘴上。四片唇兒緊緊的密合著。

「老婆，我愛妳。」

佟櫻美很小聲的說：「我也是一樣。」眼眸中閃爍著水亮。

「老婆，如果有來生的話我還是會追妳，我要娶妳為妻。」曾正洋很慎重的說。

「……不知道有沒有來生？」

「不管有沒有來生我是要定妳了……妳願不願意跟我情訂來生？」

「我願意！」佟櫻美毫不考慮的說。

「那生生世世妳都是我的老婆我是妳老公囉。」
佟櫻美天真的問說：「嗯——可是來生如果我變成男的呢?」
「如果妳變成男人……那我就變為女人，我們倆個對調，妳是我老公，我是妳老婆；我們還是夫妻呀！」
佟櫻美若有所思想了想說：「那……如果我們倆個同樣變成了男或女的時候怎麼辦?」
曾正洋一時被櫻美問呆了。略想了想「……嗯，那……我們就同性戀吧!做同性夫妻。」
「那很噁心耶！」佟櫻美故意伸出了小舌頭。
曾正洋忍不住笑了起來。「放心!不會的；今生是男人來生就是女人；今生是女人，來生就是男人。上天自有巧安排，一定會措開的，妳放心。」
佟櫻美像個小女孩似的半信半疑點了點頭。
曾正洋伸出右手小指說：「老婆，來，我們打勾勾，願生生世世結為夫妻。」
佟櫻美伸出了右手小指和曾正洋的右小指勾在一起，象徵倆人結成了「永世夫妻」。永遠在一起，永不分離。
倆人又緊緊的擁抱一起狂烈的熱吻。
吻得都快喘不過氣，倆人都非常的興奮。曾正洋的鳥喙流出了蛋清般的黏水。「小弟弟」直挺挺的槓在佟櫻美的花巢凹處。倆人互相輕輕的蠕動擵擦。
片刻之後，曾正洋溫柔的說:「親愛的，我們共浴。洗完後，共享專屬我們的『洞房花燭夜』。」
佟櫻美熱紅著臉點點頭。

「我們的花燭夜性愛大餐是全套的『十道大菜一火鍋』。今夜我倆要好好的共享。」曾正洋宣佈了花燭菜單。

天真的櫻美咧著小嘴問：「什麼『十道大菜一火鍋』？」

曾正洋賣關子神祕的說：「待會上了床自然就知道了。」

「真的？」佟櫻美喜上眉梢故作驚奇。

「當然！」

曾正洋關掉客廳的燈。佟櫻美走前曾正洋在後雙手推扶著她的腰推著上二樓臥房。

倆人在臥房前小廳褪下了衣褲。曾正洋著一條內褲，佟櫻美穿一條三角褲，手牽著手進入浴室。

「老婆，今天洗澡是互助式。也就是我幫妳洗，妳幫我洗。這是你濃我濃親密的洗澡方式。」

「嗯，好嘛，聽你的。」

「先猜拳，看誰先誰後。來，剪刀、石頭、布！」

倆人同喊「剪刀、石頭、布！」

佟櫻美高興的叫說：「啊！剪布我贏了，你先幫我洗。」

曾正洋急忙說：「是妳贏了，妳先幫我洗。」

「啊！有沒有搞錯，是我贏了，當然是你先幫我洗。」

「沒錯，『助人為快樂之本』；贏的人當然是先要幫輸的人洗。妳贏了，是妳快樂啊！」

佟櫻美噘著小嘴說：「你很賴皮耶！」拿起淋蓬頭對著曾正洋正要沖水。

曾正洋笑笑的說：「先幫我沖背後，我要照鏡子刮鬍子，不刮乾淨妳的『小妹妹』會喊痛。」

佟櫻美一手拿淋蓬頭沖水一手擦背，從上到腳沖洗著。背面沖洗完換正面，當淋蓬頭對著「小弟弟」沖水時，曾正洋故意喊叫「哎喲！好燙。妳故意燙我的『小鳥』對吧！」

「哪有！一點也不燙。」

「開玩笑，妳怎麼捨得燙壞我的『小鳥』。燙壞了就不能飛進妳的『鳥巢』了。」

佟櫻美樂在心裡，輕輕拍了一下曾正洋的胸口。

「ＯＫ！現在打香皂。除了頭和臉之外都要打香皂。」

佟櫻美拿著香皂在曾正洋身上抹。抹到挺硬的「小弟弟」時還顯得有點害臊。

「哎，我的『小弟弟』在等妳，快抹啊！」

佟櫻美在曾正洋的胸口又搥了一記小粉拳。臉羞紅的用手擦抹著「小弟弟」。一經擦抹就更加的挺硬，就像似在幫打手槍般。愈擦抹就愈挺硬，愈挺硬就愈擦抹。曾正洋受不了「嘿，叫妳打香皂，不是叫妳幫我打手槍，拜託！趕快換地方，不然打出來了，是妳的損失。」

佟櫻美又撅著小嘴「嗯——囉！」像小女孩撒嬌般。心想：『小鳥』待會就要飛進我的裡面哩！好舒服啊！」

「沖沖水就好了；輪到我為妳服務了。」

佟櫻美調皮笑著說：「噢！下雨了。」淋蓬頭在曾正洋的身上由上往下沖水。上上下下來回的沖洗了好幾次。沖完將淋蓬頭交給了曾正洋。

曾正洋一手拿淋蓬頭，一手在佟櫻美上身往下沖抹。沖抹到雙乳，佟櫻美紅著臉有點羞澀。

沖到「小妹妹」的時候，曾正洋用中指在「花蒂」上輕輕的上下來回撫抹，就像是在手淫般。「花蒂」受到了刺激，身體略為的抖動了一下。忽而，佟櫻美興奮的轉身倒在曾正洋的懷裡。曾正洋丟下了淋蓬頭，緊緊抱住佟櫻美；並放低了身體讓「小弟弟」伸進「花巢」下兩腿中間。佟櫻美緊緊夾著正洋熱烘烘的「小弟弟」滿足一下。

曾正洋加緊了腳步，趕快打香皂沖水，沖乾淨後用浴巾擦乾佟櫻美身上的水。擦到「小妹妹」處，曾正洋蹲下了身子，用舌頭舔吸「小妹妹」上的水。

「好的『小妹妹』很鮮嫩，我不用浴巾擦水，我用舌頭來舔乾『小妹妹』；這是特別為妳服務的。妳舒服嗎？」

佟櫻美當然舒服。樂在心裡不好意思說，勉強擠出一句「有啦！」；並用手輕輕撫摸曾正洋貼在「小妹妹」上的頭。這是「愛」的肢體語言。

浴罷，倆人手牽著手步入臥房。於是開始了「洋美」的洞房花燭夜。

今夜，倆人的婚慶週年紀念日，曾正洋精選了鋼琴王子 RICHARD CLAYDERMAN 理查•克萊門鋼琴演奏。這張 C.D 唱片曲目有：「愛的故事」、「給愛麗絲」、「月河」、和「快樂頌」……等悅耳通俗的曲子。以這個演奏集作為「洞房花燭夜」的伴奏，顯得格外的有情調和意義。

揚聲器播放出鋼琴清脆而甜美的音樂。臥房的大燈關了；換開牆壁上的藝術小夜燈。玫瑰紅的光色，就像是燃亮著大紅燭。「天美時」真是個「小倆口大喜日」。

曾正洋躺在佟櫻美的左側，淡淡的玫瑰紅燈光投射在她的臉上、身體上，像極了紅色小娘子，很秀美。曾正洋撫摸圓潤光滑細嫩的胴體；輕輕的撫摸，就像是在做指壓按摩；又像是在雕刻創作藝術品。不論觸感或是質感，摸與被摸都透心的舒服和享受。這是一種感覺的昇華。

「老婆！」曾正洋很小聲，是由心底裡發出的呼喊！

「嗯！老公」佟櫻美亦很小聲由鼻腔內哼出的聲音。

「我—愛—妳！」

「我愛你！」佟櫻美緊跟著說。

手指撫弄著花巢……「老婆，在我心目中，此刻妳是處女。」

「你是在笑我吧！」佟櫻美很小聲的說。

「不，怎會笑妳。」

「我是結過婚又離過婚的女人。」佟櫻美辛辛的說。

「我當然知道。我認為妳是處女是二次處女。」

「噢！是真的嗎！」佟櫻美滿臉興奮天真的說。

「當然是真的。是不是處女，是個人的主觀看法和認知的問題。妳以前結過婚，那是一次處女；現在妳是清清白的跟我成為夫妻，這就是二次處女。只要我認為妳是處女，妳當然就是處女囉。」曾正洋很認真的說。

「哦！是這樣啊。」

曾正洋微笑的嗯！了一聲接著說：「沒錯，現代人性觀念解放，男女婚前性行為很普遍，結婚時女孩子真正是處女，已經很少了，婚前的性行為其實並不是很重要。美國有位醫學教授，他認為真正的處女是在結婚以後能夠守貞有婦德，這才是最重要的。也就是現在有人倡導的『精神處女』的道理。講了那麼多，現在妳瞭解了吧！」

佟櫻美感動的緊緊抱住曾正洋。

愛慾如乾柴烈火燃燒著。

曾正洋輕咬佟櫻美的嘴唇、唇小，不厚不薄，嘴形弧度優美。整個嘴含蓋在佟櫻美的雙唇上，將舌頭伸進她的舌頭下面，兩片舌一上一下的。慢慢的在嘴裡翻攪。一會兒曾正洋將舌頭收回嘴裡；佟櫻美順勢將舌頭伸入曾正洋口中。曾正洋吸吮佟櫻美小舌分泌出的津液，味甘甜美，有著玫瑰花般的香味。

揚聲器正播放理查•克萊門鋼琴彈奏的「愛的故事」曲子。

「老婆，我們的相吻就是『花燭夜』的第一道大菜。菜名叫做『四片玫瑰香』。」

「你的花樣還真多哩！」

曾正洋笑了笑很得意的說：「那是當然囉！今晚的十道大菜全都是由妳出料我料理的。只有最後的『龍鳳什錦大火鍋』是我們倆共同出料，共同料理。當然，十道大菜和火鍋是我倆專屬共享的。」接著又說：「第二道大菜叫『玉山紅梅』。……妳準備出料，我要開始料理了。」

佟櫻美俏皮的回說：「那就開始吧！」

佟櫻美的乳房屬於挺而堅小而美。跟她的身材比例來說是恰到好處。兩乳像是兩座小山。靈秀、玉挺，緋紅色的乳頭鮮嫩。曾正洋看了「垂涎欲滴」。伸出了舌尖在乳溝上下來回輕舔。臉頰貼在乳丘上摩擦，感覺很好。舌尖漸漸往上舔。先舔乳暈；最後嘴唇輕嗦紅梅（乳頭）。輕輕嗦入口中含著，再吐出。如此反覆的嗦吐。接著，將含入口中的紅梅用舌尖很輕、很輕的左右來回擵擦紅梅；左右乳房紅梅輪流做。佟櫻美感到很刺激、很舒服。身體微微地顫抖嘴裡發出「嗯～～嗯～～」聲。

享用了「玉山紅梅」，舌頭往下移，舔到了果嶺小草（陰阜上陰毛）。小草濃密又寬廣。毛黑，看起來臌蓬蓬的，很性感。當曾正洋的臉嘴靠在小草上的時候，感到毛冉冉的、刺刺的、熱呼呼的，有股清香味。乍看之下，果嶺小草就是美味可口的髮菜莎拉（此為第三道大菜）。舌舔小草因太茂密了，滿嘴都是一束束的小草。就像是在吃髮菜莎拉。這是道開胃菜。

「現在我們享用第四道大菜叫「酥股核桃」。妳跪趴在床上，臉貼床單手抱枕頭。屈身屁股蹺高。」

佟櫻美一個泥鰍翻身，跪趴床上屁股蹺得高高的。

曾正洋跪坐屁股後面，兩手扶著屁股。佟櫻美屁股肉圓尖尖的、白白的。看起來像兩顆肥嫩的桃子。曾正洋好像吃水蜜桃，嘴巴含嗦如桃子般的股肉。吃起來非常的爽口。這就是「酥股」。

享用過「酥股」後，舌尖往上移，開始舔「核眼」（屁股）週圍。舌尖畫圓圈的方式輕輕舔「核眼」四週。曾正洋感覺到「核眼」的肌肉在蠕動收縮，這是刺激後的舒服反應。佟櫻美已樂得輕輕擺動屁股。嘴裡「嗯～哎～嗯～哎～」叫著。曾正洋兩手掰開核眼，舌尖像鑽地鼠式的慢慢向「核眼」裡面伸進。這時，「核眼」週圍的肌肉蠕動收縮的動作更大更強烈。佟櫻美亢奮的身體不停的顫抖。「嗯嗯哎哎」直叫「好舒服……好舒服……。」

「肉縫」湧出了一股股的湯水。曾正洋手指一摸將舌頭移下，將「肉縫」流出的湯水舔吸進嘴裡。真是鮮美可口。佟櫻美樂得「啊~啊~」喊叫。過了一會才「嗯哎……嗯哎……」漸漸的平息。

接著上第五道大菜「蜜汁火腿」。曾正洋抹了下嘴說：「親愛的，現在妳橫躺床上。」佟櫻美很熟練的身體橫躺，屁股略超出床沿。並在屁股下墊了個小枕頭。兩腿打開雙腳掌踏在曾正洋的膝上。曾正洋則蹲在地板上，面對佟櫻美的「陰部」。（這個方位姿勢絕佳。平常做愛大部份都採這個位勢。）

曾正洋雙手扶抱著佟櫻美的大腿和屁股，舌板舔吸細白大腿內側。溫熱的舌板如啃草般大面積舔吸細白鮮嫩的腿肉。尤其舔到大腿鼠谿部和屁股之間更是細嫩，口味絕佳。

佟櫻美兩腿不停的攪動。嘴裡「嗯……嗯……」的哼著，真是舒服。

接下來是第六道大菜「清燉魚肚片」（大小陰唇）。曾正洋舌尖輕輕刷舔肥而飽滿的大魚肚片（大陰唇）。肚片有些小嫩草。舌尖順著小草舔吸。「大魚肚片脂肪厚實肥美而飽滿。曾正洋上下嘴唇輕輕夾咬，口感絕好。享用過大魚肚片後，舌尖一移就舔到最柔軟脂肪豐富的小魚肚片（小陰唇）。先用舌尖舔刷小魚肚片；然後在小魚肚片上方一點點（此處厚厚肥肥軟而嫩），用唇輕咬幾下再將這一小片肉嗦含入嘴裡；溫熱一、兩秒鐘再吐出來。然後再反覆吸含、吐出。約十餘次後，佟櫻美全身顫抖不已，舒服的「哎哎」大叫。花庭口湯水一股股的流出，曾正洋全都喝進了口裡。

「花燭大餐」已進行到了第七道大菜「麻辣昌旺」。曾正洋舌尖頂著花口，伸縮舌尖方式頂進花口內一點點。舌尖上下左右勾舔著，佟櫻美很亢奮。整個花庭泛紅，佟櫻美樂透了。「嗯……

嗯……」哼叫著，可興正播放的理查•克萊門的鋼琴演奏媲美。

這時花庭充血飽滿臌蓬蓬的。曾正洋的舌尖很輕、很輕的由花庭口往上到「花蒂」（陰蒂）之間，輕而慢一次一次由下往上舔。舌尖要很柔軟，固整個花庭（陰核）非常柔軟鮮嫩，有如嫩豆腐。這道菜故名為「西施豆腐」（第八道大菜）。

曾正洋開始享用女人全身最小、最伶巧、最珍貴的小小東西「花蒂」（陰蒂）。這是花燭大餐的第九道大菜「鮮蚵中卷」。「花蒂」亦是女性性器官最敏感重要器官。女性兩個性高潮重要器官之一。（另一個為陰道）。曾正洋兩手大姆指掰開了「花蒂」旁的小凸肉。這樣可使「花蒂」更為挺臌凸出。溫熱而濕潤的舌尖從「花蒂」下面輕輕溫柔往上舔。只是用舌尖前一點點舔「花蒂」。舌尖似碰非碰的舔觸「花蒂」，愈輕愈好。曾正洋深懂其中奧妙，所以舔「花蒂」時非常的細心，而且很有耐心；當然更要有愛心，三心缺一不可。還有一點舌尖須保持濕潤，「花蒂」才不會因舌尖乾澀而舔擦受傷。這點非常重要。

「花蒂」經曾正洋細心、耐心和愛心的舔吸，「花蒂」已臌得像粒小紅豆。不時還用上下嘴唇夾咬「花蒂」；或是將「花蒂」整個吸入唇裡；再吐出來。就這樣吸入……吐出……吸入……吐出……。「花蒂」已臌的大大的、硬硬的、紅紅的。櫻美舒服的劇烈地抖動身體，嘴裡「嗯嗯哎哎」喊叫不停。

曾正洋更加賣力的舔咬「花蒂」。佟櫻美樂透了！背部高高抬起有四、五吋。整個花庭突然像吹氣球似的，臌得大大的、硬硬的、血紅的。忽而一道鮮湯水從花口大量的噴出，像條小水柱般。（此為第十道大菜「玉女瓊漿」）。曾正洋眼明嘴快，「鮮肉縫」裡最珍貴的玉女瓊漿全都喝進口中。幾乎同時，佟櫻美大叫一聲「噢！……好舒服……好舒服……好舒服……」上了「花蒂」高潮。佟櫻美舒服的眼睛都濕濕亮亮。

「花蒂」高潮後，曾正洋迅速站起了身體，將佟櫻美的腳移到胸前搭放在自己兩臂上。略躬起身子將紫紅色鐵杵「小弟弟」輕輕頂入了肉縫裡。倆人合力進行壓軸「龍鳳百合什錦火鍋」。

曾正洋緩緩的抽送。這種橫躺床沿「老漢推車」式角度絕佳。「小弟弟」可以完全插入「肉縫」裡到底。

抽送速度逐漸加快。硬大的「小弟弟」插入拉出臌漲鮮紅的「肉縫」，密合的摩擦，佟櫻美舒服的吱吱叫。聲音高亢悅耳，很動聽。佟櫻美很自然的配合曾正洋的動作鼓動花巢。姿態優美，像水波波汶，一波一波的，很性美。曾正洋不時低下頭親吻佟櫻美的上嘴。佟櫻美也揚起頭抱著曾正洋的脖子配合親吻。兩片小舌在嘴裡攪來攪去。下面的「小弟弟」更是勇猛的進出「肉縫」。倆人的上嘴和下口，還真是忙得不可開交哩！

愛的交織已愈千餘抽，已到了最後天搖地動六十秒。「小弟弟」加足馬力戳進拉出「肉縫」。佟櫻美樂極叫聲震天。「嗯噢～～嗯噢～～嗯噢～～嗯噢～～」加上倆人急促的呼吸聲，雙人大床的震動聲，非常的震憾！突然音爆似的一聲喊叫「噢——」跟著「肉縫」裡溫熱湯水由「小弟弟」根部週邊滾滾的溢流出來；曾正洋亦同時射精放種在佟櫻美的「肉縫」裡。倆人同上高潮。曾正洋接著翻上床和佟櫻美緊抱一起，像個大肉球。

倆人親密的緊緊抱成一團，合身成為一個「生命共同體」，凍結了時空，現在即是永恆。揚聲器正播放理查・克萊門鋼琴彈奏貝多芬的「快樂頌」……………。

9 百合（洋美第一〇〇次性愛）

陽春十月，風和日麗，是個大好的天氣。

今天是一九九七、十、二十一。對曾正洋和佟櫻美來說是個很特別的日子。因為今天即將進行倆人的第一百次性愛。曾正洋並將第一〇〇次的性愛定名為「百合」。也就是倆人的百次「媾合」（做愛）。

為了慶祝紀念今天的百次「百合」，曾正洋早在一個月之前就已開始籌劃進行，並未向佟櫻美說的很詳細，為的是到時候給她一個驚喜。這點，佟櫻美很瞭解曾正洋的個性，凡事認真執著一絲不苟，是個完美主義的人。當然，有時候也會覺得是龜毛了點。

其實，歷史是會重演的。因此，今天的百次「百合」仍然是比照第一次的時間、地點來進行。曾正洋事先還特別要求佟櫻美穿著第一次所穿的服裝，包括內衣和洋裝。

第一次性愛距今已一年半。那件淡黃色小花點連身裙裝一如當初，依然是鮮艷奪目合身；但是那條鵝黃色小三角褲已略為褪色，角邊也有些脫紗。佟櫻美仍照他的意思，穿在身上。

午後兩點，臺北市中山北路「隆特力」速食店二樓，曾正洋獨自坐在椅子上，滿臉歡悅。桌上還有一碗剛吃完的麵碗。現在正重演「第一次」的戲碼。

兩點正，可愛的佟櫻美上了二樓，就跟第一次見面時的穿著完全一樣；一襲淡黃色小花點連身衣裙；髮型亦是一樣，大波浪長髮，唇上塗了淡淡的口紅。還是那樣的純樸、清新、淡雅，像朵皎潔百合花般。

曾正洋迎前笑容滿面，照第一次的劇本說：「佟小姐請坐！」

佟櫻美笑容可掬的點了點頭坐了下來。也是照劇本演。

「佟小姐，吃點什麼？」照第一次的口吻問說。

「謝謝！我吃過來的。」可愛的佟櫻美，亦照第一次的回覆。

此時的人、事、地、物可不是時光倒回，回到了時光隧道；只是少了當時的介紹人花葉茂老師。有趣的是倆人的表情對話，甚至倆人的心境跟第一次見面時亦是相同的。

曾正洋很紳士的微微彎了彎腰，右手揮灑的一比面帶笑容的說：「佟小姐，我們去『王子吧！』」

佟櫻美回以淺淺的笑靨，倆人步下了二樓走出「隆特力」。

出了「隆特力」，佟櫻美自然而大方的挽著曾正洋的手臂(只有這個動作是脫稿臨時加的)，很親密的走往「王子大飯店」。雖然是短短的兩三分鐘腳程，此刻倆人彷彿是舉行婚裡的一對新人，緩緩的步向紅地毯的另一端，正接受觀禮的親友歡呼與祝福。倆人臉上洋溢著甜蜜和幸福。

倆人一踏入「王子飯店」玻璃大門，櫃檯小姐很親切的起身鞠躬「歡迎光臨」！

曾正洋也笑笑的跟小姐點頭。

「三〇一房準備好了，謝謝！」櫃檯小姐笑顏的望著曾正洋雙手捧著房間鑰匙。

「謝謝！」曾正洋取了鑰匙就牽著佟櫻美走向電梯上三○一房。

佟櫻美覺得櫃檯小姐跟曾正洋很熟似的；服務態度又那麼的親切，還說「準備好了！」甚感不解。

原來這也是曾正洋刻意安排好的。早在三天前就已來過「王子大飯店」，預訂好了三○一房，並預付了一節（三小時）的住房費。一向生意清淡住房率不高的飯店，也就樂得配合。為此，曾正洋還特地給了櫃檯小姐兩佰元小費呢！

曾正洋很興奮，今天和佟櫻美的第一○○次性愛又回到了第一次時的場景。重溫舊夢是件多麼興奮快樂的事啊！

進了房間，曾正洋將事先準備好的神祕禮物放置在小桌上，很得意地看了看。

「老婆，等下洗好澡我們倆個一起打開禮盒。」

佟櫻美點點頭，覺得曾正洋神祕兮兮的，不知道包裝盒裡面是什麼神祕禮物。

曾正洋將ＦＭ調頻音樂的音量略調大了些；現播放的是西洋老歌，這首歌曲名是 CORRINA CORRINA（柯麗娜）Ray Peterson 所唱。五、六十年代流行的熱門歌曲。歌中的 CORRINA 是個小女孩的名字，輕鬆的拉丁節奏來描述小女孩的可愛。這亦是曾正洋喜愛的西洋歌曲之一。

「老婆，現在我們倆個互相服務。」曾正洋滿臉歡悅的說。

佟櫻美有點訝異的問說：「噢！要怎樣服務？」

曾正洋邊笑邊說：「……這個嘛！就是我幫妳脫衣褲，妳幫我脫衣褲。」

又是「噢！」的一聲。心想：曾正洋的花樣還真不少。上次互相幫對方洗澡；今天又相互幫脫衣褲。

女孩子嘛！佟櫻美那好先動手，只是跟曾正洋面對面的站著。當然是由曾正洋先手。輕輕抱著佟櫻美，伸手在背後，慢慢的拉下衣裙拉鍊將連身衣裙往下褪，佟櫻美抬腳裙裝就脫了下來。身上僅剩奶罩和三角褲。

曾正洋故意挺直了身體，示意佟櫻美脫衣。佟櫻美有點害羞，慢慢地解開曾正洋襯衫的鈕扣脫下襯衫；然後解皮帶，曾正洋趕緊吸氣收小腹方便脫下來長褲。

這時候倆人都只剩內衣褲。倆人兩樣形，曾正洋的內褲前「凸臌」已搭起了帳棚；佟櫻美的半透明小三角褲裏的緊緊的成凹臌，若隱若現的，很性感。

曾正洋笑眯眯的說：「現在我們同時幫對方脫褲褲，來，我先幫妳脫奶罩。」說完，就把佟櫻美的奶罩給脫下。接著說：「由妳說開始，就動手。」

「我？」

「嗯！」

佟櫻美遲疑了一下然後小聲的說：「開始！」

於是倆人四手二十根指頭各為對方脫最貼身的內褲。有趣的是倆人四隻手同時在動，就像是走藤爬樹互相糾纏在一起；又像兩隻大章魚的爪子在纏鬥。

倆人脫了個精光，全身赤裸裸的如伊甸園的亞當和夏娃。佟櫻美顯得羞澀，潔白的臉龐帶點紅暈。兩手叉放在「陰丘」上，遮掩著私處神祕之谷。

就如同兩塊大磁鐵，倆人緊緊的摟抱。熱烘烘的身體緊密的黏貼在一起，滴水不入。凸鎚直挺在陰丫處，恰到好處。

倆人凸凹了好一會過足了癮，手牽手入浴室共浴愛河。

浴罷，曾正洋將冷氣溫度略為調高了一些，調到25度C；同時將燈光也轉到最暗，整個房間只有一絲絲的亮光。

突其來的動作佟櫻美不解。曾正洋笑笑的說：「奇怪嗎！今天我們回歸原始，赤裸裸的玩。溫度調高一點才不會受涼。當然也要防針孔偷拍，所以燈光調到很暗。」邊說邊走到床邊，然後端坐床沿。「小弟弟」一柱擎天。

佟櫻美會意，熱紅著臉跨坐在勁爆的「小弟弟」上，聽到一聲「滋、滋」已坐到底。兩手摟著曾正洋的脖子，兩腳平伸放床上。佟櫻美樂得上嘴唇門齒咬住下唇呢！一臉舒服滿足的樣子。

「小妹妹」哈咬著「小弟弟」裡面溫暖而滑潤。這種感覺真好！樂透了！

倆人「享受」了好一會。曾正洋像直升機般，腰腿一用力將佟櫻美端了起來。她雙手摟抱住曾正洋脖子；兩腿環夾住曾正洋的腰部。從側面看，佟櫻美整個人像是被「小弟弟」牢牢的釘掛住。

就這樣，曾正洋雙手托著佟櫻美的屁股端抱著緩緩走動。這時FM音樂播出**Changing Partnes**（交換舞伴），是一首慢華爾滋，五〇年代的老歌。美國**Patti Page**（佩蒂・佩吉）所唱。曲調悠柔，歌喉圓潤甜美，節奏為慢三步舞步。曾正洋端捧著佟櫻美在房內配合歌曲節奏遊走，就像似帶著跳華爾滋舞哩！

「小妹妹」緊緊的咬著堅硬如鐵棒的「小弟弟」。正是吃在「G」裡。樂在心裡，很性奮呢！可愛的佟櫻美，是個最愛吃的女孩啊！

接下來仍然是Patti Page唱的The Tennessee Waltz（田納西華爾滋）同是五〇年代經典歌曲。曾正洋很優雅的捧抱著嬌小的佟櫻美，跟著歌曲的節奏走步。一會兒漫步化粧檯前……一會兒蹓到大床邊……這會兒又來到大窗前。

鐵棒似的「小弟弟」直挺挺的戳在「小妹妹」裡面，佟櫻美感到充實而飽滿。「小妹妹」深深啥咬著「小弟弟」有股透心的舒服。

有如Supper Man（超人），曾正洋捧端佟櫻美三、四十公斤的身體到處走步，臉不紅氣不喘。最重要是著力點刺在「小妹妹」裡，就像根大肉釘牢牢釘在「小妹妹」上，非常牢固。更何況「男歡女愛」當然也就不覺得累了。

緊接著是首快節奏rock'n'roll Parl Anka的DIANA（黛安娜）。曾正洋跟著搖滾節奏而加快了腳步。捧著佟櫻美還真有點上氣不接下氣。即使是這樣，也要表現得輕鬆愉快。千萬不能漏氣。

這首DIANA總算結束了。曾正洋也就鬆了一口氣。捧端著佟櫻美來到了小桌前停了下來。略緩了口氣說道：「親愛的，來看看老公送妳的『百合』禮物。」於是將佟櫻美抱坐在小桌邊。慢慢彎下身體，然後輕輕的將「小弟弟」從「小妹妹」裡抽出來。壯哉！見「小弟弟」已熱烘烘的、直挺挺的，滿頭包敷水亮亮的液體，還在脈動的直在點頭。「食髓知味」還不想出來哩！

「小妹妹」也是紅透透、熱臟臟的張開著小嘴嘴還想吃呢！

「老婆！」

「嗯！」佟櫻美應了一聲，有點恍神。

佟櫻美失神，曾正洋心裡明白，她還在回味呢！於是伏耳親熱的說：「看看老公送妳的『百合』神祕禮物。」於是拆開了桌上的牛皮紙袋，袋內包裝的是一個小方紙盒，上面結了一條紅色絲帶。盒子左上方黏貼了張粉紅色小卡片。上寫：

給

吾妻櫻美

「百合」 紀念

夫 正洋 敬贈

一九九七、十、廿一

曾正洋望著佟櫻美笑容滿面說：「親愛的老婆，請打開絲帶，這是我送給妳最珍貴的禮物，請笑納。」

佟櫻美笑瞇瞇的解開絲帶打開紙盒，呈現眼前的是一個精緻的木質相框。金色框邊，框內為一幅七吋彩色照片。畫面左邊是一朵白色百合花；右邊是一朵百合花花苞；花苞的前端伸進了左邊百合花的花心裡。百合花的背景為草地。相框背面有支架，可拉出將相框立在桌上。

「老婆，喜歡嗎？」

「喜歡啊！老公，好漂亮的百合花。」佟櫻美很興奮的說。

曾正洋「眉飛色舞」語帶玄機說：「請看後面！」將相框背面迎向佟櫻美；嘴裡還大聲唱出

貝多芬C小調「命運」交響曲中「命運來時敲門音」……噹噹噹……噹——請看！」

相框背面左下角貼了張用電腦打字列印的小說明卡。上面是這樣寫的：

題名：百合

說明：百合花和花苞之親密吻合，象徵男女性愛完美的媾合；亦是性愛百次（百合）註腳與永恆的紀念。

曾正洋問：「寫得如何？」

「說真格的，很好啊！」

「謝謝！」曾正洋將相框轉回到正面。指著照片說：「這是我精心設計製作的。妳看，左邊盛開的百合花，指的是妳。」

「是我？」

「對啊！綻開的百合花就是妳的『小妹妹』。很性奮歡悅的張開了『小嘴嘴』；上面黃色花蕊就是『陰蒂』；右邊挺壯的百合花花苞當然是我的『小弟弟』囉！妳看我們『小弟弟』正要戳進妳的『小妹妹』裡面哩！」

佟櫻美微紅著臉，不好意思舉起了小粉拳往曾正洋胸口上輕輕的一搥。

曾正洋故意「哎唷！」大叫一聲；然後笑說：「打是情，罵是愛；有情又有愛。」

佟櫻美又舉起了小粉拳作勢欲再一搥。模樣可愛。

曾正洋兩手放胸口作痛苦狀「好痛！好痛！」逗得佟櫻美哈哈笑。

「說真格的，這幅『百合』攝影作品喜歡嗎？」曾正洋學櫻美的口頭語問說。

「喜歡啊！很有創意。」

「那當然囉！這是妳老公專為我倆百次『做愛』紀念的攝影作品，沒創意行嗎！」

「是喔！」

「老婆！說真格的，妳愛不愛我？」曾正洋又學佟櫻美的口頭語問說。

佟櫻美瞪了曾正洋一眼像是在抗議，學她的口頭語，忽而，露出笑容小聲的說：「愛——呀！」

「呀」字剛唸出嘴，曾正洋就「迅雷不及掩耳」的動作，已將舌頭伸進了櫻美的口裡。又是一陣狂吻。

突其來的動作，佟櫻美不及反應，只聽嘴裡「唔……唔……唔……」的哼著。

曾正洋邊吻邊用手指插進佟櫻美的「小妹妹」裡，並作「進出」的動作。「小嘴嘴」已是濕滑滑的。

倆人性慾亢奮，已迫不及待。曾正洋趕緊將佟櫻美抱上床。共同締造今天性愛第一〇〇次（百次）「百合」。

「百年好合」

10 紅香蕉

樓下客廳電視機的聲音，今天特意開得大大的。現正播映的是八卦搞笑節目，電視裡的笑聲、叫聲「喧天價響」，非常熱鬧。

樓上臥房，曾正洋和佟櫻美「搞」得昏天暗地。倆人已玩了兩個回合；而且愈「做」愈勇，倆人是「天生的一對，地造的一雙」堪稱絕配。

剛才兩個回合，雖說「做」的痛快，玩得過癮，只能算是熱身罷了；接下來即將進行的，才是今天的重頭戲。

嚐試的玩法是高難度、高危險，而且非常耗費體力。相對的，當然是十足的新鮮、刺激和享受。

這種做愛的方式，有點像男生當兵做「伏地挺身」。雙手手掌和雙腳腳尖觸地，身體騰空，上下運動。這種做愛就是運用這個動作；稱為「蜻蜓點水」式，又叫做「俯衝轟炸」式。顧名思義就是「一點刺入」。「小弟弟」以重力一點直直地戳入「小妹妹」裡面。「做」的人，身體懸空，四肢手掌、腳掌觸床，玩法即耗體力，在技巧動作上有其難度和危險。做的時候要格外的小心。

佟櫻美在「做愛」方面，一向採取被動，在床上只管享受，其他的任由曾正洋擺佈。

「蜻蜓點水」（俯衝轟炸），是主軸。曾正洋力戰了足足有十分鐘，勇猛有如「偷襲珍珠港」，炸得精準，彈彈開花，「高潮」頻起。

玩後，曾正洋略感疲憊。「小弟弟」從溫暖的「小妹妹」裙抽出來。順手在床頭櫃上抽了兩張衛生紙，低頭正欲擦拭，嚇然呆住了。眼見「小弟弟」此刻變成了「紅香蕉」；整根全是血紅的。忙喊說：「老婆，我的『小弟弟』上面全是血成了……『紅香蕉』。」

佟櫻美趕緊從床上坐了起來。見「小弟弟」已被鮮血整個染紅；如『紅香蕉』般；同時聞到了一股血腥味。於是抽取了張衛生紙在「小妹妹」上擦了下，只見衛生紙染成了紅色，心裡明白是怎麼回事。

曾正洋見狀說：「可能是『妹妹』裡面破了。」

「對啊！可能是陰道壁破皮了。」

「妳躺下，我看看。」

佟櫻美身體橫躺在床邊，將兩腿打開。曾正洋蹲在床邊，手指掰開了水嫩的「陰唇」往陰道內看。光線不夠亮，於是扭開了檯几的檯燈。仔細看了一會說：「是裡面破了，好像血止住了。」

佟櫻美「嗯！」了一聲。起身坐床邊，抽取了四、五張衛生紙摺了兩三個對摺，然後穿上三角褲，將摺好的衛生紙放置在褲底，再穿上褲子。

曾正洋深感內咎不好意思說：「老婆，很抱歉，是我玩過了頭，玩什麼『蜻蜓點水』，重重刺到『妹妹』裡面，戳破了。唉！好好的，被我弄成這個樣子，弄傷了，對不起！」

佟櫻美反而安慰的說：「沒關係啦！我的『妹妹』裡面常常破皮，只是今天比較嚴重些。金牛座的人，泌尿器官和生殖器官都很脆弱，很容易發生疾病。這又不是第一次。」

曾正洋關心的說：「那就趕快去婦產科看醫生啊！」

「明天早上我就去看醫生。」

「唉！不管怎麼說，都是我害妳看醫生的，妳又要受罪了。」曾正洋自責的說。

佟櫻美笑了笑說：「沒什麼啦！我已經習慣了。」

曾正洋苦笑的說：「這真是『樂極生悲』啊！」

佟櫻美張大了眼睛看著正洋說：「放心！老毛病，沒什麼！」

「以後『做』的時候我會很小心、很溫柔；不會再『做』這種高危險的動作了。」

佟櫻美笑笑的說：「知道就好！我的身體你是知道的，上次醫生就建議我們『做』的時間要縮短。」

「是啊！我已經接受醫生的建議了。以前我們『做』的時間差不多是四、五十分鐘，有時超過一個小時；現在已縮短為二十多分鐘了。」

佟櫻美望了曾正洋一眼說：「對啊！細水長流嘛！」

這時曾正洋始露出了笑臉說：「老婆！妳說得很對，我們要好好的『玩』一輩子啊！千萬不能『玩』壞了我們的『樂器』啊！」

佟櫻美聽後，抿嘴一笑。

曾正洋亦開玩笑的說：「明天妳又要『進廠維修保養』了；這一弄就是十天半個月，我又要餓肚子沒『肉肉』（做愛）吃了。」

「這是沒辦法的事啊！誰叫我的『性』器官那麼脆弱啊！」佟櫻美無奈的說。

「沒關係，我們是重『質』不重『量』。」曾正洋笑笑的說道。

「『沒法度』，你就忍耐點吧！」佟櫻美也只好這麼說。

「哎，老婆啊！我不是說過嗎！我是真心的愛妳啊！我不在乎一個月能『玩』幾次；哪怕是三、兩個月甚至一年半載都不能『玩』都沒有關係，我都會忍的下來；我都會『心甘情願』、『甘之如飴』的。除了妳，我也絕不會再『玩』別的女人；這是愛是真愛；我是真心的愛妳。」曾正洋眼裡泛著淚光說。

佟櫻美聽後，很感動，微微的點點頭。

曾正洋將佟櫻美摟抱在懷裡，眼眶裡噙著淚水。

樓下客廳電視的八卦節目正「如火如荼」進行。現正討論「男人外遇」偷腥的事；現場一位女藝人很感慨的說：「男人啊！只要一有機會就『偷腥』；哪個男人在外頭不『偷嘴』？不『偷嘴』的就不是男人？」斬釘截鐵的說。

另一個女藝人則說：「『偷腥』啊！是男人的『通病』，成龍不是說嗎！這是『天下男人都會犯的錯』……。」

* * * * *

翌日上午佟櫻美打行動電話給曾正洋說：「老公，今晚『婦幼』看病我已掛了號；晚上你有空嗎？陪我看病。」

曾正洋很訝異的說：「好啊！怎麼，今天忽然要我陪？新鮮啊！有時我想陪妳看病，妳都說不用。」

「有什麼好奇怪的，是上次醫生說的，要我帶你去，說是要跟你『溝通』、『溝通』是醫生交待的。」佟櫻美有所本的說。

「去，去，當然要去！」曾正洋率然的說。

「先來家裡接我。」

「這還用說，接老婆是理所當然的事。」

「那下午見！」

「親愛的下午見！」

＊　＊　＊　＊　＊

華燈初上，萬華「省立婦幼醫院」門前川流不息車輛。曾正洋和佟櫻美穿過馬路走進了醫院大門。

婦產科診療室內，一個年約五十開外禿頭醫生；四方臉，帶著一副深度近視眼鏡和藹的說：「今天請你來是要告訴你上次你太太檢查，發現她的子宮頸發炎糜爛的很厲害，已經變成了習慣性的發炎；必須要好好的治療保養。一般生育過的女人，子宮頸的皮膚很脆弱，很容易破皮感染。從你太太的病歷看，最近一年就診的次數比較多，情形也比較嚴重。需要讓你瞭解跟你溝通。」

曾正洋點頭說：「是，是，您請說。」

醫生用手指托了一下鼻樑上的鏡架，較嚴肅的說：「我的建議是，你們『行房』的次數要減少一點；現在你們多久一次？」

曾正洋看了佟櫻美一眼說：「大概一個禮拜兩次；偶而三次。三次的情形比較少。」

醫生躊躇了一下說：「我看，不妨每週改為一次。這樣對子宮頸的衝擊會比較小一點；還有在進行的時候，力量稍為小一點。」

「是的，是的，我會照醫生說的去做。」曾正洋欣然的說。

醫生望著曾正洋和佟櫻美笑笑的點了點頭說：「好了，我開些藥還有塞劑。等下護士會給妳領藥單。」

曾正洋、佟櫻美同說：「謝謝醫生。」

二人走出診療室，在走廊領藥處等候。

出了「省立婦幼醫院」，佟櫻美挽著曾正洋緩步人行道走著。

佟櫻美看了曾正洋一眼說：「看吧！醫生今天警告你了，叫你別貪心，要少『玩』一點。」

「有什麼辦法！他怎麼說，我就怎麼做。上次要我時間縮短；這次又叫我次數減少，這都是妳啦！『進醫院當成回娘家』；沒事就來個『進廠維修』。」

「『沒法度』，說真格的，金牛座的人就是這樣。『妹妹』很脆弱，書上也是這麼說的啊！」

曾正洋在佟櫻美的頭上親了一下說：「我沒怪妳，昨天我說過，我們現在是『重質不重量』，我們注重的是『品味』、是『品質』。」

佟櫻美嫣然一笑，舉起了小粉拳，在曾正洋的胸前輕輕的搥了一下。

曾正洋樂得緊緊的摟了佟櫻美一下。

人行道上有往來的路人，佟櫻美羞紅著臉有點不好意思問說：「我們現在去哪裡？」

「嗯……我們往『龍山寺』方向走，先到『龍山寺』看看，然後到華西街逛夜市。」

佟櫻美躍躍以歡的說：「好啊！夜市有很多小吃，……我帶你去吃『皇帝雞』，用中藥燉的，很補，很好吃。我以前住萬華的時候常來吃。」

「好！聽老婆的。」

佟櫻美依偎著曾正洋：「妳說『皇帝雞』是用中藥燉的，很補！」

「對啊！」

曾正洋笑嘻嘻的說：「那不是我吃『雞』補『雞』了嗎！今晚我的『雞』會造反囉！」

「你又說這個，那……那就不要吃『皇帝雞』了，吃別的好了。」佟櫻美瞪著眼睛眨了眨說。

「不行，不行，我的『皇帝雞』今晚要『臨幸』老婆吶！」

又是一記小粉拳打在曾正洋胸前。佟櫻美歡悅全寫在臉上，故做姿態小聲的說：「你——很壞！」

曾正洋說：「我不壞，妳不愛呀！」

佟櫻美嗯……嗯的笑了起來「不要說了嘛！」

「好，好，不說，不說，今晚我可是要吃『肉肉』（做愛）的喲！」

佟櫻美擠了一下鼻子小聲的說：「好——嘛！說真格的，你最『好』吃了！」

「妳還不是，妳最喜歡被我『吃』了！」曾正洋得意的說。

「噢！還說呢！剛才醫生不是說要你少『玩』嗎！」

「噢！我當然知道，今天不算，從明天開始，我會讓妳好好休息半個月，保養，保養。」曾正洋故意學櫻美口氣說。

「噢！你很賴皮耶！」

「噢！不賴皮哪有『肉肉』吃啊！」

「幹嘛！你是『八哥』啊！」

「噓——」曾正洋嬉皮笑臉的笑笑。

倆人說說笑笑的就快走到「龍山寺」了。

曾正洋說：「老婆，到了『龍山寺』我去洗手間要『小姐』（小解）；妳也去『噓噓樂』（小便）。然後去華西街夜市，我就可以吃『皇帝雞』了！」

「你只記得自己，我呢？」

「當然是我們一起吃啦！老婆不但有『皇帝雞』吃；回到家裡妳還有最愛吃的『小肥雞』吃吶！」

佟櫻美又捶了一下曾正洋。

曾正洋開懷的笑了起來。

11 剃毛

佟櫻美忙著工作，不時皺著眉頭。鬼靈精佟欣麗，眨了眨眼睛，笑笑說：「看吧！『妹妹』又在痛了吧！」

「沒有啦！」

「『黑白講』！跟『香吉士』做什麼……轟炸式，玩壞了吧！哈哈！」

佟櫻美搖搖頭說：「不是啦！早就好了。」

「就愛『假仙』。」

佟櫻美放下了手中的衣服，有點不好意思的說：「真的不是，上次跟曾正洋玩受傷，早已經好了。……我最近陰部很癢，很難受。」

佟欣麗臉色一怔，正經的說：「啊……會不會是……」

「我想，很可能是陰部，陰毛的地方有蟲；就是陰蝨啦！」

「那很麻煩呢！」

「我當然知道。」

「那妳就趕快剃掉陰毛算了。」

佟櫻美搖搖頭：「啊！不行。」

「有什麼關係。」

佟櫻美欲言又止。

「陰毛跟頭髮一樣，還會長，妳怕什麼！」

「知道嗎！如果我剃掉了陰毛，曾正洋就會知道，我跟別的男人上過床。」

「男人最花，他也有一半的可能啊！」佟欣麗不以為然的說。

佟櫻美很肯定說：「他不會，說真格的，他不會跟別的女人……」

佟欣麗眨了眨眼睛不以為然的說：「不要太相信他，這種事很難說。」

佟櫻美搖了搖頭：「我們相處了一年多，我很瞭解他，他除了我之外，不會再跟其他的女人有接觸。」說著忍不住用手隔著裙子抓了抓陰部。

「『乾嘛哩』？」佟欣麗半信半疑問。

「是真的，這點他不錯。」

「哇塞！那就有夠麻煩了。」

佟櫻美很無奈說：「『沒法度』。」

「妳知道是被誰傳給妳的嗎？」佟欣麗好奇的問。

「是苗主任啦！上次跟曾正洋玩『妹妹』傷到了後，只有苗主任有找過我。」

「妳傷還沒好，可以拒絕啊！也不想想，妳已經是曾正洋的女人了。」

「有啦！可是苗主任打了好幾次電話，說一定要跟我happy，沒辦法啊！」

佟欣麗笑笑的說：「是妳自己想要吧！」

「哪有……」佟櫻美回答得有點不太自然。

「『悶葫蘆』，妳很騷哩！『妹妹』受傷還沒好，『香吉士』都不好意思找妳；妳就去跟苗主任『做』，這不是愛『做』又是什麼！」

「是妳自己啦！妳不肯，他哪有可能！」

「沒辦法啊！說真格的，是苗主任一定要跟我 happy 嘛！」

「這我也知道。」

「知道，可是妳做不到。自己愛『做』嘛！還怪別人。」

「妳嘛『港況』。」佟櫻美回了一句。

就在這個時候，吳美玉進門笑笑的說：「老遠就聽到妳們的聲音；又在講男人了！」

佟欣麗瞪眼睛說：「不談男人，談女人？」

「講對了，人說三個女人愛談男人；妳們倆個女人就談起男人。」吳美玉說完就一屁股坐在佟欣麗旁。

「談談自己的男人，有什麼不可以。」佟欣麗望著吳美玉，一副很得意的樣子。

吳美玉哈哈笑了起來：「妳一屁股的男人，多到用腳指頭都數不清，講都講不完。」

佟欣麗更加得意：「怎樣……怎樣！」

吳美玉忙搖搖手說：「不怎樣，不怎樣！」於是轉向佟櫻美說：「櫻美，妳說說話呀！」

佟欣麗望了一眼佟櫻美就說：「她呀！她『妹妹』很癢，癢得很，不想講話。」

「簡單，下面癢，找男人止癢就解決了啊！」吳美玉一針見血的說。

「就是找男人才出了問題。」佟欣麗解釋說。

「『嘸幾款代誌』？」

佟欣麗向佟櫻美飄了一眼說：「妳問她。」

吳美玉對著佟櫻美問：「說說看。」

佟櫻美不好意思諾諾地說：「我……我可能是傳染到陰蝨。就是像蜘蛛有八隻腳的小蟲蟲。」

「一定是『香吉士』亂玩女人傳給妳的。」

佟欣麗插嘴說：「不是啦！『香吉士』就好辦了。」

吳美玉霧煞煞地問：「那是誰？」

「就是常常打電話找我的苗學強苗主任。」佟櫻美一臉很輕鬆的回說。

吳美玉驚訝說：「『代誌大條』。櫻美妳在玩火，小心玩火燒身。『香吉士』知不知道？」

「『這款代誌』，怎能給他知道。」佟欣麗解釋說。

吳美玉一臉正經說：「櫻美，小心點，妳現在已經是『香吉士』的女人，他知道了會『翻鍋』。」

佟櫻美忙說：「對啊！對啊！問題就在這裡。剃了毛，他就會知道。」

鬼精靈佟欣麗眨了眨眼說：「就給『香吉士』裝迷糊。……就推說賓館的床單、被子不乾淨，給它混過去。」

「對、對，反正妳不要承認就對了。」吳美玉附和說。

佟櫻美有氣無力：「也只好這樣了！」

吳美玉笑笑的說：「大事解決了；我們現在是三缺一，欣麗打電話叫李媽媽過來打牌，下午收工休息。」儼然一副老闆的嘴臉在說話。

佟櫻美私處又癢了起來，用手搔了搔。吳美玉見狀故意消遣笑說：「櫻美，下面又癢了吧！癢就找妳的『香吉士』，用他『那個』解決。『名正言順』的啦！安啦！」

＊　＊　＊　＊　＊

淡淡的三月天，杜鵑花開在山坡上，杜鵑花開在小溪旁，多美麗啊……像村家的小姑娘，像村家的小姑娘……。

曾正洋和佟櫻美在臺北近郊小山頂山坡處，欣賞杜鵑花。曾正洋高興之餘，特別唱了這首家喻戶曉的「杜鵑花」送給村姑櫻美。

聽完這首「杜鵑花」，佟櫻美拍手叫好：「『杜鵑花』唱得很好啊！」

曾正洋笑了笑說：「不是我唱得好，是這首歌好；不但曲調、歌詞都好。」

「說真格的，當然唱得也好。」

「謝謝！歌詞中『像村家的小姑娘』，就是說『村姑』和『杜鵑花』是一樣的清馨、純潔。妳就是村姑，就是那麼的純潔。」

曾正洋誇她是純潔的村姑，佟櫻美很高興，含情脈脈的望了曾正洋一眼。

曾正洋在杜鵑花叢中摘了一朵白色杜鵑花，雙手托著花枝說：「我最喜歡的花就是白色杜鵑花。這朵花獻給美麗的村姑。」說著將手中的杜鵑花送給了佟櫻美。

「謝謝！」

曾正洋楞視著佟櫻美，覺得她就像朵白色的杜鵑花。她是那樣的清馨、淡雅。

在這片杜鵑花花叢，天地間別無他人，曾正洋突然來了個西洋式王子向公主求婚單腳跪地；雙手抱住佟櫻美的大腿；喊了句「Darling I love you」。忽而掀起裙子，一頭伸進裙中。裙內春光無限好！小小的白色三角褲，褲隨身形緊緊裹著臌蓬蓬的「陰阜」。嘴和鼻子緊緊的貼在凸臌的「陰阜」上，作深呼吸。感受到小花園裡散發出來的花香，濃郁而醉人。

佟櫻美兩手隔著裙子撫摸著曾正洋的頭；並將兩腿微微的打開一點，好好的享受曾正洋嘴裡吐納所散發出來的暖流。

埋首裙內花巢的曾正洋，嘴裡吐出的熱氣加上花巢內散發出來的香氣，形成了水氣，將三角褲花巢處，弄得濕濕的。

佟櫻美忽然輕輕的在抽動身體；隨後，抽動較劇烈。並將裙內曾正洋的頭使勁的往花巢上貼。曾正洋會意，於是，鼻尖和嘴唇用力的擵擦花巢。佟櫻美感到非常的舒服，閉著眼睛，微張小嘴。還真會享受哩！

倆人都滿足了。埋首裙內的曾正洋此時，重見天日。已是滿臉紅通通的。額頭、嘴鼻上也冒出了汗珠。

這時候佟櫻美皺著眉頭，微微扭動著身體，手按著私處。

曾正洋見狀，邊拭臉上的汗水邊問：「是不是又弄痛妳了？」

「不是啦！我……」欲言又止。

「妳怎麼啦！哪裡不舒服？」

佟櫻美有點臉紅，羞於啓齒，吞吞吐吐的說：「我……我的『妹妹』很癢。」

曾正洋釋懷笑笑的說：「我還以為是什麼事！嘿！『妹妹』癢，用不著愁眉苦臉。我們到賓館去『做』啊！」說著拉櫻美的手：「走！讓我的『小弟弟』為妳搔癢。」

佟櫻美羞紅著臉輕聲細語說：「不是啦……我的『妹妹』那裡有點癢癢的，很難受，很想抓。」

曾正洋恍然大悟。「『小妹妹』怎麼會癢了？」

「我也不知道。最近那地方很癢，癢的受不了，我就抓。」佟櫻美終於找到機會說出口。

曾正洋想了想說：「走吧！我們去『上格』（賓館）『做』完之後，我仔細看看。」

佟櫻美點點頭。

二十分鐘後來到了「上格」賓館。

櫃檯小姐將鑰匙交給曾正洋，見鑰匙牌上印著六〇六房。不由驚奇的說了聲「六〇六房！」

一旁的佟櫻美覺得曾正洋大驚小怪的，笑說：「是啊！六樓六號房。」

倆人進了電梯後曾正洋格格笑了出來。

佟櫻美不解「你笑什麼？」

「我笑今天還真巧；我們是六〇六房。」

電梯到了六樓，二人走出電梯，打開六〇六房間。

「六〇六房有什麼好笑呢？」

曾正洋賣關子說：「六〇六妳知道是什麼嗎？」

「我哪知？」佟櫻美一頭霧水。

曾正洋示意二人坐床邊。

「老婆，告訴妳，六〇六是專門治療梅毒的藥。賓館住房的人很雜，很容易傳染到性病，而梅毒是很可怕的性病。」

「噢！」

曾正洋笑嘻嘻的說：「我也是聽老一輩的人說的。」

「啊！六〇六可能是老掉牙的藥。」說著，佟櫻美用手抓了下陰部。曾正洋眼睛的餘光已看到了；但裝作若無其事。

曾正洋「嗯！」了一聲說：「說得沒錯，是老掉牙的藥。妳要知道，梅毒是種很可怕的性病。尤其是在以前那個年代，不論男女，只要一得到了梅毒，就等於判了死刑。就像是現代人得到了癌症一樣的可怕。而且得了梅毒是很羞恥，很不名譽的事。」

佟櫻美聽曾正洋這麼說，像是「談虎色變」般的害怕。

曾正洋接著說：「後來發明了六〇六這種藥，梅毒才控制住。」

這個時候佟櫻美可能是奇癢難耐，又偷偷地用手抓了下「陰部」。這個動作雖然很小，但是曾正洋全都看在眼裡。心想：一定是癢的很嚴重。

「那為什麼叫做六〇六呢？」佟櫻美好奇的問。

「意思是說，六〇六這種藥從研發到上市，中間歷經了六百零六次的臨床實驗和不斷的改進才成功的。所以稱為六〇六。」

佟櫻美點點頭表示瞭解。同時對曾正洋的博學多聞，打心裡佩服。

曾正洋很正經的說：「閒話不談，現在我們倆去洗澡，等下我要仔細的看妳的『小妹妹』。」

佟櫻美點點頭，倆人脫了衣服走進浴室共浴。

佟櫻美橫躺床上，毛毯一角蓋在肚子上。曲腳，腿張的開開。床頭檯几燈已轉到最亮，將整個「陰部」照得亮亮的，看得清清楚楚。

曾正洋很仔細的用手指翻開濃密的陰毛。見到陰毛的根部和皮膚血骸骸的，被抓破了皮。整個「陰阜」的皮膚竟被抓破了兩三處。

「老婆，妳的『陰阜』皮膚抓破了好幾處，血跡斑斑的，為什麼要那麼用力抓呢？」

「『沒法度』，很癢啊！」

「以前有沒有這種情形？」

「沒有啊！我也不知道是怎麼回事，最近一、兩個月陰部會癢癢的。」

「會不會是被傳染的？」

「有可能是我們常在賓館『做』的時候，被賓館的被單、毛毯或是毛巾不乾淨傳染到的。」

佟櫻美照佟欣麗所說，打混。

「對，對，可能就是這個原因。」曾正洋不疑有他的說。接著又說：「千萬不可以抓。因為指甲內有很多的細菌，抓破了會感染發炎。絕對不可用手抓。」

「嗯，知道了。」

「已經發炎了，塗點藥就可以了。記住，不要再抓了。」再叮嚀的說。

「好嘛！」

曾正洋想了想說：「妳的陰毛又濃又密藥很難塗到皮膚上……我看還是剃掉陰毛比較方便治療。」

「那地方，剃掉了陰毛會不會怪怪的？」佟櫻美故意問說。

「不會啦！只有剃掉陰毛才好塗藥。再說，妳的『東西』只有我們倆個看得到，有什麼奇怪！放心！過一段時間陰毛會長出來，跟以前一樣的。」

佟櫻美想了想終於可以剃毛了如釋重負說：「好吧！」

曾正洋到浴室拿了把刮鬍刀，然後又取了四、五張衛生紙。

佟櫻美躺在床上，兩腿曲直打開。曾正洋將衛生紙墊在屁股下。

此刻曾正洋像個婦產科醫生在為佟櫻美進行內診。

「妳不要動，小心割到妳的『小妹妹』。」曾正洋看了看先從「陰阜」上刮起，小心翼翼慢慢的一刀一刀的刮。刮到「陰蒂」上方更是格外的小心，真怕一失手將「小豆豆」給割掉了，那就慘了！刮到「陰唇」旁也是戰戰兢兢的，生怕刮掉一爿半片的「小唇唇」。

十餘分鐘之後，刮毛終於順利完成。「哈哈！妳的小鬍子刮乾淨了。老婆，妳現在成了禿毛鴨了。白白嫩嫩的『陰阜』上有三、四個地方的皮膚都被抓爛了，妳坐好自己瞧瞧。」

佟櫻美坐直後見自己光禿禿的「陰阜」，被冷氣吹得有點涼颼颼，感覺有點怪怪的不太適應。

「記住，待會回去的時候，經過西藥房記得買點藥回家擦擦。」

「好！」佟櫻美此時終於鬆了一口氣。

曾正洋接著笑嘻嘻的又說：「妳現在像是個女童了；上面光禿禿，沒有了毛。『小妹妹』的溝通從下面一直開到『陰阜』。『小縫縫』很漂亮啊！」

「少來！」

「我真想吃一口。」

佟櫻美握著小粉拳作勢搥打曾正洋「討厭！」

曾正洋故意大嚷「好痛！好痛！」

「禿毛鴨」佟櫻美噘個小嘴模樣蠻可愛。

「要不要到浴室沖洗一下？」

「不用啦！又不髒，毛刮掉就好。」

曾正洋用佟櫻美的三角褲輕輕刷了刷『陰部』的毛，將墊在屁股底下的衛生紙將陰毛包妥，丟進床邊的垃圾桶內。

佟櫻美將三角褲抖了抖就穿上了褲子。『陰阜』已無毛因此也就沒有先前那麼膩蓬蓬了。但是『陰阜』線條更加明顯的凸起。而褲底三角地帶，溝縫特別明顯。看起來格外的性感。

「老婆，我要吃『肉肉』了；我很癢。」曾正洋已經受不了。

佟櫻美笑嘻嘻的說：「癢的話，那你就『五打一』吧！」

「什麼！妳叫我『三打一』？」

「對啊！自慰嘛！」佟櫻美講得很輕鬆。

「妳很殘忍，五個打一個，公平嗎！」

「那是你的事，我又不癢。」

「不行，我要『一對一』，我們『對打』。」

「我才不要呢！」

「黑白說，說實在，妳的禿毛鴨，迷死我了。我很想……妳想不想嗎？」

「不想！」故意大聲說。

「騙鬼！」說著就動手脫佟櫻美的三角褲。

佟櫻美倒是「任君隨便」。

曾正洋心想：櫻美想得很哩！故意再問：「妳想不想啊？」

這會兒，佟櫻美成了小綿羊似的，溫柔小聲的說：「想——啊！」音拖得很長長的。

曾正洋像隻八哥，學櫻美輕聲細語「想——啊！」

「少來！我是為了——你。」

「好感動喔！金感謝！我們現在可是『禿鴨配毛雞』」

佟櫻美噘著小嘴：「你怎麼這樣說嘛！」說著賞了曾正洋一記小粉拳。

曾正洋樂得哈哈大笑。大嚷：「禿鴨配毛雞！毛雞配禿鴨！哈哈……。」

又是一記小粉拳搥在曾正洋胸口。

禿鴨、毛雞樂成一團。

12 姊妹店開業

曾正洋騎著機車前往三重佟櫻美的店裡。雖然是初春，烈陽高照天氣非常的炎熱。柏油路被太陽曬得像是在冒煙似的。曾正洋的臉上已冒出了如黃豆般的汗珠。

佟櫻美修改衣服店已開業第四天了，因為曾正洋最近公司業務繁忙，始終抽不出時間到店裡，感到十分的過意不去。今天下午總算是偷得半日閒，騎著機車「飛也似的」趕往三重。

「姊妹」服飾修改店。顧名思義就知道這是佟櫻美跟她的五妹佟欣麗合開的。「姊妹」店位在三重菜寮市場內，是個中型的傳統菜市場。走進市場，直通通的一條小街道，左右兩邊為連棟三層樓建築。「姊妹」店開設在左邊第三間的二樓。一樓是臨時小賣場；房東將一樓分成左右兩個攤位。攤位是以日租方式出租。每個攤位租金每天兩仟元，兩個攤位就是四仟元。一個月的收租就是十二萬。這遠比月租店面租金高出了兩三倍，而且攤位供不應求，排隊等租攤販是一大堆。市場內一樓泰半都是以日租方式出租給攤販販賣日常雜貨、食品、衣服，切貨之類的物品。這是一樓房東的生財之道。

佟櫻美看中的就是這裡早上市場的人潮。邊買菜邊在衣攤上買了衣服改改長短、改腰身可送店裡來改。第二天買菜時再來取衣服，頗為方便。

現在已是午後三點半，樓下的攤販早已收攤，輾轉其他地方做流動生意或是跑碼頭到黃昏市場繼續做生意去了。整條市場內除了部份固定的商店繼續營業外，大部份臨時攤販已都撤走一空。

曾正洋到了「姊妹」店的樓下已成空屋，乾脆將機車騎進屋內，只聽到引擎聲「砰砰」作響，機車熄火。抬頭一看，見佟欣麗很匆忙下樓走過來。臉色蒼白，神色慌張一臉「驚惶失措」的跟曾正洋打了個招呼急忙說：「曾正洋，樓上來了位我的朋友，見了後你不要跟余和中（欣麗的先生）說。」

佟欣麗無頭無尾的話，曾正洋一時還弄不清是怎麼回事，但見她神態惶張口氣嚴肅，感到很不尋常，事有蹊蹺。當然瞭解事情的嚴重性忙說：「放心！不會的。」

車停妥，於是佟欣麗在前曾正洋在後走向樓梯。曾正洋感到佟欣麗上樓階的腳步有些沉重。

上了二樓，曾正洋見佟櫻美穿著一襲黑白相間小方格連身衣裙，站在試衣長鏡旁靠樓梯口處。兩手叉在背後，微側著頭；表情自若神態悠閒自在。靠裡面佟欣麗縫衣機旁邊坐著一位年約五十上下矮胖的男人。此人就是佟櫻美姊妹提起過的臺北ＸＸ大學的苗學強主任。曾正洋和苗主任相互微微的點了點頭，算是彼此打了個招呼。

曾正洋此刻的內心充滿著緊張和矛盾，可用「百感交集」形容。心中最在意的是佟櫻美的舉動。暗中很仔細的觀察她的臉色表情，看看能否察覺看出什麼？尤其是和苗主任之間有無關連和牽扯的關係。不過，從佟櫻美「氣閒神定」的表現，實在是看不出有絲毫的異樣和端倪。

曾正洋心中不解的是佟欣麗突然的下樓所講的話。跟苗主任既是朋友亦毋須如此的過度緊張。以佟欣麗開放的個性和凡事不在乎的態度，是乎有違常理。而這種反常的現象更是前所未有過的。心中不免猜想：會不會是，今天苗主任來店裡其實主要是找佟櫻美，不巧被我碰到。姊妹情深，可能是佟欣麗在為姊姊護航；怕我撞見了佟櫻美和苗主任之間的曖昧關係，而故意攬在身上，說是苗主任是她的朋友。可是見到佟櫻美是那麼的鎮定自若，實在是看不出有任何的不是之處。想到這裡，曾正洋倒也寬心了許多。

曾正洋在樓梯口站了一兩分鐘。佟櫻美從衣箱內取出了皮包揹上肩，意思是提前下班。倆人向佟欣麗、苗主任點頭示意說了聲「再見！」走下樓梯。

下了一樓曾正洋這時才舒緩了一口氣。問說：「我們現在去哪裡？」

「當然是回家啊！」語氣肯定。

「妳機車停哪裡？」

「就在後面空地。」

「我在前面路口等妳。」說完發動機車駛出屋子。佟櫻美到後面牽車。會合後，佟櫻美騎車在前，曾正洋緊跟後面，一路騎往家途。

到了家門，走進客廳見佟櫻美二弟佟啓仁坐客廳看電視。曾正洋點頭和佟啓仁打了個招呼。

「啓仁，你今天下班這麼早？」佟櫻美很訝異的問。

「今天『休睏』（休息之意）說完拿起檯几上的報紙微微點了點頭，走進房間。（客廳前方臥房）

原來佟啓仁今天沒上班。佟櫻美何曾正洋使了個眼色。意思是說今天可能不方便親熱了。

曾正洋無可奈何比了個手勢就坐在沙發上。

佟櫻美拿了衣服走進浴室沖澡。這是每天回到家後第一件事就是先沖澡。換上寬鬆的T恤，著短褲（冬天則是長袖長褲）不戴胸罩。覺得在家這樣沒有束縛，自由自在的很輕鬆很舒服。梳洗後，佟櫻美看起來容光煥發；尤其換上一條蘋果綠小短褲叉著比例勻稱的長腿，白白淨淨的與綠短褲成強烈的對比，更襯托了白嫩細柔膚色，倍覺性感。

曾正洋稍挪動了下身體好讓佟櫻美坐身旁。倆人併肩靠沙發窩坐一起，倍顯恩愛。

曾正洋輕吻了一下佟櫻美的臉頰。

「你今天怎麼有空來店裡？也不先來個電話。」佟櫻美劈頭一句，口氣像是怪他不該來店裡。

「剛好今天沒什麼事，下午到環河南街接洽一個客戶，辦完就沒事了；所以我就跨過淡水河就來了。」曾正洋笑笑的解釋。

「還真巧，今天你和苗主任來的還真是時候。」

「沒錯，這叫做碰巧。對了，苗主任到底是誰的朋友？是妳還是欣麗？」

「是欣麗的朋友；我是欣麗介紹後才認識的。」

曾正洋略想了想說：「難怪！我一到樓下剛停好機車，欣麗就匆忙的跑下樓，當時她的臉色很不好。」

「她是聽到你的摩托車聲音知道是你來了，下樓告訴你一聲，她怕你將苗主任找她的事告訴余和中，先跟你打個招呼，免得引起誤會。」佟櫻美替欣麗解釋說。

「她多慮了。放心！這種事我怎會告訴余和中。」

「話是不錯，但是她還是會擔心，她和余和中剛結婚不久，有男人到店裡找她總是不好。」

「妳講得也沒錯。男女之間的事有時候很難解釋也很難理諭。說實在，當時我的心情也很緊張，上樓後我就注意妳的表情，看妳的反應。不過還好，妳表現的很自然、很鎮定；我看到苗主任是坐在佟欣麗的旁邊，我才放下了心。」

「有什麼不放心！你想得太多了。苗主任是欣麗還沒結婚之前就認識的朋友，跟我有什麼關係？」

「這個我瞭解。但是，妳要知道，欣麗慌張的跑下樓來，在那種情形下，任何人都會這麼想，並不是我多疑。」

「是你想太多了！我跟苗主任那可能有什麼關係。」佟櫻美「理直氣壯」的說。

曾正洋賠笑的說：「當然不會！當然不會！老婆妳不要介意，我問妳，欣麗和苗主任既然是認識很久的朋友，今天又老遠來看她，他們關係不尋常……他們有沒有……親密過？」

「這個我就不知道了，沒聽欣麗說過。」佟櫻美很謹慎的說，臉上表情略顯得有些不太自然。

曾正洋略感疑惑地微微的點點頭。接著又問：「苗主任今天怎麼突然跑來？」

「我們也感到很突然，已經有很久沒見面了。是欣麗開店前幾天打了個電話告訴苗主任說我們要開個小店；誰知道他今天就老遠的跑來了，還帶來了四個小盆景，就是放在桌上的盆景，小小的。他事先也沒來電話就突然的跑來，欣麗和我都嚇了一跳。」

「有什麼好嚇一跳，又不是『做賊心虛』。這樣也不錯啊！來了可以看看舊情人啊！」曾正洋趁機試探。

「不是這麼說嘛！先打個招呼總是比較好。」

曾正洋笑笑的說：「對，對，『有備無患』啊！」

佟櫻美斜眼珠，用眼角看曾正洋，像是有點生氣，模樣怪可愛的。

「那妳是什麼時候認識苗主任的？誰介紹的？」曾正洋問長問短的。

佟櫻美想了想說：「比你早，先認識他後認識你，比你早一點；剛才我說過是欣麗介紹認識的。」

「苗主任常常約妳們嗎？」緊接著追問。

「我很少參加，都是欣麗跟他們在一起。」

「為什麼妳很少參加？」曾正洋鍥而不舍問。

「我不習慣他們那些人吃喝玩樂唱歌；早上一去就要陪他們到晚上，要耗掉一天的時間。會耽誤我的工作，那種場合我不習慣，也沒興趣。」佟櫻美冷冷的回答。

曾正洋微微的點點頭，若有所思的說：「那妳參加過幾次？」

佟櫻美想了想說：「大概有三、四次吧！」

曾正洋「嗯」了一聲。接著挖樹刨根問說：「都是些什麼活動？」

「吃吃飯、唱唱歌。」

「妳……有沒有跟苗主任他們怎樣過？」曾正洋橫了心問說。

「哪有可能，苗主任是欣麗的朋友，跟我有什麼關係！」佟櫻美不奈的說。臉上顯得很不悅，神情略微不安；表面上裝作若無其事。

事。

曾正洋「半信半疑」的，感覺到佟櫻美已不高興了，也不好再說什麼就不問與苗主任之間的

曾正洋身體故意和佟櫻美靠得緊緊的，面帶笑容故作輕鬆，伸手摟著佟櫻美的腰。慢慢的將手伸進了T恤內撫摸小奶奶。

佟櫻美扭妮了一下身體，望了下曾正洋然後將視線轉向前方。意思是她弟弟啓仁在房內，出來時被撞見不好。

曾正洋在佟櫻美「耳邊細語」說：「老婆，我要吃肉肉（做愛）」

「啓仁在家，不好吧！」

曾正洋很小聲的說：「沒關係啦！我們『做』的時候輕一點、小聲一點。以前啓仁在家的時候，我們還不是有『做』過；還『做』過好幾次呢！」

佟櫻美拗不過曾正洋的要求，再說自己也很想啊，於是小聲說：「那你先上樓。」

曾正洋很興奮的點點頭，起身走往樓梯上二樓臥房。經過啓仁房間見房門是閉著的。心想：佟啓仁早已猜透他們的心思在成全他們，曾正洋很感動。進了二樓臥房，輕輕的脫下了衣褲，僅內褲未脫。

佟櫻美隨後也進了臥房，面帶喜悅，心裡很想「做」，表面上還裝作很勉強是「情非得已」免為其難的樣子。

曾正洋內褲前早已搭起了「帳蓬」，凸凸的、高高的、崩的緊緊的。佟櫻美如「魚」亮的眼睛，盯看了一眼。她的眼瞄，是快速的聚焦，是精準的。

曾正洋將佟櫻美緊緊的抱在懷裡。下面帳蓬尖，頂住了豐腴的「黃金三角洲」，如錐子般的釘在上面。佟櫻美的嘴唇也被曾正洋吻得緊緊的。

甜蜜的熱吻後，曾正洋猴急也不沖洗就蹲在床沿邊。佟櫻美很熟練的橫躺床上，屁股緊靠床邊，兩腳踏踩在曾正洋的膝蓋上面。倆人就像拍武俠電影的武術打鬥「套招」，那樣的純熟有默契。

身體定位後，呈現在曾正洋眼前的是一個白白肥肥直條條的「小肉縫」；就像是十二、三歲女孩的「小縫縫」。白臧臧的「陰阜」上佈滿了短短的「小草」；只是小草比較粗。幾個月前，佟櫻美感染了陰蝨，不得不剃掉陰毛；連帶曾正洋也剃掉了陰毛。斬草除蝨，永絕後患。

「老婆，妳的毛毛比我長的快，真好！」

「才不好呢！」很小聲的說。並用手指指樓下，意思叫曾正洋講話小聲一點，啓仁在樓下。

曾正洋收斂的說：「為什麼？」

「因為毛還很短，很刺，刺得『妹妹』很痛。」

曾正洋笑了笑小聲的說：「忍耐點，我的『小弟弟』多施點肥給妳的『妹妹』，毛毛很快就長了。」

「少來！」一記小粉拳輕輕的搥在曾正洋的頭上。

曾正洋故意「哎唷！」叫了一聲。

佟櫻美臉紅紅的很緊張，忙用手指在嘴唇上一比，裝作很生氣的樣子，模樣還真可愛。

曾正洋舉手放在眉梢上作敬禮狀，笑臉賠不是。

這時，佟櫻美略為的拱動了一下臀部，曾正洋會意，立刻埋首在「陰核」上面，霎時嘴裡的一股熱氣吐納在「陰核」上。佟櫻美感到很溫暖、很舒服；兩腿將曾正洋的頭夾的緊緊的，持續了有半分多鐘。

忽而，電話鈴聲響，佟櫻美遲疑了一下，神情略顯緊張，還是拿起床頭檯几電話，「喂……」「欣麗啦！」

佟櫻美聽到是佟欣麗才鬆了口氣小聲說：「……他在啦！等下打給妳。」說完忙掛了電話。然後說「是欣麗找我。」

接著，曾正洋開始享用水嫩肥腴的蚌蛤肉。遊龍似的舌尖在玉門、唇唇和「蒂蒂」上舔吸。曾正洋吃得過癮，佟櫻美舒服的直在抖動著身體。尤其是輕舔「蒂蒂」的時候，全身還陣陣的顫抖，就像是身體觸到電似的。樂的鼻子「嗯～～嗯～～嗯～～」哼出聲；聲音很微弱，不敢痛快地放聲喊叫。為的是弟弟佟啓仁在樓下，聽到總是不好意思。

曾正洋堅硬挺拔的「小弟弟」，熱的癢癢的，於是，換曾正洋橫躺床上，佟櫻美跪床邊地毯上。「小弟弟」氣昂昂的「一柱擎天」矗立著，還脈動的在點頭。

佟櫻美見「大蟲蟲」，紅著臉有點羞怯。俯身低頭右手持捏著「小弟弟」，左手輕輕拂開臉前的頭髮往一邊；張開小嘴，伸出舌頭舔嗦「小弟弟」。

佟櫻美個性內向保守，吃「小弟弟」不是很習慣，略顯生澀。「小舌尖」在「小弟弟」上輕輕的舔吸，偶而亦含入口中。佟櫻美用右手姆指、食指和中指輕輕握著「小弟弟」；無名指和小指微微的往上翹，形成一輪優雅的弧度，非常的優美。

佟櫻美那溫熱的小舌頭舔在「小弟弟」上，舒服的全身的骨頭都酥了。曾正洋壓抑著，不敢發出一丁點的聲響。現在佟啓仁，正躺樓上同位置的樓下床上。因為是樓中樓夾層，一樓房間和二樓房間樓板的高度，相差僅二三〇公分。連啓仁在樓下翻閱報紙的聲響，都清晰可聞。同樣的，樓上房間的任何動作聲響，樓下房間也都聽的一清二楚。

「因地制宜」，今天捨兩頭甜的「69」式，而改採「輪換」方式進行口交。

又易位，恢復先前佟櫻美橫躺床上，曾正洋蹲床邊；繼續舔吮佟櫻美。

佟櫻美的「小妹妹」已是溼漉漉的。「小妹妹」的肉香味中夾著濃烈的腥臊味。曾正洋是看在眼裡、聞在鼻裡、吃在嘴裡；感到倍加的刺激和興奮。「小弟弟」如鐵棒般的堅硬，有蠢蠢欲動之勢。曾正洋有若「生龍活虎」般。

佟櫻美被舌舔已樂在高潮上，瀕臨抉堤。整個「陰核」突鼓的很大很硬、血紅紅的。佟櫻美趕緊抓起棉被的一角，急忙蓋在臉上就「啊——」的大喊一聲，上了「陰蒂」高潮。雖然是用棉被蓋住臉摀住嘴，但還是有聲音會透過棉被傳了出來。樓下的佟啓仁還是聽得到，當然「心知肚明」。聽到自己的姊姊在樓上，跟她的男人在「親熱」，玩得火熱；而自己二十七、八歲，正是年輕力壯精力充沛的時候又未婚，心裡自然是癢癢的，有著強烈的性需要。也只能豎個耳朵靜靜的聆聽，想入非非，過乾癮。姊姊跟她的男人在家玩的場景已經有好幾次哩！

倆人玩得「如火如荼」，倆人都儘量的壓低聲響。快要上高潮了，佟櫻美無法隨心所慾的大聲喊叫，只好再抓棉被重重的摀住口鼻。這時，佟櫻美的「小紅唇」被「小弟弟」已戳得落花流水，太舒服了，又是「噢——耶……」佟櫻美在棉被裡大叫一聲，牙齒緊咬著棉被；樂透了。

就在同時，曾正洋也上了高潮射精放種在「小肉縫」裡面。

插入的姿勢持續了四、五分鐘，曾正洋始將「小弟弟」抽離了溫暖的「小肉縫」。

「老婆如何？」曾正洋習慣上親熱之後都會問上一句。

「舒服，老公！」佟櫻美點了點頭小聲的回說。

「兩次都有上？」曾正洋故意問。

佟櫻美又點點頭。

曾正洋笑笑的說：「我們倆個是絕配；這句話說得再恰當不過。在我所接觸過的女人中，也只有跟妳『做』能獲得最大的滿足，我說的是實話。」

「我也是，跟你『做』一次，可以管三、四天不想。」佟櫻美口無遮攔道出心裡話。

曾正洋故意問說：「……三、四天不想，不想什麼啊？」

佟櫻美有點不好意思，羞紅著臉噘個小嘴說：「哎呀！就是……『那種事』嘛！」

「哪種事？」

「男女的事情嘛！這也要問。」

「對、對、對，『男歡女愛』的事；也就是我歡妳愛做的事。」

佟櫻美掩不住心裡的歡悅。舉手又是一記小粉拳輕輕的搥落在曾正洋的胸口。

曾正洋忽而將佟櫻美抱個滿懷。

＊　＊　＊　＊　＊

曾正洋離去後，佟櫻美立刻打電話給佟欣麗。很小聲說：「欣麗，什麼事啦！妳真會挑時間耶！」

「奇怪了！誰知妳在幹什麼？」佟欣麗不悅說。

「……『做』……哪個啦！」

「還『做』不夠？」

「……他啦！」

佟欣麗飄了飄眼「妳嘛『港泥』。還說呢，下午在店裡『好家在』，要是『香吉士』晚一點到，就會在巷子碰到妳跟苗主任。還說呢！」

佟櫻美手持電話冒出了一手冷汗。「……嗯……嗯……」

「……是妳有夠運氣好。如果給『香吉士』看見妳跟苗主任走在路上，不用猜就知道你們一定是去賓館。」

講到這裡，佟櫻美心頭很緊張，將右手汗濕的電話換到左手中。

鬼精靈憑佟櫻美電話換手的動作，已察覺到她已嚇出一身冷汗。於是幸災樂禍說：「怕了吧！愛玩還要怕！」

佟櫻美已惱羞成怒：「『惦惦』啦！講沒完，都是妳在說……到底什麼事？」

佟欣麗笑嘻嘻說：「生氣了，生氣了……是要介紹朋友給妳……住妳們大樓隔壁那棟五樓。叫我們倆個晚上到他家打牌。夫妻倆個……男的叫廖方達；女的叫鄧時婕，叫她鄧姊就可。」

「妳怎麼會認識他們？」

「打牌認識，現在大家是牌友……最近常在他們家打牌。」

「喔！」

「……多認識一些朋友，不要待在家裡做『宅女』……哈哈……告訴妳……他們是姊弟戀。

鄧姊比廖ㄟ……廖先生大很多……好像大七、八歲……妳不要跟別人講。」

「不會啦！」

「……再告訴妳，廖ㄟ……沒做事，靠鄧姊養。」

「靠老婆養，不是……吃軟飯嗎！」

「對啊！一個願養，一個喜歡被養……」

佟櫻美不禁大聲的說：「啊……這種男人沒出息。」

「現在有很多男人，『嘛西』這樣啊！」

「……那我們幾點去？」

「嗯……晚上七點……我們先碰面，一起去……很近，就在妳家隔壁大樓。」

「可是……不能打太晚……今天有點累……」

「哈哈……下午玩多了……」

「老講這個……」

「『免假仙』。」

「好——啦！晚上見！」

「『悶葫蘆』晚上見！」

佟櫻美掛上電話，瞪了瞪眼睛一副無可奈何的表情。

13 苗主任事件

下午五時三刻，佟櫻美二樓臥房。

從佟櫻美和曾正洋臉上洋溢著歡悅滿足的笑容可以看出，方才的性愛遊戲玩得甜蜜而性福。

倆人躺坐床上，背靠著床頭板。在悠暗的燈光下，倆人的側影就像是枝頭上的一對喜鵲，倍顯恩愛。

「老婆，知道嗎！今天是我們第四三八次『做愛』。」曾正洋在宣告倆人的性愛戰績。

「啊！你還在做紀錄？」佟櫻美很吃驚的問。

「有，性愛次數一直都在做紀錄。我不是告訴過妳嗎！我是記在名片上面；就是我們第一次見面的時候，妳抄寫呼叫器號碼給我的那張名片。」

「嗯，記得好像是一○○次的時候，你才告訴我你在做紀錄；我記得那次你說是百次，叫做『百合』。你還拍攝了一張『百合』的攝影作品，來紀念第一○○次性愛呢！」佟櫻美很興奮的說。

「小姑娘，妳記得蠻清楚的嘛！」

「對啊！以後就沒聽你提過了；我以為一○○次之後，你就沒記了。」

「當然要記，我倆美好的性愛紀錄怎麼能停！我們每『做』一次，我就在名片上劃上一筆；五次就寫成一個『正』字。今天是第四三八次。」

「四三八次又不是整數，你幹嘛要提？」

「意思是說，快到達五〇〇次了，今天告訴老婆妳四三八啊！」曾正洋將「妳四三八」聲音說得特別大聲。

佟櫻美一臉狐疑的說：「幹嘛你說我是『三八』啊！」

曾正洋趕忙說：「沒有，沒有，我哪敢說老婆是『三八』。」

「說真格的，想你也不敢！」佟櫻美鼻子還「哼！」了一聲。

「那是當然的囉！我最怕老婆了。妳是金牛座，我是水瓶座，金牛剋水瓶啊！」

「對啊！電視上相命的老師說，只有金牛可以剋住水瓶；但是，水瓶也剋金牛。我們是互相剋對方。」

「哪裡，是妳剋我，我怕妳。」

佟櫻美面帶笑容，得意的點點頭。

「說真格的（學佟櫻美的口頭語）老婆的『妹妹』已被老公我用了四三八次了！」

佟櫻美不好意思的笑笑。

曾正洋接著又說：「我看妳每次玩的都非常的滿足，讓老公很有成就感。」

「說真格的，我也跟你講過，我以前真的不知道什麼叫高潮，跟你『做』了以後我才知道高潮。」佟櫻美道出心裡的話。

「難道妳前夫沒有給過妳高潮？」

「都沒有，跟我前夫『做』，我只是會很舒服但沒有高潮。」

「是這樣嗎？」

「是真的！」佟櫻美很肯定的回說。

「跟我『做』呢？」曾正洋明知故問。

佟櫻美小聲的說：「當然有高潮啦！」

「舒不舒服……」

「舒——服。」佟櫻美用調皮的口氣回答。

曾正洋一把將佟櫻美抱的緊緊的，張嘴含咬住她的小嘴狂吻了起來。

突其來的大動作佟櫻美還沒反應過來，曾正洋的舌頭已伸進了嘴裡。佟櫻美如獲甘泉，含著曾正洋的舌頭吸吮津液哩！

客廳的音樂鐘響起了音樂。佟櫻美望了望臥房的時鐘「啊！都六點了，你餓不餓？」

「還好，我洗好澡就去買晚餐。」

「不用啦，我去就好，你休息一下。」

「謝啦！老婆其體貼老公。」

「樹！」佟櫻美學曾正洋的「是」臺灣國語，擠眉弄眼的。

「妳很調皮ㄟ，真像個小女孩，好可愛！」曾正洋嗤嗤笑著說。

「對啊！我有的時候會有點孩子氣。」

「沒錯，我最喜歡的就是妳的這份純真。」

「好——，晚上我們吃炒麵怎樣？」

「炒麵，好啊！」

「就是我們常吃的那家。」

「當然好啊！妳買我吃，有什麼不好！」

「想的美，是我們一起吃。」佟櫻美撅著小嘴說。

曾正洋高興的用額頭輕輕的碰了一下佟櫻美的額頭說：「老婆，錢在褲子口袋的皮夾裡，自己拿。」

「『阿娜達』（日語「老公」之意），我有啦！」說完下樓到客廳，從皮包裡拿了兩佰元出門買麵。

坐在客廳沙發上的曾正洋，肚子還真是有點餓的發慌。也許是下午「做愛」玩得太過火；午餐又吃的早了點，當然肚子就餓的厲害了。慢慢的等吧，等好吃的炒麵。曾正洋邊等邊想：過完年後的兩三個月，是她們改衣服行業的淡季，前些日子還聽佟櫻美唸說錢不夠用；今天的晚餐還讓她出錢，曾正洋覺得很過意不去。於是隨手打開了茶几上的皮包，查看有多少錢？翻看錢包，裡面只剩下幾佰塊錢；還有幾枚十元硬幣。曾正洋搖了搖頭，正要將錢包放進皮包內時，見底層有一本新的小電話簿，框邊燙金，很別緻，曾正洋從未見過。心想：可能是佟櫻美最近剛整理過的最新電話簿。於是信手翻看了一下。第一頁所記載的是她南部家裡父母親和弟弟的電話。看見自己的電話亦登列在上面；覺得自己在佟櫻美心目中的地位是很有份量、很重要，感到很欣慰。隨手又翻了幾頁，上面所登錄的全都是女性的電話。只有少數電話如里長、農會、水電行、保險和開鎖有男性名字的電話。這些和她居住生活有關外，其他看不到男人名字的電話。曾正洋覺得佟櫻美是個生活、交際很單純的女孩。翻著、翻著，忽然電話簿上面有一個較特別的電話。上面只寫著「苗主任」三個字和行動電話號碼。曾正洋感到很不尋常，以自己對佟櫻美相處和瞭解，事必有因。忽然又想到，「苗主任」三個字很眼熟，而且在她的名片簿中見到過，印象很深刻。因為苗主任和另外一位主任，兩張名片是並列在一起的。曾正洋趕緊伸手茶几下取出了名片簿，逐頁翻看，果然看到苗學強主任和責世民主任的名片。兩人同在臺北ＸＸ大學任教。同樣的兩張名片，為何佟櫻美電話簿上獨列苗主任的電話？而且只寫姓和職稱而不寫全名？再說，能夠記在隨身小電話簿上的電話，都是經常連絡的電話，也是比較重要的電話。以佟櫻美交友單純的個性，不會無緣無故的把男人的電話記在電話簿上。她有必要常跟苗主任連絡嗎？令人費解。曾正洋覺得並不單純，事有蹊蹺。於是將小電話簿放回皮包內；名片簿亦放回茶几下。靜坐沙發上思前想後的，心裡很納悶。

曾正洋在開門聲中才回過了神。

「我回來了！」佟櫻美提著晚餐，進門高分貝的喊說。

佟櫻美覺得奇怪，未見曾正洋平常的迎悅。

曾正洋面無表情的從茶几下拿了張舊報紙舖在茶几檯上。

「你怎麼啦！」佟櫻美望著曾正洋關心的問號。

「沒什麼！」曾正洋表情木然的說。

「說真格的，你不是這樣的，一定有事。」佟櫻美了解曾正洋的個性，很肯定的說。

氣氛很凝重。過了一會曾正洋才有氣無力的對佟櫻美說：

「老婆，很抱歉，剛才我翻看了妳皮包內的小電話簿，裡面有個苗主任的電話是怎麼回事？」曾正洋臉上表情嚴肅而不悅，用責問的口氣問。

佟櫻美先是有點錯愕，神情顯得緊張，略想了想說：「噢！……那是ＸＸ大學的苗學強主任嘛！……你見過的啊！就是以前開店的時候來店裡，你遇見的苗主任。」

「這個我知道，我是說，妳為什麼把苗主任的電話登記在小電話簿子上？」

佟櫻美急忙解釋說：「啊……那是……那是預備將來我的小孩長大找工作的時候請苗主任幫忙找，他認識的人多，關係好，找工作比較方便。」

「很好啊！既然是為了小孩將來方便找工作，那為何獨留苗主任的電話？找工作當然是人脈愈廣人愈多愈好。為什麼賁主任的電話不一起登記在電話簿上呢？」

「名片簿上有賁主任的名片可以查啊！他們倆個的名片我都有保留。」佟櫻美理直氣壯的說。

「既然名片簿上都有兩人的名片，那妳又何必將苗主任的電話記在小電話簿上？同樣可以在名片簿上查啊！」曾正洋義正辭嚴的回說。

「……」佟櫻美臉脹的紅紅的無言以對，啞口，一時不知如何解釋。

曾正洋接著說：「一般人隨身攜帶的小電話簿，都是經常有往來常用的電話；是比較重要的電話。妳能將苗主任的電話列在小電話簿上，可見妳跟他是常有連絡的。」

「哪有可能，我們已經很久都沒連絡了。」佟櫻美急忙辯解。

曾正洋覺得佟櫻美話說得前後矛盾，很難自圓其說。微微搖了搖頭說：「妳這本小電話簿很新，是剛換過的。妳既然說跟苗主任已經很久都沒連絡了，何不趁換電話簿時將他的電話拿掉，既使以後要用，妳還有名片簿可查。」

佟櫻美默默無語。

「想起來了，妳剛開店的時候，苗主任還特地跑來。我還記得，那天欣麗聽到我的摩托車聲音，就匆忙的跑下樓對我說『苗主任是她的朋友，叫我不要告訴她的老公余和中』，當時我就覺得事情並不單純。」

「那是你想多了，你這樣說，就是在懷疑我！」

「我並不是懷疑妳，實在是妳講的話有很多的地方前後矛盾交待不清。」

「你就是在懷疑我！」佟櫻美已惱羞成怒，情緒有點失控。

「照一般常理來說，像這種情形，妳很可能跟苗主任之間，有著某種的關係。」曾正洋直接了當的說。

「人說『捉姦要捉雙抓在床』。你要怎麼說，我也沒辦法。」

「老婆，不是我在說。任何男人碰到這種情形都會質疑的，妳就實話實說吧！妳跟苗主任到底有沒有關係？」曾正洋內心已承受不住，鐵了心問。

佟櫻美忽然情緒失控爆發；一把淚，一把鼻涕的手指著曾正洋大聲說：「你出去！」

曾正洋傻了眼；佟櫻美聲淚俱下的趕他出去，這是倆人相識以來頭一遭。曾正洋茫然的呆坐沙發上。

佟櫻美一旁的在哭泣，像似受到了莫大的委曲。

氣氛格外的凝重，倆人就這樣僵持了好一會。

曾正洋終於軟化，在茶几上抽取了幾張衛生紙遞給佟櫻美說：「老婆，對不起，是我不好；不該懷疑妳的。抱歉！」

佟櫻美邊拭淚邊擤鼻涕說：「你冤枉我了，我最不高興的就是別人冤枉我。」

「對不起，對不起！」曾正洋再次的賠笑臉道歉。

「我以前跟你說過，苗主任是欣麗的朋友。我哪會跟他怎樣！」很委曲的說。

「妳當然是不會啦！我相信妳；是我不好，好了吧！」曾正洋笑臉的說。不然怎麼辦？

「我們姊妹對男人私下分的很清楚；各有各的男人，各玩各的，互相不碰對方的男人。」

「這樣很好啊！不然的話不是『天下大亂』了嗎！」

「對啊！我的個性不喜歡跟他們那些人吃喝玩樂的在一起。欣麗都知道啊！」

「這個我也知道。妳的個性內向不善男女關係，不像妳妹妹，她們愛玩，喜歡熱鬧，跟男人什麼的……」曾正洋昧著心說。

「所以苗主任以前每次打電話來約我，我都說工作忙拒絕了；後來就很少叫我了。」

「妳以前曾告訴過我，苗主任他們的活動，妳只參加過兩三次。」

「那是剛開始的時候；我總是要看看自己的妹妹跟哪些人在一起啊！」佟櫻美「理直氣壯」的說。

「那是當然，妳是姊姊，當然要關心自己的妹妹。」

「這也是沒辦法的事啊！」佟櫻美一臉很無奈說。

「妳以前告訴我說，那些人是大學教授。」

「對啊！他們都是大學教授。那一群人差不多有十一、二個吧！他們常聚會，一起吃飯唱歌；常會約我們姊妹還有其他的小姐作陪。」

曾正洋聽後略沉思了一下說：「跟他們一起吃飯唱歌，教授對妳們這些小姐，難道就沒有進一步的要求？」

佟櫻美稍猶豫了一下說：「這……不太清楚。第一次聚會在他們學校的陽明山招待所；在吃飯的時候，苗主任有叫欣麗傳話給我說，他對我有意思，想要跟我上床 happy；『做』完後，他會給我四仟元。我當場就拒絕了。」

「為什麼？」

「那時候我剛離婚不久，我還年輕，自視很高。幹嘛要賤賣自己；只為了四仟元就跟他上床，太小看自己了；我才不幹！」

曾正洋笑笑的說：「照妳這樣說，如果苗主任出的價錢高的話，妳就會答應他了！」

佟櫻美微低著頭，望著茶几說：「……那也不一定；我也要看情形，我也不是隨便就會答應的。」

「妳的意思是說，還得要看人囉！」

「對！」佟櫻美「斬釘截鐵」的回答。

「那……妳的選人標準是什麼？」曾正洋在追根究底。

佟櫻美羞紅著臉說：「我……我……當然是有原則的啊！」講話有點氣結。

至此，曾正洋覺得也不好再追問她了。沉默了一會笑說：「我們第一次在『王子飯店』見面的時候，我記得妳毫不考慮的就跟我上床了。」

「當時是因為欣麗一直勸我說，人都離婚了，還有什麼好堅持的。那時候又剛好認識了花葉茂老師，他也在灌輸我這個道理；加上每個月還有會錢要付；要不然，哪有可能跟你上床。」

曾正洋微微的點點頭說：「原來是這樣，真抱歉！」

「要不，怎樣？」

「不怎樣。好，我再問妳，妳是先認識苗主任、還是我？」好奇的又問了起來。

「我先認識苗主任，後認識你；差沒幾個月。」

「剛才妳說陽明山招待所那次聚會，苗主任想要跟妳上床 happy，妳沒答應這件事是在我們交往之前還是之後？」

佟櫻美毫不考慮的回答說：「之後，我們是四月認識的，陽明山聚會是在十二月，是冬天。」

「照妳所說，妳跟苗主任都沒上過床囉！」

「沒有！」佟櫻美肯定的說。臉色很不悅。

曾正洋總覺得說法和做法很多地方前後矛盾，並且有違常理。假設，佟櫻美跟苗主任有不可告人的關係，是發生在我倆未認識之前，倒也「無可厚非」；如果是在交往之後，就很不應該了，是難以原諒的。雖然佟櫻美的言行多所矛盾，疑點重重，但在無任何的證據下，也只有默認了，再看吧！曾正洋像是洩了氣的皮球，全身乏力的說：「很抱歉！可能是我想得太多了！」

「以後你不要再想東想西的懷疑我就可以了。我前夫就是每天懷疑東，懷疑西的；連我跟隔壁鄰居的阿嬤聊天都要管。叫我不要跟她們這些三姑六婆來往。這也是我跟他離婚的主要原因之一。」

「好，好，好，以後，我不懷疑妳就是了。」曾正洋很無奈的說。

佟櫻美「如釋重負」，臉上泛起了笑容；拿起了茶几上的皮包，取出了小電話簿，翻到苗主任的電話，當著曾正洋的面，用原子筆使勁的塗劃，將苗主任的電話號碼刪塗掉。接著又從茶几下將名片簿取出，翻出了苗主任和賁主任的名片，撕碎後丟進了垃圾桶裡。

佟櫻美這個動作顯然是故意做給曾正洋看的；藉以來表明自己的清白和決心。

曾正洋心裡當然明白櫻美的舉動，只不過是表面上象徵性的一個交待而已。雖然是塗毀掉了苗主任的電話，但她仍可從佟欣麗那裡取得。其實，佟櫻美日常工作上、朋友之間連絡電話大多是用店裡的電話來連繫，上面必然會有苗主任的電話。況且一般男女之間電話邀約，都是男的主動打給女的。苗主任當然還是可以跟她保持連絡。

曾正洋認為，最重要的是要徹底塗毀掉，存在她心中的苗主任這個人才是。

14 苗蕡佟氏三姊妹會

午後「姊妹服飾修改店」休業半天。這是小店開業以來少有的事。

佟家三姊妹盛裝準備外出也是鮮事。三妹佟欣芬，最近遠從家裡北上來店裡與姊妹共事。今天難得三姊妹連袂赴教授們之約。

姊妹三人忙著收拾東西，梳粧換衣。

佟櫻美將三妹佟欣芬拉到一旁說：「今天跟教授們的約會，是要介紹妳跟苗主任他們認識。妳要多接近他們；說白一點，是要妳接替我，以後和欣麗參加他們的聚會。」

佟欣芬訝異的望著佟櫻美說：「那妳了？」

佟櫻美微微的笑了笑說：「我要顧店，不太有時間參加。我很少參加他們的聚會，我只去過幾次而已。說實在，我不習慣那些人，他們認為我不好玩；說我太現實，不會瘋、不會鬧，無法跟他們打成一片，所以他們也很少找我，都是欣麗參加。只有苗學強主任單獨約我的時候，才會出去；而且我和『香吉士』已經交往了兩、三年，也不太方便繼續跟他們聚在一起。妳剛上來，正需要用錢，多跟他們接觸對妳會比較有幫助。」

佟欣芬點點頭有所了解。

這時佟欣麗走了過來對櫻美、欣麗說：「東西都整理好了，我們出發吧！」

佟櫻美點點頭說：「好吧！門窗關好就走。」

關好了門窗，姊妹三人下樓到路口搭乘公車前往。

三人來到了臺大校門前，三點還差十分。三人在靠新生南路人行道等候。

就在這個時候來了輛賓士車在路邊停下。響了兩聲喇叭聲，苗學強主任下車招手叫她們過去。

三人走到車旁同聲道：「苗主任好。」

苗學強主任笑瞇瞇的點點頭，拉開後座車門說：「三位姑娘請上車。」

三姊妹坐定後苗主任將車門關好就坐前坐司機旁。

苗主任回頭說：「三位姑娘，這位是吳先生。」

姊妹三人向吳先生點頭示意。

苗主任接著對吳先生說：「我來介紹三位美麗的姑娘，左邊是姊姊佟櫻美，我們叫她小佟；中間這位是……」苗主任望了下佟欣麗。

「是老三佟欣芬，我是老五佟欣麗。」佟欣麗微笑的說。

吳先生點頭說：「妳們好！」

苗主任笑笑的說：「都介紹了，我們現在去士林，跟賁主任會合，他因有事，辦完事會先到餐廳。」

於是車開動，駛往士林方向。

苗主任坐前座回過頭說：「老三我好像沒見過！」

「三妹欣芬，她一直都待在南部家裡幫忙，最近才到店裡工作。」佟櫻美解釋說。

苗主任想了想又說：「嗯……好久沒看到妳們姊妹了，上次見面好像是在臺大附近唱歌的時候。」

佟欣麗急忙修正說：「不對！五六個月前，我們三重開店的時候你還來過啊！後來又來過幾次。」

經佟欣麗提起，苗主任忽然想起了，笑笑的說：「啊！對了，妳們剛開業不久我特地去了一回，我還記得那天小佟的男朋友也去了店裡。」

「苗主任，你是在開店的第四天來的。謝謝！那天還送我們兩個小盆景。欣麗照顧的很好，小樹長高了一些。」佟欣麗特別提起。

「之後又去過幾次找小佟，記起來了，妳們小店生意還好吧！」苗主任摸了摸自己的頭。

「還可以，剛開始的頭兩三個月比較差，現在已經開了半年多了，客人比較多了，也比較穩定了。」佟櫻美回答說。

苗主任微微的點點頭說：「不用急，慢慢來，做任何事剛開始的時候都比較困難，做久了，自然就會有生意了。」

佟櫻美點點頭說：「修改衣服這一行就是靠客人介紹客人。這是需要時間爭取客人，慢慢的成長。」

苗主任望著佟櫻美笑笑的說：「兩個妹妹就是妳的幫手了。」

「沒有，我們姊妹是合夥一起做；她們早就出師了。一般的修改衣服，都能應付；一些比較難改的衣服，才交給我來改。」佟櫻美解釋說。

苗主任望著三姊妹說：「很好啊！姊妹三個一起工作，彼此有個伴，互相也有個照應。」

車行二十多分鐘到了士林。在一家鐵皮屋搭蓋的海產店停了下來。

大家走進了餐廳，賁世民主任已在坐。

「歡迎！隨便坐。」賁主任示意大家入座。

坐定後，有趣的是餐桌上男女「壁壘分明」。一邊是賁主任、苗主任和吳先生；對邊坐的是三姊妹。

賁主任見狀哈哈笑了起來，搖了搖頭說：「有意思，先生坐一邊，小姐坐一邊，「楚河漢界」分得還真清楚啊！哈哈……」

大家也都笑了出來。

「好！各位吃什麼？」賁主任將手中的菜單遞給苗主任：「苗兄，你來點。」

「賁兄，你決定就行。」又將手中菜單還給了賁主任。

賁主任看了一眼然後望著三姊妹說：「妳們喜歡吃什麼？說說看。」

「賁主任，我們都可以，謝謝！」佟櫻美代表說。

賁主任在菜單上勾了幾樣菜交給了服務小姐。

服務小姐離桌後，佟櫻美向賁主任介紹說：「賁主任，這是我三妹佟欣芬。」

佟欣芬向賁主任點了點頭。

佟櫻美接著對於佟欣芬說：「這位是賁主任。」

賁主任微笑的頷首，仔細的端著佟欣芬。然後問佟櫻美說：「嗯……好，她是第一次參加聚會的嗎？」

「她剛從南部家裡上來，到店裡幫忙。」

「妳們就三姊妹啊！」賁主任又問。

「家裡還有大姊，一共五個姊妹；四妹在樹林也是做修改衣服。另外還有三個弟弟，兩個在家裡幫忙，一個住三重，離店裡很近。」佟櫻美一一介紹。

賁主任笑說：「真熱鬧啊！佟家五朵姊妹花，哈哈……」

「佟家姊妹花都不錯，都漂亮！」苗主任插嘴說。

「是啊，是啊，看得出來，姊妹各有各的味道啊！當然不錯，當然不錯，哈哈……」賁主任嘴裡在吃佟家姊妹們的豆腐。

菜已上桌。

「各位喝不喝酒？來點啤酒如何？喝啤酒可以消暑。」賁主任叫小姐拿幾瓶啤酒來；接著又說：「吃海產就是要喝點啤酒，才夠味，才過癮。」賁主任是每飯必酒。

苗主任問一旁的吳先生說：「吳兄，啤酒可以喝一點吧！」

「一點點可以，因為我開車。」

每人斟滿了一杯酒。賁主任舉杯說：「敬各位，我乾了！」說完一口喝光了杯裡的酒。

三姊妹只喝了一小口酒。

賁主任手中拿著空酒杯說：「清涼可口啊！跟喝汽水差不多。啤酒的酒精濃度很低，三位小姐可以放心的喝。有一次，我參加一個宴會，大家談到啤酒，在坐有位外省籍的朋友說，在他們家鄉，啤酒根本不算是酒，他們叫啤酒是「麥茶」。啤酒主要是小麥加上啤酒花釀造的。所以稱為「麥茶」，視為飲料，原因就在此。當然，喝過量也不行；任何東西吃喝過量對身體都不好。放心，這幾瓶啤酒不會過量。來來，小佟，妳們三位喝半杯好了，半杯就好。」賁主任給佟櫻美三人斟酒。

賁主任舉杯：「來，敬各位，乾啦！」一飲而盡。

佟櫻美三人只是小喝了一口。

賁主任揮揮筷子說：「吃菜，吃菜，海鮮要趁熱吃，涼了味道就走了。來，可愛的三朵花吃菜。」

佟櫻美跟欣芬、欣麗小聲的說：「我們敬主任和吳先生。」說完三人舉杯，佟櫻美說：「我們敬主任、吳先生。」三人喝了一口酒。

賁主任高興的說：「美麗的三朵花敬酒，當然要乾啦！不但要喝乾，我還要好好的『吃』吶！」嘴巴又在吃三姊妹的豆腐。

苗主任和吳先生也跟著乾杯。

「不錯吧！喝清涼的啤酒，又有三位如花般美麗的小姐陪伴，我說苗兄、吳兄，今天可不是嘴巴要『吃』個過癮『喝』個痛快嗎！」賁主任又藉酒大吃三姊妹豆腐。

賁主任口無遮攔，三姊妹感到很尷尬和無奈。

忽然，佟櫻美的「呼叫器」嗶……嗶……響起。佟櫻美一看是「香吉士」曾正洋在呼叫她。

佟櫻美向大家說：「不好意思，我去回一個電話。」起身走向櫃臺撥打公用電話。

佟櫻美離位回電的時候，賁主任打趣的說：「這叫做『窈窕淑女，君子好逑』啊！難怪小佟越來越漂亮了。」語中帶些酸味。

這邊櫃臺佟櫻美正跟曾正洋在通話，佟櫻美用手摀著話筒，壓低了聲音說：「……因為，今天店裡沒什麼生意，我們姊妹乾脆提早休息……現正在餐廳吃飯……欣芬上來後，我們姊妹第一次吃大餐呢！……就我們三個……對啊！吃完就回去了！……好……好，再見！」

掛了電話佟櫻美回座，胸口還在噗通！噗通！的跳個不停，臉色略顯緊張。

賁主任笑笑的問說：「小佟，是男朋友查勤嗎？」

佟櫻美急忙解釋：「不是啦！是一個客人昨天送來改的衣服，她急的要，所以呼叫我。」

苗主任也幫著說：「小佟在三重的修改衣服兼賣衣服的小店，才開了半年，很多客人都找她們改衣服、買衣服，生意還不錯。」

賁主任很興奮的說：「很好，改天我們去店裡坐坐。」

「歡迎！」佟櫻美說。

苗主任略顯得意微笑的說：「她們的小店，剛開業的時候我就去過，地點還算不錯，記得是在市場裡的二樓。」

「我說苗兄啊！對女孩子的事樣樣搶第一，從不落人後。所謂『近水樓臺先得月，向陽花木早逢春』啊！捷足先得，就是這個道理，哈哈……」賁主任說得有點酸溜溜的。

苗主任臉上有點掛不住，趕忙解釋說：「都是朋友嘛！她們姊妹開店，知道了，總是要慶賀啊！」

不說還好，經苗主任這麼一講，賁主任刹時臉上露出了不悅。心想：小佟她們開店我怎麼不知道？

鬼靈精佟欣麗，最會「察顏觀色」；已看出了賁主任的不悅。不等賁主任開口，立刻笑笑的打圓場說：「賁主任，都是我多嘴啦！以前我們都是在家裡修改衣服，開店改衣服櫻美和我都沒經驗，也不知道會不會做成；所以暫時不打算告訴朋友，做一兩個月後看情形再告訴朋友。開店的前兩天，剛好苗主任打電話給我，問我們近況如何？我就順口提了一下開店的事。沒想到過了幾天苗主任就跑來店裡轉了一下，我跟櫻美都感到很意外。」

「情形就是這樣啊！」佟櫻美也補了一句。

賁主任聽了後有所了解，就不便再說什麼。於是笑笑的說：「來，大家用菜！」接著端起桌上的一杯啤酒對三姊妹說：「來，三位美麗的小姐隨意我乾了！」說完舉杯一口就喝光了杯裡的酒。

三姊妹兩手端杯回敬賁主任。

賁主任向一房的苗主任小聲的問說：「苗兄，吃完了飯，照你提議的，我們是不是去北投洗溫泉？」

苗主任很興奮的說：「對啊！」

賁主任望了佟櫻美一眼，低頭在苗主任耳邊小聲的說：「苗兄，照上次在陽明山招待所我們的約定，今天交換玩，該我玩小佟你上欣麗沒錯吧！」

「沒錯，是這樣。但是我還得先告訴她們今天要交換玩；不然她們以為還是照以前各玩各的。」

賁主任稍沉思了一下說：「我看不必了，誰跟誰玩還不是都一樣，只是大家換一下『伴』而已。我現在就直接告訴她們今天的配對。」

賁主任嘴裡嗯了兩聲帶著幾分酒意宣佈說：「吃完飯後，接下來的節目是到北拋洗溫泉。北投的溫泉可是聞名中外。尤其是日本人，到臺灣最喜歡的就是北投的溫泉。到了北投，我們一邊享受泡湯的樂趣，一邊享受 happy。我們剛好是三男三女，今天的配對跟上次 change；這次小佟跟我，欣麗跟苗主任；欣芬和吳先生是新參加的，正好是一對。這樣剛好是三對『佳偶』哈哈……」

佟欣麗首先表態說：「我沒意見，都可以。」

佟欣芬因為是第一次參加，反正跟誰都一樣，沒什麼表示。

佟櫻美心裡就不願意交換玩。一方面是前幾次聚會領教了賁主任言行舉止的輕浮；另方面覺得姊妹被他們交換玩，怪怪的；傳言出去，對她們姊妹也不好聽。更重要的是她跟曾正洋的男女關係早已公開。而且曾正洋對她照顧的「無微不至」。這個時候再和這些男人搞在一起，心裡覺得總是不好；而且這種事讓『香吉士』知道了，就吹了。佟櫻美只好跟賁主任說：「賁主任，很抱歉！我要趕回店裡；剛才就是客人呼叫我，她要來店裡拿衣服，今晚喜宴要穿。所以我馬上就要趕回去。欣芬、欣麗會留下陪你們，真的很抱歉！」說完還躬了下身體。

賁主任聽後，身體涼了半截。心情如蹓滑梯似的滑落了下來。心想：今天總算輪到我玩小佟；哎！誰知道「到嘴邊的鴨子又突然飛了。」對小佟已垂涎很久，這塊香肉早就想吃進嘴裡。原本在陽明山招待所中秋夜宴就要玩小佟；結果被「老苗仔」捷足先得搶先上了小佟。第二次的卡拉OK唱歌的「老苗仔」一再央求下，又再拱手讓給了他享用。愈想愈氣，愈不甘心。

佟櫻美的突然決定，一旁的苗主任也不知該如何是好。

忽然，眉宇緊鎖的賁主任，這時嘴角揚起了一絲笑意，想出了一個折衷的辦法。於是對佟櫻美說：「小佟，要不然……我看這樣好了，請吳兄開車先送妳回店裡，把衣服交給客人之後，再坐原車回來；我們在這裡等妳。」

佟櫻美急忙搖手說：「不敢當、不敢當，這是我個人的事，不敢勞動吳大哥；時間太趕，讓大家等我一個也不好意思。還是以後再說吧！很抱歉，我現在就要坐計程車趕回店裡了，對不起！」

佟櫻美去意已堅，賁主任也不好再說什麼。大家呆坐在椅子上。

揹起了皮包，佟櫻美起身向大家說：「賁主任、苗主任、吳大哥很抱歉！我要趕回店裡，再見！」躬了下身體就匆匆走出了餐廳。

佟欣麗、佟欣芬起身緊跟在後面，三人出了餐廳。

走到了街頭，佟欣麗就迫不及待的問佟櫻美：「妳真的要走？」

佟櫻美邊走邊回答說：「嗯，我要回店裡。」

「來都來了，就再跟他們『做』一次嘛！賁主任今天指名要跟妳 happy 呢！」佟欣麗試著挽留。

佟櫻美停下了腳步很不悅的對佟欣麗說：「我不喜歡跟賁主任玩。」

「唉！不是啦，妳走了，就我跟欣芬，他們三個男人要怎麼『做』！」佟欣麗再試著留住佟櫻美。

佟櫻美搖搖頭說：「『沒法度』！」

「櫻美，妳跟苗主任都『做』過了好多次，再跟賁主任『做』一次有什麼關係？」佟欣麗仍不死心在挽留。

佟櫻美眼睛瞪著佟欣麗說：「我不喜歡我們姊妹被他們交換玩。這樣的雜交我很不喜歡。他們以後會在背後指指點點，說三說四的；說我們姊妹如何、如何。今天的聚會目的主要是介紹欣芬跟他們認識；以後欣芬可以來接替我。而且剛剛是『香吉士』在呼叫我。他打了好幾次電話到店裡一個人都不在；家裡電話也沒人接。上班的時間到處都找不到我，他已經很不高興在起疑了。所以還是避避這些人比較好。」

佟欣麗只好無奈的說：「好吧！」

「妳們去陪他們吧！我說的話，千萬別跟他們講；注意自身的安全。再見！」佟櫻美叮嚀的說。

「放心，我們會小心的。」佟欣芬說。

佟欣麗跟佟櫻美擺擺手說：「再見！」

佟櫻美攔了一輛計程車駛往三重。

＊　＊　＊　＊　＊

第二天早上，佟櫻美比平常提早到店裡。一進門見佟欣芬無精打采的坐在縫衣機前，一臉無奈的在發呆。這是少有的現象。佟櫻美心裡感到有些不尋常，於是問說：「欣芬，是不是昨晚沒睡飽？」

佟欣芬有氣無力的搖搖頭說：「不是啦！」

佟櫻美對面坐了下來追問說：「是怎麼啦？」

佟欣芬嘆了口氣說：「還不是昨天，賁主任、苗主任他們。」

「有沒有對妳怎樣？」佟櫻美關心的問。

「沒有啦！只是白白浪費了大半天的時間，什麼也沒有撈到，一點好處也沒有。」佟欣芬有點不甘願的說。

「妳們玩到幾點？」

「妳走了後吃完飯就去KTV唱歌；差不多五、六點我就先走了。」

「妳沒跟欣麗一起走啊！」

「對啊！我不爽，我就先離開了，我是被他們氣走的。」

「為什麼？」

「他們欺負我！」

「他們對妳怎樣？」

佟欣芬諾諾的說：「沒有啦！可能是他們嫌我不夠漂亮、不夠時髦，看不上我啦！」

「別理他們，噢！一個胖的像豬公，一個瘦的像猴子，還有資格嫌別人！」佟櫻美很不平的說。

佟欣芬很氣憤的說：「很過份ㄟ，在KTV唱歌的時候，賁主任還借酒裝瘋，給我毛手毛腳吃豆腐。拜託！我們第一次見面就這樣。」

佟櫻美聽了很不高興的說：「真噁心！妳不會避他嗎？」

「有啊！沒有用，我的上衣扣子都被賁主任扯開了。」

佟櫻美搖搖頭很無奈的說：「說真格的，他們都是無賴好色之徒。」

「更過份的是，賁主任和苗主任跟欣麗說要帶她到賓館去，把我丟在一旁，不理我；剛剛還摸我，難道現在不是女人嗎？很過份ㄟ」佟欣芬氣呼呼的說。

「所以妳就走了！」

「對啊！陪了他們半天，最後又看不上我，他們都不肯跟我玩，一毛錢都沒賺到，還被他們白吃豆腐有夠衰。」

「『好家在』沒有找妳『做』。如果妳跟他們『做』了，搞不好會賴著不給錢，那才是賠大了。」佟櫻美很慶幸的說。

就在這個時候，佟欣麗也無精打采的進了店裡。耳尖的她，一上來就大聲的問說：「誰賠大了？」

佟櫻美望著佟欣麗說：「欣芬啦！還會是誰；我們在談昨天的事啦！」

佟欣麗也大聲的說：「噢！『阮麻西』賠大了！知道嗎，昨天賁主任和苗主任，他們倆個打我一個哩！阿只付我一個半人的錢。『阮麻西』賠大了！」

佟欣芬笑笑的說：「妳該不會被他們倆個人給打慘了吧！」

佟欣麗笑說：「不會啦！他們都不夠看，我有本錢。」

佟櫻美也笑笑的接說：「說真格的，妳的東西大，他們當然玩不過妳。」

佟欣麗得意的點頭笑了。

佟欣芬忽然想到說：「還說了，櫻美昨天落跑，不肯跟賁主任『做』，大概是覺得他們不好玩吧！」

「也不是啦！是因為賁主任每次一喝酒就會借酒裝瘋，毛手毛腳，講話輕浮，色瞇瞇的讓人很不舒服；這也是主要的原因。」佟櫻美解釋的說。

這時佟欣麗也皺著眉頭說：「賁主任真的很噁心ㄟ。他們本來講好賁主任玩櫻美；苗主任玩我；吳先生沒什麼興趣。櫻美一走，他們倆個就一起要跟我玩3P。我說這樣不好吧。但是他們喝了很多酒，說是很需要；『沒法度』只好跟他們玩3P了。一個人伍仟，兩個人就是一萬，有玩還有錢賺也就算了。我哪知，『做』完了後一人只肯付四仟；這種錢捨不得給也要賴，看不起。」

欣芬很不平衡說：「不管怎麼說，妳也賺了八仟又跟兩人玩了，也爽到了。我了？一塊錢都沒賺到，還被白摸。害得我晚上都睡不著，還要用『樂樂棒』來自慰。有夠衰！」

佟欣麗向欣芬瞄了一眼說：「妳是性慾強，很需要，每天都覺得『做』不夠，怪誰？」

佟櫻美抱不平的說：「妳也一樣啊！有大鳥老公玩還不滿足；還要貪吃外食。」

「『免假了』！妳這個悶葫蘆還不是喜歡『嚐鮮』。跟『香吉士』還『做』不夠麻西要找男人打牙祭。還說呢！」佟欣麗冷笑說。

佟櫻美臉紅紅的說：「我不會隨便就跟男人上床的。」但說得理不直氣不壯，氣勢自然就低了。

「哈哈！妳說得很好聽！」佟欣麗覺得自己佔了上風，故意譏笑佟櫻美。

「本來就是這樣！」佟櫻美惱怒的說。

一旁的佟欣芬打圓場說：「拜託！這種事還要爭嗎？有就是有；女人有需要，當然要想辦法解決啊！」

佟欣麗故意撒嬌的說：「櫻美啦！明明就有跟別的男人（指曾正洋以外）上床還要裝；最會『假仙』。」

佟櫻美生氣不說話。

佟欣芬笑著說：「每個人的個性都沒一樣。有人是愛『做』又很愛說；可是也有的人是不愛說，喔！很愛『做』哩！『莫港況』嘛！」說完還看了佟櫻美一眼。

這時候樓梯響起了腳步聲，有顧客上門了。上來的是位「歐巴桑」，手上拿著一條長褲。這是今早開門後的第一個客人。暫時打斷了姊妹的閒聊。

「『哇早！』」佟櫻美向客人打招呼。

「歐巴桑」將手中的男人長褲交給欣美說：「換拉鍊多少錢？」

「八十元，明天早上來拿。」

「歐巴桑」點點頭就轉身下樓。

「謝謝！」

客人剛走又恢復了姊妹們鬥嘴。

因有客人來改衣，打斷了佟櫻美要說的話。此刻哪能放過，立刻還以顏色；氣呼呼的說：「欣芬，妳說我很愛『做』，難道妳不愛『做』？妳情趣用品『樂樂棒』、『跳蛋』買了很多，每天晚上想男人的時候就自慰。」

佟欣芬也不甘示弱說：「妳『痲西港況』，兩三天就要跟『香吉士』『做』一次，還『做不飽』；下班回到家裡就抱著情色小說不放，忍不住了就「自摸」。常常上班都沒精神，還敢說我。」

一旁看熱鬧的佟欣麗哈哈笑了出來說：「哎！妳們倆個很無聊ㄟ，這種事也要爭。我們女人有這個需要嘛，想男人，想『做』嘛西正常的啊！又有錢賺，不是很好嗎！」

「是這樣啊！所以妳就跟他們玩3P，真噁心。」佟欣芬嘲笑的說。

佟欣麗搖搖頭說：「不是啦！我也不想賺這種錢。碰到這倆個人『沒法度』。知道嗎！他們喝了很多酒，酒味很臭。一個拼命吸我的奶；一個很大力吃我的『妹妹』，弄得我很痛。玩夠了，就叫我舔他們的蛋蛋。賁主任最噁心；他還要我舔他的……他的……便便的地方。那地方好臭，好噁心。我老公都沒有叫我這樣做。」

佟櫻美苦笑的說：「不說這個髒人。」

「3P好玩嗎？」佟欣芬好奇的再問。

佟欣麗很無奈的說：「哪有！知道嗎！賁主任那根很細；苗主任的超短，小小的一點點。哪會好玩。」然後望了佟櫻美一眼。接著又說：「不信的話，妳問櫻美。」

佟欣芬眼睛睜得大大的問佟櫻美說：「是真的嗎？」

佟櫻美有點不好意思的說：「有啦！我只有跟苗主任『做』過幾次；說真格的，苗主任的『東西』很短（用右手大拇指和食指比了一下）；而且沒『做』兩分鐘就出來了。跟他『做』一點都不舒服，很不好玩。」

佟欣芬覺得不可思議。忍不住笑了出來，然後說：「沒差啦！欣麗有個大鳥老公可以痛快的『做』啊！櫻美也有『香吉士』可以滿足啊！」

佟欣麗兩手一攤似笑非笑的說：「欣芬，妳沒有男人的時候，妳還有『樂樂棒』、『跳蛋』可以用啊！」

三姊妹不由哈哈笑了起來。

15 廁「做」

七月艷陽天，炙熱的午後三時。

曾正洋來到了佟櫻美的店裡。低著頭一步一步爬陡斜的二樓階梯，猛然抬頭，像是有一扇羅傘罩在二樓的樓梯口。仔細往上看，原來是佟櫻美側背著身體站在樓梯口。穿了一條迷你裙，裙擺圓張，從階梯往上看，裙內春光一覽無遺「全都露」。裙內淡藍色小三角褲，緊緊的裹著「小妹妹」；雪白的屁股和一雙勻稱的美腿看得一清二楚，令人遐思不已。看得曾正洋胸口急速的跳動，覺得很訝異，佟櫻美為何不注意穿迷你裙還站在樓梯口。客人上樓，只要一抬頭，裙內春光被看得光光，容易招惹事端。

曾正洋大步跨上了二樓。佟櫻美很驚訝說：「啊！你來了！」

曾正洋不悅的說：「老婆，妳露餡了！從樓梯往上看，裙內春光全被看光了！」

佟櫻美趕緊往樓下看，再看看自己所站的位置、角度，果然是穿幫了。不好意思小聲說：「嗯！是我沒注意啦！剛剛有位客人試穿衣服要照長鏡，我只好退到樓梯口。」說著微微的左右搖搖身體，算是歉意。

經佟櫻美解釋，曾正洋也就不再介意了。

曾正洋在佟櫻美耳邊小聲的說：「知道嗎？我剛才就是因為上樓抬頭看到了妳的內在美，弄得我現在很『性』奮。我……很癢，我很想吃肉肉（做愛）。」

佟櫻美搖搖頭，面帶難色的說：「不好吧！等下有人要來打牌，不方便。」

曾正洋笑笑的說：「誰叫妳引誘我？好在是被我看到，如果被別的男人看見怎麼辦？」

佟櫻美撅著小嘴「才不會那麼巧呢！是你眼尖，就喜歡看人家。」

「哪個男人不愛看？妳本來就是我的嘛！」

「少來！你最好『吃』了！」

「我們倆個是『一個半斤、一個八兩』，彼此，彼此，」

佟櫻美撅著小嘴，杏眼圓瞪，看了曾正洋一眼，像是在打情罵俏。

曾正洋挑逗的說：「老婆妳真的不想？」

佟櫻美望著曾正洋身體左右微微搖了搖撒嬌的說：「……這裡不方便嘛！」

曾正洋靈機一動「那……我們可以到廁所『做』，在三樓廁所，三樓是空屋。」

佟櫻美想想也是「……等下再看吧！」

其實佟櫻美也很想『做』。昨夜一夜都沒睡好，這兩天沉迷在限制級色情小說裡，看後當然也就會有非非之想了。

鬼靈精佟欣麗眼尖，邊車衣服邊注意他們倆的一舉一動。早就看出端倪，心裡已猜出個八九。

曾正洋向佟欣麗點了個頭就往後門陽臺走去。曾正洋來到店裡，通常都是到後陽臺。一方面這裡空氣流通比較涼快，二來，來店裡大多為女客人，覺得一個男人夾在中間礙手礙腳，總是不方便。

佟櫻美春風滿面的問佟欣麗說：「李媽媽和美玉她們什麼時候來？」

「電話中說是四點。」佟欣麗說著向佟櫻美做了個鬼臉，小聲問說：「『香吉士』是不是想要……」兩手大姆指靠在一起比了一下親熱之意。

佟櫻美歡悅的點點頭。

「你們倆個『做』的還不夠？」

「也不是啦！這次我們已有五、六天沒『做』了。」佟櫻美幫曾正洋解釋說。

佟欣麗眼睛睜得大大的望著佟櫻美說：「我看妳也很想『做』，對不對？」

佟櫻美不好意思的說：「哎呀！怎麼這樣說嘛！」

佟欣麗哈哈笑了出來「是妳自己早上說的。說昨夜沒睡好，都是被那個色情小說給害的。」

「不要說出來嘛！」

「不好意思了？這也沒什麼啊！我們這個年齡是最需要的時候，說說有什麼關係。」

「妳管得也太多了！」

「妳最會『假仙』啦！明明心裡很想，還要裝。」抓佟櫻美的小辮子。

「不講這個了，等下我們會到三樓廁所裡『做』，這裡就給妳顧了。」

「快去吧！我看妳比他還急！」佟欣麗做了個鬼臉。

「妳又來了！」佟櫻美說在嘴裡，樂在心裡。

「我是在成全你們。李媽媽、美玉就要來了，這兩個牌腳每次都準時到。說四點來，現在已經三點二十了，快去吧！晚了就『做』不成啦！」佟欣麗手掌在鼻子上搧了搧。

佟櫻美彎了下身揮了揮手滿臉興奮的走向後陽臺。

她們姊妹的對話，曾正洋在陽臺看得清清楚楚，雖然聽不到她們說些什麼，但從她們臉上的表情可以看得出來，馬上有「肉肉」吃了。

佟櫻美過來向曾正洋使了一個眼色，倆人一前一後的走向三樓。到了三樓廁所，佟櫻美將帶來的一疊衛生紙放進塑膠盒內。取出一部份衛生紙用來擦拭馬桶。

曾正洋將廁所氣窗關好，只留一條一手指寬的細縫透氣。

曾正洋一個「餓虎撲羊」將佟櫻美抱個滿懷。倆人熱烈的狂吻，先來個「上通」。虎羊都很餓，很性渴。

倆人邊吻邊隔著衣服互相愛撫。「小弟弟」和「小妹妹」也沒閒著，互相在使力的磨蹭。可能是，倆人都太性渴、太需要，邊磨蹭倆人同時嘴裡還發出像餓狗吞食的「嗯～～嗯～～」聲。此刻，就好像是「久旱逢甘霖」啊！

愛的熱身運動進行了五、六分鐘才罷手。倆人都玩得面紅耳赤，時間寶貴，曾正洋只要脫掉內外褲就可；佟櫻美脫下了裙子和三角褲，胸罩不動。

曾正洋將馬桶蓋放下坐在上面，佟櫻美則坐在曾正洋腿上面向曾正洋。

曾正洋將佟櫻美的奶罩往上移，露出了一對秀奶。張大了嘴將整個乳房三分之一哈吃到嘴裡。舌頭在乳頭上翻動著，真是香酥美味極了。佟櫻美也舒服的微微的顫動著身體，閉著眼睛，微張開嘴唇並吐出了小舌尖。嘴裡打著哆嗦發出了「嘶……嘶……」聲。

此刻時間壓縮的很緊，曾正洋過足了奶癮輕拍了一下佟櫻美的身體說：「現在換位置，妳坐我蹲。」

於是佟櫻美坐在馬桶蓋上，屁股略為坐前一點身體微向上仰，兩腿叉開，腳掌踩在曾正洋的膝蓋上。

曾正洋埋首「花庭」上，舌頭舔吸「花庭」。天熱汗多，又未洗澡的緣故，「小妹妹」味道較濃；尤其是腥、騷味特別的強烈，曾正洋覺得蠻刺激的很夠味。最喜歡的就是「小妹妹」未經沖洗過的原味味道。

曾正洋舌舔鮮嫩的「小妹妹」真是美味可口。舔著，舔著，忽然從凸臌的「肉縫」中飆出了一道熱水柱，噴進了曾正洋嘴裡，喝起來味道有點鹹鹹的、澀澀的跟尿的味道差不多。

佟櫻美羞紅著臉急忙說：「對不起！我漏了一點尿，大概是太久沒上廁所了。」

「沒關係，妳要不要先尿尿？」

「不用了，沒有關係。」

曾正洋笑了笑說：「老婆啊！妳的屁我也聞過，現在又給我喝尿，做妳老公還真不容易啊！」

佟櫻美一陣臉紅，舉起小粉拳在曾正洋的頭上輕輕搥了一下。模樣很可愛，像小女孩一樣。

佟櫻美的「花庭」臌蓬蓬的像個小饅頭；兩片「唇兒」（小陰唇）像柳葉片似的，曾正洋哈在嘴裡在嗦吮著。凹「溝縫」裡流出了熱湯水，濃烈的像「伏特加」酒一般。曾正洋喝進嘴裡，香醇而刺激，辛辣夠味。

現在舔最敏銳的「樂蒂」（陰蒂），像粒小紅豆，臌臌的。曾正洋輕輕的咬著、由下往上輕輕的舔；並嗦入嘴裡用舌尖輕輕的摩擦。

佟櫻美實在是太舒服了，已耐不住在喊叫：「哎耶～～哎耶～～哎耶～～」

曾正洋警覺的輕輕拍著佟櫻美說：「小聲點，樓下會聽見的！」

佟櫻美像喝醉酒似的「嗯！」了一聲。叫聲改喊「嗯哎～～嗯哎～～」聲，聲音也收斂了些。

曾正洋很細心而耐心的舔「樂蒂」。這時鼓得紅紅的。忽然「花庭」膨得大大的很飽滿，整個的「花庭」呈鮮紅色，就像是猴子屁股那樣的紅。接著「小妹妹」的「凹溝」裡噴出了一道強而有力的小水柱，直直噴到了曾正洋的鼻子和嘴唇之間。曾正洋趕緊的張大了嘴，整個大嘴巴乾脆罩在鮮嫩的小凹溝上，痛快的喝。

佟櫻美急促的叫說：「舒服……舒服……舒服……舒服……舒服……」上了「陰蒂」高潮。

曾正洋趕緊拍拍佟櫻美大腿說：「趕快！換我坐，妳騎坐我身上。」

在換位置的過程中，因為動作過大，加上馬桶水箱老舊，曾正洋不慎碰到水箱蓋發出「砰」！的一聲巨響。倆人都羞紅著臉互看著。響聲傳到了二樓，鬼精靈佟欣麗「幸災樂禍」的在暗自偷笑。心想：你們倆個「做」得還真有夠力，偷吃也不知道擦嘴。

就在這個時候，李媽媽和吳美玉一前一後的上了二樓。吳美玉沒看見佟櫻美，就問佟欣麗說：「櫻美呢？」

佟欣麗趕緊回答說：「有點事，馬上就來！」

吳美玉有點不耐煩的說：「怎麼搞的，講好四點打牌，現在人還沒到！唉！變成三缺一。」

「別急，別急，等一下馬上就到。先看看電視，喝杯茶。」

佟欣麗邊說邊打開了電視，剛好在播布袋戲很熱鬧。故意將聲音開的大大的，好蓋過三樓的聲音，在為佟櫻美跟曾正洋「親熱」護航。

這頭，三樓廁所裡正打的火熱。佟櫻美兩手扶握著馬桶兩側邊緣，撅著雪白的屁股，曾正洋頂著他的「小弟弟」從屁股後面插入了「小妹妹」裡面。「小妹妹」裡面溫熱而滑潤，曾正洋吸了一口氣，「歐！」的一聲，臉上五官皺成一團，就像運動員百米競賽最後衝刺的表情。接著叫出「好舒服啊！」。

今天倆人都很性渴，都非常的需要。倆人拼命似的「做」，只見，「小弟弟」很快速、很勇猛的戳「小妹妹」、摩擦「小妹妹」。倆人「做」得非常的舒服。

佟櫻美嘴裡「哎耶～～哎耶～～哎耶～～」的叫；聲音已經是壓到最低了。

無奈，沒多久，佟櫻美舒服的已失神忘我。「小弟弟」急速的戳進抽出摩擦著「小妹妹」實在是太舒服了。佟櫻美「哎耶～～哎耶～～哎耶～～」的聲音愈叫愈大。曾正洋只好用手捏了一下佟櫻美的屁股，要她小聲一點。那知道，「弄巧成拙」，在這個節骨眼上佟櫻美正樂的很，一捏她的屁股，她本能的刺激反應，扶握在馬桶邊的一隻手一揮將水箱蓋碰擊到牆壁，「轟隆」一聲巨響又傳到了二樓。

吳美玉覺得樓上突然的一聲巨響很不尋常，事有蹊蹺。問說：「欣麗，三樓租出去了嗎？」

「還沒有。」

「剛剛樓上有撞擊聲很響，要不要上去看一看？」

佟欣麗急忙的說：「沒什麼！不用了，不用了。」臉上擠出一絲笑容，笑的很不自然。

吳美玉心裡更加的懷疑，覺得樓上一定有什麼事情。

李媽媽到底是上了年紀的人，反應沒有那麼好，心思也比較單純，只是在一旁靜聽吳美玉述說。

樓上廁所裡的曾正洋和佟櫻美可能又「做」的過火了，隱隱約約的有肌膚擠擦聲音還夾著佟櫻美的叫床聲。雖然聲音不是很大，但前面的巨大聲響已引起大家的注意，都豎起耳朵在傾聽。女人總是比較敏感，而且看佟欣麗的眼神就不太自然，答話也是含糊其辭的；吳美玉心裡已有了個譜。

這時佟欣麗覺得事已至此，瞞也瞞不住了，也沒有必要再瞞了。再說，這又不是做見不得人的事；「男歡女愛」這是正常而平常的事。想到這裡，只好據實說了。佟欣麗對著吳美玉和李媽媽用食指在嘴上輕輕的噓了一下，然後指向三樓小聲的說：「是櫻美和『香吉士』啦！」然後苦笑了一下。

吳美玉和李媽媽終於真相大白，知道是怎麼回事了！二人也都抱著「成人之美」的心態。

這時倆人窩在密不通風的廁所裡，又是炎熱的夏天，倆人「興高采烈」「做」的渾身大汗。所謂享受總是要付出一點代價的，沒有白吃的午餐。

佟櫻美的「小妹妹」還真耐「操」，已經近千抽了。「小妹妹」裡面熱湯水一股股的湧出。佟櫻美壓低了叫聲，「嗯哎~嗯哎~~嗯哎~~」的喊。倆人打的火熱。

樓下的老、中、青三個女人當然不會閒著。不是說嗎！「三個女人在一起，嘴巴離不開談男女的事。」

吳美玉說：「他們倆還真會挑時間，早不做，晚不做，專挑要打牌了才『做』。」

佟欣麗嘆了一口氣說：「哎！算好的事情，誰知道『香吉士』今天突然跑來。來就來嘛！還性趣很大，硬要拉櫻美『做』。」自己的姊姊當然要幫他講話。

吳美玉笑笑的說：「可是，這種事是你情我願的，一個人是『做』不來的！」

佟欣麗點了下頭說：「說的不錯，一個巴掌當然拍不響；但是女人是經不起男人挑逗的，尤其是結過婚的女人啊！」

李媽媽也笑著說：「還是我清靜，到了我這個年紀，男人再怎麼挑逗，也是死水一灘。」

三人都哈哈大笑。

樓上的性愛遊戲已到了勁爆讀秒時刻。曾正洋扶拉著佟櫻美的屁股往自己的「小弟弟」上猛套。「小弟弟」硬挺挺的刺進抽出鮮嫩的「小妹妹」裡。「小妹妹」已經紅通通的跟猴子屁股一樣的紅。「小肉縫」裡的熱湯水直往外流，像是垂涎般。

這時已顧不得馬桶水箱蓋撞擊牆壁的聲響，「驚濤駭浪」的「做」。佟櫻美還舒服的「歐～～歐～～歐～～歐～～」的喊叫，接著一聲「噢——」劃破了三樓，曾正洋和佟櫻美雙雙上了美好的最高潮。這是倆人的最高傑作。佟櫻美像是胡說八道似的唸著：「舒服……舒服……舒服……舒服……」

「小弟弟」很舒服的賴在「小妹妹」裡面不肯出來。曾正洋慢慢托起佟櫻美彎著腰伏握馬桶的上身，然後抱著轉身慢慢坐在馬桶蓋上。

「櫻美，妳轉身面向我。」

佟櫻美抬腳，很輕巧緩緩的將身體轉了一八〇度和曾正洋面對面，仍然坐在正洋的「小弟弟」上。而「小弟弟」也仍然的插在「小妹妹」裡面。

佟櫻美抱著曾正洋的脖子伏在他身上休息。「小妹妹」仍可感受到「小弟弟」在裡面輕輕的在「脈動」著。

佟櫻美的嘴角露出了一絲的微笑，很滿意跟曾正洋的合「做」。這好比是一流的廚師料理出一流的佳餚，還得有一流的美食家來品嚐，才能「相得益彰」臻於完美。

樓下的三個女人，覺得樓上的「性」遊戲似乎已結束，因已聽不出半點的聲響了。

吳美玉笑說：「上面結束了，他們一定是玩得很樂，還不想下來。」

佟欣麗說：「這是他們的毛病，啊！應該是『香吉士』啦！他很會『玩』哩！會拖很久。」

吳美玉好奇的問說：「妳怎麼會那麼清楚？」

「櫻美說的啊！我們姊妹常常都會談論自己的男人，說東說西的，什麼都會講。」

李媽媽不甘寂寞的說：「能玩就玩啊！青春有限，尤其是我們女人，青春短暫，到了我這個年紀，不但人老株黃沒人要，自己也沒有性趣了。」

吳美玉接著說：「可不是嗎！我現在就已經性趣不大了。我三十七、八歲就進入了更年期了。真的！對男人比較沒有什麼性趣了；我已經『吃素』吃了好幾年。」

李媽媽笑笑的說：「所以說，能玩，就盡量玩，要趁早啊！到了我這個年紀就玩不起來了！」

「李媽媽說得對，我們就是這樣，有機會就盡量的玩。」佟欣麗附和的說。

吳美玉突然想到說：「他們快下來了吧！」

佟欣麗很悠閒的說：「早得很，我看最少再過一、二十分鐘才下得來。」

曾正洋和佟櫻美抱坐馬桶上在享受愛的餘溫哩！都捨不得起身。

溫馨了好一會，曾正洋才溫柔的說：「老婆，我們可以起來了，趕快擦擦洗洗下樓了。」

佟櫻美頭一歪，眉頭一皺說：「啊！我忘了帶毛巾上來怎麼擦洗？」

曾正洋想了想說：「這樣好了，只要把妳臉上和身上的汗擦乾就行了，妳先下去，我待在這裡等慢慢的乾。」

佟櫻美又「啊！」的一聲「李媽媽和美玉約好四點要來打牌，她們可能早就在樓下等了。」

「老婆，妳就趕快用衛生紙先擦臉，衛生紙不夠用的話……就用妳自己的三角褲擦身上的汗。」

曾正洋蒙古大夫式的建議。

「那不太好吧！」

「有什麼不好？自己的內褲有什麼關係，而且妳的內褲一向都很乾淨。」

佟櫻美想了想說：「好吧！」

曾正洋拿起佟櫻美的三角褲替她擦拭額頭、背上的汗水。

佟櫻美擦乾了臉上、身上的汗水後，接過三角褲望著曾正洋臉上、額頭豆大的汗水說：「你臉上的汗也擦一下吧！」拿起三角褲在他的額頭上、臉上、嘴邊輕輕的擦拭汗水。

曾正洋深深感受到她的溫柔體貼和純真。心想：好可愛的櫻美，我愛死妳了。

佟櫻美一邊幫曾正洋擦乾身上的汗水，還天真的笑著說：「那我就這樣光著屁股下去？」

曾正洋搖搖頭笑說：「哎！我的傻女孩，妳外面還有裙子啊！到了二樓浴室就趕快穿件乾淨的內褲啊！」

佟櫻美故作天真狀說：「啊！是喔！」

「老婆，妳幫我擦乾了身上的汗，我們就一起下樓吧！我們親熱的事，管她們知不知道，反正我們倆的關係大家都知道。」

「也好！」

「倆人穿好衣服，曾正洋用手幫佟櫻美整理了一下頭髮。

佟櫻美將薄如蟬翼般的小三角褲摺疊小小的握在手心裡；並將迷你裙往下拉以掩飾內空未穿褲子。

「好啦！別拉了！再拉連裙子都扯掉了。」

佟櫻美撅著小嘴，瞪著正洋。忽而舉起了小粉拳就往曾正洋的胸前搥了一下，佟櫻美是高高舉起，輕輕搥下。當然捨不得打呀！只是裝模作樣罷了！

「欲想人不知，除非己莫為」這句話一點都不錯。今天，倆人從三樓走到二樓，還真是「舉步惟艱」。聶手聶腳，羞答答的；佟櫻美走前曾正洋在後，步調很輕的走下，像是怕踩到螞蟻似的。已知樓下至少有三人六隻眼睛在等著看好戲。

果真，當倆人走到二樓的一剎那，兩人四眼難敵三人六眼。每個人的眼睛張得老大，像是要從他們的臉上看出什麼，或是發現什麼！

倆人微笑的跟她們打招呼。

曾正洋在下樓梯時心中已有脫身的腹案。對佟櫻美說：「我到下面街上買點吃的東西。」佟櫻美當然知道，他待在這裡很尷尬，藉故暫時迴避。很體貼的說：「好嘛！你多買點滷味、玉米回來，她們喜歡邊打牌邊吃。」

曾正洋點點頭剛欲下樓，忽然轉身很小聲的說：「別忘了先到浴室穿上小內褲。」吳美玉、李媽媽雖然聽不清說些什麼，但可以感覺到曾正洋對佟櫻美很體貼，倆人蠻恩愛的。

曾正洋下樓後，佟櫻美第一件事就是到浴室沖了個涼，穿上內褲。

佟櫻美還真忙，剛和曾正洋的性戲才結束，現又坐上牌桌上玩方城之戰。難怪常對人說：「生活過的很愜意、很充實、很愉快。」

方城戰火開啓。佟櫻美、佟欣麗是姊妹對家，佟櫻美上家是吳美玉，李媽媽是下家。擲骰子結果佟櫻美是莊家。剛剛在廁所裡「做」的很舒服、很滿意。現在上了牌桌精神百倍，滿面春風笑顏常開。難怪有人說：「性事滿意，萬事皆益。」話說得一點都不錯。佟櫻美第一把牌就自摸連莊，佟櫻美樂不可支。

女人很喜歡在牌桌上談男人。當然是要四個牌腳都是女人才會暢談。

吳美玉今天看到佟櫻美的「性」很滿足，心裡很羨慕。覺得她很有福氣，遇到了個好男人。吳美玉說：「櫻美，妳跟『香吉士』的感情還真好！」

佟櫻美很得意的說：「是啊！他對我很好，他很疼我，遇到他，是我的運氣好。」

「七萬！」李媽打出。

「碰！」吳美玉叫說。

佟欣麗不悅的說：「七萬一上來就被妳碰掉了！」

「小姐，才開始，妳可以換牌啊！」吳美玉有些不高興的說。

佟欣麗鼓著嘴像氣球「要妳說，我自己知道怎麼打！」

佟欣麗跟吳美玉兩個人是一般高，在牌桌上向來喜歡鬥嘴針逢相對互不相讓。

吳美玉乾脆轉移話題，對佟櫻美說：「我的男人，要是有櫻美男人的一半，我就偷笑了。」

佟櫻美微笑的說：「他也不錯啊！妳打牌，他買蚵仔麵線伺候妳，還不好？」順手打了張「六條」。

「碰！」吳美玉抓進六條打四筒。

「碰！」佟欣麗碰美玉的四筒。打了張一萬。

佟欣麗、吳美玉妳來我往的。該李媽媽說話了：「妳們倆個碰來碰去的，我連牌都摸不到，我只好樂得休息了！」

吳美玉很興奮的說：「有錢難買上家碰。」摸了張麻子（九筒）打出。

佟櫻美摸了張牌進張是好牌，打出八萬。

李媽媽：「吃！」打出紅中。

吳美玉急喊「碰！」打九萬。

佟欣麗嘆了口氣說：「輪到我涼快了！」

佟櫻美摸牌一看說：「真好！」打八條。

吳美玉：「櫻美，該不是聽牌了吧！這麼好的牌都打出來了。」

佟櫻美笑笑的說：「是我這把牌摸進來就漂亮，全是順、對。一張字、花都沒有。」

李媽媽抓牌白板隨手打出。

佟欣麗：「吃！」打一萬。

吳美玉不奈的說：「坐妳下家一張牌都吃不到。哎打了一對一萬。」

佟櫻美摸牌一筒，自摸一筒胡牌了。佟櫻美嘴裡唸說：「門清一摸三，莊家四台。」

吳美玉打的正順的時候被佟櫻美胡牌，心裡很不高興的說：「櫻美啊！妳跟『香吉士』剛剛才玩過，哪還需要自摸？」

佟櫻美只是笑笑不回應。今天性事，牌桌兩得意，也就不予計較了。

佟欣麗看不過去，大有「借題發揮」的味道說：「美玉，妳有點牌品好不好！打牌歸打牌，為什麼說東說西講些不相干的話！」

「奇怪了！又沒說妳，我嘴巴痛快一下不行嗎！」吳美玉火冒三丈的說。

「妳也太扯了吧！」佟欣麗憤不平的說。

「干妳屁事！」吳美玉發火了。

「當然干我的事！因為妳講的屁話我也聽到了。」佟欣麗也不甘示弱的說。

「妳想怎樣？」場面有一觸即發之勢。

「不怎麼樣！」佟欣麗不讓的說。

在場屬李媽媽年長，於是勸說：「好啦！兩個都不要再吵了！打牌，打牌。」

洗牌，第二把牌開始，佟櫻美莊家連一。這把牌算是平靜，是美玉和佟欣麗不再爭吵鬥嘴。

結果李媽媽胡牌，佟櫻美下了莊。

李媽媽做莊，起手就抓了一把好牌，無花。李媽媽說：「請補！」

佟欣麗、吳美玉都補了牌。佟櫻美可能在想什麼心事，心不在焉，手中的一張梅牌，竟忘了補，成了相公。

佟櫻美喊說：「啊！忘了補牌，我做相公了。」

吳美玉「幸災樂禍」的說：「哈哈！誰叫妳心不在『馬』，這把牌，妳就看我們玩吧！」

這時曾正洋手裡捧著吃的東西進來。佟櫻美背著門而坐，看不到曾正洋進來。

吳美玉笑著說：「櫻美，妳的相公回來了。」

佟櫻美回頭，見曾正洋站在後面，手上提著一些吃的東西。

曾正洋呆站著一頭霧水，不解相公何意。

佟欣麗忙解釋的說：「這把牌，櫻美做了相公。」

吳美玉開玩笑的說：「你出去買東西的時候，櫻美啊！想相公，想你想瘋了，忘了補牌，結果自己就想成了相公。」

大家都笑了。

曾正洋笑嘻嘻的說：「相公我，不是回來了嗎！沒事，沒事，今天『相公』請客，麵線、滷味、玉米全都有。想吃什麼，請自己動手，自助式啊！」

說完，很紳士的面帶微笑，右手很優雅的向前一揮，微彎著腰向牌桌上的女士小姐們一鞠躬；然後再向佟櫻美頷首致意，溫文說了聲「大家請——」

吳美玉有點酸酸的說：「看吧！人家櫻美還真有福氣！」說著隨手打出一張白板。

李媽媽驚喜大叫：「碰！胡了！」望了大家一眼，嘴裡唸著：「人啊！人要曉得知足，知足常樂啊！各人有各人的福氣，怎麼比？要知道，『人比人氣死人』這句話的道理。所以說，人只要過得快樂就好。人要懂得知足啊！知足就是福」

三人聽了面面相覷點著頭。

曾正洋一旁忙著將手中的食物放置小桌上。

李媽媽咳嗽一聲，邊算著手中的牌邊說：「……白板、發財、西風、莊家四台，美玉，四台。」

16 胡家小聚前

客廳的壁鐘響起了音樂聲。曾正洋看了看手錶，已是晚上九點正。

為了準備參加明晚胡鐵花家裡聚會，曾正洋和佟櫻美在樓上服裝間裡，挑選赴會的服裝。倆人在小房間裡已挑了半個多小時，仍然沒有結果。

二樓小房間約兩坪半，無窗有拉門。裡面塞滿了五、六桿的吊衣和一張五斗櫃，外加一面試衣長鏡。

炎熱的酷暑，佟櫻美幾近全裸，僅穿了條小小薄薄半透明的三角褲。一是為了方便試穿衣服；再就是在不透風的斗室裡稍較涼爽些。雖然地板上放立了一個小電扇，鼓足了風量左右猛搖頭的狂吹，但吹的是熱風，熱溫仍然是高居不下。

佟櫻美額頭上冒出了豆大的汗珠，像是在揮汗尋覓「無縫天衣」。曾正洋更甭提了，也僅著了條內褲，內褲的鬆緊帶一圈已被汗水浸濕。

佟櫻美好不容易翻出了一件淡藍色洋裝。「老公，你看這件如何？」

曾正洋不加思索的說：「穿上試試看！」

洋裝穿上身，對著長鏡子上下左右的擺看。然後微側著頭，彎著一條腿，擺了個 pose 說：「如何？」

曾正洋瞇著眼，如畫家作畫般，看了看說：「好是好，色樣單調了些，妳覺得呢？」

佟櫻美此刻像是「花叢裡看花」愈看愈花。也說不出如何是好。但也覺得不怎麼起眼。「不怎麼樣，再挑吧！」

佟櫻美太瞭解曾正洋是天生藝術家的脾氣。龜毛的很，是個完美主義者，差一點都不行，沒有絲毫妥協的餘地。

天氣炎熱，熱血沸騰，佟櫻美又僅穿條小小的三角褲，性感迷人。曾正洋的「小弟弟」早已頂著內褲搭起「帳蓬」。反正倆人都已是實質夫妻了，也就無所謂觀瞻了。

佟櫻美又從掛衣桿上又取下一件土黃色鑲白邊小花點套裝套在身上，曾正洋站背後，轉身幫佟櫻美拉上背後的拉鍊，一邊拉一邊用手指隔著衣褲輕輕撫摸「小妹妹」。

「好啦！正事要緊，選好就可以休息了。」

曾正洋做個鬼臉說聲「Yes!」心裡明白，可以休息了，就是可以「玩」了。

佟櫻美穿上土黃色兩件式套裝對著鏡子仔細的觀看。

「這套太老氣了，不適合妳。」曾正洋「斬釘截鐵」一口否決的說。

佟櫻美很瞭解曾正洋的個性，只要衣服一上身立刻就回應的，就是非常不滿意。就算有什麼高見，也不用提了，他絕對聽不進耳。還是乖乖的脫下吧！心想：這套衣服還真是穿得快，脫得更快。

佟櫻美東翻西找的，找到了蘋果綠二件式裙裝。心想：嗯！這套曾正洋會很喜歡。就衝著鮮艷的蘋果綠他絕對贊成；因為他最喜歡的顏色就是蘋果綠。同時自己也很滿意這套衣服的款式、顏色。佟櫻美歡天喜地的穿上身，對鏡一看，天啊！好是好，但是穿在身上緊了點，裹的緊緊的。

曾正洋不待佟櫻美開口就笑說：「老婆啊！妳是在穿衣服還是在包粽子啊？」

佟櫻美搖搖頭，真是太難為了。曾正洋嫌這件太緊，其實勉強還是可以穿的，只是緊了點有些不舒服而已。既然說是包粽子，脫吧！

嫌東嫌西的，今晚曾正洋像是選美服裝秀的評審。太過於嚴苛，哪有十全十美的。佟櫻美想到這點就有一肚子氣。但是話又說回來，自己最欣賞的就是他這點「鍥而不舍」完美主義藝術家的個性。這也是他最可愛的地方。

再繼續選，東挑西選。這回選了一套白底紅花點連身衣裙，穿上身，輕鬆、活潑、亮麗。穿好對著曾正洋兩手拉開裙擺，左腳尖點地，微側著頭笑臉迎人的 pose。心想：該滿意了吧！曾正洋一直把我比做青春活潑可愛的小鳥，現在這個楚楚動人的 pose 應該會喜歡！

曾正洋看了又看，上下仔細打量著，笑笑的說：「老婆，妳的 pose 擺得有職業模特兒的水準；但是妳身上的衣服可不是那回事了。穿這一身參加第一次見面的聚會，妳不覺得花俏了些，俗氣了點？不夠端莊。妳是個很有氣質的女孩，明天的場合妳覺得合適嗎？」

又在投否決票。當然要脫掉啦！反正今晚已被他整慘了。全身赤裸裸的只穿了條內褲，汗流浹背的，一套套衣服穿上脫下的，已經麻痺了。這是曾正洋求好心切，左一個嚴選右一個慎選。如果不是這樣的話，那他絕不是曾正洋了。

佟櫻美忽然想到，何不選個兩件式上衣配長褲，或許他會喜歡。於是，挑了件桃紅色小方格子上衣，搭配一條暗咖啡色長褲。穿上後站在曾正洋面前，佟櫻美眨了一下眼睛微笑的說：「如何？」

曾正洋笑著搖搖頭說：「我的老婆，拜託！女孩子還是洋裝和裙子比較正式，穿起來更有女人味；我希望妳 leady 一點。」

無奈，繼續找吧！佟櫻美心想：真是個難伺候的男人。

就在這個時候，前面的曾正洋忽然眼睛一亮，在第五排衣桿後面靠角落的位置，桿上吊著一套白色套裝。眼睛被吸引住了。仔細的端詳，邊看邊點頭，看看衣服再望望佟櫻美。像是將這套白色套裝來個視覺上的疊影，看看感覺上是否搭調。結果很滿意的笑了，曾正洋對藝術的直覺很敏銳。

「哈哈！終於找到了。老婆，快穿上看看。」曾正洋很有自信的說。

佟櫻美「如釋重負」，很高興的穿上，扣好扣子。這時鏡子裡反映出來的佟櫻美，果然不凡很襯頭。上衣薄薄的墊肩，襯得挺挺的，看起來很自然而柔軟。下身的腰身和裙擺弧度很優美。上下全身白色調，高雅脫俗，配上佟櫻美圓圓甜甜白淨的臉蛋，有如童話故事裡的「白雪公主」。

曾正洋一高興彎下腰抱著佟櫻美臀部往上一舉，「砰」的一聲，佟櫻美的頭撞到了天花板。（因是樓中樓，夾樓從地板到天花板的高度僅一八〇公分。）

「對不起，對不起，痛不痛？」曾正洋用手撫摸佟櫻美的頭頂。

佟櫻美弄得哭笑不是，今晚被整慘了！小聲的說：「還好啦！你太粗魯了。」

「yes! yes! 一定改進。」說著在佟櫻美的頭上親了一下。

「我脫下了！明天就穿這套了！」

「對，大功告成，趕快掛起來，別弄髒了！」

曾正洋幫忙很小心的將衣服脫下，掛在第一排吊槓的最外端。

曾正洋一把摟住了佟櫻美。佟櫻美雙手抱著曾正洋的脖子。倆人吻了起來。硬挺的「小弟弟」隔著薄薄的內褲磨蹭著「陰部」，像是在跳水舞，節奏緩慢而輕盈。倆人都很「性」奮都很需要。

磨蹭了好一會，佟櫻美有點耐不住說：「我要洗澡去了。」

「好啊！我們共浴，一起洗。」

佟櫻美點點頭。

在浴室裡，倆人如膠似漆的黏在一起。佟櫻美偎靠在曾正洋的胸前，兩手往後反抱著曾正洋的腰。曾正洋一隻手斜斜舉著淋蓬頭，溫熱的水從雙乳噴淋下去；另一隻手在乳房上輕拭著……手漸漸移下，中指在「花巢」的小肉縫上輕輕的上下滑動。佟櫻美舒服的身體微微的在顫動。

「小弟弟」硬硬的頂槓在股溝上，輕輕的摩擦。倆人忙累了一晚上，此刻正儘情的享受著愛之浴。

雙人貼的姿勢持續了七、八分鐘，倆人才分開沐浴。曾正洋先洗好，穿上內褲走進了臥房。

不一會，佟櫻美也洗好澡，換了條肉色的小三角褲，半透明裹著若隱若現的「小妹妹」。乍看之下因小褲褲為肉色又是半透明，感覺上像是全身赤裸一絲不掛，性感極了。

進了臥房，見曾正洋坐床上看電視。看 DISCOVERY 動物頻道節目。佟櫻美覺得曾正洋今晚有點反常，跟往常不一樣。平常洗好澡就裸著全身坐上床，頭靠著床頭板靜待佟櫻美上床親熱，今晚則穿著內褲看電視。這是從來未曾有的事情。

佟櫻美小聲的問說：「你今晚不想親熱嗎？」

曾正洋笑說：「想！想！想！當然想囉！」

「可是，我看你好像沒『性』趣！」

「有！有！有！我最喜歡吃妳的肉肉。妳看我遲遲沒有動作，那是我在猶豫，我內心在掙扎，今晚要不要『做』。」

「為什麼？」佟櫻美不解的問。

「因為我很龜毛。明天我們要去胡鐵花家聚會，如果今晚我們『做』了，明天我的臉色會很難看會顯得沒有精神。男人『做』了哪種事，第二天多半臉色都不好看；尤其是我最明顯，別人一眼就看出。」

佟櫻美笑說：「你的毛病還真不少啊！」

「那是妳老公很重視形象。通常在參加比較重要的宴會前三天我都會禁慾，原因就在這裡。」

「那今晚我們就不『做』了？」

「親愛的，難就難在這裡啊！看到妳，我就會忍不住想要……。」

佟櫻美視線垂下望著床單說：「你自己決定吧！」聲音有如蚊子叫。

「我的慾念跟理智正在拔河啊！」

佟櫻美笑笑的說：「記得你以前講過『魚和熊掌不可兼得。』，你現在想都要對不對？」

「對！所以我很痛苦啊！」

「誰叫你那麼貪心！」

「還不是因為妳讓我著迷！」

「那是你，別人可不會這樣。」

「妳忽然變得客氣起來了！」

「我說得是實話啊！」

曾正洋很難抉擇。想了想說：「我看還是不要『做』，免得臉色不好，被他們看出來。」

佟櫻美笑笑，欲穿上衣服。

曾正洋突然喊「咔！」說：「等等，我想解饞！」

「啊！又要怎樣？」佟櫻美不知道他又有什麼花樣？

「老婆……我想吃一口！」

佟櫻美妞妮了一下身體說：「不好吧！我會……被你挑起來，會很難受。」

「一口就好，只吃一口。」曾正洋乞求的說。

佟櫻美「嗯～～」的一聲並妞動了一下身體。

「放心！我只是舔一口就好，不會挑起妳的性慾。再說，久了我也會撐不住的。」

佟櫻美脫下了三角褲，平躺在床中間，屁股略為超出床沿，拿了個小枕頭墊在屁股底下，兩腿打開，曾正洋蹲在「小妹妹」前面。

曾正洋溫熱而靈巧的舌尖在「花庭」上輕輕的舔著，然後舔嗦兩片「小陰唇」。佟櫻美的「小陰唇」肥厚適中，狀如月牙，粉嫩、色澤水紅。含在嘴裡很滑嫩，就像吃魚肚片般，非常爽口。

佟櫻美舒服的扭動著屁股，嘴裡也很自然的「哼」叫了起來。

接著輕舔「花蒂」（陰蒂）。很輕很輕的由下往上刷舔，「花蒂」鼓的像粒小紅豆似的，硬硬的。肉縫裡流出了熱湯水，曾正洋都舔進嘴裡。

曾正洋突然喊說：「好甜啊！老婆，妳的『小妹妹』的水水很甜！」

佟櫻美已被舔得很舒服，不停的喊「啊～～啊～～啊～～啊～～」曾正洋的話沒聽進耳裡。

「嗯……今天妳的水水很甜。」曾正洋高「分貝」喊說。

「噢！是……是……是……我這兩天……吃吃……吃了很多的……的……荔枝……枝……。」

佟櫻美被舔得太舒服了。在儘情的享受，也就無心答話。整個身體樂得像蚯蚓般的在蠕動。

曾正洋說是吃一口。可是一口接一口的又吃又喝。說到卻很難做到。「小弟弟」已蠢蠢欲動。

曾正洋心想：再不收手就會破功。於是停止了舌吻的動作。但是佟櫻美這時候已樂在最高點，身體已完全洞開。忽然停了下來，佟櫻美顯得很難受。曾正洋動了惻隱之心，決定「做」一回合。讓她上了高潮後，自己再收兵。

「老婆，幫我一個忙。等下妳上了高潮後，要提醒我不能射精。要幫我踩剎車。」

佟櫻美已樂得失神，恍惚說：「好——」

於是火力全開，為心愛的老婆「做」上一回。

繼續舌吻。來個全套的完整版。

好舒服！佟櫻美嘴裡不停的「噢～～噢～～噢～～」呼喊。

到了最後的衝刺。急速重刺「花心」。

忽而「耶——」佟櫻美樂極；一口咬住了曾正洋的肩頭，上了高潮。嘴裡不停的「啊～～啊～～啊～～」喊著。樂昏了頭，交待之事，早已忘腦後。

曾正洋倒也能克制住，打住了。

佟櫻美粉滿意；「妹妹」太舒服了。

曾正洋見佟櫻美玩得如此的舒服快樂，也感染了她的快樂。雖然自己沒有上高潮洩出來，但也嚐足了「小妹妹」的美味和進出「小縫縫」的刺激快感；實在是太美了。雖然肩頭剛才被佟櫻美高潮時很用力的咬住，還有些痛；但值得的是，能給她最大的高潮這亦是一種成就感。曾正洋溫柔的說：「很抱歉！再『做』下去我怕控制不住自己，所以今天只能給妳兩次高潮。平常最少都是三、四次以上。」

佟櫻美瞪著明亮的眼睛很歡悅的說：「夠了！我已經飽了。說真格的，我『做』一次可以管三、四天不想呢！」

「是這樣？」曾正洋記得，她以前曾說過「做」一次可以滿足好幾天。

「對啊！」

「真是恰到好處！我們一個禮拜『做』兩次，正好滿足妳；妳每天都能飽啊！」

「對啊！我們一直都是一個禮拜『做』兩次，剛好是三、四天一次嘛！」

曾正洋故意開玩笑，笑笑的說：「妳夠，我不夠，我……兩天就想玩一次。」

可愛的佟櫻美撅著小嘴說：「可是，偶而我們一個禮拜也有『做』三次的時候啊！」

「妳說得沒錯，那只是偶而，又不是經常，當然是不夠。」
「噢！你還真貪吃，不管你，自己去解決。」
「要怎麼解決？」
「我哪知？」
「幫老公想想看嘛！」
可愛的佟櫻美眨了眨眼，點點頭說：「……你可以……可以五個打一個啊！」說完哈哈笑了起來。
「噢！妳很殘忍，又叫我五個兄弟打我的『小弟弟』，這是自己打自己嘛！」
「有什麼關係，你們男人想要的時候都是這樣。」
「我有老婆何必打手槍！多此一舉。」
「噫——誰叫你那麼愛玩！」
「說我愛玩！？妳才是最愛玩！」
「你啦——」
「不是說嗎！『一個巴掌拍不響』，我倆彼此，彼此，是我要妳愛呀！」
可愛的佟櫻美微紅著臉說：「是你啦！最愛吃人家。」
曾正洋格格笑了出來，一手將佟櫻美摟進懷裡在她額頭上親了一下說：「說真的，我們倆是『天作之合』。」
櫻美沉思了一下說：「說實在，我前夫從來沒有給過我高潮；跟她『做』只是感到舒服而已；

也不知道什麼是高潮，跟你『做』才有了高潮；真的，好舒服、好舒服、好享受啊！」

「真可惜，如果我們早認識幾年多好！」曾正洋「順藤摸瓜」說。

佟櫻美搖搖頭說：「拜託！那時候我還是人家的老婆哪可能。」

「說得也是，那當然是不行。我除非不知道，知道妳是別人的老婆，我絕不會碰妳，這是原則問題亦是道德問題。不知道我有沒有跟妳講過，我玩女人有三個原則；就是未成年不玩、處女不玩、別人的老婆不玩。人不可以做缺德事。」曾正洋道德說辭。

「那你一定也玩過很多女人囉！」佟櫻美試探的問說。

曾正洋「斬釘截鐵」的說：「沒有！我喜歡固定的對象，就像我和妳這樣，是屬於細水流長；除了慾還追求情和愛。

「難道你以前沒有遇到合適的女人？」

「沒有，很難找，可遇不可求；妳是我唯一真正定下心的女孩。」曾正洋很肯定的說。

「哦！」

「所以說，我接觸的女人很少。」

「可是星座血型的書上說，水瓶座的男人是博愛型；對每個女人都有興趣啊！」

「妳講得也沒錯，那只是認識而已，是泛泛之交，不可能會怎樣。水瓶座的男人對感情的事比較執著，只要中意了女孩，交往之後就不會變心，會死心踏地一桿到底的愛她。」

「對啊！這個我知道。」

「知道，妳就不用擔心也不必緊張。」

佟櫻美小嘴天真的叫說：「誰說緊張！才不呢！」嘴說不會但臉色立刻起了變化，紅暈暈的。

曾正洋笑笑的說：「老婆啊！妳表裡不一『口是心非』！」

「哪有！」佟櫻美有些不好意思。

哈哈「好，好，沒有，沒有，妳『心是口非』好吧！」接著又說：「老婆，我們倆個是絕配！」

佟櫻美像新娘子般，羞紅著臉依依在曾正洋的懷裡。曾正洋感受到佟櫻美純真可愛之處就在這裡。

倆人溫馨了片刻，曾正洋在佟櫻美耳邊低語說：「老婆，我愛妳！愛我嗎！」

「愛呀——」佟櫻美說出了心裡話。

曾正洋很高興的在佟櫻美臉上親了一下說：「明天晚上參加胡家小聚回家後，我們再好好的玩。」

可愛的佟櫻美很歡悅地抬頭看著曾正洋，眼神中像是說：「希望在明天！」

曾正洋的第六感很敏銳，能感應到佟櫻美心裡說的話。「是的，『希望在明天』。」

每次和佟櫻美在卡拉ＯＫ，曾正洋都會點唱這首「希望在明天」。

你可知道希望在明天，

明天並非路萬千。

祇要過了今夜就到眼前。

…………

客廳的壁鐘又響起了音樂聲；已是深夜十一點鐘。

17 胡家小聚

曾正洋按胡鐵花宅門鈴。

「喂！是哪一位？」對講機問說。

「是我，曾正洋。」

「啊！總司令，請進！」大門打開。

曾正洋偕佟櫻美上了四樓。胡鐵花又叫鐵花大俠，本名胡鐵木。五十餘歲，身強體壯。個性豪爽，說學逗唱全能。有女人緣。站門口迎迓「歡迎！歡迎！正洋、曾嫂。」

「謝謝！謝謝！」曾正洋躬身點頭道。

進入客廳後，曾正洋將帶來的禮物水果禮盒交給胡鐵花。

「謝謝！這麼客氣。」

「應該的，櫻美第一次來，伴手禮小意思請笑納。」

胡鐵花跟大家介紹說：「總司令旁這位是嫂夫人，佟小姐。」

佟櫻美向大家點頭致意。

胡鐵花望著佟櫻美上下打量說：「嫂夫人這身打扮（白色洋裝）年輕美麗，真像個白衣小天使啊！」

佟櫻美面帶微紅，有點不好意思。

胡鐵花接著向佟櫻美介紹說：「這位是王蘭小姐，大家叫她王胖；旁邊這位是湯美芝小姐，外號叫湯包……（有人笑出聲）；這位是周樹人，叫他快樂王子就可以了。……這位是重量級人物黃金松。（又有人笑出聲。）」

佟櫻美因是初次跟大家見面，一一向大家點頭致意。

介紹完畢。曾正洋和佟櫻美坐在餐桌旁。

周樹人，雙五歲，身材高挺，博學多聞。走到曾正洋身旁問說：「你們坐什麼車來的？」

「騎車。」

「很遠啊！」

「還好，我們先在臺安醫院門口會合再騎車過來的。」

「如果從三重騎車到這裡就很遠了。」

「你講得沒錯，折衷的辦法就是先會合。」

周樹人點點頭。

這時大嗓門王蘭高喊說：「大俠哥，要我幫忙嗎？」

「不用了，最後兩樣菜，等下妳幫忙多吃點就對了。」胡鐵花邊忙著做菜邊笑說。

王蘭哈哈大笑說：「我說大俠哥，您瞧我的身材能叫我多吃嗎？」

「可以啦！妳『豆漿』少喝一點，不就得了。」胡鐵花邊炒菜還邊吃王胖的豆腐。

王蘭笑瞇瞇的說：「那還得請大俠哥少餵一點『豆漿』給我喝呀！」

大家哄然大笑。

「那當然，那當然，不過我現在爆蝦很忙，妳請先歇著。」胡鐵花在廚房正忙得不可開交。

大鼻子黃金松六十開外。橘皮鶴髮大腹便便有著蒜頭大鼻，可有話要說：「哇拷！還沒開飯，你們就開始『打情罵俏』了。」

王蘭裂嘴笑笑的說：「哎！金松哥，那你就不懂了，這叫先暖暖嘴，飯前開胃小菜，待會就可以多吃點了。要不然，我哪會怎麼有份量！」

大家笑了，王蘭也跟著笑。

「我才不像妳那麼愛吃！」黃金松不屑的說。

「彼此，彼此，半斤八兩。黃哥莫笑王妹。」王蘭不甘示弱。

大家哈哈笑。

黃金松吹鬍子瞪眼：「哇拷！妳是妳，我是我，男女有別啊！我們倆個怎能擺在一起相比！」

王蘭也被惹毛了「嘿！金松大哥，您這是說哪兒的話？我這樣叫胖；您就不叫肥。要知道，我也不過只剩下這點口福了。」

黃金松聽王胖這麼說，也頗有同感。自怨自艾的說：「可不是嗎！哇拷！我每天也是圖個嘴巴痛快，享個口福而已。連自身的親身兄弟都吃不飽。軟趴趴的，還能幹什麼？」

大家一陣哄笑。

這時胡鐵花端菜上桌。笑說：「滿桌子的菜，誰說吃不飽？」

王蘭故作天真的說：「沒有啦！金松大哥是說他的『小弟弟』吃不飽。軟趴趴的，什麼都不能『幹』！」

又是哄堂大笑。

胡鐵花哈哈大笑對王蘭說：「王胖小妹，妳啊，妳是『得天獨厚』，有……『呂氏秋』之妙也。沒人比得過妳啊！」

王蘭一頭霧水弄不清是怎麼回事，不解問道：「大俠哥！什麼是『呂氏春秋』？又跟我何相干？」

胡鐵花儼然老師在課堂講課說：「我告訴妳，『呂氏春秋』是一本書名；又叫『呂覽』。是我國秦朝時候丞相呂不韋跟他的門客合著的書。書中談論經世治國的道理。是以儒家的思想為主。另外還參入了道、法、墨各家的學說。這本書，一共有二十六卷共二十多萬字，號稱『呂氏春秋』。王胖小妹，我只是借用『呂氏春秋』其中的一個『呂』字而已。個中奧妙，自個兒體會吧！」

王蘭佩服的說：「大俠哥還真是有學問。不但『呂氏春秋』這本書沒聽過，連呂不韋是誰？什麼是門客我都不知道。啊！……我明白了！大俠哥說的『呂』字，指的是『兩口』呂；意思是說我的兩『口』都愛吃，都貪嘴啊！」

大家哄然大笑。

胡鐵花搖搖手忙說：「哈哈！我可沒這樣說，是妳自己說的。」

黃金松興奮的冒出一句：「哇拷！兩口都吃飽。那就……（瞇瞇眼）噓服的很！」

「金松兄，八成是想起了孫小毛的毛『口』。」周樹人也插上一句。

大家哈哈笑。

黃金松指著周樹人的鼻子說說：「哇拷！你又不是我肚子裡的蛔蟲，什麼都知道！」

又是哈哈大笑。

菜已全部上桌。胡鐵花招呼大家「各位笑也笑累了，肚子也餓了。各位！請帶著你們的屁股坐上椅子。」

大夥圍坐在餐桌。

胡鐵花今天做東，舉杯說：「各位老友，謝謝光臨，我敬各位！」一口喝光杯裡的酒。

大家乾杯同聲說：「謝謝！」

愛說笑的胡鐵花接著說：「謝謝！各位捧個場多吃菜，菜吃光！小弟今天還準備了一打的台灣啤酒，大家哈個痛快！原來打算請各位到小館吃一頓。後來想想，在家裡弄幾個小菜，哈杯小酒，大家比較無拘無束，自由自在，可無所不談。另外，借這個機會，見見曾總的另伴佟小姐。他們交往這麼多年，我們常談起曾嫂，但始終是『只聞樓梯響，未見人下樓。』今天總算是逮到機會，一睹曾嫂蘆山真面目。曾嫂果然不同凡響。尤其是今天這身打扮，真像個小天使，清純可愛。這是我們曾總修來的福氣。」

大家拍手「噢、噢、噢」大叫。

曾正洋、佟櫻美感到不好意思。曾正洋頷首示意說：「謝謝！謝謝各位。大俠兄，是你講得好，其實男女間的事一切都是緣份。無所謂『男才女貌』；只要是妳情我愛就可以了。現代人營養好，居住環境醫藥衛生好，講究養顏美容。不論男女、高矮胖瘦。其實各有優點，個個都是美女俊男。只是每個人的主觀意思和審美喜好有所不同而已。我常說：『女人青春就是美，男人健康就是帥。』人若要過得充實、快樂，只有簡單的四個字知足和平凡。這才是最好，最美的。謝謝！」

大家鼓掌。

胡鐵花豎起大姆指說：「曾總說得很好。我們要過平凡人的生活；而且要知足，才會快樂。我們現在哈酒、聊天，就是平凡人的生活。知足了自然就會快樂。大家哈酒！哈酒！」

大家舉杯喝酒。

「ㄟ，大俠，講了半天，你的小學同學吳碗君怎麼沒來？」周樹人忽然想起問說。

「她臨時有事不能來。要不然今天我也不必一個人忙裡忙外了。」胡鐵花解釋。

「真可惜，大家也想見見大俠嫂。」周樹人略感失望。

胡鐵花笑笑的說：「來與不來各有利弊啊！」

「此話怎講？」周樹人問說。

「這還須問。如果她在旁邊能輪到我吹牛談馬子嗎？」胡鐵花直言不諱的說。

周樹人摸了下頭「是這樣嗎？」

胡鐵花銳眼掃瞄了一下在座的小姐說：「肯定是這樣。女人凡事都會問東問西，『打破砂鍋問到底』。女人對男人來說，是個『累腳球』。」

王蘭很不以為然。「理直氣壯」說：「大俠哥，講話要公平，難道你們男人就不會疑神疑鬼？聽說還有男人，老婆上廁所像個黏皮糖似的，都要跟前跟後，生怕被別的男人拐了。這種男人就不是『累腳球』？」

胡鐵花搖搖頭說：「那是極少數心裡不正常的男人所為。絕大多數的男人不會這樣。」

王蘭點點頭說：「大俠哥，這您說對了。大部份的女人也不會像你說的那樣。怎能『一竿子打翻一條船』啊！」

胡鐵花豎起大拇指說：「有理！王胖小妹知書達理，能言善道。」

王蘭笑瞇瞇的說：「大俠哥也不賴啊！滿腹學問，能說會唱，廚藝也是一流。」

「金松兄是老饕餮，在他面前我的廚藝就不入流了。今天各位佳賓光臨，我還是特地準備了幾樣自認的高檔菜：有箭筍炒肉絲、炒田雞、炒大頭蝦，還有鮮美的蛤蜊湯……等。大家多捧場。哈酒……。」

大家舉杯喝酒吃菜。

王蘭喜歡吃雞，夾了塊田雞正欲送進嘴，忽然停住。望著田雞看了又看，肉色略帶紅色，像是沒炒熟。「大俠哥，您的『雞』熟了沒有？」

大家笑出。

胡鐵花故意壓低嗓門說：「我的『雞』當然是又熱又熟了。」

大家哈哈大笑。

王蘭故意大驚小怪說：「大俠哥，瞧您的『雞』紅紅的還有血呢！」

胡鐵花手指放嘴邊噓了一聲：「童子『雞』嘛！肉嫩汁多熱乎乎的，妳就多吃點我的『雞』吧！」

大夥爆笑。

王蘭爹聲爹氣說：「嗯～～大俠哥，那我就不客氣了，我就吃您的『雞』吧！……嗯，好吃！好吃！」

胡鐵花逗笑說：「肉嫩汁多，吃吧！吃吧！」

大家笑翻了。

蒜頭大鼻子黃金松嚥了口水說：「哇拷！你們倆個雞來雞去的，搞了半天有完沒完！我都快餓死了。」

又是一陣哈哈大笑。

佟櫻美低頭小聲對正洋說：「他們倆個還真會說笑。」

「他們倆個是一對寶。聚會只要有他們，一定會笑破肚皮。他們倆是開心果。」

大夥吃雞喝酒。

不一會胡鐵花笑嘻嘻的說：「金感謝王胖，她這麼『雞』了一下，這盤炒田雞就清潔溜溜了。看來，好東西也是需要廣告促銷。兄弟們！哈酒！」

大家舉杯喝酒。

周樹人不甘胡鐵花、王蘭專美於前說：「剛才是鐵花和王胖『雞』的搞笑；為了平衡起見，我現在講個『B』的笑話樂樂大家如何？」

大家拍手叫好。

周樹人用手提弄了下脖子前的衣領嗯了一聲說道：「話說從前有個G君迷戀一位B妹。G君又向B妹追求，B妹剛巧洗完澡，就指著那盆尚未倒掉的洗澡水說：你若肯喝這盆子裡的洗澡水，我就嫁給你。

G君毫不考慮埋頭就喝，便將那盆洗澡水喝了一小半。B妹感其忠誠，就允諾嫁給了G君。婚後夫妻倆感情不錯。B妹每年都生個娃娃，十年竟生了十個女娃。

有一天，G君從外面回來，B妹正帶著孩子午睡。B妹睡在中間，十個女娃圍在四週，將一張特大號的大床舖擺的一點點空隙都沒有。G君不禁感慨萬千，於是作了一首打油詩：

後悔當年喝B湯，如今大小B滿床，小B圍著團團轉，當中睡個B大王。

謝謝！我的B講完了。」周樹人說完還微點了下頭。

「哇拷！你哪來的B，你只有G！」黃金松笑說。

大家一陣笑聲。

胡鐵花嘴裡嚼著菜說道：「謝謝樹人的『B』我們這餐飯又是『雞』又是『B』；說得起勁，聽得過癮，吃得痛快！好酒好菜，大家共享，哈酒。」

大家紛紛喝酒。

胡鐵花一杯酒下了肚，接著又說：「這盤大頭蝦也是高檔菜。市場上大多是明蝦、泰國蝦，很少有大頭蝦。各位口福不淺，哈哈，要吃請快！」

一窩蜂大家搶著吃蝦。

黃金松是老饕餮，狼吞虎嚥的搶食了七八隻大頭蝦。邊吃還邊說：「哇拷！鐵花還真有一套，蝦做得口味道地，餐廳都吃不到。鐵花，敬你。」說著大喝了幾口酒。

胡鐵花則是很豪爽乾杯，吁了口氣說：「金感謝金松兄金口誇讚。我想起了一個跟『蝦』有關的色笑話。大家分享。……有位瞎子公公叫兒媳婦去半斤蝦子做給他吃。媳婦欺負公公眼瞎，在廚房裡偷偷將蝦子吃個精光。只端了碗湯給公公喝。

瞎子公公喝完了湯一隻蝦子也沒吃到，就問媳婦說：「蝦子到哪裡去了，怎麼一隻蝦也沒有？」

媳婦編說：大概是水燙的時候跳出鍋子跑掉了。

瞎子公公很生氣說道：胡扯！天下哪有這種事？明明是妳在廚房偷吃了，妳還想賴！

媳婦堅不承認，瞎子公公說：妳讓我聞聞妳的嘴，妳若是偷吃了蝦子，妳嘴裡一定還餘留著蝦子的味道。

媳婦怕公公真的聞出來，就輕輕站上了桌子，褪下褲子，讓瞎子公公聞她的下體。

瞎子公公一湊過鼻子，就碰著媳婦的體毛，害得他打了一口噴嚏，氣得他破口大罵：蝦子鬚還沾在妳嘴上，妳還沒偷吃蝦子。」

大家拍手叫好。

黃金松笑說：「哇拷！這個瞎公公還真笨。蝦子和『B』毛都分不清楚。」

周樹人指著黃金松笑笑的說：「誰有金松兄經驗豐富？他閉上眼睛蝦子跟『B』毛三公尺之外都聞得出來。」

大家哄笑。

「哇拷！你當我是神仙啊！」

又是哄笑。

周樹人指著黃金松鼻子說：「金松兄，因為只有你的臉上頂著一個蒜頭大鼻。女人的腥、騷、酸、鹹、甜五味，全逃不過你的大鼻子。」

一陣哄然大笑。

黃金松「老羞成怒」的說：「哇拷！好一個『木人』。你也別裝的『道貌岸然』人模人樣，假正經；難道你沒有聞過女的味道？狗屁！」

大家哈哈笑。

周樹人不甘示弱的說：「金松兄，誰不知道你是『饞貓鼻子尖』，女人的味，你是全了。」

大家哈哈大笑。

黃金松笑瞇瞇很得意說：「『木人』，哇拷！你是『豬鼻子頂著餿水聞』，未免也笨了點吧！哈哈……。」

大家笑得人仰馬翻。

胡鐵花笑得眼淚都流了出來。「精彩！精彩！你們倆個鬥嘴，實在精采！笑累了，吃東西，吃東西。」

大夥忙著喝酒吃菜。

胡鐵花搖搖手說：「哈哈！好酒沉甕底，好料在裡頭，還有鮮美的蛤蜊湯。溫火慢燉，現在要上桌囉！」

胡鐵花到廚房將湯端上桌，用鼻子在熱騰騰大湯碗上嗅了下說：「嗯！好湯，好湯，滋陰補陽。」

大家拿碗爭著裝湯。

湯美芝湯包搶了個第一。先品嚐了口湯，點點頭說：「嗯，讚！大俠哥，煮湯，哦，一級棒。湯清一點沙啊都沒有。」

「那當然，早上市場買回來，就泡在水裡，換了幾次水，蛤蜊當然乾淨。」

湯美芝誇讚的說：「大俠哥做事很細心。」

「請各位儘量喝儘量吃，菜吃光光，善後的工作就輕鬆多了。」胡鐵花向大家要求的說。

王蘭自告奮勇說：「大俠哥，沒關係，洗碗的工作交給我，你放心。」

胡鐵花搖搖手說：「不用啦！妳是客，怎敢勞動王胖小妹。」

「不要緊，老娘樂意幫忙。」

「哦！謝啦！來，賞妳一塊『涼拌豆腐』。」胡鐵花用瓢挖了一瓢豆腐倒在王胖碗裡。

王蘭用碗接還笑說：「請吃豆腐謝啦！」可能是太高興心不在焉沒接好，一小塊豆腐掉在王胖大腿上。

胡鐵花忙說：「不要動，我拿衛生紙包起來就好。」說著就用衛生紙包了起來。笑嘻嘻的對王胖說：「想不到我們王胖小妹的大腿還真白啊！」

王蘭爹聲爹氣的說道：「是嗎？……我還有更白的地方，大俠哥，您……要不要看啊？」

大夥鬧笑起鬨說「要看！要看！」

胡鐵花急忙說：「不看！不看！非禮勿視也，孔老夫子說的。」

大夥哈哈大笑。

王蘭一臉狐疑的問說：「大俠哥，您什麼時候變得中規中矩了？」

「我素行良好，『棄惡揚善』。」

王蘭挖苦說：「喲！大俠哥，您還真是大言不慚，往自個兒臉上貼金啊！」

「哪裡，哪裡，我『嫉惡如仇』；我很善良，有口皆碑。」

「喲！真看不出來。來，大俠哥，我也裝一碗給大俠哥，喝了這碗蛤蜊湯補補吧！」王蘭裝了一碗蛤蜊湯遞給胡鐵花。

胡鐵花接過了王蘭的蛤蜊湯說了聲「謝謝！」然後轉送給曾正洋。略彎了下腰說：「我『借花獻佛』。在場最需要喝蛤蜊湯的是曾總。不過我要說明的是，我煮的蛤蜊湯跟曾總喜歡喝的蛤蜊湯有天差地別的不同。」

王蘭好奇的問：「有什麼不同？」

胡鐵花很神祕的笑了笑望了望佟櫻美一眼說：「曾總最愛喝的是曾嫂的蛤蜊湯！」

曾正洋心想不妙，胡鐵花在開他和佟櫻美的玩笑。於是勉強擠出一絲笑容說：「謝謝大俠兄的蛤蜊湯。說得沒錯，我很喜歡吃海鮮，當然蛤蜊湯我是不會錯過的。」

胡鐵花「鍥而不舍」乃然窮追不放「哈哈！是嗎？曾總只說其一，各位不知其二。小弟先跟大家報告，講個小典故；各位就會明白。略想了想在日本江戶時代，江戶就是現在的東京。在十五世紀的時候，當時有位武士名叫太田道灌，就在今天皇城的地方築城。因此，便形成了一個新市城，就叫做『江戶』。一直到了明治天皇，他就是日本歷史上有名的睦仁天皇。『江戶』就是在這個時期改名為『東京』的，這就是名稱的由來。」胡鐵花略停頓了一下，面帶微笑輕悄悄接著說：「……在日本江戶時代，形容女人的哪個……『地方』……」

周樹人見胡鐵花在賣關子不奈地打斷話急問道：「哪個地方，到底是什麼地方？」

胡鐵花搖頭晃腦又是微笑說：「樹人，你明知故問嘛！」

「哇拷！『木人』裝不知，假惺惺。鐵花，別理他，繼續講。」死對頭黃金松趁機放炮。

胡鐵花哈哈笑說：「女人的哪個『地方』就是男人最喜歡的東西！」胡鐵花口無遮攔無視小姐們的存在。繼續說：「……我剛才說，在日本江戶那個時代，形容女人那個『地方』叫做『開』。就是開關的開。『開』這個字，跟日語的『具』字很相似，很像。因為這個原因，在當時往往就以『蜆』來代表女孩。『蜆』就是像蛤蜊的軟體動物，為貝類中很小者；肉味鮮美。用『蛤』代表少女。『蛤』就是一般常吃的蛤蜊。是圓殼軟體動物，比『蜆』大一點，味鮮美可口。再就是『文蛤』比較大，代表結過婚的女人。哈哈用多了當然比較大啊！」

大家哈哈笑。

「講了半天，跟曾嫂有什麼關係？」周樹人不解的問胡鐵花。

胡鐵花又是哈哈一笑說：「是這樣的，我們曾嫂白淨的臉蛋配上一套白色洋裝給人的感覺清純可愛，就像少女一樣。跟日本江戶時代少女的代表『蛤』呀！曾總最喜歡喝曾嫂的『蛤蜊』湯，道理就在此啊！」

大家鼓掌哄笑。

佟櫻美很不在意的低下頭，羞紅著臉，猶如少女般。

曾正洋也是滿臉通紅，怪不好意思說：「鐵花兄真是博學多聞，想像力豐富。我建議你去寫小說、編劇、拍電影一定很有成就。」

胡鐵花很得意的笑笑說：「謝謝曾總的誇獎。如果我寫小說編劇的話，曾總跟曾嫂的愛戀就是我處女作的最佳故事。」

這時王胖見狀轉移話題故意在胡鐵花面前搔首弄姿說：「您剛才講日本『蛤』，您也幫我瞧瞧我是什麼樣的『蛤』呀！」說完還擺了個故作清純少女的 POSE。

「哇拷！鐵花自己的亂愛史就一大堆，故事都寫不完，省了吧！」黃金松很不屑的說。

周樹人反應最直接，不禁搖搖頭。

胡鐵花皺了下眉頭，瞇著眼故意在王胖身上下打量了一番。然後裂嘴笑嘻嘻說：「王蘭小姐，我上看下看，左看右看，怎麼看只是個……老『文蛤』。」

王蘭擺出很不悅的表情說：「啊！大俠哥！您說什麼老『文蛤』？」

大家笑笑。

胡鐵花點了下頭：「嗯！不錯啦！就是我剛才說的結過婚的女人叫『文蛤』，只是……老了一點。」

大家又是一笑。

王蘭學小女孩撒嬌說：「不行，不行，我……我要您說……我是……『蜆』嘛！」

大夥的雞皮疙瘩都起來了。

胡鐵花感到肉麻兮兮的搖搖頭說：「嚇！王胖小妹，妳以為妳才十五歲啊！妳都可以做阿嬤的人啦！真不害臊！」

大家都笑笑點頭。

王蘭自覺不好意思笑瞇瞇自我解嘲說：「大俠哥，人家只是耳朵痛快！想過過乾癮嘛！」

曾正洋覺得很對不住王胖；為了他解圍而遭受嘲笑，於是幫腔說：「說得沒錯，王胖用意是逗大家樂一樂，高興，高興而已。」

「這叫做『馬不知臉長，龜不知尾短』。」胡鐵花鐵嘴仍不放過王胖，只是話說在嘴邊，聲音很小，只是嘴形在動。

有人已感覺到暗地裡在竊笑。

王蘭見胡鐵花嘴裡嘟囔的不知所云問道：「大俠哥，您自言自語的說些什麼啊？」

又是一陣笑聲。

這時，黃金松頂著他的蒜頭大鼻大聲說：「鐵花說妳婀娜多姿粉有份量。哇拷！妳舉足輕重嘛！」

大家哈哈笑。

王蘭也哈哈笑了起來，很得意的說：「說得也是，老娘年輕的時候確實是『千嬌百媚』。此一時，彼一時啊！花會謝，人會老，很自然的嘛！人不能只看現在，也有光鮮燦爛的過去呀！」

「嘿！不老，不老，王胖小姐過去跟現在都好看；現在除了身材粗了些，線條直了點，其他的地方都不錯，夠標準！而且精力旺，力大無窮。是女中豪傑，現代花木蘭，沒人敢欺負妳。就連妳的老公也得讓妳三分啊！」胡鐵花滔滔不絕的說。

蒜頭大鼻黃金松笑哈哈說：「哇拷！做王胖的老公，我看得要有個兩三下子才行，不然的話，有得苦吃。」

周樹人咕嚕咕嚕喝了幾口啤酒。哈了下酒氣說：「大鼻子金松兄講得沒錯。要當王胖的老公先要掂掂自己的斤兩夠不夠。講到這裡，我講個笑話，大家分享，分享。這個笑話是夫妻二人爭端『誰在上，誰在下，誰在前，誰在後』，夫妻比份量。王胖和金松兄兩位重量級人士更要注意聽：有這麼一對很強勢的夫妻。有一天夫妻倆反目，婦強悍而善辯，夫就說我是天，妳是地，天在地上，豈可欺天！妻說我是陰，你是陽，陰在陽上，豈可落後！夫說以乾坤而論，是乾在上不是？妻說以內外而論，是內在前不是？夫說以男女而論，是男在上。妻說以雌雄而論，是雌在先，夫說以夫妻而言，夫在妻上。妻說以牡牡而論是牡在前。夫說『俗語常說，老爺太太，當然是老爺在上。妻說俗語也說，老婆漢子，豈非老婆在漢子之前，夫一時情急，忙說我要與妳……到底誰在上面。妻說不然，若高興時……還是我在上頭。』」

大家拍手叫好。

曾正洋興奮的在佟櫻美耳邊輕輕說：「看！我們親熱的時候，多半是妳高高的在我頭上，可見妳比我偉大！」

佟櫻美臉紅紅在正洋大腿上捏了一下。

曾正洋和佟櫻美恩愛的小動作，被眼尖的胡鐵花全看在眼裡，故意逗趣的說：「哈哈！曾總跟曾嫂在咬耳朵講悄悄話何不說出來大家分享！分享！」

周樹人也見機「興風煽火」加油添醋說：「是啊！是啊！好話大家聽，別只說給一人聽嘛！獨樂不如眾樂啊！」

大家紛紛叫說「快說，快說！」。

弄得曾正洋很尷尬，只得裝做若無其事笑笑的說：「沒什麼啦！她說大家都很會講笑話，講得很精采！我說，妳要是講笑話一定會笑掉大家的大牙！」

周樹人笑嘻嘻說：「那太好了！正對我左邊有一顆蛀牙，早就要拔掉；今天剛好藉嫂夫人的笑話，來笑掉我的蛀牙吧！」

大家哈哈大笑。

曾正洋沒想到小小的一句話被弄得滿頭包。急忙解釋說：「樹人兄，請見諒！人多她會怯場；所以笑話只好講給我聽。各位，真是抱歉！」

大夥面面相覷也就無話可說。

胡鐵花當然心知肚明。剛才曾嫂在曾正洋大腿上捏了一下的肢體語言事有蹊蹺。見他們小倆口恩愛，只好放他們一馬也就不便再追問到底。於是笑笑的說：「男生女生，反正情色笑話都愛聽。其實這些色笑話都是大家口耳相傳相互聽說的，算是二手傳播了。黃色笑話，請大家告訴大家。」

一旁的周樹人，眼睛眨了眨若有所思。忽然點點頭叫說：「鐵花給了我一個 idea。既然大家愛聽愛講黃色笑話，我有個建議大家參考、參考。剛好下個禮拜就是中秋節，秋高氣爽；我們何不舉辦一個『中秋月光晚會』。中秋夜我們找個遠一點的地方，遠離都市……像北海岸的山區，人少的地方舉辦個中秋月夜 picnic。邊吃、邊講黃色笑語，邊賞月。各位覺得如何？」

胡鐵花「眉飛色舞」興致高昂忙說：「Good idea。現在時間、地點都有了譜，嗯……我的九人坐休旅車再加上樹人的小轎車，足夠坐十幾個人。到時候找個山郊僻野對著嫦娥姑娘講黃色笑話別有一番風味……嗯……還可以『野』他一下……哈哈……」末了還學黃金松的口氣來了句「噓服的很！」。

大家對這個建議都很興奮。

周樹人見大夥對他的提議很滿意興奮的說：「謝謝大家支持。我提議由胡鐵花來策劃；當然節目主持也是由他負責。各位有沒有意見？」

大家同聲說「沒意見！」

「我們就拍手通過吧！」周樹人說完首先拍手。

大家報以熱烈掌聲。

周樹人接著說：「謝謝！謝謝大家熱力支持。除了在座務請參加，另外我們也歡迎其他的朋友也能夠來參加……像林桑、小黃、小鄭、孫小毛……江河海，還有鐵花的小學同學吳婉君……等，一起參加共襄盛舉。」

王蘭嘴裡嚼著東西一邊問說：「那天，我們女生也要講黃色笑話嗎？」

胡鐵花瞪著王胖說：「那是當然。我們沒有性別歧視，不分男女一律平等都要準備。我說王胖妳是跑不掉的。」

王蘭得意的笑說：「哈——那我會讓大家黃到底笑掉牙！」

「中秋夜看妳的囉！」胡鐵花興奮的說。

王蘭故作姿態用右手指往胡鐵花臉上一指笑瞇瞇的說：「包君滿意！」

胡鐵花忙搖搖手說：「包君滿意，不成，不成，男生滿意還不夠，最重要的是要讓小姐們滿足才重要。」

王蘭飄了胡鐵花一眼笑瞇瞇說：「那還用說嗎？能讓男士滿意的話，小姐自然會一起滿足啊！哈哈！」

王蘭話中話，大家當然聽得出來。跟著笑了起來。

黃金松兩手拍著鼓大的肚皮大聲說道：「哇拷！這年頭女人比男人還要黃、還要色啊！（瞇瞇眼）噓服的很！」

男士齊說「對、對。」

胡鐵花笑說：「那是當然，金松兄一語道破。男人色，大多眼色、嘴色、手色。女人色就不一樣囉。」

「哪裡不一樣？」周樹人問。

胡鐵花道：「女人是內騷，色在內裡。不同啊！」

「哇拷！『飲食男女』，內騷外色，還不是色？不色男女結婚怎麼生子？」

周樹人拍手叫好：「大鼻子金松兄有獨到的見解。好！」

胡鐵花忽而說道：「講到結婚生子。金松兄，我問你，知道不知道女人為什麼想結婚？這也是個極短篇黃色小笑話。」

「女人結了婚，好跟男人正大光明搞哪種事。哇拷！這還要問。（瞇瞇眼）噓服的很！」黃金松笑笑說。

胡鐵花點點頭：「只說對了一半，不夠完整。」

這會兒黃蘭「胸有成竹」慢條斯理說：「大俠哥，這還不簡單，是女人想開了，才想結婚的啊！是哪個『開』在作怪呢！」

男士笑樂了。

「嚇！王胖小妹，妳還真想開了；真有妳的。」胡鐵花吃了個王蘭小豆腐。

王蘭滿懷興奮說：「沒什麼啦！是您剛才說的，是二手傳播；我也是『道聽塗說』聽來的。大俠哥！人家早就想開了嘛！」

黃金松叫道：「哇拷！哪個女人想不開？想開了，男人才有搞頭。（瞇瞇眼）噓服的很！」

王蘭爹聲爹氣說：「大俠哥！我問你那男人為什麼想結婚？」

「王胖小妹問得好。男人為什麼想結婚，跟女人為什麼想結婚，是同樣的道理。各位想想看。」胡鐵花老神在在。

這個問題把大家給問住了。大家面面相覷。

王蘭嫣然一笑：「大俠哥，還是由您告訴大家吧！」

黃金松不以為然說：「哇拷！鐵花跟王胖像是同穿一條褲子。天下事就你們倆個知道！不動動腦，腦筋都要生銹了。大家想想。」

這時，周樹人若有所思。想了想說：「簡單，是男人想通了，才要結婚的。精髓是『通』字。」

黃金松裂嘴一笑：「哇拷！『木人』有你的。男人想通了，女人才有得樂。『蔓吃嘛！』（紹興語）男女通樂。」

「通樂！通樂！好辭兒。」胡鐵花誇讚說。

大家拍手叫好。

胡鐵花接著又問說：「各位，男人和女人為什麼想結婚，大家都了解了。現在我還有一個是關於同性戀的；有誰知道同性戀為什麼也想結婚？王胖小妹妹知道嗎？」

「大俠哥，你是知道的，人家是正常人，哪知道這個呀。」王蘭諾諾的說。

胡鐵花笑了笑說：「那就請非常人說吧！」

很少開口的曾正洋，忽而說道：「聽鐵花兄的意思，誰要回答了這個問題，豈不成了不是正常人了？」

黃金松一副樸克臉說道：「哇拷！鐵花胡扯什麼，牛皮不通。同性戀結婚有個屁用！都是同志。」

胡鐵花哈哈大笑：「真是『無心插柳柳成蔭』。歪打正著，讓你給矇上了。大鼻子金松兄說得一點都不錯，同性戀結婚有個屁用；結了婚就有那個『屁』可以用。」

大家哈哈大笑。

周樹人豎起大姆指說：「好，好，有『屁』用，空前不絕後。妙！」

大家又大笑。

周樹人借花獻佛舉杯說：「哥兒們，『屁』話笑夠了，哈酒，給主人鐵花捧個場。大家乾！」

乾！大家舉杯同乾。

「爽啊！」胡鐵花一杯啤酒下了肚，笑瞇瞇說：「好友、好酒、好菜、好興緻；我再講個黃笑話。笑話很勁爆很精采。聽好了，叫做『女性生殖器跟男性生殖器打官司』這也是聽來的。也是二手傳播。」

王蘭面帶狐疑問說：「大俠哥！這算哪門子笑話？男女生殖器都是相親相愛契合一起，打kiss都還嫌不夠，怎會打官司？」

胡鐵花一咕嚕又喝了口啤酒潤潤喉說：「王胖小妹且聽我表分明。事因女性生殖器告說男性生殖器到她家裡打架。打得她家裡落花流水。且聽分曉——

衙門審判官傳訊雙方證人，首先傳來女性的肚臍。她說：我只聽見打架的聲音，並未看見打架的實況，因為我住在樓上，看不見。

又傳住在女性生殖器後門的肛門，肛門說：那位大哥實在太厲害，有好幾次都打到我家門口來了。

審判官又傳男方證人。首傳和男性生殖器比鄰而居的卵子。兩個卵子一起說：打得怎樣我們可不知道。因為只能趴在門口看，想擠進去湊湊熱鬧也沒有辦法擠進去。

又傳住在男性生殖器裡面的精蟲。精蟲說：先前是否打架，我們不知道；不過，等我們出來看熱鬧時，他們卻不打了。」

大家拍手叫說「打得好，打得好。」

黃金松張著嘴聽得很興奮。大嚷「哇拷！這哪是打官司，分明是男女生殖器在猛打kiss。這種官司打得痛快過癮！（瞇瞇眼）噓服得很！。」

大夥哈哈大笑。黃金松摸摸蒜頭大鼻也笑了起來。

周樹人故意逗黃金松笑說：「金松兄巴不得這種官司天天纏身，天天有得打，愈打愈來勁！（學黃金松口氣噓服的很！）。」

大夥又是哈哈大笑。

王蘭乘機也軋上一腳指著黃金松笑說：「哎唷！金松大哥，您要是天天有官司您的鳥兒就可以天天打啦！您還真是鳥不起啊！」

大夥大笑。

黃金松很得意的說：「不是吹牛皮，哇拷！我天天練太極拳玩假的？我下盤練功練得很好。推、拿、掃腿固若磐石。」

胡鐵花哈哈大笑用四川話說：「金松兄，硬是要得。王胖小妹說得妙啊！你了（鳥）不起！」

大夥哈哈大笑。

周樹人也豎起了大姆指稱讚：「金松兄有個蒜頭大鼻，真正的鳥不起啊！鳥不起是萎人嘛！當然鳥不起啊！」

大夥爆笑。

黃金松氣呼呼對著周樹人叫道：「『木人』，哇拷！我看你才像個萎人。」

王蘭笑了笑爹聲爹氣說：「金大哥，周樹人他比不上您啊！他呀，只是個小小的舉人；您才是個名符其實的萎人。」

又是爆笑。

「哇拷！王胖，妳喜歡舉人，乾脆妳做舉人。」黃金松惱火，隨口說道。

胡鐵花忙接口說：「金松兄，別吃豆腐了。王胖小妹沒『東西』要如何舉啊！」

大夥又是一陣笑聲。

「金松兄，你就別謙讓了。我們這一夥就屬你最喜歡打官司，對女人也最拉風，是『實至名歸』的萎人囉。」周樹人落水狗的說。

又是大笑。

黃金松指著周樹人大聲說：「哇拷！『木人』自以為是聖人。別他媽的假道仙。打官司誰不喜歡？」說完擺出招牌表情瞇瞇眼。然後神祕兮兮又說：「告訴你們，其實最喜歡打官司的你們猜猜看是誰？」

大家面面相覷。

「是誰？」胡鐵花性急的問。

黃金松視線突然轉向曾正洋說：「是曾正洋！哇拷！（瞇瞇眼）噓服的很！。」

大家好奇的將視線投向曾正洋和佟櫻美。曾正洋不好意思搖搖頭笑笑。

「何以見得？請講個道理聽聽。」胡鐵花再問。

黃金松嘻皮笑臉的說：「道理很簡單，各位只要看著年輕美麗的曾嫂就明白了。哈哈……，要知道，『會叫的狗不咬人，咬人的狗不會叫』，哇拷！（瞇瞇眼）噓服的很！。」

又是一陣大笑。佟櫻美臉紅紅的很不好意思。

曾正洋不悅說：「金松兄，什麼不好比，把人比做狗，難道說，金松兄是人狗不分的嗎？」

「哇拷！我這是比方嘛！你我當然都不會是狗。」

曾正洋笑笑的說：「金松兄這句話還像是句人話。」

「你說我不是人！」黃金松氣呼呼的大嚷。

「金松兄，我可沒那麼說。人有時說人話，但也有時說鬼話；當然偶而也會說狗話。我只是指說出的話而已，並沒有別的意思。」曾正洋解釋說。

「哇拷！你……」黃金松火爆口打結似的。

胡鐵花見狀趕緊打圓場說：「兩位都別講了。男女這檔子事，本來就是你情我願，男歡女愛，男女生殖器打官司就像是家常便飯很平常不足為奇。各位，生殖器的官司當然是要打的，菜也是要吃的，酒也要哈的。哥兒們哈酒，乾啦！」適時化解了曾正洋、黃金松的口角。

乾杯！乾杯！大家一起乾杯。

每個人都將杯裡的酒乾了，門前清。

酒乾飯飽菜了。胡鐵花紳士的彎腰手一揚，面帶微笑說：「小姐、先生，請移駕客廳享用茶果。請——」

大夥起身移往客廳。

王蘭、湯美芝跟胡鐵花是熟識，主動留下來幫忙收拾餐桌上的碗盤和清理桌椅。佟櫻美不好意思欲幫忙。王胖忙說：「曾嫂，不用了！我們來收拾就夠了。妳陪曾大哥客廳坐。」

佟櫻美點點頭說了聲「謝謝！」就轉身到客廳。

大夥在客廳吃水果喝茶聊天。

胡鐵花也利用了這個機會，為策劃「中秋月光晚會」跟大家交換了一些意見，算是開了個小會。

九點過後，結束了今晚的胡家小聚。

＊　　＊　　＊　　＊　　＊

離開了胡鐵花家，曾正洋和佟櫻美跨上了機車，飛也似的往三重家的路上飛馳。曾正洋回過頭說：「我的老婆，往前坐一點。」

「已經很前了。」

「還不夠，再坐前一點，我們倆要黏在一起！」

佟櫻美手拍了一下正洋的背，往前移了移「陰部」已緊緊貼到曾正洋的屁股了。

「對嘛！就是這樣。妳要抱緊哦！」

「會啦！貼在一起不抱緊我坐的會很累！」

曾正洋笑笑的說：「說得好！這叫做『黏巴達』！」

佟櫻美在正洋肚子上捏了一下。

紅燈，機車停下。曾正洋回過頭看了佟櫻美一眼說：「老婆，今晚妳可出盡了風頭；大家很羨慕我有妳這麼年輕又漂亮的老婆。」

綠燈，車行。

佟櫻美用力抱了一下曾正洋很得意的說：「本來就是嘛！我最年輕啊！」

「當然，妳是年輕加上漂亮，兩樣全都被妳佔上了。」曾正洋邊說邊用左手撫摸佟櫻美的大腿。

「小心騎車，路上人多不好看。」

「沒關係，沒人會注意。」

「嗯……想的話，到家再說吧！」

曾正洋心裡明白，佟櫻美很「需要」。於是笑說：「ＯＫ！但是現在換妳摸我。」

「摸什麼？」佟櫻美故問。

「裝蒜，明知故問。」

「我哪知？」

曾正洋回頭小聲說：「當然是我的『小弟弟』了。」

「啊！你很討厭哩！」

「妳『口是心非』！」

佟櫻美又捏了一下曾正洋的肚子。

「對！對！就是用妳捏我的這隻手只要往下一點再往前一點，就可以摸到我的『小弟弟』了。」

佟櫻美正要摸的時候，遇到了紅燈。

綠燈亮，車行。

佟櫻美的手指在曾正洋的「小弟弟」上輕輕碰了一下。曾正洋很快的伸出左手按住了小手說：

「就是這樣按住」。其實「小弟弟」早已硬硬的橫在褲裡。小手按放在上面，倆人都很興奮。

「老婆，我的鳥就交給妳了；如果鳥飛了妳可要負責。」

「牠很舒服，放心，不會飛的。」佟櫻美很俏皮的回說。

剛才在胡鐵花家聽了很多的黃色笑話，佟櫻美想到回家就可以「做」了。想著，想著，一時太興奮，手不由得用力壓在「小弟弟」上面。曾正洋暗爽，此刻慾火上昇，她很需要哩！

終於到了家旁的巷子。曾正洋停好機車說：「等兩三分鐘再上樓。」

「為什麼！？」佟櫻美有些不解。

曾正洋指著自己褲前凸出一大點說：「搭帳蓬啦！」

佟櫻美瞄了一眼說：「你還真麻煩呢！」

曾正洋笑嘻嘻小聲的說：「不是我啦！是這隻鳥啦！有麻煩才好玩嘛！要是牠不麻煩了，那才真的麻煩了。」

「對ㄟ！」

佟櫻美還真是純真。曾正洋就喜歡她這個調調。

過了兩三分鐘，「小弟弟」總算消了氣、熄了火。倆人走出巷子口，進大廳乘電梯直上十三樓。

倆人一進大門，曾正洋一記馬後腿「砰」的一聲將門關上了。衣服還沒脫已迫不及待的抱住佟櫻美猛親。佟櫻美嘴裡嗚嗚的像是有話要說，但是曾正洋的嘴唇已黏在嘴上說不出話來。

片刻之後，佟櫻美終於喘了口氣，指著窗戶說：「窗簾！窗簾！」

曾正洋走到窗前，趕緊將落地窗簾拉上。佟櫻美開客廳的燈並將它轉暗些。

就像跳「探戈」舞，曾正洋一手拉著佟櫻美的手往自己懷中拉；一腳跪下抱住她的下身，忽而一頭鑽進裙內。隔著三角褲，鼻子猛吸「陰阜」所散發出的熱氣。這是「小妹妹」的特有氣味。深深聞著比吸鴉片還要興奮刺激。

佟櫻美很自然的將兩腿微微打開些。兩手輕輕撫摸曾正洋的頭，臉上洋溢著歡悅。過了一會，佟櫻美乾脆撩起裙子握成一團抱在胸前。曾正洋如獲重見天日，樂得順手將三角褲慢慢拉下由腳根退下揚手丟在沙發上。

曾正洋「如醉如癡」的在「陰阜」上深深吸了口氣說：「親愛的，請脫衣裙，坐在沙發前面一點。曾正洋順手拿了個沙發背枕搓在佟櫻美的屁股底下。兩條雪白的玉腿張開著，只見粉紅色「花庭」口已濕漉漉的。

曾正洋蹲在叉開的腿前。舌尖舔吸「花庭」縫溝流出的一股股「湯水」，全都舔進了嘴裡；並且還用舌頭輕刷「花庭」。

「老婆，妳的蚌蛤肉鮮美可口，真好吃！」

佟櫻美不語，只是閉上眼睛，儘情的享受舔吸。小舌尖已舒服的伸出在唇間舔動。忽然，佟櫻美的身體微微抽動了一下，張開眼睛說：「很痛！你的鬍子刺得很痛。」

「噢！對不起，忘了刮鬍子，抱歉，馬上刮。」

「你刮鬍子那我沖洗一下。」

「不用了，反正我都已經吃了。妳很乾淨，『原汁原味』更鮮美啊！」說完，一個躍身下床走往浴室。

曾正洋回到床上笑笑的說：「真抱歉！我的鬍子刺痛了妳的『小妹妹』。」

「『妹妹』那裡很嫩，一點點長的鬍子都會刺得很痛。」佟櫻美撅個小嘴說道。

「對，對，對，愈短愈刺。現在一切ＯＫ！繼續『做』。」正洋說完就躺在床上。

佟櫻美莞爾一笑。

「我們，今天來個特別的。妳上我下，妳跪坐我臉上。『小妹妹』對著我的嘴，兩手扶在床頭板上。」

佟櫻美滿面笑盈盈很輕巧地爬坐正洋的臉上。

真是美極了！佟櫻美「陰溝」兩旁茸茸小毛，乍看之下還真像個『毛坑』（便坑）。『甜甜圈』（陰道口）已湧出了湯水。

曾正洋的舌尖輕輕舔著『甜甜圈』，將流出來的湯水舔進嘴裡。味道比酒還要濃烈香醇，真是醉人啊！

「花蒂」被舔得臌臌的。「陰核」已變得鮮紅。曾正洋的舌頭像是把小刷子從甜甜圈口往上輕刷，刷到「花蒂」。如此一便一便的刷。佟櫻美已樂得高喊「哎耶～～哎耶～～哎耶～～哎耶～～」。身體痙攣般的在扭動著。

「花巢」被舔得舒服極了。佟櫻美樂癱了，整個「花巢」就坐蓋在正洋的臉上。曾正洋也藉機蠕動著嘴巴和鼻子上下擦擦「溝縫」，弄得佟櫻美哇哇大叫，舒服的失神。

大大臌起來的「陰核」如蒸籠裡的熱饅頭，漲得大大的，猴子屁股一般的紅。尤其是「花蒂」鼓紅的像朝天小辣椒。接著佟櫻美「噢！」的如春雷般大叫一聲，「小肉縫」如蚌蛤吐水，一條小水柱飆射的有七八吋之遠。如果用攝影機拍攝「小肉縫」裡吐出小水柱的凍結畫面，畫面一定很美。佟櫻美樂得搖頭擺尾，整個「花巢」壓蓋在正洋的臉上，兩腿還緊緊的夾著曾正洋的頭不放已上了「陰蒂」高潮。

佟櫻美坐在正洋的熱臉上，嘴裡持續喊叫「哦……哦……哦……」舒服的聲音。

因整個臉被「花巢」坐蓋著，曾正洋顯得呼吸有點困難，像是要窒息似的，只好用嘴巴呼吸。雖然如此，但覺得這是和「小妹妹」一種親密完全接觸。是觸覺、嗅覺和味覺的最高享受；更是對佟櫻美愛的最高表現。

也許是真的要窒息了，曾正洋用手拍了下佟櫻美的屁股，意思是告訴她可以起身了，我的頭臉快要被坐扁了也快停止呼吸了。

可愛的佟櫻美恍如美夢驚醒撅起那粉嫩香白的小屁股。曾正洋像是從不見天日的礦坑爬出，立刻就大吸了口氣，「花巢」裡的湯水隨著流入了曾正洋的臉上嘴裡、喉嚨裡，措手不及被嗆到了，連咳了好幾聲，搖頭笑說：「真難得啊！我竟然被妳的『B』水嗆到，畢生難忘啊！」

佟櫻美摀著嘴噗嗤！笑了起來。

曾正洋也跟著笑了。於是伸手在她雪白粉嫩的小屁屁上摸了一把說：「這是妳的傑作啊！來來，我們的生殖器要打官司了……我們交配吧！」

剛上了「陰蒂」高潮，難掩心中的歡悅。撅著小嘴說：「不要講得那麼難聽嘛！」

「我們原始一下學做動物多自由自在啊！」

「我們是在『做』，是親熱嘛！」佟櫻美故意將親熱兩字用捲舌音輕聲的說。

曾正洋亦故意捲舌說說：「是，我們會『做』得粉親熱，行了吧！」

佟櫻美搖頭擺尾得意地「嗯」了一聲。

「老婆，聽好，妳是我的——」曾正洋提高分貝像是作對聯提上句。

「——是你的人、你的心。我，都是你的。可以了吧！」佟櫻美像背書般，朗朗的說。

「當然囉！」

「你不但要我的人還要我的心。」

「那是一定的囉！」

「你很貪心！」

「誰叫我這麼愛妳。」

佟櫻美羞紅著臉，握著小粉拳在正洋的胸前輕輕的搥了一拳；臉上洋溢著被愛的喜悅。

曾正洋身體成90度直角靠坐床頭板，佟櫻美倚偎坐在正洋懷裡，倆人成「比」字形疊坐床上。

曾正洋胸緊貼著佟櫻美的背，兩手握著她的雙乳。乳房小而美，摸起來「粉嫩」非常的舒服。舌頭輕舔後頸和肩部。覺得很享受，這個感覺真好！

摸與被摸都是一種愛的享受。手往下移，在「花巢」裡爐火加炭。右手中指頭輕輕擠擦「陰蒂」，很輕很溫柔的上下擠擦。這真是個敏感的「小東西」。小豆豆受到了刺激，慢慢的鼓硬了起來。太舒服了，佟櫻美舒服的像觸電似的微微顫抖。嘴裡也「嗯~~嗯~~」哼了起來。

曾正洋中指往下一滑就伸進了「陰道」內。擠擦「陰蒂」的工作順勢交給了大姆指。中指和大拇指剛好成了」形優美的直角。兩根手指頭一內一外的在為親愛的櫻美做性服務。佟櫻美的「陰道」較淺，但還算緊，中指就像是被佟櫻美的握住一樣。

中指手指頭，彷彿是曾正洋的第二個「小弟弟」。很用心、很技巧的在「陰道」裡「戳進」、「戳出」。同時，大姆指也在作摩擦「陰蒂」的交替動作。

佟櫻美舒服的像蚯蚓般蠕動身體。鼻子也「嗯～～嗯～～」哼聲不斷。

用手指頭和佟櫻美「做愛」是另類的一種方式。這跟「小弟弟」、「小妹妹」打KISS的步驟一樣。插指功夫進行的輕重緩急以及軟硬的運用，都拿捏的精準恰到好處。

手指頭在「陰道」插進、插出的很滑順；大姆指摩擦「陰蒂」很刺激。佟櫻美樂得「嗯哎～～嗯哎～～」一聲哼個不停。

從手指頭的感覺知道佟櫻美已快上高潮了。於是快馬加鞭，手指頭快速的「插進」、「插出」。「小肉縫」裡的「湯水」股股的湧出。

已到了最後衝刺，手指頭在「陰道」前壁入口約三、四公分處略為用力的勾擦。這是女人的G點，是極其敏感的性感點。中指頭勾擦G點，同時大姆指也快速的摩擦「陰蒂」。佟櫻美已樂透大動作的扭動身體，大聲「啊～～啊～～啊～～」喊叫。

忽然，「陰道」緊緊收縮緊緊咬住中指頭隨之用力往外推擠；一股強大的暖流跟著湧出並「啊——」的大叫一聲；櫻美洩了，上了高潮；急促的喊「舒服……舒服……舒服……。」

曾正洋巧妙的運用手指頭「插指神功」，加添了佟櫻美再一次不一樣另類的性感受與滿足。

佟櫻美微紅著臉舒服微笑「哦！」的哼了一聲乾脆往後一躺，全身放鬆躺靠在正洋的懷裡；這樣靜默了一兩分鐘。

曾正洋輕吻著佟櫻美後頭說：「味道如何？」

佟櫻美微笑的點點頭。

「這叫『小兵立大功』。手指頭也能玩得很盡性啊！老婆，記得嗎！第一次天臺看『龍捲風』電影玩過一次。」

「對啊！這是手淫。女人自慰的時候大多是用手指。」

「那妳呢？」

「很少啊，因為我有正常的發洩嘛！」隨後又補了一句「偶而也會。」

「什麼情形下才會？」

佟櫻美略想了想說：「看色情小說的時候。」

「妳是怎麼……弄？」

佟櫻美被問得有點不好意思小聲回說：「用手在『陰蒂』上摸摸嘛！」

曾正洋又問道「手指會不會伸進『陰道』裡面？」

佟櫻美略為想了想說：「嗯……有時也會啦！」

「有高潮嗎？……會不會流水？」曾正洋故意問。

「這也是發洩啊！會舒服；當然有流水。」佟櫻美不好意思低著頭說。

男女有別，女人談到露骨的問題會害羞的。曾正洋接著又問：「剛才我幫妳手淫，妳很性奮反應激烈，非常舒服啊！」說著槓在佟櫻美屁股下的「小弟弟」頂了她屁股一下。

佟櫻美羞答答說：「『手指頭』是你的嘛！」

曾正洋聽了笑笑點點頭，就是喜歡她這個調調。性奮的緊緊的把她抱在懷裡。弓起屁股，「小弟弟」死勁的頂戳她的屁股。

佟櫻美慾火燃身，很性奮的配合。搖晃屁股擵擦股溝下那根硬梆梆的「小弟弟」。

追求熱愛純真是曾正洋的天性。佟櫻美這個純真的肢體動作讓曾正洋心裡狂叫：櫻美，我愛死妳了！於是在她後背上舌吻了下說：「俗話說，『女人三十如狼，四十如虎』，妳現正是狼虎之年。」

「對啊！我這幾年才知道什麼是高潮，什麼是享受。以前都不知道。」

「那是因為妳玩對了人；是——我。」

「對啊！我跟你說過，以前跟我前夫『做』只是舒服，沒有高潮。」

「妳現在很性福啦！有人說，男人十七歲的時候就已到達了性的頂峯。女人的性頂峯要到四十歲左右才到達。話雖不一定正確，但也有幾分道理。我說妳是狼虎之年這方面需要很大，也就是這個原因。不過從外表很難看出妳是個很愛玩的女人。妳給人的印象冷冷的，比較保守。」

佟櫻美很不平的說：「哪有，我不是愛玩；我跟你說過，我是個『悶葫蘆』。我的朋友也這麼認為。」

「哈哈！妳這個『悶葫蘆』碰到我這個火爐，我們燒到一塊了。」

佟櫻美調皮的說了句「嗯——囉！」

曾正洋這會兒，雙手將佟櫻美的身體由背向一百八十度轉成面對面。同時用那如鐵棒似的「小弟弟」頂了下她的丫處。接著又說：「性愛，就是倆人所共創、共有、共享。男人有責任和義務使女人能夠獲得高潮；不然性愛就沒有意義了。我看過一本書，裡面談到，女人有了高潮，女人會更加享受性愛的歡愉。而且會採取主動。還說，如果女人沒達到高潮的話，那可是件很可怕的事。那種達不到高潮的痛苦感覺，就像張嘴準備要打噴嚏，而打不出來，那種痛苦，有多難過就多難過。這個比喻非常好。又好比妳享受過高潮而我又無法給妳高潮的話，妳會多掃興多難受。妳會恨死我。」

佟櫻美笑笑的說：「老公！你——不會啦！」

「當然不會，我也相信不會，我說的是假設問題。事實正好相反，我每次都能給妳高潮讓妳滿足。當然不會恨我。哈哈……我剛才用兩根手指頭就能讓妳上高潮愛我都來不及哩！」

說得佟櫻美樂樂的，小屁股還左右搖了搖，真可愛。

曾正洋忽而笑笑的說：「哈！我也不能太得意。我剛才為妳『插指高潮』小兵立了大功；這也是個危險動作。」

「為什麼？」佟櫻美好奇的急問。

「因為那本書上也提到『陰道的迷思』。簡單的講，有的男人不太願意用手指的方式幫女人達到『陰蒂』高潮。」

「又為什麼？」佟櫻美再問。

「原因很簡單；怕萬一『陰蒂』高潮快感取代『陰道』高潮快感的時候，很有可能到那個時候男人就成為性的犧牲品。意思就是說，女人可以由手淫成為她決定性行為的模式；也就是方式。那跟男人交媾就是做愛，也就會因此改變成次要或是不必要的性行為了。換句話說，就是女人跟不跟男人性交就無所謂了，可有可無，或是完全不要了。妳懂我的意思嗎？」

「知道啊！」

「這是書上說的，也不一定正確。」曾正洋笑笑的問說「那妳會不會有一天不想跟我『做』了？」

佟櫻美笑著說：「我才不會呢！說真格的，你服務我享受。這樣很好啊！」

曾正洋很高興的說：「我的老婆是世界上最懂得，最會享受的女人啊！」

佟櫻美很得意搖頭擺尾式的又搖晃了下身體。

「講了半天，我的『小弟弟』還餓著吶！剛才妳已經飽肚，他還沒吃！」

佟櫻美笑瞇瞇的說：「餓他一餐！」

「妳捨得嗎！？妳很會黑白說。才捨不得哩！」

佟櫻美撒嬌「嗯……」了聲，將頭緊緊偎在曾正洋的懷裡。

曾正洋整個人酥酥的，最吃她這一套。笑笑的點了點頭「老婆，嗯……來個『屁股翹個半天高』。」

可愛的佟櫻美很有默契熟練的身體往前一趴，粉團似的雪白屁股翹高高的。股間夾著一條水嫩似火紅的「小縫縫」。

「小縫縫」還在熱頭上。曾正洋掰開「小縫縫」用舌尖勾舔了一會兒，就串出了如唾涎般的「湯水」。有如甘露甜美可口。

「老婆，背向坐在我的『小弟弟』上面。」

一個口令一個動作，佟櫻美如溫馴的小綿羊，身體往前一趴翹起了小屁股。

曾正洋手指掰開鮮紅的「小肉縫」，佟櫻美抬身滋的一聲很精準坐進了「小弟弟」。曾正洋取了個小墊子塞在她的屁股底下。兩手握著屁股往前推送。櫻美則是順勢反彈回坐「小弟弟」上。倆人很有默契的合「做」。

曾正洋一向很喜歡由佟櫻美半主動的做愛方式。這樣在後面可以欣賞她的「做愛」動作和她背影曲線美。

「嗯哎～～嗯哎～～嗯哎～～」佟櫻美叫床聲喊得令人疼愛和「性」奮。這時只見她動作激烈，披頭散髮很賣力的玩呢！嘴裡「嗯哎～～嗯哎～～」更加大聲，呼吸急促，這是「高潮」的前兆。曾正洋「推波助瀾」配合，加速推送佟櫻美的屁股。

「性」真是令人著迷。不論男女，只要玩上了癮，都會拿出吃奶的力氣，如「獅子搏兔，全力以赴」，絕不遺餘力。

樸滋！樸滋！黏稠的交媾聲更加急促而響亮。床頭板轟隆！轟隆！發出了巨大的撞擊聲。佟櫻美的身體顫動不停；忽而高喊「噢——耶………」上了「最高潮」；曾正洋也同步獅吼了一聲爽到了最高點。億萬隻精蟲射入了佟櫻美的「小肉縫」裡面。

樂透了！佟櫻美「餘猶未盡」哈著嘴「啊……啊……啊……」喘叫個不停。

兩分鐘後，佟櫻美「筋疲力竭」往後倒在正洋胸上。但是「小弟弟」和「小妹妹」仍然 kiss 連在一起親密的很哩！

「愛我嗎？」曾正洋在佟櫻美耳邊輕輕問說。這是曾正洋「做愛」後的例行公式。

「愛呀！」答的亦很制式。

「真的嗎？」

「是真的。」很肯定的說。

曾正洋露出會心的微笑。「櫻美，我相信妳說的是心裡話。妳是愛我的。」

佟櫻美望了曾正洋一眼。

曾正洋微微地笑了笑接著說：「為什麼我相信妳是真心愛我？這就是男人跟女人不同的地方。妳要瞭解，男人為了性，在床上跟女人什麼話都說得出口。說得甜言蜜語，天花亂墜。但是下了床概不認帳；一切都是屁話。女人正好相反。你在床上能夠滿足她，能帶給她性福；她說愛你，這是她心底裡的真心話。所以說『女人床上的話可以信；男人床上的話不能信』。說完，緊緊的抱著佟櫻美「老婆，我永遠愛妳！」

小鳥依人般的佟櫻美側過身，慢慢回頭望著曾正洋。眼神中似乎是在告訴曾正洋，但願如你所說。

曾正洋微微點了點頭，表明了自己一片赤誠心意；似乎也在告訴佟櫻美「請放心！我絕不會辜負妳對我的期望。」

佟櫻美臉上流露出滿意的笑容。忽而，將臉貼在曾正洋的臉。

倆人如火似膠的吻著……吻著…………

18 中秋月光晚會

欣逢中秋佳節。

今夜，在九份山區山頂有個別開生面不一樣的「中秋月光晚會」。晚會策劃兼主持人胡鐵花，統領一羣賞月達人「興高采烈」的登上了車。十二個男女分乘兩輛車；胡鐵花這輛簇新的休旅車上坐了吳婉君、王蘭、湯美芝、林桑、江河海和黃桂芬七人。第二輛周樹人駕駛的小轎車有黃金松、孫燕妮、曾正洋和佟櫻美五人。

兩輛車浩浩蕩蕩從臺北東區出發。路經北上國道高速公路，下交流道轉金水公路直駛九份山區。沿途風光明媚、微風和煦。午後四、五點的陽光柔和而美麗。麥穗般金黃色的陽光普照大地，看在眼底的感受真好，令人胸懷舒暢興奮不已。誠如北宋范仲淹岳陽樓記所寫：「心曠神怡，寵辱皆忘」。

車行近兩個小時始到達目的地。其時已近黃昏，夕陽漸漸西沉，綻放出繽紛燦麗的景色。如同唐朝詩人李商隱樂遊原詩句所說：「向晚意不適，驅車登古原；夕陽無限好，只是近黃昏。」雖然說是夕陽無限好，只不過是落日餘輝。但切勿感傷，實則是「送夕陽之西盡，導明月之東出。」

（北宋蘇轍黃樓賦）這不是大夥今天此行的另一個目的嗎？

大夥下了車，每個人都精神奕奕，都很興奮。有的人在欣賞夕陽美景；有的人則在挺腰伸腿，活動筋骨。兩部車停妥之後，主持人胡鐵花集合大家說：「各位男先生、女小姐，大家 Good evening!」

大家笑出。

王蘭爹聲爹氣故意問大俠說：「大俠哥，請你告訴我誰又是『男小姐』和『女先生』。」

大家又笑。

胡鐵花笑瞇瞇的說：「我說王胖小妹別當真，男女當然有別啊！我是在跟大家逗樂；剛才車程讓各位屁股受苦；接下來腳程要各位兩腿酸痛。我能不為大家加油打氣嗎？」

「喲！大俠兄，原來如『比』是這樣的啊！金感謝！金感謝！」王蘭撒嬌的說。

大家哈哈大笑。

胡鐵花忽而一本正經的說：「大家笑也笑了，現在我們要從前面這條登山步道往山頂爬，目標就是山頂的小涼亭，腳程大概二十來分鐘。俊男美女們，Let's go!」

說完，胡鐵花揹起物品一馬當兒，帶領大家往小山頂爬。為了解大夥登山枯燥和激勵士氣，特地邊走邊唱了首「上山崗」小調歌曲；他拉高了嗓門唱道：

看夕陽來看夕陽喂。

一輪紅日下山崗呀喂。

崗上有人放牛羊，不知可是我的郎呀喂。

一心想要上山崗……

（這時王蘭也用她甜美的嗓音跟著大俠合唱）

……去找我的郎呀郎。

祇怕牛哥把我擋，不肯讓我過橋樑喂。

看月亮來看月亮喂。

一輪明月掛樹上呀喂。

小路兩旁樹遮光，寸步難行怎找郎喂。

寸步難行怎找郎喂，寸步難行……

胡鐵花和王蘭唱完這首「上山崗」獲得大家熱烈的掌聲；因為大夥是一路縱隊，十餘人前後拉得長長的。因此，掌聲雖熱烈，但顯得「此起彼落」。

也許是大俠今天特別高興，一連唱了好幾遍「上山崗」。王蘭不願搶大俠的風頭，唱了一遍就不再跟他合唱，讓胡鐵花獨唱。

幾遍唱下來，胡鐵花有些氣吁。其實爬山登高，最忌諱的就是講話唱歌。無奈，今晚胡鐵花是主持人，也只好自己多擔待了。

小山坡爬了二十多分鐘，終於到達目的地——小涼亭。大家雖然有些累，但每個人的臉上充滿了興奮歡悅之情。

涼亭為圓形亭頂。亭外為暗橘色亭內為白色；水泥建物。週邊腹地約八、九坪；涼亭面積約為三坪大小，由四根水泥柱支撐。柱子下左右兩邊為石板相連為椅；僅留一方無石板，作為上下涼亭石階走道。涼亭外週圍，佈滿了一些不知名的矮樹和雜草。

由亭內遠眺，為連棉起伏階梯式的小山丘；盡頭是一片藍海。亭子後方下坡不算太遠處，為一大片的矮樹叢。有兩三顆大石散落在大片的矮樹叢中；遠遠望去，矗立的大石有如巨鳥蛋卵。此無名小涼亭，屹立於人跡稀少山頂。放眼觀望，海天相連，山野樹草碧綠，風景絕佳；為觀賞和體驗大自然美景之理想景點。在此賞月言歡，詩情畫意，予人有置身世外桃源之感。

燦麗的夕陽迴光，已泛出了最後的一片餘輝。可愛的月姑娘早已在東方抬起了美麗的臉龐；又像似一圓明鏡高懸穹蒼。

大家忙著放下身負的物品，堆放在亭內石桌上。不一會桌上已堆放的滿滿的。有糖果、花生、瓜子、月餅、麵包、水果、滷味、飲料……等。此外還有照明燈具、手提音響、大塑膠布、衛生紙、清水等物品，應有盡有。

這時候，周樹人和江河海，正忙著在涼亭內各角落以及石桌底下燃置蚊香，驅除蚊蟲。這點，不得不佩服主持人胡鐵花用心細密，設想週全。

待大家忙完坐定後，胡鐵花總算是鬆了一口氣，慢條斯理的說：「大家好，辛苦了！今晚共賞美好的月色外，重頭戲就是共享各位準備的有色笑話。聽後，保證會讓各位笑破肚皮。笑，能治百病；笑，還能延年益壽。今晚不妨拋開一切煩惱，開懷大笑，好不好！」

大家齊聲大喊「好——」。

胡鐵花笑著舉了下右手說：「謝謝！謝謝捧場！好，大家都知道，在一年四季中，每季三個月；而秋季以八月居中，十五又是月中的月中。所以古人就以八月十五日訂為『中秋節』。」

「大俠哥對民俗典故還蠻了解的嘛！」王蘭誇讚說。

黃金松望著王蘭說：「哇拷！八月十五中秋節，中秋節八月十五，誰不知道。」

周樹人抱不平說：「金松兄，你知道的是當然，不知所以然；好一個『孤陋寡聞』井底蛙。」

「哇拷！『木』人要你多嘴！」黃金松有點惱羞。

大夥笑出。

胡鐵花也笑笑的說：「金松兄，見笑了，您就當做是「月下猜謎吧！」說著還指了指天上的明月。

王蘭不服的向黃金松飄了一眼帶笑的說：「嚇！有人連謎題都看不懂還想猜謎底，省省吧！」

大家哈哈笑。

黃金松氣沖沖的大嚷：「王胖！哇拷！妳是『指著月亮罵禿子』。」

大家哈哈大笑。

王蘭一臉疑惑的問大家：「咦！怪了！剛才有誰看到我指月亮？再說，我就是跟月亮借了膽也不敢罵金兄大哥！」

大家又大笑。

胡鐵花打圓場說：「各位！各位！這是月姑娘的眷顧，帶給大家的小小歡樂！」（眾笑）接著又說：「好，我們言歸正經，因為有些朋友，今晚是第一次跟大家見面，我就一一點名簡單的介紹，**Lady first** 先從小姐開始。叫到名字的人，請揮揮手；坐在我身旁的是吳婉君小姐……右邊的是王蘭小姐，大家叫她王胖就可。（眾笑）……接下來是湯美芝小姐，外號叫湯包（眾笑）……再來是黃桂芬小姐，外號叫小黃……坐在黃金松旁的是孫燕妮小姐，外號是……（周樹人接口說：

叫孫小毛！）（眾大笑）」

坐在一旁的黃金松可笑不出來，因為他臉綠了。

胡鐵花繼續說：「各位！孫小毛是曾正洋取的外號（眾又笑）好，對面坐曾正洋旁的是佟櫻美小姐……現在介紹男士們。從佟小姐旁開始，這位是曾正洋先生，是曾總司令，對不起，是在下封的（眾笑），孫燕妮旁是黃金松先生……右邊是林桑，林董事長……再右邊的是江河海先生，站在我旁邊的是快樂王子——周樹人先生，外號也是曾總司令取的。最後小弟自我介紹，我叫胡鐵木，渾名『鐵花大俠』，這也是總司令封我的。」（眾哄笑）大俠接著問說：「還有誰沒介紹？……都有了……好，我就話入正題。」胡鐵花嘴裡嗯了兩下，清了清喉嚨，繼續說：「今夜的『中秋月光晚會』，節目分為兩個單元。前段黃色笑話大家說，大家分享。這是晚會的主軸；後段為自由交誼、賞月、享用美食、聆聽音樂……等還有專為情侶精心規劃的『小倆口甜蜜中秋夜』活動。這是晚會的壓軸（大家拍手叫好）我們還特別準備了小倆口親密必需用品：包括大塑膠布、蚊香、衛生紙、塑膠袋、保險套、清潔水還有……藍色『威爾鋼』……哈哈……全部免費的哦！（大家哄然大笑）各位！有需要的人可向周樹人領取。」

有的男士在磨拳擦掌，像是準備大「幹」一場。

小姐們較含蓄，臉上看不出什麼，但有些人早就樂在心頭了。「男歡女愛」嘛！

胡鐵花摸了摸額頭說：「各位請注意，今晚整個活動時間，從現在開始到凌晨一點結束。同時我們準備了很多的月餅、麵包、滷味、飲料……放在石桌上，歡迎自由取用。（大家拍手）在節目未正式開始前，特商請抒情歌后王胖小姐為我們清唱一首歌暖暖場，好不好！（大家拍手叫好）有請歌后王胖小姐——

王胖起身走到大俠旁望了一眼大俠說：「真不好意思，大俠哥指名要我先開『口』，不知居心何意？」

大家笑出。

胡鐵花笑著向王胖一躬身說：「王姑娘言重了，小弟哪敢要王姑娘為我先開『口』。（大家哄笑）誰不知道王姑娘的『口』可納百川，而且……」

王胖接嘴搶說：「……有『容』『奶』大是不是？」

大家哈哈大笑。

「當然，當然，王姑娘！妳是『兩口』皆大！人說『嘴大吃四方』，王姑娘是老少通吃，吃的是八方，而且向來是當『人』不讓！（眾大笑）我只不過是妳的萬中其一而已。」

大家哈哈笑。

王胖爹聲爹氣的說：「大俠哥真不愧是身經百戰殺場老薑；『唇槍舌劍』，嘴利的很，本姑娘服了你！」

「豈敢！豈敢！王姑娘『喙長三尺』，我這是『江邊賣水』，『關公面前耍大刀』，自不量力。得罪！得罪！」胡鐵花恭維的說。

王胖頗得意的扭動了一下身體說：「客氣！客氣！獻醜了，我就唱一首應景歌『秋夜』。」

大家熱烈鼓掌。

王胖兩掌微扣握放腹前頗有聲樂家架式高唱：

我愛夜，我愛夜。

更愛皓月高掛的秋夜。

…………

佟櫻美附耳曾正洋輕聲說：「剛才大俠和王小姐真會一搭一唱的很熱鬧。」

「他們倆個是在打『嘴炮』；倆人針鋒相對，一個半斤，一個八兩，有好戲看。」說著，把蓋在兩人身上的茄克往上提高了一點。

我愛夜，我愛夜。

更愛皓月高掛的秋夜。

幾抹不知名的樹，已脫盡了黃葉。

已脫盡了黃葉。

已脫盡了………

王胖唱畢，掌聲，叫好聲一片。

胡鐵花拍著手說：「謝謝王姑娘這首開場曲『秋夜』；不同凡響，『入木三分』，唱得太好了。謝謝！現在本人宣佈『中秋月光晚會』正式開場！現由本人先朗誦開場白。」胡鐵花咳嗽兩聲，潤了下嗓子。

各位小姐先生請聽曉：

秋高氣爽嫦娥月

俊男美女坐兩旁

黃色笑話大家說
妳我一起同分享
（眾拍手叫好）
小弟有言先聲明
今夜男士別正經
小姐亦當勿害臊
如此這般哈哈笑
（眾拍手叫好）
說得是葷腔黃調
聽者是小鹿亂跳
只要妳我都喜歡
嘴炮打的哇哇叫
（眾拍手叫好）
在下兄弟鄙人我
自告奮勇第一炮
小弟這廂有禮了（彎腰深深一鞠躬）
黃腔必能搏您笑
搏您一笑——

（眾拍手同聲叫好！）

胡鐵花來了個雙手抱拳笑容滿面說：「謝謝！謝謝！小弟的開場白朗誦完畢，總算不辱使命（大家再報以熱烈掌聲）謝謝！好戲上場囉！首先請曾總司令為大家開腔。」揚手指向曾正洋。

大家拍手。

曾正洋起身走到大俠旁。

胡鐵花拉大嗓門說：「認識曾總的人都知道，曾總有一個雅癖。不知道各位在座的知不知道？（眾口同說：不知道）好！那就讓我告訴各位；曾總的雅癖就是在日常生活中，最賞愛曾夫人的『小嘴』。」

大家哈哈大笑。

這時候周樹人忽然笑嘻嘻問說：「大俠兄可知道曾總喜歡曾嫂的小嘴是『直』的還是『橫』的？」

大家爆笑。

「啊！這還要問嗎！曾總當然是最喜歡『豎』的那張嘴啦！」大俠逗趣的說。

大家笑翻了。

曾正洋很尷尬的呆站著，被胡鐵花、周樹人兩個消遣的有夠糗。佟櫻美孤坐一旁，不好意思的低著頭羞紅著臉。反正月光被亭子遮住，看不清羞紅的臉。

胡鐵花很紳士望著曾總和曾嫂一鞠躬說道：「曾總，嫂夫人，得罪了，玩笑話，請見諒！其實說穿了，男人喜歡的，就是女人的『橫豎』兩張嘴。（有人樂的大笑）現在就請曾總講精彩的黃色笑話大家分享！」

大家拍手。

曾正洋臉上勉強擠出了一絲笑容說：「大家好！大俠兄真會『道聽塗說，捕風捉影』。建議他改行做八掛新聞記者。（眾笑）今晚是中秋夜，剛才主持人的『開場白』說得很明白；男士不要正經，小姐也不必害臊，講得很好。現在我就依俗開腔，打響第一炮。既然大家喜歡嘴巴，那我講一則從雜誌上看到有關『嘴巴』的笑話，各位請聽：話說法蘭西，就是法國，有三個女孩同時愛上了一個男人，她們互不相讓，終於發生了爭執。最後，她們三個一同去請神父為她們解決問題。神父首先叫瑪麗到房間內口試問：「瑪麗，妳有幾個嘴巴？」

「有兩個！」

「妳知道哪個年齡大嗎？」

「下面的年齡大，因為它已長出了鬍子了！」

第二位，神父問茱麗同樣的問題，茱麗回答：

「上面的年齡比較大，因為它已經有牙齒了！」

第三位，莎麗回答：

「下面的嘴巴年紀小，因為它喜歡吃奶！」

於是，神父認為莎麗最聰明，允許她和那個男人結婚。講完了，謝謝各位！

大家拍手。

曾正洋繼續又說：「我也有個耳聞，是個路邊消息。據聞，大俠兄生產的鮮奶，又濃又香；

營養豐富，美味可口，品質最優。廣受太太、小姐們的歡迎和喜愛。我們希望大俠兄，努力生產這種高品質鮮奶，造福天下喜歡喝『奶』的女人。」

大家哈哈大笑。

胡鐵花笑瞇瞇的說：「謝謝曾總的誇獎！小弟當努力產『奶』。各位小姐，本大俠的鮮奶品質保證最好，安全第一！」

大家又是大笑。

曾正洋回位坐下，重新將笳克蓋在倆人身上。

胡鐵花舉起右手笑說：「書歸正傳，言歸所談。各位！現在換小姐講笑話，誰先？（沒反應）……嗯……湯包？……孫小毛……我看還是由王胖姑娘開始吧！」

王胖站起，邊走邊說：「大俠哥！您身為主持人，理應公平行事才對。剛才我已唱過暖場歌，這回總該讓給其他的小姐表現，表現才是；不能由我一個人『獨領風騷』，不太好吧！」

「哈哈！王姑娘又何必客氣！哪個不知道姑娘際遇頻繁，閱人多矣！再說，妳『那門子』功夫了得，是大家所公認。妳是一個很有『深度』的姑娘！（眾大笑）又能言善道，我看王姑娘就先打個頭陣，算是給小姐們先亮個場如何？」

大夥齊聲說「好！」

王胖微微的彎了下腰說：「既然如此，我就『恭敬不如從命。』老娘笑話黃料可多著哩！包君滿意。（略想了一下）大俠哥！這樣吧，我倆何不先來個對口小相聲？打個『小嘴炮』，暖個小場如何？」

大夥熱烈掌聲。

胡鐵花連連點頭說：「嗯！Good idea!那我就不違王命，王姑娘，儘管放馬過來，本大俠絕不含糊，接招了！請——」

王胖哈哈笑了出來說道：「大俠哥，瞧您一表人才，風度翩翩，說學逗唱，樣樣全能。謝謝你剛才誇我是一個很有『深度』的女人。（眾哄笑）說實在，大俠哥，您也是位身有『長處』的男人。（眾大笑）大俠哥內有文才，外有俊才，稱得上一表人才。哪個姑娘見了心不愛？再說，今晚中秋夜，月色真美，花前月下是多麼的『羅曼蒂克』。（很溫柔的）敢問大俠哥，此刻，您心裡最想的是什麼？」

大家齊聲問「想什麼？」

胡鐵花老神在在的說：「這還要問！這……當然是想姑娘……妳啊！」

王胖故作驚喜狀說：「想——我？啊！受寵若驚了！」

胡鐵花搖頭晃腦地：「嗯！不錯！正是如此，千真萬確！」

大家笑出。

王胖故意壓低聲音說：「大俠哥！你想我？你到底是想……想『幹』什麼呀？」

大夥問說：想「幹」什麼？

「嗯……這個嘛，那還要問！想『幹』什麼？……那還不是跟妳心裡想的一模一樣！哈哈……」

胡鐵花很得意的說。

王胖故意想了想，突然大叫：「哎唷！你好噁心耶！」。

大夥爆笑。

胡鐵花得意的哈哈大笑說：「這個啊！這叫男歡女愛，妳我都愛！王胖小妹，你就別害臊了。哈哈！」

大夥笑成一團。

王胖故作撒嬌的說：「大俠哥！人家不來了！……不來了……。」邊說，邊走回坐位。

大家笑成一團，拍手叫好！

佟櫻美跟曾正洋咬耳朵說：「他們倆個說得很精彩呢！」。

曾正洋笑笑的很小聲說：「妳別太興奮，小心妳下面溼了！」

佟櫻美向曾正洋一瞪眼，小聲說：「那是你，我才不會呢！」

曾正洋在佟櫻美的臉頰上輕吻了一下很小聲的說：「我檢查看看。」說著手便伸進佟櫻美的三角褲裡，摸了摸「小妹妹」，已經是溼漉漉的。在佟櫻美耳邊小聲悄悄的說：「還說不會，都已經溼透啦！」

佟櫻美低著頭「嗯！」了一聲。曾正洋還捨不得抽手，佟櫻美輕聲細語的說：「好——啦！待會吧！」

這時，胡鐵花連連點頭說：「謝謝！謝謝！不是蓋的，對口小相聲還不賴吧！王胖姑娘唱作俱佳，演的有『聲』有『色』入木三分。接下來是由快樂王子——周樹人講笑話。王子殿下請——」

周樹人起身一個箭步就閃到大俠身旁。手指了指天上的明月說：「在今天中秋佳節裡，男士們最喜歡送一種水果給小姐享用。各位猜猜看是什麼水果？」

大夥七嘴八舌的，有人說是蘋果、芭樂、香蕉還有甘蔗……。

「有人說對了，就是甜蜜可口的大『香蕉』。香蕉植物蛋白質高是太太小姐日常生活中的最愛。尤其是結過婚的太太，更是愛到『蕉』不離『口』（眾大笑）。現在我就講一個『少女手握大香蕉』的笑話：有一位身穿運動衫的太妹型少女，週日到圓山兒童樂園玩。回家的時候等一〇路公車，因肚子有點餓，於是買了一斤香蕉，就在候車站吃了起來。真不巧，吃了一半，公車來了，少女手中還剩三根香蕉，因拿在手中不太雅觀，於是在左右褲袋各放一根，剩下的一根只得放臀部後面褲袋裡。少女上車後，因人多擠來擠去，左右褲袋裡的香蕉已被擠爛，少女心想，後面那根萬一也被擠爛，褲子潮了一大塊，那可不雅觀。於是用一隻手握住那根香蕉，加以保護。車到中山市場時，站在身後的一個青年人，突然怕她的肩頭說：『對不起，小姐，我要下車了。』少女瞪了他一眼說：『奇怪！你下車干我什麼事？』，青年人說：『請妳放手呀！』」

眾大笑拍手。

胡鐵花笑得合不攏嘴「真是有夠糗！少女誤把『人蕉』當香蕉，還緊握住捨不得放開！哈哈！謝謝王子殿下的大香蕉。」

眾哄笑。

胡鐵花走向湯包很紳士的一鞠躬，微笑的說：「換妳了！」轉身向大家說：「下面請聽湯包小姐帶來的笑話，該不會又是什麼香蕉、芭蕉吧！」

湯包小姐體壯如牛，曾經一個巴掌打死三隻蟑螂。（其中兩隻是被掌聲嚇死的）。湯包粗臂一揮說：「大俠哥！『力頁夏』？哦這個『不樹』香蕉、芭蕉啦！哦要講的笑話『樹』口張大一點！」

眾哄堂大笑。

胡鐵花故作驚嚇狀慢慢的說：「啊！我說湯包小妹，『口』張那麼大要做什麼？該不是妳很餓吧！想張大『口』吃『香蕉』吧！」

大夥大笑。

湯包瞪大了眼睛說：「你又『貢夏』？『阮嘛西卡愛甲』湯包，不喜歡『出』香蕉。ㄟ不然，大家都叫哦湯包！」

大夥笑。

「嚇！她還要吃『燒ㄟ』！」

大夥大笑。

湯包像鬥敗的公雞，有氣無力的說：「大俠哥，哦說不過你，哦輸給你啦！哦現在要講『口張大一點』。」

眾笑。

湯包望了一眼大俠說：店內有一個婦人大叫：

『明美，明美在哪裡？』

『她可能上醫院去了！』

『她？是不是不舒服？』

『不，她沒有不舒服，她衹是坐在牙醫的候診室哭泣而已……。』

『怎麼啦……。』

『聽說她一聽到「口張大一點，不會痛的」這句話的時候，就會回想起她的第一個男人。』

『哦的口張大一點』講完了！」

大家哈哈大笑，湯包也跟著笑了起來。

胡鐵花拍著手笑笑的說：「小姐們都可能有這個經驗，跟男生第一次做愛的時候，男生都會很溫柔體貼的對女孩子說『口張大一點，不會痛的』（眾大笑）這也難怪，新車上路活塞緊，難免會痛一點；小姐們請忍耐一點，想要痛快，總是付出一點代價嘛！（眾又大笑）各位！『無獨有偶』，今晚的笑話裡，帶『口』的好像特別多；如王胖的開『口』；總司令的女孩下面的一張『嘴』、曾嫂的小『嘴』和剛才湯包的張大『口』……等。女人嘛！講來講去的就是『橫豎一張嘴』，哈哈……」

這時候，周樹人起身對胡鐵花說：「大俠，你講了那麼多的『口』，現在可否請你的那『口子，也來講個有『口』的笑話？」

大夥說：有道理！

「小 case（很溫柔地）來吧！婉君同學，輪到妳講了。」很紳士的用手輕輕的揮了一下作請的手勢。

吳婉君站起走到大俠旁說：「好，我就講一個沒有『口』的笑話，但是你們聽了會嚇一跳。題目是『下樓找死，上樓殺妳！』」

「嚇！太驚悚了吧！誰找死？誰又殺妳？我說婉君同學，妳該不會要殺我吧！」大俠故作驚恐狀。

大夥笑。

吳婉君搖搖手說：「『免驚啦！』，不是你，也不是我，當然是說笑話啦！」說著還向大俠擠了一下眼，不過亭內光線較暗，大俠當然看不清吳婉君愛的眼神。

吳婉君開始慢慢的講述她的笑話：

一對結婚三十年的老夫妻，三十多年中可說是夜夜春宵，享盡閨房之樂。有一天太太忽然感到身體不適，醫生要她靜養半年，充分休息，不然就會有生命的危險。

夫妻倆決定在這段期間，他們必須完全隔離。

所以太太搬到樓上的臥室去睡，而丈夫則睡在樓下的沙發上。

這樣，經過二個月孤獨和禁慾的日子後，先生終於忍不住慾念煎熬，走向太太的臥房去。正在他要跨上樓梯的時候，看見他太太也正在下樓，倆人默視了一陣子之後，太太說：『親愛的，我想下來找死呢！』

先生也很快的回答：「『太好了！甜心，因為我也正要上去殺妳呀！』」

大夥大笑。

周樹人起身對著胡鐵花問說：「咦?大俠，樓上樓下這個笑話的情節，跟大俠兄和吳婉君同學的『下樓上樓』幽會，有『異曲同工』之妙啊！這是不是你們的真實故事?誠實招來！」

胡鐵花慢條斯理語帶玄機的回答：「這個嘛……（想了想）我就借用『情報販子』這本偵探小說裡的主角駱駝，說的一句語來回答。他說：『真真假假，假假真真，真的就是假的，假的就是真的。』」

胡鐵花這一番話，周樹人聽的是一頭霧水，莫名其妙！於是搖搖手問說：「哎！什麼『情報販子』，『駱駝』的，繞了個大圈，到底是真的還是假的？」

這時坐對面的黃金松奈不住氣也插上了一嘴說：「大俠！哇拷！等下恐怕老虎、獅子都出籠了！」

「『稍安勿躁』，哈哈！這個啊，有些事只能做而不能說啊！」大俠高深莫測的說。

周樹人笑笑的說：「是這樣的嗎？我也借用王胖的一句，原來如『比』！原來如『比』！明白了。」

大家都笑出。

胡鐵花咳嗽一聲拉高嗓門說：「下面介紹的這位（略停頓一下）小姐們聽了眼睛會為之一亮！此君可說是『得天獨厚，天賦異稟』；綽號『阿水』猛男老帥哥——江河海先生。」

江河海由座位站起，精神奕奕，抱拳鞠躬，頗有江湖人物味道。聲若洪鐘說道：「諸位好！我姓我名都是水。淡水、鹹水全都有。（眾笑）命中註定水多放心！我不是禍水。（眾又笑），那我就講個帶『水』的黃色笑話：（正經八百的說）

這是個法國式的幽默。巴黎來的牧師到了馬賽，換上了西裝在巷子裡閒逛，突然有個女郎走了過來，問他是否有意思玩一玩。牧師考慮了一下，問道：『價錢如何？』女郎回答：『風平浪靜一千法郎，暴風雨一千五百法郎，海嘯二千法郎。』『真不錯，說得像港口似的，有什麼風平浪靜、暴風雨，還有海嘯，哈哈……。』」

說完，牧師和女郎便走進一家便宜的旅館。

我們先從風平浪靜開始，無論牧師如何帶動，女郎始終躺著不動，活像個木乃伊，牧師央求道：

『稍為動一下嘛！』

『不，現在是風平浪靜，不能動啊！』

『那麼來個暴風雨吧！』

忽然，掀起了一陣動盪，兩人左右橫擺，床舖被震的發出吱吱嘎嘎響聲，牧師滿心喜悅地，再央求道：

『好，接著海嘯吧！』

話才說完，整個房間暴出一陣聲響，開始震動和枕頭都彈到天花板上……

突然，女郎著地嚷著：『喂！喂！方向不對了！』

但是，牧師冷靜地回答：『不要嚷嚷，不知會被吹到什麼港口呢！』」

掌聲。

胡鐵花摸了下嘴說：「真精采！又多了一個『口』的笑話。大海嘯竟然將牧師吹不對港口。（眾笑）我們的『阿水』猛男，可不能『江河海』三水齊發威，那太可怕了！會把他的『小弟弟』吹不對『口』啊！」（眾哄堂大笑）

江河海手足無措，站也不好，坐也不是，很尷尬。

胡鐵花見狀忙說道：「河海兄！您請坐，請別當真，玩笑話，大家開懷就好！謝謝您的『神父遇到大海嘯』笑話。（眾又笑）謝謝！接著我們該插那位小姐下面……是……」

這時，周樹人和黃金松突然的哈哈大笑，打斷了胡鐵花的說話。一時大家弄不清狀況，過了幾秒鐘才「恍然大悟」。接著男士笑成一團；胡鐵花此時亦心有所悟，跟著笑了起來。搖搖頭，忙說道：「……嘿！你們這些男人，都想歪了！我的意思是男女輪流講笑話。而女生是用穿插的方式。我更正，下面『輪』到小姐講笑話了。」

經大俠這麼一說，小姐們才明白是怎麼回事。

胡鐵花又搖了搖頭接著說：「請黃桂芬，『小黃』為大家說笑話！」

黃桂芬有點無奈的從石橙上站起來，眼睛掃描了一下在坐的男生很「白」的說：「大俠哥說得一點都不錯，今晚大家都很『黃』。我更『黃』！（眾笑）大家叫我『小黃』；今晚我又穿了件『黃』襯衫，現在又奉命講『黃』色笑話（眾大笑），我現在要講的是『等你辦喜事。』」

角落突然冒出一句怪腔怪調「等我辦喜事？我來啦！」

大家哄笑。

黃桂芬笑笑的說：「臭美！（眾大笑）是等你聽我講笑話，聽好！要開始講了：

新婚之夜，春宵一刻值千金！

新郎入洞房，吹燈上床，新娘也迫不及待地把身體擺好等新郎辦喜事。

新郎卻慢吞吞的先在新娘身上亂摸。

他先摸新娘的臉，一邊摸一邊說：

『又嫩又滑潤。』

他再摸新娘的胸前，稱讚的說：

『又豐滿又結實。』

接著，他順著新娘的嬌軀往下摸，又摸到她的小腹，再往下摸，卻空空如也。沒有摸到新娘的玉腿和兩腳。

新郎大吃一驚，問說：

『怎麼，原來妳是個沒有腿和腳的殘廢呀！』

新娘嘆了口氣說：

『唉！我的腿和腳現在正舉在空中，等你辦喜事，舉得都快要麻了。』笑話講完了，謝謝！大夥拍手，嘴裡唸著「辦喜事好喔！」。

胡鐵花微舉起右手，食指和中指作「V」字形很歡悅的說：「大家都喜歡『張開腿』辦喜事。（眾大笑）但是，男士須要先瞭解地理環境和妳我狀況。（眾笑）當然，小姐也要耐心一點，不要迫不及待；『腿當開時則開』（眾爆笑）；男士更不可做『慢郎中』，妳急，我不急（眾大笑）；當然，『快槍俠』也不行（眾大笑），男人就要像『活跳蝦』，才能辦好喜事。」（眾拍手叫好）胡鐵花接著又說：「我們以熱烈掌聲歡迎下一位男士（眾拍手叫好），這位是中規中矩的正人君子，林桑，林董事長，歡迎林董事長！」

林桑有點不好意思，起立向大家直點頭。然後訥訥的說：「主持人、大家好！不好意思，昨天上午胡兄打電話給我，要我準備一則有色笑話，我就跟朋友借了一本『幽默小品』，惡補了一晚上，可能是我年紀大了，背了一晚上仍然不是很熟；如果講得不好，還請各位見諒！謝謝！我講一個『聽笑話的』。說完，用手抓了抓花白的小平頭後說：

夫妻倆人，晚上熄燈上床之後，互相笑虐，妻子問丈夫：

『你這寶貝東西，叫什麼名字？』

丈夫說：

『叫笑話』。』

丈夫也問妻子說：

『妳那好東西叫甚麼名字？』

妻子說：

『也叫笑話。』

丈夫說：

『兩種東西不一樣，怎麼會叫一樣的名字？』

妻子說：

『你的是公笑話，我的是母笑話。』

丈夫說：

『那乾脆把兩個笑話，併成一個笑話吧。』

妻子表示贊成。

夫妻倆人翻雲覆雨，在高興時，妻子仍不滿足，問丈夫說：

『那你笑話還有沒有？』

丈夫說：

『都進去了，一點也沒剩，不信妳摸。』

妻子摸了之後，說道：

『笑話確實沒有了，但這兩個在外頭的是什麼？』

丈夫回答說：

『是聽笑話的。』」

林桑下臺一鞠躬。大夥哈哈笑拍手。

「謝謝林董提供的笑話。不知道林董的『兩粒』，是不是天天也在聽你們夫妻講笑話？」胡鐵花笑笑的說。

大家哈哈大笑。

胡鐵花接著說：「我再告訴大家，林董事長最喜歡的運動是打小白球。林董說，他最不喜歡一桿打進洞；因為一標進洞，比別人就少玩了兩三桿；再就是，一桿打進洞（Hole in one）的人還要破費請客，所以不好玩。據說，林董追小姐，也是採取打高爾夫的方式；一定要兩三桿才進『洞』；絕不會在第一桿就進『洞』。（眾大笑）林董追小姐是君子作風，紳士動作；循序漸進，按照步驟一步一步來，絕不會第一次就叫小姐『洞』張大一點，一點也不會痛。」

大家笑翻，林桑也瞇瞇眼跟著笑。

胡鐵花向林桑彎了彎腰說：「林董，玩笑話，恕罪！恕罪！」接著說：「現在又輪到小姐，歡迎孫小毛，燕妮小姐，請——」

掌聲。

孫燕妮站起，想了想說：「我也是聽來的笑話。有甲乙兩人答問：

甲『你現在讀什麼？』

乙『看戀愛指南。』

甲『上面怎麼說？』

乙『上面說，當你遇到一位可愛的人兒時，你就挽著他的手……。』

甲『然後呢？』

乙『然後放輕鬆捏她……』

甲『再以後呢？』

乙『再以後你伸一隻手按著她的腰桿……』

甲『再以後呢？』

乙『再以後你就帶她去散步……』

甲『再以後呢？』

乙『再以後？下面一頁被人撕掉了……』笑話講完了。」

胡鐵花一臉狐疑的說：「啊！結束了？最重要的一頁被撕掉了？笑話有頭無尾。」

「是真的被撕掉了，所以後面結果就不知道了。」孫燕妮理所當然的說。

一旁的周樹人說道：「何不問問黃金松？」

胡鐵花覺得有道理：「對啊！只有黃金松最清楚撕掉的那一頁，上面到底寫的是什麼？金松兄！請補充！補充！」

黃金松從石橙上吃力的站起來，很不悅的說：「哇拷！你問我，我問誰？」

周樹人指著黃金松的蒜頭大聲說：「怎麼！你想裝蒜？別忘了笑話中的男主角是你！現在又裝說不知道！」

黃金松指著周樹人說：「哇拷！你自己才是最佳男主角。」

大家笑出。

周樹人笑笑的說：「嘿！金松兄真是貴人多忘事。上回你跟我們說什麼『夕陽無限好，裙內風光妙』；還說什麼『裙內細數小毛毛，吹毛求疵真歡樂』說的口沫橫飛，如數家珍。末了，還瞇瞇眼來句『噓服的很！』（舒服的很）」

大夥哈哈大笑。

黃金松瞪大眼睛看著周樹人說：「哇拷！周樹人，你說的比我做的還清楚！」

大夥又是大笑。

「哈哈！金松兄，這就是你撕掉笑話最精采的一頁內容。」周樹人又補上了一句。

大夥拍手大笑。

胡鐵花羨慕的說：「精彩！精彩！想不到金松兄還有這一絕招，『裙內細數小毛毛』。」

黃金松裂著大嘴道：「哇拷！你們全都是講些沒營養的話。（又瞇瞇眼）『噓服的很』！」

大夥笑翻了。

胡鐵花笑得有氣無力說：「各位！笑的過癮吧！好戲還在後頭。大家猜猜看，還有哪一隻花，還沒開口說笑話？」

大家目光掃了掃不約而同投向佟櫻美。齊聲大喊：「佟櫻美！」

胡鐵花走到佟櫻美前欠身說：「曾嫂，櫻美小姐！請妳開『口』，該妳了！」

大夥大笑。

佟櫻美臉熱紅，不好意思望著身旁的曾正洋；希望幫她解圍。

曾正洋低聲說：「親愛的，大方一點就別害臊了！」

佟櫻美拿掉蓋在兩人身上的茄克站起想了想，輕聲細語的說：「大家好！說真格的，我實在沒有什麼笑話。（又略想了下）好吧！我就講一個很久以前也是聽別人講的笑話。但是，這個笑話很短，非常的短……」

胡鐵花插嘴說：「曾嫂！『免驚啦！』『短』沒有關係，只要好用，喜歡就好。（眾大笑）曾嫂妳沒聽過短小精『幹』這句話！」

大家又是大笑。

佟櫻美急忙解釋說：「……不是啦！我是說，這個笑話只有兩句話就講完了。那……我要開始講了（聲音有點抖怯）：『大胖子……大胖子說，我已經好久沒看見我的「小弟弟」了！』講完了！」

哄堂爆笑。有人說：「還真有夠短！」

（胖子因肚皮大，「小弟弟」內縮，顯得較為短小；只有做愛興奮的時候，才能勉強看到一點點。「很久未看見『小弟弟』」就是說，大胖子，已經有很久沒有做愛了。）

胡鐵花哈哈大笑的說：「曾嫂，妳的『大胖子的「小弟弟」』笑話不是普通的短，是超短！可列入『金氏紀錄』了。（眾大笑）再說，『助人為快樂之本』，那妳就行行善做好事，趕快幫忙這位大胖子，讓他也能有機會瞧見自己的『小弟弟』！」

又是一陣大笑。

佟櫻美氣紅著臉，怒著嘴說：「要幫忙，你去幫忙！」

大夥又是哈哈大笑。

胡鐵花忙說：「曾嫂！妳要瞭解，同性相斥，男男授受不能親啊！」

大夥又笑翻了，曾正洋也跟著大笑。

佟櫻美氣呼呼的說：「大俠哥！你在說什麼東西南北五四三？」

又是大笑。

佟櫻美低頭瞪著曾正洋，在他背上捏了一下，怒著小嘴低聲的說：「他們在吃我豆腐，你還笑的出來！」

曾正洋低聲回說：「開玩笑！妳是我的『西施豆腐』，怎捨得讓別人吃。」

佟櫻美怒著小嘴說：「知道就好！」

這個時候，坐在對面的黃金松有點尷尬。坐立不安笑不出來；因為今晚在坐男生只有他是大胖子。

大家的目光紛紛投向黃金松。

胡鐵花上下打量了一下黃金松，笑笑的問說：「怎麼啦？金松兄，你的身體為何在抖動？想必是聽了曾嫂『大胖子的『小弟弟』笑話，很興奮，想來個（學黃金松語氣）瞇瞇眼，『噓服的很！』是嗎？」

大夥大笑。

「哇拷！『那壺不熱提那壺』。犯到我的頭上來了！告訴你，沒得事。我每天勤練太極拳，外加內丹功、外丹功、氣功還有童子功……。身體硬朗，我的『兄弟』都很健壯威猛。瞇瞇眼『噓服的很！』」黃金松自我解嘲的說。

大夥又是大笑。

胡鐵花豎起了大姆指說：「金松兄，閣下練得一身好功夫，佩服！佩服！但是，童子功可不能亂練啊！以金松兄的年紀練童子功，千萬要小心啊！不然您就變成了……金公公啦！」

大夥哈哈大笑。

「大俠兄，我自有分寸，不勞兄費心！」黃金松冷冷的說。

「金松兄，那大家就放心了！」末了，胡鐵花學黃金松做了個瞇瞇眼來了一句「噓服的很！」

大夥又是大笑。

黃金松有點氣呆了，嘴裡吐了一句：「哇拷！還真有你的，活馬死馬都被你講完了。」

大夥又是一陣爆笑。

胡鐵花笑笑的點點頭說：「金松兄說得沒錯，是講完了！今晚『中秋月光晚會』前半段黃色笑話大家說，到此圓滿結束。謝謝大家，今夜青空萬里無雲，在美好的月色下，大家分享彼此精彩的黃色笑話。尤其是小姐們的表現最出色、讓男士們『刮目相看』。或許是月光不比陽光，看不清楚說與聽時的表情，但『男歡女愛』為人人所愛，這是古今永恆的定律；這亦是男女情感中最彌足珍貴的情愛。（眾拍手）但願在今夜的月光下，彼此珍惜愛與被愛。語云：『人生一世，草生一秋』人生何其短暫；惟有真誠的相愛，才能恆久長遠。謝謝！（掌聲）下半段節目為自由交誼和賞月的時間。我們也為情侶精心規劃了『小倆口甜蜜時光』活動。所需的情趣物品，等下找樹人免費領用。我們還準了很多的食品和飲料，自由取用。此外，我們會連續的播放悅耳動聽的情調音樂助興。敬祝各位，今夜，陶醉在美好的月色和愛河中，『做彼此愛做的事』。謝謝！敬祝各位晚安！」

* * * * *

離凌晨一點集合的時間，足足有三個多小時，對於成雙的情侶來說，真是個「今宵嫦娥月，一刻值千金。」十二人中，已知的有三對情侶；他們是胡鐵花跟小學同學吳婉君；再就是黃金松和孫燕妮；第三對是曾正洋與佟櫻美。

其他的人，則聚集在小涼亭內賞月、聊天、享用美食和欣賞音樂。

成對的情侶，早已散水各自帶開，尋覓最佳的地方進行「愛做的事」。

曾正洋牽著佟櫻美的手，迫不及待，飛也似的往涼亭後方下坡遠處奔去。其實，曾正洋在一下車的時候，早就站在小涼亭這個制高點，就已經觀察好了地形、地物，「成竹在胸」。

曾正洋和佟櫻美懷著「辦喜事」歡天喜地的心情，正邁向下坡看似遠又不太遠的一顆大石飛奔而去。他倆翻過一坡又一坡，蹺過一彎又一彎地奔走著。可用「千里赴戎機，關山渡若飛」來形容他們倆此刻的心境。

約奔走了近七、八分鐘，終於到達了矮樹叢中佇立的大石。這顆石頭非常的碩大，高約一二〇公分；底部部份深入土裡。底大上端略小如梨狀。不同的是背光的石面較為扁平；石面與草地成一一〇度「L」形，形成了一把天然的靠背石椅。四週的矮樹叢則成了一道屏障，只有小坡道的方向有一面空隙。從空隙中可以隱約看見遠處的山腳下，點輟著稀疏的燈火。明滅閃耀的燈火，可用「燭光點點明」來形容。此為山居生活與世無爭幽雅恬靜之處。

曾正洋當然選擇了大石頭背光較黑暗的一面。這裡剛好月光照射不到；並且大石的陰影恰好在地上形成了一片幽暗。在這裡「親熱」是很難被人察覺或偷窺。

經過剛才不停的奔走，倆人已全身熱透透。曾正洋熱血沸騰，「迫不及待」忽而將佟櫻美抱個滿懷，吻著佟櫻美的秀髮、耳邊和那像蘋果般溫熱的臉頰。佟櫻美微閉著眼睛，享受著曾正洋的熱吻。忽然，四片唇兒如膠似漆般的粘貼在一起，舌來舌往的相互吸吮。此刻，半言片語都是多餘的。

這時，倆人都盡情的在感覺彼此；盡情地在享受彼此。

隱隱約約可以聽到，遠方高處的小涼亭正播放薩克斯風獨奏，聲音低沉而渾厚的情調音樂。音樂悅耳而醉人。

良久，倆人滿足的鬆開了手。曾正洋在大石背光陰暗的這一面草地上，鋪下了一張大塑膠布。「幕天蓆地」倆人脫了鞋，坐在塑膠布上，背靠在大石上。腳邊地上，長了一些野花野草，在明亮的月光下，彷彿含笑點頭在歡迎倆人的蒞臨。

中秋月夜，青空萬里。皎潔的月光照在地上，大地像似鋪上了一層銀色的布幔。恬靜祥和，心曠神怡，真是美極了！此乃，天賜良辰美景，月下佳人談心做愛的 Good timin（好時光）。

倆人背靠著大石併肩而坐。塑膠布鋪在茂密而鬆軟的草上，坐在上面非常的舒服。

「老婆，聽了大家講的黃色笑話，妳覺得如何？」

「嗯……大家講的都很好，很精采。女生講得都很大膽。」

「沒錯，主持人開場白不是說了嗎！今晚『男士別正經，小姐也別害臊！』目的就是要大家放鬆心情，抒解自己的情緒；要恢復動物原始本性，自我解放，就是如此而已。」

「可是平常女孩子很少會講黃色笑話。都是男生在講，女生只是聽聽而已。」

「妳說的沒錯，但是今晚不同的是，不論男女，大家對「性」的問題，都先已有了一個共識。大家也都暫時拋開了「性」的禁忌。當然，另外還有一個重要的原因就是環境的因素。涼亭內燈光與月光輝映，一片銀色大地；而亭內燈光很幽暗，中秋佳節，草前月下，四週又別無他人，這片天地，就營造了一個很特別的說與聽黃色笑話最佳的氣氛和環境。」曾正洋娓娓的述說。

「嗯，我明白了。」佟櫻美對曾正洋的解說很滿意。

曾正洋忽而轉頭，輕輕的吻了下佟櫻美的臉頰。

「老婆，今晚妳講的笑話也很好啊！嗯……可以用三個字來形容！……妳猜猜看！」像在出月謎。

「我哪知？」

「好吧！謎底揭曉，就是『短而妙』！」

「真的！」天真的叫出。

她。

「那當然囉！大俠不是說了嗎！『短沒有關係，只要好用，妳喜歡就行！』曾正洋故意逗她。」

佟櫻美舉起小粉拳，輕搥曾正洋的胸前，怒著小嘴說：「你好壞！連你都要吃我的豆腐。」

「我不但要吃妳的『西施豆腐』，我等下還要吃妳哪香香嫩嫩的『甜甜圈』！」曾正洋挑逗她。

佟櫻美故意將頭轉向一旁，興奮而歡悅的說：「我的『甜甜圈』不給你吃。」

「老婆，妳請我吃妳的『甜甜圈』；我請妳吃我的『熱狗』，我們倆互不吃虧，總可以了吧！」

「你真的好壞。」佟櫻美心裡的歡悅全寫在臉上。

曾正洋聽到佟櫻美嘴裡說出這句話的五個字，就像吐出了五個小甜餅，吐進了心崁裡，甜蜜極了；笑笑的說：「妳沒聽說過『男人不壞，女人不愛』這句話？」

「有——啦！」故意把「有」守尾音拉的長長的。

曾正洋緊接著說：「那妳說我很壞，也就是說，妳很愛我囉！」

佟櫻美很小聲，像蚊子叫說：「嗯——囉，人家愛嘛！」

曾正洋轉身，忽而將佟櫻美抱個滿懷。倆人如膠似漆的狂吻；等待的就是這一刻。一吻接一吻是個長長的狂吻；倆人嘴裡不時還發出像「餓狗吞食」的嗯~~嗯~~聲音；熱力狂吻又像似要把天地熔化般……………

激情之後，倆人還甜蜜的「媾合」在一起。還在享受著性愛的餘溫呢！

這一切真是太美好了！在這滿圓月夜，山草樹石，幕天蓆地，跟自己最心愛的人「野合」；

是靈肉的交合；更是情愛的昇華。

佟櫻美倒在曾正洋的懷裡，兩手貼伏胸上。像小鳥依人般；又像小女孩撒嬌……。

曾正洋在她的頭上輕吻了一下。

皎潔明亮的月光正投射在佟櫻美，那張像百合花般純潔的臉龐上。

佟櫻美若有所思凝望著曾正洋。像是有千言萬語，但又無從啓口。

曾正洋低頭端視著佟櫻美。感覺到，她的眼眶裡泛著淚水；像是喜極而泣……又像是流下了滿足之淚……更貼切的說，是懷著一顆感激的心。是真情流露之淚；是心底裡最珍貴的情懷，毫無保留，赤裸裸真誠的表露出來，獻給自己最心愛的人。

遠方高處小亭傳來了微弱的歌聲；隱約聽到「貓王」Elvis Presly 所唱的抒情歌 Love me tender（溫柔地愛我）。

…………

Love me tender love me dear
親愛的人兒柔情地愛我，
Tell me you are mine
告訴我妳是屬於我的。
I'll be your's through all the years
我將屬於妳，

Till the end of time

直到永遠。

……………

…………

19 洋美第五〇〇次性愛

二〇〇三年七月二十六日。

木桶浴盆熱氣冉冉升起。佟櫻美和曾正洋，一上一下疊坐在小小的浴盆，共享鴛鴦浴。佟櫻美一雙雪白的腿，成倒「人」字形在浴盆邊上面悠閒地輕輕搖晃。不時還一伸一屈，有如跳水上芭蕾舞般。

壓在佟櫻美身下的曾正洋，身體縮成一團抱著佟櫻美，身體動彈不得，只得從她的髮隙中欣賞她揮動的美腿。

倆人都儘量的放鬆身體，以紓解剛才「做」完的第五〇〇次性愛。雖說，彼此玩得刺激盡性。但是劇烈的做愛是多樣式；多嚐式；多衝次；多高潮，耗費了不少的體力。現在倆人泡在溫熱的水裡，什麼都不想，也不去想，只是在感覺彼此。

不知道過了多久，浴盆的水變溫了；已沒有先前那麼燙熱。

也許是身體壓屈太久的關係，曾正洋費力的動了動麻木的身體，這也牽動了壓在身上的佟櫻美。

「老婆，身體都快被妳壓扁了，我們起身出浴如何？」說著鬆開了抱住佟櫻美的手。

佟櫻美打了個哈欠「嗯」了一聲。

「那就請……『出水芙蓉』吧！」

佟櫻美懶洋洋雙手掌撐著木桶邊，一個小轉身，小心翼翼起身撅起屁股，熱騰騰的「小陰陰」恰好掃在曾正洋的臉前。曾正洋豈能放過，立時趁勢伸出舌尖，在熱烘烘的「小陰陰」上輕舔了一下。

「噢！討厭！」像是被電到。佟櫻美迅速將右腿跨出了浴桶；緊接著左腿也跟著跨出。

曾正洋意猶未盡的用舌尖舔了下嘴舌。一個魚躍從浴桶跨出。從置物架上取了條大浴巾，幫佟櫻美擦乾她身上的水。

佟櫻美面露微笑，樂得輕鬆接受體貼的服務。

擦乾了佟櫻美身體，曾正洋也用浴巾拭乾身上的水；拉大嗓門喊道：「亞當夏娃上床囉！」如店小二叫堂聲。

赤裸裸手拉手走向臥房。

臥房裡冷氣呼呼的吹。

曾正洋問道：「冷氣會不會太冷？」

「不會，房間冷氣我都固定在26度C。」

「ＯＫ！」

曾正洋上了床靠坐在床頭板，身體成「L」形，雙腿打開。並拉佟櫻美坐自己身體中間，背靠胸前。「小弟弟」剛好槓在佟櫻美股溝跟「小妹妹」穴口處。

「老婆，我們倆個是天生一對，地造一雙，都很喜歡玩。『做』多少，多久都不會膩也不會累。」邊說邊摸弄佟櫻美的雙乳。

「那是你！」佟櫻美俏皮的說。

「是我們倆！」

「是你愛『做』。」佟櫻美歡悅的說。

「男歡女愛，妳我都愛嘛！」

很小聲說：「少來！」

「妳黑白講。我少來的話，妳哪會有『性』福？」

佟櫻美嘴角帶著微笑並未答腔。不過從臉上歡悅的表情可以看出，跟曾正洋做愛，能獲得肉體上的最大滿足和最最高的性享受。

曾正洋跟她做愛，向來都是玩全套；而且卯足勁，全力以赴不遺餘力。『弄』得她死去活來，舒服透頂。這種「黏巴達」式的做愛，深得佟櫻美芳心。

「我來的愈多，我們就『做』的愈多。當然妳愈『性』福呀！」曾正洋逗說。

「你最愛講這個。」

「親愛的，我不只愛講這個；更愛『做』這個。」曾正洋很得意的說。

「好——嘛！」歡悅地右手輕輕拍了下曾正洋大腿。臉上洋溢著性福。

曾正洋故意學佟櫻美久未講的口頭語：「『說真格的』，今天我們完成了第五〇〇次做愛，我的『小弟弟』跟妳的『小妹妹』打了五〇〇次kiss呢！不容易，很珍貴啊！」

「你還在做紀錄？」

「那是當然，不然，我怎麼知道今天是第五〇〇次。我一直都在做紀錄。我要創造累積紀錄。」

「你累不累啊！」

「不累，不累，『做』這種事，誰會嫌累，能夠跟妳共創『做』的紀錄，是我的『性』福。」

曾正洋很性奮的說。

「哦！」

見佟櫻美天真的模樣，曾正洋大腿一併「小弟弟」槓頂了一下「小妹妹」穴處，嘴裡還發出「嗯～～」的一聲。

其實佟櫻美也儘情在感覺享受槓在穴口下，硬梆梆「小傢伙」的威力。

倆人都淺嚐了甜點，溫火燉雞。曾正洋又問說：「我們第一〇〇次的時候，我還特地仿照第一次時候的場景、服裝、甚至我們初次見面的對話。記得嗎？」

「記——得！」佟櫻美話說得略顯乏力。體內慾火在燃燒。

「很好！」

曾正洋明白，小妮子慾火旺得很哩！故意再問「一〇〇次的名稱叫什麼？」

「叫……『百合』。」

「親愛的，答對了。」說著「小弟弟」碰！又重重的頂了下佟櫻美「小妹妹」穴口。

佟櫻美被突來的大動作驚叫了下「噢——」。

曾正洋笑笑的說：「舒服吧！」

佟櫻美昂頭微笑說：「少來！」

「又是少來，別裝蒜。妳頂樂的很哩！」曾正洋「小弟弟」上面已是溫熱濕黏黏的。

「看吧！『小嘴嘴』已經吐水啦！」

佟櫻美噘起小嘴在曾正洋大腿上捏了一下。

「喔！蚌蛤夾人，好痛，好痛！」故意大叫。

「怎樣？嗯……嗯。」佟櫻美得意的點了兩下頭。

「很好啊！我最喜歡妳的『蚌蛤』咬我。我已經被咬五〇〇次啦！真過癮！我用黃金松，黃金松妳記得吧；就是在胡鐵花家見過面……還有北海山上中秋月光晚會那個胖胖的。他常掛在嘴邊的口頭禪『噓服的很』！」說著「小弟弟」又頂槓佟櫻美穴口兩下。

佟櫻美用力坐壓槓在陰口的「大蟲蟲」，還真希望大蟲馬上進穴洞哩！

曾正洋忽然想起「差點忘了，今天『做』第五〇〇次，也有個主題名稱，妳猜猜看是叫什麼？」

「我哪知——老是叫人家猜。」佟櫻美不耐煩的說。

曾正洋自己也感覺到，今晚猜謎也太多了。於是說：「好好，不用猜了，告訴妳叫——『性福五〇〇』。覺得如何？」

「幸福就幸福，還什麼五百。」

「ㄟ我說的性福，是性別的『性』；不是幸運的幸。當然『性』也包括了幸福。五百就是第五〇〇次。」

「喔！」

「知道嗎？這是我想了很久才想出來的。除了主題名稱『性福五〇〇』外，另外還有小題；也就是副題。」

「你很龜毛。」

「那是當然。性愛五〇〇次是件高難度的事。這樣說吧！從一九九六年四月十七日，認識妳第一次到今天二〇〇三年七月二十六日，前後共七年多的時間就達到五〇〇次。更難能可貴的是，中間我們沒有『做』失敗過；是全勝紀錄。非常，非常不容易啊！」

佟櫻美只是微笑。

曾正洋接著說：「不容易吧！有很多夫妻因種種的原因，比方說，像軍人、船員，男人外地經商……等。結婚一輩子，可能也『做』不到五〇〇次。而且五〇〇次中沒有一次出過狀況，我們是完美『媾合』。妳說珍不珍貴？」

「好——」佟櫻美高興的叫出。

「所以說，我特別重視紀錄的主要原因。剛才我說除了主題『性福五〇〇』還有副題；副題三句話：好舒服、好享受、好性福。」

佟櫻美忍不住笑出聲。

「看妳樂的，說到妳心坎裡了。這，我還得要謝謝妳。」

「為什麼要謝我？」佟櫻美不解的問。

「當然要謝妳。副題三句中前面兩句『好舒服、好享受』，是妳說的；我就借用上去。我只加了句『好性福』。才完成了副題『好舒服、好享受、好性福』。這樣才完整。我當然要謝謝妳。」

「哦！」佟櫻美又格格笑了起來。

「平常我們『做』完愛，妳常常唸說『好舒服、好享受』。我沒說錯吧！」

「少來！」佟櫻美有點不好意思。

「害臊了。要舒服，要享受，我可不能少來；要多來『多多益善』啊！」說罷，又重重頂了下佟櫻美。因為曾正洋用大腿內側用力往上一頂，佟櫻美冷不防整個人都快被頂彈了起來，嘴裡還「噢！」喊叫了一聲；急說：「小力點嘛！」

「樹、樹、樹（是的意思）。」趕緊抱著佟櫻美說道：「老婆，我愛死妳了！我要跟妳『做愛』做上千次。」

佟櫻美被抱得都快窒息，忙叫說：「……嗚……鬆手，鬆手……。」

曾正洋立即鬆了手。連說：「老婆，對不起，對不起！弄痛了妳。」

「就是嘛！你像頭牛。」

「SORRY妳說得沒錯，我是牛；我也是羊。是妳身邊的一條牛、一隻羊。」

佟櫻美樂得又格格笑了。

曾正洋笑嘻嘻說：「可不是嗎！跟妳『做』的時候我是條蠻牛；平常的時候我又變成一隻溫馴的綿羊。」

「可是你的蠻勁，我受不了。」

「『黑白講』，妳最吃我這一套。『做』的時候，天搖地動，樂得很哩！」。曾正洋忽然想起「記得有一次，就是在『王子大飯店』，第一次『做』的時候我控制不住，玩得太用力，讓妳受了點小傷。我記得妳的『小妹妹』被我弄得又紅又腫；就像泡芙一樣。」

佟櫻美接說：「還說呢！你那麼大力，我們見面剛認識，我不好意思阻止你；而且當時我年輕，有這個需要，所以就隨你。知道嗎？我的『妹妹』被你……被你摧殘的又紅又腫，好幾天才好。」說完笑了出來。

曾正洋笑笑的賠不是「抱歉！當時都是我不好。謝謝妳，不但沒責備我，妳還說了句『舒服就好！』。這句話我印象深刻，沒講錯吧！」

「都是你啦！」佟櫻美羞紅著臉轉頭瞅著曾正洋看，模樣可愛極了。

曾正洋最吃佟櫻美這一套，不敢再用力抱她，只是輕吻了下臉頰。輕聲的說：「人說『好的開始是成功的一半』。就是因為我們第一次配合的好，才有今天的『性福五〇〇』。」

佟櫻美將頭往後貼在曾正洋臉前，沉浸在性福中。

「老婆，對了，我連千次的名稱都想好了。」曾正洋興奮的說。

「還早的很呢！」

「是還很早。但是我還是先想好了。要不要猜猜看是什麼名稱？」語氣較緩和些。

「又要我猜，我又不是你肚裡的蛔蟲，我哪知。以後的事以後再說吧！」

「就是不知道，才要妳猜猜看。」

「不知哩！」佟櫻美調皮的口吻回說。

曾正洋賣關子，沉默了一會面帶笑容說：「謎底揭曉——叫『千囍』。個拾百千的『千』；

『囍』就是結婚雙『囍』的『囍』。怎樣，很有創意吧！」

佟櫻美側個頭，想了想說：「很好啊！可是還很遠。哪知以後會有什麼變化？」

「說的也是。男女感情的事，實在是很難說。」曾正洋笑笑接著又說：「放心！我對妳的感情是死心踏地，我會愛妳到底，不會辜負妳的。」

佟櫻美噘個小嘴，喃喃自語「希望是這樣。」

耳尖的曾正洋聽得很清楚。在她耳邊輕聲說道：「我的老婆，會的！我會的。」忽而將櫻美抱進懷裡輕輕呼喚「老婆！」

「嗯~~」嫵婉細柔應了一聲。

「我常說，我倆是『天生一對，地造一雙』，是絕配。千萬人中難得找到一對。」

「大概吧！」

「不是大概，是肯定的。我們是『性』福的一對知道嗎！」

「我知道，又說這個。」

「現在我們赤裸裸在床上，不說這個要說哪個？」

「可是也不能碎碎念嘛！」

「好，好，不唸，不唸。只『做』不說。來，轉過身，面向我，坐上面。」

佟櫻美面帶笑容上門牙咬著下嘴唇，弓身撅個屁股緩緩轉過身。

曾正洋「小弟弟」如鐵杆般硬，一柱擎天。忙用手扶佟櫻美臂膀。「請坐丁椅。」

就在佟櫻美轉身的一剎那，眼睛瞄了爆紅的「小弟弟」。雖是一瞄已夠性奮心跳，女孩子怎好盯著看。沐浴前已「做」過一回（第五〇〇次）意猶未盡，心癢癢的，巴不得趕快請「君」進「洞」。於是用手指將「小唇唇」撥開些，「玉門」對準「小弟弟」，噗嗞黏稠一聲坐落到底。「小妹妹」裡塞飽了，熱濕濕的。啊真舒服，真享受。

當「小弟弟」套上「小妹妹」時，曾正洋感到透頂的痛快。迫不及待托起佟櫻美的屁股「小弟弟」用力的戳了兩下。

「那麼猴急。」

曾正洋笑笑的說：「妳歡我愛，當然急。剛才妳轉身的時候，看到透剔雪白的身體，我已經就忍不住啦！很想咬妳一口。」

「對呀！對呀！認識我的人都說我身體很白；說我是『白斬雞』。」佟櫻美很得意快人快語說。

曾正洋一聽楞住了；感覺到事有蹊蹺。立時面帶嚴肅的問道：「妳指的是哪些人？」

佟櫻美立刻警覺到自己失言，曾正洋在懷疑她。趕忙解釋：「……是我那些姊妹朋友說的。」說詞有點含糊，語氣也弱了些。

這個解釋顯得很牽強，曾正洋並不以為然。略皺著眉頭說：「姊妹朋友？我看不是吧！一般常理，女人很少會共浴；也不會用『白斬雞』來形容女人身體白淨。只有較親密的男人，才有機會能看到女人脫光衣服白白的身體；也才會用『白斬雞』這種粗俗的字眼來形容……我看應該是男人稱讚妳的身體白，像『白斬雞』。」

佟櫻美很氣憤不悅的說：「你又在想東想西，是你想得太多，我要生氣了。」說完把頭偏向一旁，氣嘟嘟的。

倆人正在親熱的時候。偏偏講這個，豈不是「那壺不熱提那壺」。曾正洋感到有點懊悔；不該在熱頭上談。急忙賠不是，連說：「對不起！對不起！是我想多了。想多了！」嘴巴雖然這麼說，但心裡仍然存疑；事情絕非這麼單純，是她說溜了嘴。曾正洋瞭解，目前不是爭論研底的時候；不但傷感情，更會引起她的反彈。再次賠笑臉說：「老婆，很抱歉！是我講錯話。」笑了笑，接著又說：「這也難怪，妳的姊妹朋友們，看見妳又白又嫩的身體，她們是又羨慕又妒嫉才叫妳『白斬雞』啊！……我都忍不住要咬一口呢！」說完，在她頸上用嘴唇輕咬一口。

經曾正洋道歉，佟櫻美才消了氣；臉上漸露出了笑容。

見佟櫻美怒氣已消，曾正洋「小弟弟」試著重重頂戳了兩下「小妹妹」。佟櫻美嘴裡發出了「絲絲」一聲，樂得很哩！

「老婆，我好希望能早點搬來跟妳一起住，天天就有『白斬雞』吃囉！」曾正洋「打鐵趁熱」的說。

「還說呢！」

「妳不是希望我早點搬進來一起住嗎？」

「可是，你老是疑神疑鬼的。這樣，我們要怎麼生活在一起？」

「放心！以後我不再疑神疑鬼可以吧！」

「知道嗎，住一起，問題也就會愈多。」

「互相忍讓，磨合一段時間，彼此習慣就好了。」

佟櫻美忽而笑瞇瞇說：「可是……我要睡你左邊，你睡右邊才行。」

「隨妳便。左邊右邊對我來說還不是一樣。」

「以前我不是告訴過你嗎?我睡在你的左邊我才能管得住你啊!」

「我記得。算命的說妳睡在我左邊是妳管我;睡我右邊變成我管妳了。」

「對啊!算命的是這麼說的。」

「妳還真信,那我就心甘情願被妳管吧!」

佟櫻美很得意,嘴裡「嗯、嗯」了兩聲還搖晃了兩下上身。模樣像天真的小女孩。

曾正洋兩手一攤,故意擺了個臉嘆了口氣說:「誰叫是天生怕老婆命。」

佟櫻美格格的笑了起來。

忽而,曾正洋將佟櫻美抱個滿懷,用丹田之力使勁的拱起陰部將戳在「小妹妹」裡的「小弟弟」,拼命的往上往內頂,將佟櫻美頂得高高的。

少頃,曾正洋用手掌抹了下臉,亢奮而急促的叫說:「親愛的老婆,我要吃肉肉囉,把腿腿伸直。」

佟櫻美平躺在曾正洋身上,兩腿伸得直直的。

曾正洋摟抱著佟櫻美,漂亮熟練的一記側翻身,已壓在佟櫻美身上。嘴裡嚷道:「老婆,現在我們進行五〇一次『做愛』;今天的第二次『吃肉肉』。」末了又來了一句「嗯……『白斬雞』、『白斬雞』……好吃的『白斬雞』……」

佟櫻美輕輕拍了下曾正洋的屁股,意思是告訴他少說趕快「做」吧!

接著床頭板「轟隆、轟隆、」響聲大作。

20 電話性愛

夜闌人靜。

佟櫻美躺在床上看情色小說，正沉醉於撩人的故事情節中，忽然被電話鈴聲驚醒。

「喂……老公啊！怎麼這麼晚打來。」

「我忙到現在才有空打電話。」

「工作進行的怎樣？」隨手將小說放在床邊小檯几上。「一切還算順利。我出差南部一個禮拜，差不多簽了五、六個客戶，算是不錯啦！」曾正洋興奮的說。

「那很好啊！」

「好是好，但是每天忙到晚很累。南部地方不像臺北客戶比較分散。要跑斷腿，才會有成績。」曾正洋大吐苦水。

「有沒有……抱大腿啊！」佟櫻美故意開玩笑的說。

「哪來的大腿抱？我抱的大腿在妳身上，妳在北，我在南，我哪抱得到。妳是在吃我的豆腐。」

佟櫻美格格笑了起來「開玩笑的啦！我以前做過直銷、我們那個經理告訴我們做直銷就是要跑斷腿、抱大腿、送火腿……什麼的。意思就是叫我們要多跑多做人際關係。」

「不管哪一行，跑業務就是這樣，很辛苦。不管風吹雨打日曬，要勤跑，人家休息你還要工作。唯有這樣才可能有業績、有收穫。」

「這些我知道。所以直銷我只做了一個月就不做了。」

「沒辦法，努力工作，為的是多賺點錢。賺到錢我才好過；我好妳才好啊！」

「樹、樹、（是、是）」佟櫻美學曾正洋格格笑了。

「妳精神真好，笑得很開心！……都快十二點了，妳一點睡意都沒有。」

「等老公電話啊！」佟櫻美俏皮的說。

「哦！金感動。不對吧？我想妳一定是看小說看得入迷對不對？」

「是啦！你好像是我肚內的蛔蟲，什麼都知道。」

「沒錯，我還知道妳現在看色情小說。對不？」

「你好像在家裡裝了針孔攝影機。」

「哪用的著攝影機；妳撅撅屁股在想什麼我都一清二楚。」

「好可怕——」

「有什麼好可怕。我們相識這麼久了，當然很瞭解妳；就像妳也很瞭解我一樣。」

「這也是實話。」

「我沒說錯吧！」

「嗯——囉！」佟櫻美俏皮的說。

曾正洋笑笑的說：「老婆啊！色情小說當然是要看的；但是老公也是要想想啊！算算我們差不多有好多天沒見面了。說真格的（學櫻美的口頭語）妳想不想我……」

「幹嘛老是學我？人家已經好久沒這樣說了。」

「好好！我以後不學妳的口頭語了。但是妳還沒回答我的正題，妳想不想我？」

佟櫻美小聲的回說：「有——啦！」

「嗯！我看不是吧！妳想的是我的『小弟弟』吧！」

「哎！老是講這個！」

「這也是實話啊！妳最喜歡我的『小弟弟』樂透啊！」曾正洋說完哈哈笑了起來。

「少來！」

「少來，那妳不就更寂寞難耐了。」

「你很色耶！」

「老婆，我告訴過妳，世界上我只有對妳色。除了妳之外的女人我一點性趣都沒有。我要是對妳不色，妳就不會愛我了。」

「都是你在講。」

「說真格的，我說的都是實話。」

「又來了，不是告訴你我已經不說了嘛！」

「好好，忘了，忘了，我不說妳的口頭語『說真格的』。」

「有完，沒完。」佟櫻美噗嗤笑了出來。

「妳還笑得出來，我已經十幾天沒吃肉肉了。我真的好想……」

「自己想辦法吧！」佟櫻美撂下一句。

「老婆……妳的意思是叫我……吃『自助餐』？」

「不然怎樣？」

「我癢死啦！」

「那……你可以自慰解決啊！」

「自慰！」

「就是你說的『自助餐』啊！」

「妳說的還真『便當』。」

「沒辦法，你講的『有影嘸影』；我沒辦法幫你。就自己解決吧！」

「哎！真的受不了啦！老婆，妳看，我的『小弟弟』已經壯得大大的。」

「你說的，你在南我在北，要怎樣看。不要再說了……等下你會把我也挑逗起來，我也會很難受。」

「『黑白講』，怎會是我挑逗妳；是情色小說看得入迷了。」

「哪有。」

「女人自慰也很好辦；妳難受的時候可用手摸摸『蒂蒂』。」

「你要我『自摸』？老公，你也可以『五打一』啊！」佟櫻美說著格格笑了起來。

「嗯！又叫我五打一？不行，不行，我才不要欺負我的『小弟弟』。五個打一個也不公平。」

「那就『無法度』。」

「嗯……老婆！我想到一個辦法，可以解決我們倆個的問題。」曾正洋很性奮的說。

佟櫻美不以為然的問「什麼辦法？」

曾正洋很得意的說：「老婆，我們不妨來個……電話性愛，打個『聲炮』。」

佟櫻美莫明其妙不解的問「什麼聲炮？」

「這個嘛，就像是西洋電影裡利用電話，我們講話，還有……動作的聲音，加上想像；也就是我想妳，妳想我。互相想對方的做愛動作、身體……等來進行『打炮』。」

「噢！」佟櫻美驚奇的叫道。

曾正洋進一步的說：「現在我們雖然不在一起，但都在床上。首先要把身上的衣服脫光；包括妳的奶罩、三角褲都要脫光。當然我也是同樣要脫光衣服褲子。」

佟櫻美不耐「你很麻煩ㄟ。」

「麻煩一點有什麼關係！這樣才能解解饞。」

「還說呢，你最饞。」

「好好好！我嘴饞；親愛的，請聽我的動作做；現在請將妳的奶罩，哦不，在家妳本來就不戴奶罩的；請脫下三角褲。」

「哎！你真的有夠煩ㄟ。」

「就煩一下嘛！脫——」曾正洋語帶命令式。

「煩ㄟ！」

「妳怎麼還不脫呢？」曾正洋在電話中說得跟真的一樣。

「有啦！」佟櫻美真是又好氣又好笑。心想：反正曾正洋也看不見，脫不脫他哪會知道。

「老婆不要唬弄我，妳那條小巧肉色三角褲明明還裹在妳的小屁股上吶！」曾正洋煞有其事的說。

佟櫻美立時心裡感到有些毛毛的。像是臥房中有雙眼睛在瞪著她看。明明是人在南部，倆人正在通電話，他怎麼會知道自己身上穿什麼樣式顏色的內褲？況且常換穿的內褲就有四、五十條之多。即算用猜也很難猜中。而且曾正洋說話的口氣就像是站在身旁。想到這裡不竟「毛骨悚然」。膽怯的說：「老公，你別嚇我了！」話語有些顫抖。

曾正洋從電話中感受到了佟櫻美的驚嚇。心裡明白，是為說中了她身穿內褲的顏色而害怕。其實是隨口胡猜的；但是說的語氣自若而篤定，就像面對面眼看而說；尤其是佟櫻美深夜獨居，一個女人家心裡當然會產生恐懼嚇一跳。於是笑笑很緩和的口氣說：「老婆，對不起！妳穿什麼顏色三角褲我是隨便亂猜的，剛好被我蒙上。放心，家裡沒有針孔攝影，我又不是千里眼，哪會看到妳穿什麼衣服？別去想它了。」

經過曾正洋的說明安撫，佟櫻美心情也就平和多了，但仍「心有餘悸」說：「真的很嚇人，我知道你是用猜的，可是你講話的口氣很可怕。知道嗎？家裡只有我一個人當然會害怕。」

「樹、樹、樹、（是、是、是）是我嚇到妳了；抱歉！現在我們回歸主題；親愛的，妳的小褲褲脫下了嗎？」

「脫──啦！」佟櫻美一手執電話一手拉下了三角褲。

曾正洋從電話中聽到了佟櫻美手拉三角褲的脫褲聲。「嗯……這還差不多。」

佟櫻美很小聲嘆了句「煩！」

耳尖的曾正洋當然聽到了，回接一句「癢！是的，妳我都粉癢（故意將「煩」字唸成「粉」）！趕快將兩腿打開。」

「噢！你真討厭耶！」說著又開了兩腿。

「哈哈！看到了！看到了！老婆的『小嘴嘴』已經撅起來了。好漂亮啊！」

「少來！你又想嚇我？」這回佟櫻美心情開朗，知道正洋又在猜想。

「是真的，我是憑想像，我的第六感很敏銳。妳不相信？」

「好啦！好啦！」

「主戲登場。接下來。老婆，妳把電話夾在大腿中間『小妹妹』那裡。電話講話的地方要對著妳的『小嘴嘴』。要對準，愈靠近『嘴嘴』愈好。我要開始舔妳的『小妹妹』了。我說一、二、三就開始，要夾緊……一……二……三……爽。」

佟櫻美被弄得又氣又好笑，隨手將電話擱在枕頭旁。

「妳怎麼沒夾在大腿上？」曾正洋故意問了句試探佟櫻美是否照做。

話筒就在枕邊，曾正洋聲音很大，佟櫻美聽得很清楚，不由回說「有——啦！」

曾正洋果然猜中，佟櫻美並未將電話夾在大腿上；因為夾在大腿「妹妹」離嘴巴較遠，聲音較弱也不清楚。

曾正洋親密的說：「老公現在要吃老婆的『肉肉』。請把電話夾在『妹妹』哪裡。」

「好——啦！」拗不過，佟櫻美只好將電話緊緊夾在大腿『私處』。電話夾在這裡又大又硬，熱熱的，感覺還真有點怪怪的。

電話另一端的曾正洋，一手緊握著電話。閉上眼睛，腦子開始幻想佟櫻美青純的臉龐，長長的秀髮、一絲不掛的胴體；尤其是迷人的「小奶奶」、「小豆豆」、「小唇唇」、「小嘴嘴」……。並伸出舌頭作舔吸佟櫻美「私處」的動作；另一隻手則緊握如鐵杵般的「小弟弟」在手淫做「意淫」的動作。婉如跟佟櫻美正在做愛哩！

這頭的佟櫻美感覺話筒有輕微的振動。話筒同時傳出舔吸「嘖嘖」像狗吃屎的聲音。說也奇怪，這種感覺，還真像是曾正洋的舌頭在舔吸「妹妹」。腦子也浮現出色情小說男女交合的情節。「妹妹」感到癢癢的、溼溼的。不覺將「私處」的電話夾得更緊。

電話傳出曾正洋微弱的講話聲：「老婆……謝謝妳……將電話夾到『妹妹』上。……因為我聞到了『妹妹』的香味……嗯……好香……好甜……真好吃啊！」

佟櫻美現在正是慾火燒身在擦摸「陰蒂」自慰呢！只是嬌聲爹氣的「嗯——」了一聲，算是回答聽到了。

曾正洋從微弱「嗯」的一聲，足以證明電話已經是夾在「私處」。而且佟櫻美正亢奮的在享受聲波做愛哩！

擤擤蹭蹭了好一會。忽而，電話兩頭幾乎是同時傳出高潮喊叫聲。倆人都獲得了滿足。

電話意淫做愛，曾正洋和佟櫻美「做」得絕妙，有默契、有夠真。玩得還真有夠新鮮、漂亮。

21 咬裙襬

是個艷陽高照的酷熱天。

曾正洋滿懷興奮，頂著火熱的太陽騎著那台老舊的「歐都敗」趕往三重佟櫻美家。總覺得今天路上的交通號誌似乎有意跟他過不去，有「過節」似的，一路上都是亮紅燈；有如牛步走走停停。真是個「慾速則不達」啊！

這趟南部出差整整有十天了。已經十天沒跟佟櫻美見過面。此刻恨不得「插翅能飛」，馬上飛到佟櫻美的身邊。這也難怪，交往十年多，倆人從未分開過一天，這是頭一次小別。當然「生離死別」是件痛苦的事。不過話又說回來，「小別勝新婚」啊！不管怎麼說，小別重聚是件興奮又快樂的事。想到這裡，曾正洋嘴角揚起了笑容。

好不容易終於到了佟櫻美的家。一進門就高喊：「老婆，我來了！」快樂的像是中了樂透；又像是吃了人蔘果似的。

「哎~~老公，我在樓上。」佟櫻美親切而調皮的回答。

曾正洋腳步輕快而有節奏的一登一登上了二樓，拉開了臥房的拉門，只見臥房內光線幽暗。雖然是大白天，但臥房的落地窗簾終年都是合閉的，很少開啓。室內只亮著一盞壁燈，光線雖然暗些，但也蠻有氣氛的。

佟櫻美站在梳粧檯前，手指撥弄著頭髮，像似剛梳好頭髮靜候老公到來。

曾正洋楞視著眼前的佟櫻美。幾天不見，覺得今天格外的美。

「對了，老婆來點音樂如何？」不忘加點「諾曼蒂克」情調。

「OK！」可愛的佟櫻美輕快的回答。走到床邊的小檯桌，觸按音樂遙控器，揚聲器播放出悠美的音樂。播放的是波爾•瑪利亞（PAUL MAURIAT）管弦樂團名演奏集。這是世界一流的樂團、一流的曲目。是曾正洋最喜愛的唱片之一。記得這張唱片是去年佟櫻美生日時，送她的生口禮物之一呢！

曾正洋仍佇足臥房拉門口，神情近乎呆癡，目不轉睛地望著佟櫻美。像是在欣賞畫作、藝術品；又像是在聆聽欣賞悠美的演奏。

端坐床邊的佟櫻美姑娘，有若少女般的端莊羞澀。穿著蘋果綠花紋上衣，紅花點白底短裙；恰如「紅花配綠葉」。剛做的大波浪垂肩長髮，一張像熟透了蘋果臉龐，白嫩的皮膚。看起來，就像一朵綻開的白色杜鵑花；清新、淡雅、皎潔。這真是個自然美的組合。

曾正洋心裡在狂叫：好美的姑娘！雖然說已四十好幾，但看上去仍像個二十餘歲的少婦。比實際的年齡要年輕很多；這是她天生麗質，得天獨厚之處。

此刻時空像是凍結了似的，曾正洋像著了魔呆癡望著佟櫻美，久久才回神清醒了過來。

當四目交接的一剎那，「百感交集」，像是久別重逢的情人，有著千言萬語；但又有著近鄉情怯的複雜心情。

曾正洋趨前，托起佟櫻美那張白淨如花的臉望著；佟櫻美微閉著眼睛。曾正洋在她的唇上輕輕吻了一下。忽而，佟櫻美舉手緊緊摟抱著曾正洋的脖子，曾正洋順勢抱起。倆人相擁熱烈吻著………

有如決堤似的狂吻。曾正洋熱血沸騰，呼吸急促。袴下的「小弟弟」更是挺直硬了起來。直挺挺頂著「花巢」（陰阜）凹處。「小弟弟」在凹處輕輕地搓揉，倆人一凸一凹如蛇舞般的蠕動，就像是插頭插入了電源插座，互通電流，弄得佟櫻美心花怒放，小鹿亂跳。

倆人磨蹭了半天。曾正洋火紅著臉悄悄的說：「老婆我要吃肉肉了。」（曾正洋把「做愛」暱稱為「吃肉肉」。）

佟櫻美何嚐不急，就等他開口呢！

「你去洗澡吧！」

曾正洋額頭輕輕碰了一下佟櫻美的額頭俏皮的說：「嗯……今天我們都不要洗澡！」

佟櫻美臉色略帶羞澀，但並不覺意外。因為這又不是第一次。

佟櫻美笑笑的又說：「今天啊！我要吃……原味的哩！」

佟櫻美心裡當然知道，扭動了下身體故意問說：「吃原味的？」

「嗯！我要吃老婆生鮮的『蚌蛤肉』。」像是要吃海鮮大餐般的興奮。

佟櫻美故作撒嬌，用手輕輕的搥打了一下曾正洋的前胸，表示「你歡我愛」。

「告訴妳，今天我們『玩』個特別的，所以用不到床，我們就在地板上「用餐」（做愛）。」

佟櫻美點點頭，欣然同意並望了一眼檯几上的枱燈。曾正洋會意，立刻關了壁燈，開亮檯燈，並轉到弱光。

「好啦！」佟櫻美略帶撒嬌的說。

曾正洋像拍電影的導演喊了一聲「Action!」

「你說什麼啊？」佟櫻美弄不太懂是怎麼回事。

「我是說，我們可以行動開始了。」

佟櫻美天真的「喔！」了一聲。

曾正洋心想：她還真像是個單純「天真無邪」的女孩。

這時候，佟櫻美含情脈脈的，像是模特兒走秀，身體慢慢往後倒退，步伐輕盈，神態自然，像腦後長了眼睛似的，頭也不回的倒退了三、四步，將背輕輕的依靠在牆壁，雙腿微開。接著，羞答答的低頭，很優美的用手將身穿的短裙裙擺掀起啥咬在嘴裡。佟櫻美低頭望著地板；表情歡悅而羞澀；這個Camera face非常的自然，非常唯美。

美哉！呈現在眼前的是一幅鮮活生動的美女圖。佟櫻美從肚臍以下到腳，在微弱的燈光投射下，那嬌美白皙的下半身曲線，原形畢露無遺。尤其是她，今天穿的是最喜歡那條褲邊有點脫紗，半透明鵝黃色性感小三角褲。褲內臟蓬蓬的「陰阜」和褲底「玉溝」凹凸地方「玲瓏有緻」，薄若蟬翼的三角褲隱約清晰可見；實在是性感誘人。晶瑩潔白的胴體，像極一幅半裸美女咬裙襬畫作藝術品。

雖然說，佟櫻美身體的每一吋肌膚、每根毛髮，曾正洋都非常清楚，「瞭若指掌」。但是站立裸露下半身，口咬裙襬pose，這還是第一次開了眼界。

曾正洋儼然為選美比賽的評審；又似賞玩畫作、古玩藝術品的鑑賞家。

曾正洋血液循環加速，性致高亢。急速跳動的心就像似要從口中吐了出來。心裡在狂叫：我的老婆，美啊！美極了，『秀色可餐』吶！」

迫不及待，迅速脫下了上衣和褲子。他那威武挺拔的「熱狗」，乍看之下，像是身體多出一節額外的凸出物。

佟櫻美有著少女般的羞澀，不好意思正眼看凸出物「熱狗」，只好偷偷的瞄了一眼，又何嚐不想多看一眼。這就是男女有所不同之處；男人看女人的身體，可正眼大方如欣賞藝術品般，目不轉睛仔細的觀賞。女人可就不同了。女人看到男人赤身露體，會不好意思，面紅耳赤。因為女人比較含蓄、保守；即使心裡很想看，至少表面還得裝模做樣一番，也祇能偷偷的瞄一眼。

這時候佟櫻美靠牆壁站著，「婷婷玉立」的，恰與一旁牆上掛的自己40吋半蹲式身著白色短衣褲，藝術大照片相輝映。

視覺饗宴滿足後，曾正洋求愛似的曲身跪立在她的身前；一把抱住了她的大腿，將整個臉貼埋在鼓蓬蓬的「花巢」上，作了個深呼吸。

「嗯！『花巢』內的氣味芬芳，原味的哦！」曾正洋陶醉的說。像是吸食「安非他命」，在芳香的「花巢」上，一連做了好幾次的深呼吸。

「真是醉人的氣味。」曾正洋如醉如癡的說。

立時，曾正洋精神百倍，更為貪婪，用嘴跟舌頭，在臌蓬蓬的玉溝上隔著三角褲舔吸「小妹妹」。一會兒，三角褲玉溝凹凸處，已被口水舔濕了一小片，如小嘴形狀。秀麗的「小妹妹」更為透明清晰可見，很是迷人。

曾正洋「隔靴搔癢」了一陣，主戲終於上場。很優雅的褪下了小小的三角褲；很瀟灑的揚手往後一拋，丟到背後的大床上。

佟櫻美的下半身由原先的半裸半透明，現變成半裸全明。只見半身中間「一團黑」，就像黑毛線糾纏在一起。小嘴仍然啥咬著裙襬。在為心愛的人提供了視覺、嗅覺、味覺和觸覺上的服務哩！

同樣的，此時佟櫻美慾火燃身，春心蕩漾。眼睛不時往下盯著那挺拔、壯大的凸出物「熱狗」瞪著看呢！撅著小嘴，心裡真想咬食一口。

曾正洋那如滑鼠般的舌尖，從圓圓的肚臍開始舔吸，再滑遊到兩邊側腰。溫熱的舌尖舔到腰間時，腰被舔得癢癢的，佟櫻美忍不住笑了起來。

「好癢！」佟櫻美笑說。

是嗎?我就是為妳搔癢的。」

「嗯~~真的好癢。」

「我當然是知道啦，妳的『小妹妹』已經癢了十天了!我今天要好好的為妳搔癢。」

「你只會說！」

「我更會做！」

佟櫻美格格地笑了出來。望著曾正洋說：「好嘛！」甜甜的話兒，像個小妻子。

曾正洋聽在耳裡，看在眼裡，樂在心裡。

舌尖上了果嶺，舔吮香嫩的果嶺小草。嘴臉碰到果嶺上茂密的小草（陰毛）時，感到毛茸茸的，嘴和臉有點癢癢的。曾正洋覺得這種觸感很刺激也很舒服。

好像在舔食「髮菜沙拉」，陰毛「小草」被曾正洋的口水舔得結成一束束的，有如落湯雞的雞毛。可能是舔「小草」的動作太過於激烈，竟然有一根毛掉在嘴裡，曾正洋用手指費了好一番功夫才取出。

「看，老婆妳的毛毛。」曾正洋拿給櫻美看。

佟櫻美瞪大了眼睛觀看隨口說出：「送你！」

「謝了！嗯……可不可以多拔幾根送我作紀念？」曾正洋故意逗她。

「啊！不行，會痛呢！拔光了，那我不就成了白虎！」。

「白虎，無毛更性感啊！」

「老公，那為什麼不剃光你的雞毛！」佟櫻美也不甘示弱的說。

「那怎麼行，剃光了毛不是變成了禿毛雞了！」

「有什麼關係，禿毛雞還是雞啊！」

「當然有關係，男人雞上無毛『辦』事不牢啊！」

「真的？」

「當然是真的。要試嗎？」

佟櫻美格格笑了起來，曾正洋也跟著笑。

倆人笑過了繼續愛的遊戲。曾正洋的舌尖往下舔吸「臟蓬蓬」的「小饅頭」和大腿內側。因為是站立的關係，「玉溝」是閉合的，處於「英雄無用武之地」。

佟櫻美背靠者牆壁而站，手摀著嘴在竊笑說道：「老公知道嗎！女人的『妹妹』站的時候是閉的；蹲著的時候才是張開的。」

「說得好，親愛的老婆，兩腿請打開一點開『花』吧！」

一記小粉拳輕輕的打在曾正洋的頭頂上，一邊叉開了腿，使「玉溝」能儘量的張開些。

曾正洋雙手拇指略為掰開了水嫩的「陰核」，用那如食蟻獸般的長舌頭，伶巧的勾舔「花蒂」（陰蒂）。不時還用舌跟嘴唇輕咬臌漲臌大的「花蒂」。

佟櫻美深深體會到曾正洋的「舌功」是頂尖高手，超級棒；舔得很舒服，很享受。嘴裡不停的發出了「嘶……嘶……」聲。這是舒服透心的聲音。身體快樂的在波動。

口咬裙襬一直站立，兩腿叉開有點酸累，「小妹妹」又無法完全的打開；曾正洋起了側慥之心，來了個落地翻滾球躺在地板上。身手嬌健，動作乾淨俐落。

「老婆，妳兩腿跨蹲在我的臉上；『小妹妹』對著我的嘴。」

佟櫻美很興奮，其實她的「小妹妹」被舌舔得早就吱吱癢了。

佟櫻美很快的從床上拿了兩個枕頭，在曾正洋頭的左右各放置一個，然後很熟練的跨跪在枕頭上。「小妹妹」正對著曾正洋的嘴。佟櫻美感到有股陣陣的熱氣衝到「小妹妹」上。心裡明白，這是曾正洋嘴裡所呼吐出的熱氣，這也顯示了兩張「嘴」對得很準確脗合哩！

佟櫻美兩手平伸微彎曲，手掌頂貼著牆壁支撐平衡著身體。

溫熱的整個花庭貼在曾正洋的眼前。工整的花口嬌小秀氣，臌蓬蓬的花庭看起來是那樣的清新、飽滿、色嫩紅，水汪汪的並散發出一股股她「小妹妹」特有的香味。

曾正洋用手指掰開了飽滿的「小陰唇」，露出了兩片鮮紅滑嫩的肉壁。看得是滿嘴「流涎」；實在是鮮嫩可口。先舔吸右邊「小陰唇」內鮮紅光滑的壁肉，要輕輕慢慢的舔。佟櫻美被舔得很興奮，很舒服。屁股像蛆一樣的蠕動；嘴裡又發出了「嘶……嘶……」樂透聲音。接著嘴唇輕咬「小陰唇」上方內外的肉。最後用嘴唇舔嗦「小陰唇」。將「小陰唇」的唇片輕輕吸入口中，再輕輕吐放出來，如此反覆的吸吐。湯水股股的湧出，大聲直喊「好舒服～～好舒服～～好舒服～～」全身不停的在顫抖。右邊舔過，再換左邊的「小陰唇」用同樣的方式舔吸吐放。

佟櫻美的「小唇唇」被舔得熱臟臟的，花口不停的流出了成串的溫熱湯水滴。因地心引力的關係，曾正洋張大了嘴將嘴上面的花口整個唅在嘴裡，串串的熱湯水全都進了嘴裡。這全都是原味鮮肉縫中玉溝裡流出的湯水。這個湯水包含了肉縫裡分泌水加上陰唇、花巢興奮而分泌出來的水；再加上尿騷水、汗水等混合而成。這就是曾正洋叫佟櫻美今天不要洗澡的主要原因。這是個綜合湯水。味香、濃郁、強烈、刺激，是純正的鮮肉縫湯水。喝進嘴裡，就像是品嚐濃烈的「伏加特」酒般的濃烈、刺激、夠味、過癮！

舌尖移上舔吸「花蒂」（陰蒂），這是女人全身最敏感的一個小「小東西」；亦是女人的「樂蒂」。曾正洋很熟練的用一丁點的舌尖舔「花蒂」。要慢慢的、輕輕的、似舔到未舔到「花蒂」最佳。

「花蒂」像粒小紅豆又臟又硬又紅。乍看又如迷你紅辣椒。佟櫻美舒服的全身像觸電般直在顫抖；嘴裡「嗯嗯～～哎哎～～」叫個不停。花庭突然臟大變硬，變得更鮮紅、完全充血。忽而一股強大的熱湯水由花口噴出，全都進了曾正洋張大的嘴裡，佟櫻美大叫一聲「噢——————」緊接著高喊「好舒服……好舒服……好舒服……」她已上了「花蒂」高潮。

「花蒂」高潮後，一切都在尖峯最佳狀態；曾正洋明白，要立即進行交媾。

「來，坐上來！」曾正洋平躺地板，頭靠牆壁，熱狗一柱擎天，如同美國阿波羅太空船升空時，火箭矗立在發射臺準備升空時的情景。

佟櫻美已迫不及待，立刻就坐上了「熱狗」，背向曾正洋，一聲樸滋！已整個將「熱狗」坐進了「鮮肉縫」裡。「肉縫」內溫熱，「津水」股股的溢出，濃濃的，像「果凍」膠狀的半透明液體；正好做為天然的性愛潤滑劑。

佟櫻美上身往前傾，曾正洋兩手握住雪白的屁股，將硬挺的「熱狗」頂進拉出鼓漲鮮紅的「花口」。曾正洋一邊享受做愛，一邊儘情的欣賞佟櫻美背影曲線以及像桃子般的屁股。尤其是自己的「熱狗」頂進拉出「花口」的時候，真是美極了。眼看著自己的肉棒戳進佟櫻美的身體裡，又從她的身體裡拉出；這是視覺和觸覺上極大的享受！

千餘猛抽之後，曾正洋卯足了全力加速運動。佟櫻美也迎合抽動雪白的屁股。倆人同心聯手，陰陽合擊，揫電轟雷，電光火石；佟櫻美哭天叫地的吶喊「嗯～～噢～～嗯～～噢～～」；曾正洋同時也發出了獅吼！倆人加大動作，拼命似的抽送。

已進入了最後衝刺六十秒。曾正洋挺拔堅硬的「熱狗」卯足了勁，戳進戳出水水臌漲鮮紅的「花口」，快如閃電。忽然平地一聲雷，佟櫻美嘴裡爆出了「噢——耶————」曾正洋幾乎同時也大大的吼叫了一聲，倆人同時上了最高潮。「熱狗」已吐精放種在佟櫻美的「鮮肉縫」裡。

倆人都樂翻了，解饞了倆人十天來的禁慾。

這時「熱狗」連根都被水嫩的「鮮肉縫」緊緊的咬合著，從側面看曾正洋的身體，現在已暫時失去了「小弟弟」，身體少了一截男人的寶貝，活像個去勢的太監。

「熱狗」一直賴在肉縫裡，實在是太舒服了，不肯出來。倆人的身體疊在一起恰成「比」字形，益顯倆人格外的親蜜恩愛。

五、六分鐘之後，曾正洋才「依依不捨」將他的「熱狗」從溫熱的鮮肉縫裡抽了出來。「熱狗」一出肉縫口，隨著就溢出了更多的倆人混合愛之液。乳白色，如鮮乳般的液體，此乃純天然的維他命液。

倆人甜甜蜜蜜相摟抱。長長的熱吻，此時倆人的身體成了「女」字形，緊緊的抱臥在地板上。倆人都儘情的享受著「性愛功成」的甜蜜和滿足。

22 私通

今天店裡修改衣服的客人不多，佟櫻美很早就回到了家裡。正好利用這個空檔時間把家裡清掃整理了一下。剛洗完澡，電話鈴聲響，是曾正洋打來的。

「老婆妳好，真難得今天準時下班。」

「店裡的工作很早就做完了。今天上門的客人很少，欣麗一個人顧店就可以了。我提早回家打掃，剛洗好澡你就打來了。」

曾正洋笑了笑說：「還真巧！平常這個時我都是先打到店裡，今天『新血來潮』，就直接打到家裡。」

「你不是說後天要來家裡嗎！」

曾正洋笑說：「打電話給妳就是為了這件事；因為後天有同學會，臨時通知的。所以問妳我們改明天可不可以？」

「沒差，我都可以。」佟櫻美不考慮的說。

「那太好了，我明天下午兩點來家裡。」

就在這個時，對講電視鈴聲響。

曾正洋在電話中聽到鈴聲響急忙問：「有客人來嗎？」

「大概是鄰居拿衣服來改吧！」

「那我就不說了，明天下午見！」說完，曾正洋就急忙掛了電話。

佟櫻美望了下壁鐘，已經是晚上八點二十分了，還會有誰來？走到客廳門，從對講電視看到是鄰居饒方達，佟櫻美「喂！」了一聲。

「佟櫻美，我是饒ㄟ請開門。」

「有事嗎？」

「跟妳談談便利商店頂讓的事。」

佟櫻美按開門鈕。

不一會，饒方達站門口。只見饒ㄟ一人。平常都是他太太鄧時婕跟他一起來的，從來沒有一人單獨來過這裡。佟櫻美感到有點不太尋常，尤其是在晚上這個時候。面帶疑惑的問說：「怎麼鄧姊沒有來？」

「噢！她去臺北看朋友，要很晚才回來。」饒方達忙解釋說。

雖然時間晚了點，佟櫻美覺得是鄰居熟朋友不疑有他，用手比了一下說：「請進！」

饒方達走到沙發前，見佟櫻美穿了條緊身少短褲，上身一件T恤。T恤胸前隱約可見兩粒凸出的奶頭。（佟櫻美下班回到家洗完澡後一向不戴奶罩。覺得在家這樣沒有束縛，自由自在的。除非有不熟的人來時，才會臨時掛上奶罩，待客人走後又立刻取下。）

饒方達見佟櫻美身材姣好，曲線畢露，站在沙發前竟忘了坐下。

佟櫻美感覺到饒方達的眼神不正。心想：反正人都已經上來了，只好裝做自然一點。

「請坐啊！」

如夢驚醒的饒方達，急忙坐下。探下口氣問道：「佟啟仁還沒下班？」

「這兩天加班，要十一、二點以後才到家。」

「哦！這麼忙。」

「對啊！私人公司上班就是這樣。」佟櫻美轉話題問饒方達：「便利商店你們談的如何？」

「還在談，他們要求的頂讓權利金太高；我太太還在跟他們談。幾個準備入股的朋友也都在考慮中。妳沒問題吧！」

「我是沒問題。我已經跟正洋談過，他會支持我。」佟櫻美很肯定的說。

饒方達不悅的眼睛瞄了一下佟櫻美說：「便利商店的事還在進行中，妳為什麼要告訴別人！」

佟櫻美不解說：「便利商店頂讓是大事，正洋是我的男人，他不是別人，我當然要告訴他；而且入股的三十萬還得靠他資助才行啊！我現在哪來的錢！」

「妳太依賴他了！」饒方達提高了分貝說。

「話不能這麼說；是他在養我，他又不是外人，我不靠他靠誰？」佟櫻美理直氣壯的說。

饒方達冷笑的說：「他的年齡跟妳相差那麼大，妳為什麼跟一個差不多都可以做妳爸爸的人在一起？」說完還斜眼瞄了下下佟櫻美。

佟櫻美覺得饒方達是在睥視她，心裡感覺很不舒服。心想：你有什麼資格跟我說這些。不甘示弱說：「饒先生，那你跟鄧姊在一起又為的是什麼？」話峯犀利而且很毒。

佟櫻美這句話正說中了饒方達的要害。他之所以會跟鄧時婕結婚在一起，說穿了，是要靠他太太養他。講難聽一點，他是個吃軟飯的男人。佟櫻美最瞧不起的就是這種男人。

饒方達萬萬沒想到，佟櫻美會用這個來揭他的短處踩他的痛處。很不悅的說：「我們的情形不同，妳不了解；妳年輕漂亮，要找也要找個年紀小一點的；就像我這樣年紀的人。」

佟櫻美覺得饒方達未免管得太多了。干你何事？我又不是你太太。很氣憤的說：「你要知道『家家有本難唸的經』。你自己還不是一樣，有什麼資格講別人。」

饒方達被佟櫻美指說一時還真不知如何辯駁，隨口說：「……至少我跟我太太年齡差不多，她大我沒幾歲！」

佟櫻美心想：一個大男人，這種話也說得出口！真沒出息，接著很嚴正的口氣說：「就是因為正洋年齡大，他才懂得珍惜我，疼我，照顧我；我可以放心的跟他，依靠他。」

「那也不能為了穿衣吃飯，就賣給了他！」饒方達愈說愈離譜。

「誰不要吃飯穿衣？那你跟鄧姊不是為了這個又是為了什麼？」佟櫻美又在挑他的痛處。

「我只是覺得妳跟著他有點可惜，便宜了他！」

「奇怪了！可不可惜是我的事，跟別人沒有關係。不跟他，誰養我？」話峯一轉「……跟你？你有能力養我嗎？」佟櫻美火大了，覺得饒方達話過了頭，他以為他是誰？

「跟我，總比跟一個老頭子好啊！我比他年輕力壯，我比他……勇啊！」油腔滑調的，說著，冷不防一把抱住了佟櫻美。

突其來的舉動，佟櫻美嚇楞住了。半响，極力反抗。連說「不要！不要！」

畢竟，女孩子那抵得過年輕力壯的大男人。況且又是在自己的家裡，又沒有其他的人在場，也不好喊叫，左鄰右舍聽到了也不好。佟櫻美一時亂了方寸，也不知如何是好。同時覺得她跟他們夫妻走得很近；跟鄧姊私交很好。再說，饒方達身為壯年，散發出一種誘惑的魅力。在這種情況下，她難以抗拒。

饒方達感覺到佟櫻美的抗拒沒有想像中的強烈；更重要的是她並沒有大聲喊叫，比預期的要好很多。饒方達信心大增，今晚有信心絕對能「把到」佟櫻美。於是「得寸進尺」強吻佟櫻美。佟櫻美先是緊閉著嘴，礙於女孩子的矜持，將頭偏向一旁，即使「裝模作樣」也得做。饒方達「心知肚明」，只要她不喊叫，就搞定了。

其實，佟櫻美是在等他下一步的動作。

「胸有成竹」的饒方達將舌頭伸進了佟櫻美的口中。此時的她也不再堅持。男女間的事，往往沒有一個「準」。這時候佟櫻美主動的手緊緊抱著饒方達的脖子，在跟他熱烈的親吻哩！

倆人吻得火熱。佟櫻美樂得在蠕動著身體。前後一分鐘，竟有如此天大的轉變。乘勝追擊。饒方達試探的語氣問說：「佟櫻美，我看得出來，平常妳對我印象很好；很想找機會跟我『玩』。因為是女孩子，不好明白的表示，對不對？」

佟櫻美無話可說，還能說什麼？

饒方達嬉皮笑臉一副勝利者姿態在說話：「都什麼時代了！有什麼不好意思！妳想要跟我玩，就要勇敢明白的讓我知道，有什麼關係？跟我玩，保證妳會爽到有夠痛快！」

佟櫻美心想：男女的事「只能做，不能說。」略帶羞澀小聲的說：「不要再說了，現在你已經佔有了我，隨你都可以。」這是被饒方達擄身後的第一句話。其實佟櫻美現在的心情很矛盾也很絮亂。

饒方達厲害的地方就在這裡，他已看透了佟櫻美內心的矛盾與不安，還有對慾的渴望和需要。當然更瞭解她是個性慾很強的女人。

饒方達拉著佟櫻美的手安慰的說：「放心！今晚的事只有我們倆個知道；我發誓保證，我絕不會告訴任何人。」

佟櫻美只是小聲的「嗯」！了一聲。心想：最好是你說的這樣。

今晚是個勝利之夜。於是饒方達甜言蜜語的對佟櫻美說道：「真看不出妳已是兩人個孩子的媽媽。身材一級棒人又美麗，啊！看妳只有十八歲呢！等下玩的時候，我一定會給妳爽到底。」接著又補了一句：「我很勇。……不信的話，妳可以去問鄧姊！」

佟櫻美心想：真是好笑！這種事要我去問鄧姊，擺明在吃我豆腐。

經饒方達這麼一吹噓，佟櫻美終於露出了笑容面帶羞澀的說：「好啦！」臉上的表情像是在說「看你的表現了！」

男女間的事情確實是很難有個「準」；也很難用常理來「道理」。只要你歡我悅，什麼事都有可能發生。

佟櫻美對饒方達的印象雖然說不上有什麼好感，但也不能說壞。平常和饒方達閒聊或是在牌桌上，倆人在言語談笑中常會說些挑逗性的玩笑話，但亦無傷大雅。佟櫻美只是覺得饒方達年紀輕遊手好閒，不務正業；靠老婆養。這點是最讓她看不起的地方。

佟櫻美在饒方達吹噓嚼舌及「半推半就」的情形下上了一樓臥房。因回家掃除剛才已洗過了澡，於是對饒方達說：「二樓有浴室，要不要沖個澡？」

猴急的饒方達急忙說：「啊！沒時間啦！我來這裡鄧並不知道。出來日寺間太久她會起疑心；尤其是來妳家。」

於是兩人趕忙上床。佟櫻美脫下了小短褲和T恤。但保留了三角褲未脫。女人跟男人最大不同的地方就在這裡。女人既使是跟男人上了床，也不會脫個精光。總是要穿著內褲或是裹個浴巾什麼的，以遮掩她的「私處」。這是女人在男人面前所保留最後的一點羞恥和自尊。

自從饒方達夫婦搬來這裡的幾個月，夫婦們就經常到佟櫻美家閒聊、打牌；佟櫻美也常到他們家做客打牌。往來關係熱絡而密切。

饒方達同時跟佟櫻美的二弟佟啟仁也常玩在一起。其他如佟櫻美的三妹、五妹也常一起打牌、吃飯到卡拉OK唱歌……。有時曾正洋來時，饒方達夫婦也會一起談天、打牌。他們夫婦偶而也會邀約佟櫻美三人一起逛夜市、購物、吃吃東西。饒方達夫婦佟櫻美及週邊的人，都處很很熟。

饒方達在這種情形下覬覦佟櫻美已不是一天兩天的事。每次聊天或是打牌的時候，饒方達的眼睛總是盯著佟櫻美，就像是「蒼蠅盯著一塊腐肉」一樣。有次甚而在牌桌上，仍然邊打牌邊盯著坐在沙發上和曾正洋談事的佟櫻美。曾正洋早已看出饒方達心懷不正。為此，曾多次勸告佟櫻美要注意。佟櫻美總認為大家都鄰居好友，而且他們每來家裡一向是夫妻「雙進雙出」，不可能也不會有所什麼。沒有把曾正洋的話放在心上；還笑說他是在吃醋，是多慮了，不必為此擔心。

此刻床上的饒方達、佟櫻美玩得很火。可能是年輕的關係。饒方達都是粗線條、大動作而且很猴急。拼命吻佟櫻美的臉、嘴、雙乳。並且還很粗魯用力的拉下佟櫻美的三角褲。一點都不懂得「憐香惜玉」只顧自己。佟櫻美慾火燒身，也無所謂粗不粗魯，只是閉著眼睛，儘情享受。

「花庭」湯水股股流出。饒方達猛力的舔吸。可能是用力過大，佟櫻美感到「妹妹」有點刺痛，下身不由縮了一下；於是用手在饒方達頭上輕輕的按了一下，意思是小力一點。

「小妹妹」熱臌臌，湯水源源不停流出，饒方達舔吸的更起勁。佟櫻美樂得「哇哇」大叫。忽然驚覺叫聲不可太大，叫聲讓鄰居聽到不好。現在是偷情，是跟饒方達私通苟合。左右鄰居都知道自己是曾正洋的女人，倆人早已形同夫妻。

饒方達的「小弟弟」挺而堅，雖然並不是很大，只能算是中等尺寸。但非常的堅硬，如鐵棒一般。

接著，那根如鐵棒子般的「小弟弟」使勁的戳進了「小妹妹」裡面。佟櫻美感到充實而飽滿。顧不了口裡直喊「好舒服……好舒服……」。

饒方達更是一波一波，如「排山倒海」般強力的抽送。佟櫻美樂得「哎喲……哎喲……哎喲……」愈叫愈大聲。自己也覺得太大聲，趕緊抓起床上的三角褲握成一團摀蓋在嘴上，以降低嘴裡發出的喊叫聲。

饒方達「千方百計」逮到這個大好機會，像猛獅般的「幹」。

天下的男人都會犯一個通病，總認為「老婆是人家的好」，「野花要比家花香」。

當然，也有好一些女人也同樣會犯個毛病，就是所謂的「紅杏出牆」、「送郎一朵牽牛花」。

「幹」足了癮的饒方達一邊在想：今晚總算是「如願以償」，「幹」到了佟櫻美。自己家和佟櫻美僅隔一棟樓，近在眼前。但是老婆管得太嚴，跟得太緊寸步不離，總是找不到機會；自己又靠老婆養，只好乖乖的。今天是天上掉下來的好機會。佟櫻美家無別人，以便利商店談事為藉口，就這樣「把」上她了。我要勇起來，痛痛快快的「幹」佟櫻美，有夠爽耶！也給她爽起來！

佟櫻美兩腿張的開開的，屁股也配合抽送在扭動，就像泥鰍似的扭動，每當饒方達的「小弟弟」頂撞到「花心」的時候，不由「嗯！」的大叫一聲，太舒服了。這種舒服的享受，除了曾正洋能夠滿足自己外，饒方達算是第二個男人。

此刻饒方達和佟櫻美親熱的關係，猶如是一對熱戀中的情侶親密在做愛哩！男女間的事，其實說穿了，也就是那麼回事。就跟穿衣、吃飯、睡覺一樣稀鬆平常。男女只要勾搭上了，這時，心中已經沒有什麼所謂的羞恥心、應不應該、道德不道德了。這些原則和道理，全都是下了床以後的事、穿上了衣服的事、人模人樣的時候的事。男女眼前最需要的只有肉慾；除了肉慾還是肉慾。男女都一個樣。這是人性，亦是動物的本性。

「人算不如天算」。倆人正「幹」得起勁，粉爽的時候，突然客廳大門鈴聲大作。誰來了？倆人正「幹」的「如火如荼」，不得不緊急剎車，停了下來。真是大煞風景，真掃「性」。

門內門外僵持了一會兒。佟櫻美和饒方達都不敢吭聲，也不敢立刻就開門。佟櫻美更是慌張。心想：會是誰呢？弟弟晚上加班，不可能那麼早回來；曾正洋晚上才通過電話，講好明天才來。況且他們倆人都有家裡鑰匙可直接開門進來。那又會是誰呢？三妹、五妹要來會先打電話來。

這個時候門鈴又再響起；鈴聲按的又急又長。

佟櫻美和饒方達覺得事態嚴重，慌忙的趕緊下床穿上衣服。這時門鈴聲又響起，還夾著「砰！砰！砰！」敲門聲。並高喊「櫻美！開門！開門！我知道饒ㄟ在裡面，叫他出來！他的涼鞋在門口，躲不掉啦！」

糟了！這不是鄧時婕鄧姊，饒方達老婆的叫聲嗎！這下糗大了，給她逮到了，佟櫻美暗叫不妙。孔急的說：「她來抓姦了。」

饒方達臉色蒼白呆若木雞不知所措。

「趕快下樓去開門。」佟櫻美急說。

倆人急忙下樓。佟櫻美邊下樓還邊用手撫理散亂的頭髮。實在是狼狽不堪。

佟櫻美開了門，鄧姊見他們倆個臉色不正，衣服不整狼狽的樣子，又遲不開門，心裡當然明白是怎麼回事。場面有夠尷尬，一個是自己的老公；一個是鄰居視為姊妹的好朋友。倆個人竟然背著她，做出這種「寡廉鮮恥」見不得人的勾當，真是萬分的痛心。事實擺在眼前，還得面對，無法逃避。

空氣死寂，鴉雀無聲。

饒方達和佟櫻美都感到有些奇怪。鄧姊此刻出奇的平，沒有大吼大叫。跟她平常的行事作風判若兩人。

氣氛愈是平靜愈是詭異。饒方達和佟櫻美也愈是感到不安。兩人低著頭，像是受審的犯人在靜候法官的宣判，分秒難挨。

鄧姊終於開口，只是冷淡的對饒方達說：「饒ㄟ，回家再說。」接著對佟櫻美也只是簡單的撂了一句話：「櫻美，時間不早了，改天我們再好好談談。」說完掉頭就走出門。

饒方達如「喪家之犬」跟著老婆後頭垂頭喪氣的回去。

客廳大門還是撇開著。佟櫻美茫茫然的呆站在客廳。覺得今晚所發生的事，好像根本沒發生過。是虛幻的，是假的。但又覺得是千真萬確，是真實的。左思右想，這原本就不該玩的；也不能夠玩的遊戲；結果卻發生了。而且只玩了半套，有頭無尾。佟櫻美覺得今晚自己什麼都不是。「賠了夫人又折兵」，也傷了和鄧姊之間的友誼，今晚的事，如果正洋知道了的話，倆人的關係，絕對沒有以後了，算是玩完了。這能怪誰？是自己做了對不起正洋的事。想到這裡，真有點後悔，錯事已鑄成，後悔莫及，只有靜待結果，又能如何？

佟櫻美思前想後，有一點可以稍為放心的，看鄧姊剛才的態度，像是有「息事寧人」的意思，所謂「家醜不可外揚」。鄧姊可能是基於這個道理；從另外一方面想，這也可能是鄧姊做人較為厚道的關係，相信她還不致於將自己和饒方達的姦情告訴正洋。鄧姊到底是在職場混過很久的人。見得多，不會不顧自己的顏面。想到這裡，心情也就平靜了些。

＊　＊　＊　＊　＊

夜裡下了場不大不小的雨。在炙熱的盛暑，發揮了一些消暑的作用，憑添了幾分涼意。

旭日冉冉昇起，又是一天的開始。

鳥兒在枝頭吱吱喳喳的叫著，像是迎接新的一天到來。

床頭電話鈴響起。佟櫻美心想，一大早會是誰打電話來？懶洋洋的拿起話筒，電話裡傳來鄧時婕的聲音：「櫻美，早，不好意思一大早吵醒妳了。」

「鄧姊早，沒有啦，我早就醒了，只是賴在床上不想起。」

「昨晚的事，我感到很抱歉！實在是情非得已。不要放在心上。」

「鄧姊，別這麼說，是我不好。真對不起！」

鄧時婕笑了笑說：「這種事『一個巴掌拍不響』，不能怪妳，而且是饒ㄟ來找妳的。」

佟櫻美覺得鄧姊明說不怪她；但是話裡卻是指著鼻子在罵她。

「鄧姊，真對不起，我知道我也有錯；我也很自責。為了這件事，我整夜都沒睡好。」

「事情都已經過去了，也就不要自責了。下午有空嗎？」

「……下午兩點正洋要來，事先約好的；大概要四點以後才有空。」

「嗯……這樣好了，下午五點半，我們在西門町一家『天堂鳥』咖啡館見面。地點很好找，成都路往國賓戲院方向走，到了西寧南路左轉過了兩條巷子就看到了『天堂鳥』的招牌，在二樓。」

「我會準時趕到。」

「好了，沒事了，我們下午見面談。下午見！」鄧時婕說完就掛了電話。

佟櫻美手握著電話筒，心想：鄧姊一大早就打電話來，急著約下午見面，可見鄧姊對於昨晚的事非常在意急欲解決。鄧姊沒錯。身為女人，誰能容忍這種事發生？多拖一分鐘，就多痛苦一分鐘。「長痛不如短痛」；只有「快刀斬亂麻」儘快解決，早點脫離痛苦。

下午正洋要來，還要趕赴鄧姊的約。今天是個煩忙而難熬的一天。

＊　＊　＊　＊　＊

兩點正，曾正洋與高采烈的來到了佟櫻美家。一向最守時，從不遲到；而且跨進門的時間拿捏的分秒不差。佟櫻美曾因此開玩笑說：「正洋，你該不會是在前一分鐘到了門口，聽到了鐘聲後再開門進來？」雖然是玩笑話，這說明了曾正洋是一個很守時的人。

佟櫻美記得曾正洋曾經對她說過，他最憎恨三種人。不守時、不守信、不守秩序的人。並且「嫉惡如仇」。這也是他做人、做事的基本原則。

佟櫻美見曾正洋進門後，迴避了曾正洋的視線。這也許是做了虧心事後心虛的原因吧！只是平淡的說了句「你來了！」臉上看不到往常歡悅的表情。

曾正洋直覺是「丈二和尚摸不著頭」，一頭霧水，心想：該不會是自己說錯了話做錯了事；還是有什麼地方惹她生氣了。趨前輕輕抱住了佟櫻美。

大約過了一、兩分鐘，佟櫻美才慢慢抬起了頭。曾正洋發覺她的眼溼溼的。

曾正洋望著佟櫻美很體貼的問：「老婆，怎麼了？是不是那裡不舒服？」

佟櫻美不語，只是微微的搖搖頭。

「……是不是有什麼委曲？……還是來改衣服的客人欺負妳了？」

平常閒聊的時候，佟櫻美也曾提到，偶爾有些男客人來改衣服的時候，在言語上或是肢體動作上會吃吃豆腐。為了工作作在所難免。只要不過份，通常都會忍耐。畢竟這種人是極少數。

佟櫻美仍然微微的搖搖頭不發一語。

「老婆是不是身體不舒服？還是……今天不想？我們改天再『做』也是一樣！」

這時佟櫻美抬頭望著曾正洋淡淡的說：「沒有啦！你去洗澡吧！」說著還很親熱的推著曾正洋的屁股上二樓。

佟櫻美突然的動作，更加的不解？

上了二樓，在浴室前小房，奇了！佟櫻美還主動替曾正洋解扣脫衣。宛如嫺慧的小妻子，溫柔體貼的在伺候老公。脫下的衣服很整齊的放在小桌檯上。並且雙手很熱情的推曾正洋進浴室，並順手帶上了浴室的門。

佟櫻美這些反常舉動，讓曾正洋有點「受寵若驚」。這是倆人相識以來「新娘子坐花轎」，還是頭一回哩！

滿懷興奮的曾正洋，邊沐浴邊吹口哨。吹的還是貝多芬的「快樂頌」。反覆不停的吹這首曲子。真是高興得全身細胞都跳了起來。

浴畢。當曾正洋打開浴室門，更感到驚訝的是，佟櫻美竟然脫得一絲不掛的站在浴室門口，像是以「女人最高的禮節」來迎接曾正洋的浴畢。並在臉頰上親了一下才走進浴室。

嘿！真是奇了！怪了！向來都是曾正洋洗完出浴室先在門口的墊子上將腳上的水踏乾。最後在墊子上重重的跺兩三下腳。這是倆人之間的一個「信號」。是告知樓下客的佟櫻美「換妳洗了」。這也是倆人的性遊戲規則之一。一直沿用之今，從未改變過。

曾正洋樂的呆站在門口，弄不清楚是怎麼回事？覺得今天自己行情看漲，像是在做「皇帝」。他哪知昨晚這裡所發生的「場景」。這是因為曾正洋平常對她太好了。佟櫻美覺得很過意不去，懷著一顆愧疚的心在贖過補償。

在床上，佟櫻美熱情的狂吻曾正洋。吻著臉頰、嘴唇、頸部；小舌往下移，輕舔胸、腹。最後張開小嘴將「小弟弟」吞進口中。如同吃「香蕉」般。認真而用心的在做「性」服務。

曾正洋覺得舉動太反常，不像是平常的佟櫻美。這到底是為了什麼?百思不得其解。

佟櫻美舔完了又緊抱著曾正洋熱吻。曾正洋感覺到她在流淚，因為有淚水滴到他的臉上。

曾正洋托起了佟櫻美淚痕的臉。心裡開始緊張，不知道自己做錯了什麼事?得不到她的諒解。像是在做最後一次的臨別親熱，然後含淚離開。因為很多的愛情小說、電影、電視劇裡都是這樣的情節。曾正洋心裡當然會緊張。要不然是佟櫻美在工作上，或是家裡發生了什麼事，受到了打擊、委曲或是被人欺負了。

曾正洋深深瞭解，佟櫻美不是個「多愁善感」的女孩。輕聲輕語懇求的問說：「老婆，妳到底怎麼了?請告訴我好嗎!」

佟櫻美搖搖頭說：「沒什麼!真的沒有什麼。請不要再問了。」

還是不肯說。曾正洋瞭解她倔強的個情，內柔外剛。即使是天塌下來，真的有什麼事，不肯說，就是不肯說；再問也沒有用。

於是曾正洋故作輕鬆的說：「老婆，如果今天身體不舒服不想『做』的話，我們可以改改天再『做』啊!」

佟櫻美望著曾正洋：「沒有什麼啦!這禮拜我們還沒『做』過呢!」然後低下了頭小聲的補了一句「難道你不想親熱嗎?」

聽到她這麼說，曾正洋心中的大石頭立刻就放下了。瞭解並非生自己的氣。連忙笑說：「想，想，想，當然想吃肉肉（做愛）囉!」

跟往常一樣，「前戲」舌舔佟櫻美。在要舔「小妹妹」的時候，佟櫻美忽然很溫柔小聲的說道：「老公，今天不要舔『妹妹』。這兩天不太乾淨，分泌物比較多。」

其實，是不願曾正洋受到污染。曾正洋在這方面一向有潔癖。昨晚跟饒方達『做』過。雖然最後因為鄧姊到來而告終止，饒方達並未射精在她裡面。但這種事一經接觸，仍然會有體液留在裡面。這是佟櫻美不忍心讓曾正洋受到污染的原因。

曾正洋笑了笑說：「那我就不舔妳的『花口』（陰道口）也不舌入；我只舔『花蒂』（陰蒂）。」

佟櫻美點點頭。

因為佟櫻美今天心情不好，曾正洋特別細心和耐心做愛。平常十二、三分鐘佟櫻美就會上「花蒂」（陰蒂）高潮。今天用了二十幾分鐘的時間才達到「花蒂」高潮。之後又用了一個多小時上了「陰道」高潮。當然跟往常一樣，是倆人同時上了最高潮。

「做」完之後，總算是「撥雲見日」佟櫻美臉上露出了歡悅的笑容，一如往常。

感性的曾正洋，不知何故，這時候卻流出了熱淚來。將頭偏向一旁，不願也不忍讓佟櫻美看到流淚，偷偷擦乾了淚水，沒讓她看見。

今天，倆人「做」得有些心酸；唯酸中帶點甜。

*　　*　　*　　*　　*

西門町為臺北市最繁華熱鬧的黃金地區。臺北有名的電影街；武昌街、成都路就在這裡。人熙人往，車水馬龍繁華熱鬧。

黃昏時分，華燈初上。霓虹燈閃爍交織，五光十色，光亮奪目互為輝映。

佟櫻美來到了西門町，走往成都路、西寧南路左轉的一條巷子內。上了二樓「天堂鳥」咖啡館。店內約二十坪大小，裡面裝潢佈置的很雅緻；八、九張桌子和一個小吧檯。這裡鬧中取靜，最適合小聚、聊天談事情。消費公道。

佟櫻美進門後眼睛掃瞄了一圈，見鄧時婕坐在靠角落的位子。較為隱密，談事方便。

佟櫻美先向鄧時婕打招呼「鄧姊！」

「來，坐！坐！」示意佟櫻美坐下。

「喝點什麼？」鄧時婕親切問。

「我都可以……咖啡好了！謝謝！」

鄧時婕向小妹招手，點了杯咖啡。

鄧時婕和藹的語氣說：「櫻美，昨晚的事很抱歉！」

佟櫻美急忙說：「鄧姊，是我不好，……對不起。」深感愧疚。

鄧時婕微微笑了笑說：「妳不用這麼說，這不能怪妳。饒ㄟ我太瞭解他了。說抱歉的應該是我，昨晚不該在妳家門口大吼大叫，鄰居聽到了，對妳我都不好。不管怎樣，應該進了門再說。我向妳說聲抱歉！」

「鄧姊請別這麼說。」

鄧時婕嘆了口氣，「唉！當時我真的是氣極了，失去了理智。」

佟櫻美急忙解釋說：「鄧姊……我真的沒想到會這樣。饒ㄟ昨天晚上來的時候已經很晚了，家裡也只有我一個人，我不應該讓他進來。『孤男寡女』總是不好，當時我沒想到這麼多。」

「妳也不必太自責。我們結婚好多年了，太瞭解他。這又不是第一次……唉！不提了。」說完，喝了口咖啡。若有所思。

佟櫻美靜坐一旁，不知說什麼才是。

鄧時婕續喝了口咖啡，很感慨的說：「說實在，我跟饒乀的結合，跟昨晚的情形差不多。跟妳說也沒有關係；說真的，能找一個知心好友，吐吐心裡話的人也很難找啊！工商社會大家都很忙，也很現實。能有幾個真心朋友？雖然我們認識不久，我覺得妳個性純樸，心地善良，也因為是這樣，我把妳當做自己的妹妹看待。」

鄧時婕又喝了口咖啡，吁了口氣，娓娓說道：「我跟饒乀的相識，是因為生意上的關係。那時候我做房地產仲介業務，是房地產銷售小姐。那時候，剛饒乀的朋友要買一間小坪數房子，就找到我。饒乀陪著他的朋友一起來看房子。因為年輕人剛踏入社會不久，經濟能力有限，對購屋的瞭解也不多。針對這些問題，我提供了一些資訊和建議，深獲他們的信賴。後來就順利成交。這是我踏入房屋仲介業的第一件 Case。那次我領到了十二萬多的銷售獎金。這對我來說，不僅是得到了一筆豐厚的收入；更是對我工作上是莫大的鼓勵。為了慶賀成交，我就請饒乀他們兩個吃飯，算是謝謝他們。」說到這裡，鄧時婕端起杯子又喝了口咖啡。臉上洋溢著興奮，繼續說：「……我還記得，那天我們是臺北圓環附近夜市海產小攤慶祝的。在吃飯過程中，我們聊得很投機，很開懷，聊了很多；談到了他們的近況和過去；以及我的工作種種……等。因為大家心情好，很愉快，大家喝了不少的酒。結果我不勝酒力醉倒了，醉的不省人事。他們只好把我扶到附近的一家賓館休息。後來，我就是那種情形下失身於饒乀。記得那一夜我們玩了好幾次。」

佟櫻美眼睛瞪得大大的，「聚精會神」的在聆聽鄧時婕講述她的故事。

鄧時婕說著打開皮包掏出一根香煙含在嘴裡，取出打火機點燃了煙。「對不起，我抽隻煙。」深深吸了口徐徐吐出。接著說；「我們都是女人，告訴妳也沒關係。我也不怕妳見笑，我有『性冷感』症。對男人沒有性趣；講白一點就是沒有性慾。真正的原因我也不清楚。這也可能跟我小時候被男人猥褻、強暴過有關。在我小小的心靈上，對男人蒙上了一層陰影；產生了恐懼感。我也看過醫生，醫生也認為可能是心理上的因素居多。另一方面亦可能是跟我工作環境有關。我先後從事過外務和房屋銷售工作，從早到晚不停的工作，過於打拚，沒有適當的休息和調養。久而久之，身體上、生理上、生活上失調產生不平衡的結果。」

鄧時婕從煙灰缸上拿起了煙又猛吸了一口，含了一下就吐出了煙雲，喝了口咖啡。接著說：「櫻美，告訴妳，說也奇怪，從那次酒醉被饒ㄟ強暴後，讓我對性開始重新有了認識，也產生了好感；慢慢有了信心，不再那麼畏懼。當然，這和饒ㄟ有直接的關係。他年輕、有活力；重要的是他對我很感性趣；他能撩起我對性的反應和性這方面的需要感。這不是其他男人所能做到的。其實我比饒ㄟ大了七、八歲。我們在一起，就是一般眼裡所謂的『姊弟戀』。」說到這裡，將煙灰缸上燃燒只剩一小節的煙屁股在煙灰缸裡捏熄，隨後端起咖啡杯喝了一口然後又繼續說：「在一次聊天中，饒ㄟ提到了他小的時候，在他的言談中，我才知道原來他很小的時候他父親就病故了。他和三個妹妹，是他母親一手辛苦扶養大的。因為家境窮困，饒ㄟ國中畢業後就沒有繼續升學。為了幫助家裡和照顧三個年幼的妹妹，荒廢了學業又無一技之長；變成日後長大一事無成的主要原因。因為饒ㄟ從小就是家中唯一的男孩。母親對他又百般呵護，養成他依賴，缺乏自主獨立的個情，家裡又是『陰盛陽衰』。久而久之在人格發展上，傾向了『戀母情節』。成年後，饒ㄟ他所交往的女人，都是年齡比他大的；比他小的女人他一概不感興趣。這也是饒ㄟ會看上妳的主要原因。」

鄧時婕很感慨的嘆了口氣又繼續說：「饒ㄟ之所以會跟我結婚，我當然心知肚明。他貪圖我的金錢；這也是一個重要的原因。不諱言，這些年我從事房屋銷售工作，努力打拼，省吃儉用，讓我賺了一些錢。剛好我在這方面能滿足他的金錢需求；而我圖的是他年輕，他能滿足我的性方面，剛才我說過，我有『性冷感』，男人很難能引起我性趣。只有他才能滿足我這方面的不足、講白一點，我們的結合是『各取所需』，談不上有感情，更沒有真正的愛。再講難聽一點，我是過一天算一天，走一步是一步，誰也不知道能維持多久。但是倆人在一天，就要各自扮演好自己的角色。所做所為要對得起自己，對得起對方。這是做人的基本道理和要求；這也是人倫和道德。」鄧時婕情緒有些激昂。心中有著萬般的不平和無奈。

鄧時婕又點燃了一根煙。深深吸了一口再緩緩的吐出。接著又唉！的嘆了口氣。語氣變得低調說：「講實在，和饒ㄟ結婚這幾年，身心疲憊，很累！像饒ㄟ這個年齡要約束他，說實在，真的很難。後來我只好用最笨，對他算是最有效的方法，就是控制他的經濟。每個月給他固定所需的費用。凡是較大筆的支出付款，直接由我來支付。絕不經他手。不管饒ㄟ高興還是不高興，我就是秉持這個原則行事。要知道，男人身上一有了錢，那一定會作怪。吃喝、玩女人、賭什麼的。男人身無分文，就自然會乖乖的安份。這是沒有辦法中的最有效的辦法。」

鄧時婕又深深的吸了口煙。不急不徐的從鼻孔吐出煙來；並隨手將手中剩下的半截香煙弄熄丟進煙灰缸裡。打起了精神說：「不客氣的講，昨晚從妳家回去後我就很明白的告訴饒乀，要離開還是繼續跟我，你自己決定，我不勉強你。如果你繼續跟我的話，你給我聽清楚，你就要乖乖的安份點；今後不可再去搔擾櫻美。人家已經是有男人的人。要搞清楚『兔子還不吃窩邊草』這個道理。你不要臉沒有關係，我還要做人。你要我如何跟櫻美、正洋交待？我嚴厲禁止他以再跟妳來往。現實是殘酷的，在『情勢比人強』的考量下無奈，他只有乖乖的向現實低頭。饒乀身無一技之長，遊手好閒慣了，身無分文。再講難聽一點，他也只有靠我來養他。」

鄧時婕將杯裡剩下的咖啡一口喝完，微微搖了搖頭，略想了想，打起了精神，很親蜜的拉著佟櫻美的雙手「語重心長」的說：「櫻美，真的很感謝妳這幾個月帶給我的歡樂。我們相處的就像是親姊妹一樣，我會很珍惜這段友情。不管怎麼說，我還是要再說聲抱歉！昨晚的事，對不起！對妳傷害很大，我們是女人，女人最瞭解女人。昨晚在那種情形之下，我身不由己，情緒失控，很難控制自己。人都有七情六慾；尤其是女人。當性慾被挑了起來的時候，往往是不顧後果的；所以這不能怪妳。誰要我們是女人呢！事情過去了，就讓它過去吧！不管怎麼說，我們永遠還是好朋友。但是為了妳和正洋我和饒乀，說句很抱歉的話；我不得不終止我們的交往。說是我對妳的請求也好、條件也好。我想也唯有這樣對大家都好。最後……我有句話要送給妳，是我由衷之言。以我多年在社會的歷鍊和觀察，說句很中肯的話。妳那口子曾正洋，他是個不折不扣的正人君子。我的看法是：妳值得信賴他、依靠他、珍惜他。男人我看多人，接觸多了。在這個現實的社會，曾正洋已經算是個稀有動物啦！櫻美，要記住，遇到了好男人，千萬要把握機會緊緊的抓住。要知道機會是『一閃即逝』。是可遇不可求的啊！櫻美，我真誠的祝妳，祝妳幸福！」

佟櫻美也帶感傷的說：「謝謝鄧姊，也祝福鄧姊幸福快樂！」

倆人相擁抱在一起，洋溢著依依不捨姊妹之情。

窗外，已夜幕低垂。長長的街燈和高高的霓虹燈，正相輝映閃亮著。

23 姊妹閒談男人

吳美玉對著鏡子在試穿剛改好的洋裝。左看右看，上下打量。看了好一會，兩手摸摸腰間，總覺得腰身還是大了些，改得不甚滿意。「櫻美，來幫我看一下……嗯，腰身會不會太鬆了點？」

佟櫻美從工作檯走了過來。看了看吳美玉的腰，兩手手指捏著腰圍略為提了提說：「不會啦！腰身改太小的話坐下來會緊繃，腹部會不舒服。」

吳美玉看著鏡裡的腰身說：「我總覺得腰身寬了點。」

佟櫻美笑了笑說：「拜託！美玉小姐，妳的腰本來就很粗啊！」

「好吧！不滿意，再送來改。」吳美玉只好這麼說。

坐對面的佟欣芬放下了手上的衣服，望了下吳美玉笑笑的說：「美玉，妳好像愈來愈發福了！」

吳美玉一副不在乎的樣子說：「沒辦法啊！我嘴饞，看到東西就想吃，怎會不胖。」

「要漂亮就要忌嘴呀！」佟櫻美給她一句。

吳美玉聳了下肩說：「沒辦法，知道，做不到。不像妳，忍得住不吃零食，所以妳身材保持得很好！」

「當然啊！愛漂亮是要付出代價的！」佟櫻美得意的說。

吳美玉將目標轉向佟欣麗說：「還是欣麗最好，怎麼吃都吃不胖。」

「那有，妳看她全身都是肉滾滾的。腰都變直了，都快要沒有腰了。」佟櫻美急忙解釋的說。

吳美玉不以為然的說：「我看很好啊！那裡胖？」

佟櫻美哈哈笑了起來，搖搖頭說：「大家都被她的臉給騙了。佟欣麗是人長的嬌小，骨頭小，看不出來。其實她現在肥得很，都快沒腰了。」

鬼靈精佟欣麗在一旁眨著眼睛，很得意的擺了擺頭。意思好像在說：「怎樣！怎樣！」

佟欣芬笑嘻嘻說：「我啦！我啦！我最好，怎麼吃都吃不胖。」

「還說了，她啊！怎麼吃怎麼出。她就只會拉肚子。」佟櫻美快言快語。

吳美玉很訝異的問說：「為什麼？」

佟櫻美望著欣芬說：「她腸胃吸收不好，吃再多也是白吃。」

佟欣芬唉！嘆了口氣說：「我全身都是病。尤其是牙齒最痛苦，有牙周病，牙都快掉光了。滿口差不多都是假牙。只能吃些稀軟的東西。」

佟櫻美數落說：「她啊！她現在是提早過老年人生活。」

吳美玉笑笑說：「說老，還早的很。不過……有什麼關係，她有阿貝照顧啊！」

佟欣芬冷冷的說：「算了吧！他自己家裡還有老婆小孩要養，我算什麼！我只是他的小咖。」

吳美玉不解說：「阿貝，一個月收房租就有四、五十萬，每個月只要給妳一個零頭，就夠妳花了。」

「那可能，阿貝愛賭，而且賭很大，每個月的房租還不夠輸，又喜歡到風月場所玩女人，那會有錢。更誇張的是，前幾個月在賭場輸了很多錢，每天開著賓士躲債，最後沒地方躲了，就躲到欣芬家裡，一躲就是兩三個月。阿貝不但付不出錢，欣芬供他吃住，還要免費給他『玩』，欣芬都快氣瘋了。」佟櫻美解釋的說。

佟欣芬氣呼呼的說：「對啊！阿貝沒錢的時候才找我，把我家當成他的避難所，很過份ㄟ。」

吳美玉不解的問說：「阿貝既然有老婆小孩，躲在妳這裡兩三個月，他老婆都不說話啊？」

「有什麼好說的！阿貝每個月只要拿生活費回去就行了。」佟欣芬解釋的說。

「難道他老婆就這樣容忍他在外面搞女人？」吳美玉再問。

佟櫻美插嘴道：「『沒法度』，阿貝的太太跟阿貝的年齡差不多，都快六十歲了，女人到了這個年紀已經沒有辦法滿足自己的老公了。『沒法度』，只好『放牛吃草』，隨他到外面去玩女人了。」

佟欣芬也解釋說：「女人到了更年期是枯井沒水了；女人大多沒興趣了。免強『做』會很痛。」

佟櫻美補一句說：「對啊！女人過了四十五歲就差不多了；男人到七十歲還可以玩女人。」

佟欣麗不服氣的說：「這樣太不公平！」

佟櫻美聳聳肩「『沒法度』，自己不行了，只好睜一隻眼閉一隻眼，不然怎樣？」

「男人對女人怎麼可以見一個就『玩』一個！」吳美玉不平的說。

佟櫻美搖搖頭說：「其實男人接觸女人多了也是怕得性病。所以有的男人比較喜歡找個固定的女人玩，覺得這樣比較安全。可是這樣很容易感情出軌，那就問題大了。」

佟欣芬很無奈的說：「阿貝像他這種人。是背著他老婆跟我；然後又背著我再跟別的女人玩。」

「我最恨炮口對外玩女人的男人。花心又好賭，阿貝這種男人趕快離開他。」美玉氣憤不平的說。

佟櫻美鼻子哼了一聲說：「妳不知道，阿貝這個人嬉皮笑臉的，臉皮超厚，趕都趕不走。欣芬跟他吵過N次架，也翻過臉，他還是跑來，『沒法度』！」

吳美玉搖搖頭說：「遇到這種無賴真的很麻煩！」

「現在阿貝來的時候，欣芬都沒好臉色給阿貝看，希望他知難而退。」佟櫻美道出了佟欣芬的對策。

吳美玉也同情的說：「沒辦法，現在只好這樣了。」接轉向欣麗笑笑說：「啊！那妳的周寶葛怎樣？聽說對妳還不錯啊！」

佟櫻美一旁搖搖頭替佟欣麗說：「『家家有本難唸的經』；周哥這種人不想講他。」

吳美玉感到很訝異問說：「周寶葛又怎麼了？」

「唉！剛認識他的一兩年還不錯，但是後來他就變了。」佟櫻美說完兩手一攤。

「是不是他變心了？」吳美玉好奇的問。

「男人善變是很平常的事。但是耍手段就很可惡了。」佟櫻美氣憤的說。

一旁的佟欣芬也接嘴說：「欣麗是被周哥設計了。」

「有這種事？」吳美玉覺得不可思議。

「對啊！不信妳問欣麗。」佟櫻美補上一句。

「欣麗說說看周寶葛怎樣設計妳！」

佟欣麗搖搖頭不堪的說：「說實在，周哥剛認識的時候對我還不錯；該給的，每個月都有固定拿錢給我。後來周哥在卡拉ＯＫ又結交了女人，就想甩掉我。每個月給我的錢藉故拖拖拉拉的，而且三千五千的給，給的不乾脆，不痛不癢的，還在我面前裝窮。」

「那妳就相信他？」吳美玉插話問說。

「開始的時候我想是這幾年景氣不好，大家都找不到工作，我也只好暫時忍耐。可是到後來周哥乾脆連三千五千都拿不出來，太過份了。我只好講明了，再給他三個月時間想辦法，到時候還是拿不出錢，只好分手，我另找出路。」

「他怎麼說？」吳美玉再問。

「他還會說什麼！當時周哥一臉很輕鬆的樣子，我就覺得有點怪怪的。一般人聽到分手心情總是不好，他一點都沒有，好像沒什麼。後來有一次他帶我跟他的朋友一起唱歌，聽到他的朋友談到周哥的情形，說他經濟情況還不錯。周哥常到卡拉ＯＫ找年輕『美眉』。這時候我才知道周哥一直都在騙我，故意在我面前裝窮，說沒工作沒賺錢。」

「周寶葛還真會裝。」吳美玉說。

佟欣麗接著又說：「更生氣的是他跟我和他的新女友，同時重疊相交了有一年多的時間，他兩邊劈腿。最後的七、八個月跟我在一起白吃白玩，一毛錢也沒給我，他在設計我。真的很生氣。」

吳美玉聽了搖搖頭感慨的說：「真不可思議。」

佟欣芬「幸災樂禍」笑笑說：「還說呢！誰叫欣麗是『外貌』協會會員，只中意年輕英俊的帥哥。長得差或是是年紀大一點的男人都沒興趣。她是以貌取人，不管人品的好壞。她嘴裡說的都是周哥帥，周哥英俊。怪誰？」

佟欣麗不服氣的說：「當然嘛！不是自己喜歡吃的菜哪會有胃口。」

「欣麗，不想想自己都幾歲了。現在還要找個比妳年輕的人再跟他談戀愛？省省吧！」佟欣芬不客氣的說。

「男人的外表雖然也重要，知道嗎，帥的男人都很花心，抓不住的。講白一點，這種男人，他不屬於妳的；是很多人的。」佟櫻美給她一句。

佟欣芬接口說：「是啊！跟帥哥交往隨時準備被劈腿、被拋棄。這種男人到處騙女孩子，供他吃、供他玩。見一個愛一個，玩過就換新的。」

吳美玉也笑笑的說：「欣麗，妳就是太重視男人的外表，又喜歡聽好聽的話，所以很容易上當。」

佟櫻美微點了點頭說：「我在小說書上看過，有句話是說：『女人是廢話連篇；男人是謊話連篇』講得很有道理。男人沒得到手前講的話甜言蜜語，很好聽。可是全是騙人的話。得到手之後，就變成了另外一個人。講話不客氣，還會出口成『髒』。找到機會就甩掉妳。」

佟欣麗很氣憤的說：「周哥就是這種人，先甜言蜜語騙我；玩過了就丟，再找新的。」

佟櫻美一臉氣呼呼的說：「周哥不止是這樣。更可惡的是跟欣麗都已經分手了，還帶他的新女友跟欣麗見面。」

吳美玉很驚訝的問：「有這種事？」

「對啊！周哥就是這種人。帶女友給我看，表現他很行，他身邊的女人多的是。當初他認識我的時候也是帶我去見他的前任女友。周哥每次換新女友的時候都會帶去跟舊女友見面。」佟欣麗解釋的說。

吳美玉很氣憤的說：「太可怕了！都已經分手了還要傷人；天下還有這種男人。」

佟櫻美苦笑的說：「『一樣的米養百樣人』。什麼樣的人都有。」

「社會上的壞男人太多，靠不住啊！」吳美玉直搖頭。

佟欣芬也放下了手邊修改的衣服很感嘆的說：「妳才知道啊！社會上的男人都不是好東西；他們騙吃騙喝還騙財騙色，吃虧上當的都是我們女人。」

吳美玉笑笑說：「說得真好聽，說什麼女人有了男人就有了依靠；這都是『騙笑』的話。」

佟櫻美感慨說：「現在的女人要靠男人養，真的是靠不住，還不如靠自己比較實在。」

吳美玉聳了下肩說：「大家嘛『港款』（一樣）。櫻美說說妳那口子『香吉士』（曾正洋）……」

佟櫻美臉上露出了笑容說：「說實在，他對我很好啊……他體貼我、照顧我、疼我。女人選男人要有三才，人才、錢財、奴才；他啊！人才沒有，錢財沒有，只有奴才。我看中他的是他的人品。他品德很好，是他的品德打動我的。」佟櫻美娓娓述說。

「很好啊！人好就好。男人就算是有錢還是他的，不會變成妳的；而且那有十全十美的男人；有，也輪不到我們。太完美的男人，女人也會怕啊！」吳美玉道理的說。

佟欣芬也美言一句說：「『香吉士』對櫻美真的很好！事事都很照顧她！每月固定給她生活費，沒有拖欠過。不錯啦！」

佟櫻美樂在心裡得意的說：「這是我的運氣好，遇到了他。交往到現在，他沒騙過我、拐過我，也沒害過我。」

吳美玉吃味的說：「可以啦！再說我都要吃醋了。」

大家哈哈笑了起來。

吳美玉「若有所思」。忽然想到說：「啊！對了，嗯！前兩天朋友的手機傳簡訊給我，寫得很有趣。好像是從大陸傳過來的。大家再用手機互相傳來傳去……」

佟欣麗很好奇的問：「是什麼簡訊啊？」

吳美玉邊撥弄手機邊忙說：「別急，別急，我正在找馬上就好……講男女之間的事……」

吳美玉忽然笑笑的說：「……找到了！我唸給大家聽。

女人感嘆男人：

有才華的長的醜、長的帥的掙錢少、

掙錢多的不顧家、顧家的沒出息、

有出息的不浪漫、會浪漫的靠不住、

靠得住的又窩囊。」

吳美玉說：「這是第一段，下面還有……」

「美玉妳上面唸的，好像沒有一個男人是好的嘛！」佟欣麗快人快話說。

「對啊！所以要說『女人感嘆男人』嘛。」

吳美玉接著說：「下面要唸的是『男人感嘆女人』大家聽聽看：

漂亮的不下廚、下廚的不溫柔、

溫柔的沒主見、有主見的沒女人味」

「『黑白講』！」佟欣麗在放炮。

「聽我唸完嘛！」吳美玉阻止佟欣麗打岔。

吳美玉接著唸：

有女人味的亂花錢、不亂花錢的不時尚、

時尚的不放心、放心的沒法看、

「亂說！」佟欣麗又再放炮。

吳美玉不理欣麗，繼續的唸：

老婆是電視、情人是手機、

在家看電視、出外帶手機。

「講的不錯！這就是現代的男人！」佟欣麗忍不住又說。

吳美玉望了佟欣麗一眼繼續唸：

破產賣電視、發財換手機。

偶而看電視、整天玩手機。

電視終身不收費、手機欠費就停機。

佟欣麗笑說：「看吧！我們都是男人手中玩弄的手機。」

吳美玉也笑說：「老婆雖然是一輩子免費的，但是，男人都『喜新厭舊』。喜歡新鮮刺激的，喜歡在外面玩手機。但是很現實，欠費就停機。欣芬，如果阿貝再拖欠手機費，妳就停機。決不能心軟啊！」

佟櫻美也接口說：「對啊！我們女人要強勢一點。什麼女人『漂亮的不下廚、下廚的不溫柔』；我們是『下得了廚房，進得了廳堂』。」

「『下得了廚房，進得了廳堂』講得很好，好聽誰說的？」吳美玉問說。

「小說上都這麼寫的啊！女人要能下廚房，也要能站的出去，才不會被男人欺！」佟櫻美「理直氣壯」的說。

吳美玉哈哈笑說：「櫻美，妳說什麼被男人『騎』？」

佟櫻美臉紅的說：「妳耳朵有病啊！是被欺負！」

大家哈哈笑。

佟欣麗故意開玩笑的說：「美玉啊！妳一定是想男人來騎妳，想瘋了！」

「欣麗，開玩笑的啦！說實在，那個女人不喜歡被男騎？都希望被男人騎個夠！」吳美玉坦誠的說。

佟欣麗舉著手忙說：「我，我，我啦！我就很少被男人騎啦！」

「那可能，我們幾個只有妳屁股後面的男人最多。」吳美玉不相信說。

佟欣麗笑嘻嘻說：「是真的，我很少被男人騎。我跟男人『做』的時候多半我在上面，是我騎他。」

大家笑出。

「就是嘛！難怪妳常常換男人。是男人被妳騎怕了！嚇跑了。」吳美玉形容說。

佟欣芬也加油添醋說：「她啊！同時可以劈腿好幾個男人；晚上還要應付家裡的『大鳥』老公。」

吳美玉眼睛為之一亮問說：「欣芬，妳說欣麗的老公叫『大鳥』老公，他的『鳥』到底有多大啊？」

佟欣芬望了欣麗一眼說：「妳問欣麗吧！」

「欣麗，到底有多大啊！」吳美玉好奇的問。

佟欣麗笑笑的伸出左手臂說：「妳看！就像我的手腕上面手臂一樣粗，大概有十七、八公分長，興奮的時候。」

美玉兩眼睜得大大的，一臉不可思議的樣子說：「哇噻！妳這麼瘦小，吃得下嗎？不怕塞爆？」

「欣麗雖然看起來人又瘦又小，但是她的『妹妹』很深很大。」佟欣芬解釋說。

「對啊！所以我接觸過的男人，只有我老公能夠滿足我。其他的男人沒辦法。」佟欣麗如是說。

吳美玉「嘆為觀止」望著欣麗說：「真看不出來啊！」

佟欣芬說：「對啊！從外表看是不準的。」

「男人還不是一樣，有的男人很矮小，可是他的『鳥』很大；也有高大的男，可是『鳥』並不大啊！」佟櫻美也附和說。

吳美玉驚奇的問說：「櫻美，妳怎麼那麼清楚？」

「小說上寫的啊！大家聊天的時候也會談到。」佟櫻美順理成章說。

吳美玉望著佟櫻美點點頭笑著說：「櫻美，妳說得沒錯，知道是為什麼嗎？」

佟櫻美搖搖頭「我那知。」

吳美玉又問欣麗、欣芬，倆人也都搖搖頭。

吳美玉笑了笑說：「告訴妳們，這是男人的『L』理論：也就是說，男人的身高跟他的『小弟弟』成反比；高大的男『鳥』比較小，而矮小的人『鳥』反而比較大。」

佟欣芬皺著眉頭說：「那可能！」

吳美玉也半信半疑的說：「誰知道，我也是聽來的。當然！這不是絕對，可能是這樣吧！」

一旁的佟欣麗豁然說：「對啊，我老公不算高，難怪他的『鳥』又粗又長，是隻『大鳥』。」

「對啊！這就是男人的『L』理論。」說著，吳美玉舉起右手，豎起食指向上，大姆指向左成水手，其餘三指握掌心。說：「妳們看我的手指成長『L』形；指向上的食指代表向的男人，而橫向水平的大姆指就是代表他短小的『鳥』。」說完，美玉將手掌反轉成大姆指向上而食指橫向水平成寬『」』形。接著說：「現在反過來，垂直的大姆指代表身材矮小的男人，但是橫向食指則代表他有又長又大的『鳥』。這就是男人的『L』理論。」

大家恍然大悟有所瞭解。

吳美玉看了看大家說：「這都是我聽來的，隨便說說，僅供參考！僅供參考！」

佟欣芬也笑笑的說：「是啊！是啊！」

吳美玉轉向櫻美笑嘻嘻說：「櫻美，妳那口子『看吉士』他的『鳥』大不大啊！」

「……不是很大，普通啦！他不高不矮嘛！」

大家都哄然笑了起來。

吳美玉得意的又問：「哪妳跟『香吉士』玩的時候，你們是誰騎誰？」

佟櫻美被問的有點不好意思。

「有什麼關係，大家都是女人。剛才欣麗說她最喜歡騎男人，妳了？說說自己的男人給大家聽聽嘛！」

「……都是他主動我被動；他為我服務我只是享受。」佟櫻美語氣略顯得意。

吳美玉很羨慕的說：「『香吉士』好好喔！」

佟櫻美歡悅的說：「他……他是我的性奴嘛！」

大家哈哈大笑，佟櫻美也樂的笑了出來。然後很甜蜜而滿足的說：「說實在，『香吉士』這方面很強，我們每次『做』的時候，他都會給我好幾次高潮。他『做』的很細心、很貼心而且很有耐心。」

美玉聽後，輕輕拍著手說：「啊……好好喔！」

佟櫻美覺得講的太「白」了一點，於是收斂的補了一句說：「『香吉士』他啊，也只有這一點好處而已。」

吳美玉對著櫻美說：「人不能太貪心，要留一點嘛！那能夠『通吃全包』啊！」

「我對他也很好啊！為了他，我什麼都沒碰，什麼也不敢做。每天不是在店裡就是在家，不然就是在路上，那裡也沒去。大家都笑我快要變成『宅女』了！我已經夠本分了，還要怎樣！」佟櫻美語帶委屈的說。

吳美玉趕緊安撫說：「對啦！對啦！妳對『香吉士』很好，真的是沒話說。」

一旁的佟欣芬說：「『香吉士』也不錯啊！對妳很細心很耐心，大部份的男人在『做』的時候都很自私，只顧自己。想要就要玩，也不管人家身體舒服不舒服、有沒有心情。『做』的時候，前戲只是草草應付。自己射了精痛快了就結束，才不管妳高潮上了沒！」

「那不是男人把我們當做他們的洩慾工具了嗎！」佟欣麗不平的說。

「對啦！很多男人都是這樣。這一點『香吉士』就做得很好。」佟櫻美得意的說。

吳美玉很興奮好奇的問：「櫻美，說說看，『香吉士』是怎麼個好法？」

「……他……他都是等我高潮上來的時候，他才射精。我們倆個差不多是同時一起上高潮，一起洩，他控制的很好。」

「啊……我好羨慕妳唷！」吳美玉隨即又小聲的補了一句「……聽得我心都癢了。」

佟櫻美兩手一攤的說：「每個男人各有各的優缺點啊！也不是樣樣都好！」

「可是，我喜歡妳那口子『做』的優點，真好！」吳美玉玩笑的說。

佟櫻美也玩笑的回一句：「我哪知，這是上了床才知道的啊！也是要碰運氣嘛！」

吳美玉吃味的說：「好運都被妳碰到了！」

「這也是沒辦法的事啊！」

佟欣麗見兩人動了肝火就說：「妳們倆人個可以『惦惦』（靜靜）啦！」接著問美玉說：「美玉妳手機簡訊什麼……『老婆是電視、情人是手機』，下面一句是什麼？」

美玉拿起起手機撥弄說：「我再看看……嗯……有了……是『在家看電視、外出帶手機』……

再下面是『破產賣電視、發財換手機』……」

「OK！好了」佟欣麗打斷了美玉唸下去。佟欣麗接著說：「男人都一樣，老婆是擺在家裡的；帶著別的女人在外面玩。口袋裡有了錢，就今天帶一個明天又換一個。所以說前面兩句中的『情人是手機』……『發財換手機』說出了男人很愛現和無情。」

「對啊！阿貝就是常常帶我去賭場，或是跟朋友吃飯唱歌，就是把我當他的手機給他的朋友看；顯他很行，對女人很有辦法。」佟欣芬很坦率的說。

佟欣麗呵呵笑了出來說：「男人，都是這種心態。」

吳美玉很大方的說：「好啊！去就去，跟他到賭場可以『吃紅』，有什麼不好！」

佟欣芬忙搖搖頭說：「那可能？阿貝，他是十賭九輸，那來的『紅』吃！」

「那妳去幹嗎？」吳美玉問說。

佟欣芬兩手一攤很無奈的說：「沒辦法啊！他就是要拉我去！」

「怎可能不去，阿貝很要面子，帶阿芬去，就是帶給賭友看的，男人都是這個調調。」佟欣麗解釋說。

「還說了！周哥一通電話，妳就從三重騎機車趕到桃園去了。」佟欣芬向佟欣麗「吐糟」。

佟欣麗肩一聳說：「我也是沒辦法啊！應召嘛！」

「講得多難聽，是赴約！」佟櫻美修正的說。

佟欣麗很不服氣的說：「本來就是，這些老男人，除了錢，還能圖什麼？……妳還不是一樣，不是為了錢，『香吉士』妳也不一定會跟他。」

「話是不錯，說實在，如果是為了他的錢，我還看不上眼呢。是他人很體貼、很照顧我啊！」佟櫻美說。

吳美玉哈哈笑出了聲說：「櫻美！何不乾脆的說，他是妳的性奴；是妳剛才自己說的啊！」

大家笑了起起來。

「這，一切都是上天註定的，隨緣吧！」佟櫻美感嘆的說。

吳美玉既羨慕又忌妒的說：「這還用說，有個性奴何候，當然是上天註定很幸福啊！」

佟欣芬也嘆了口氣說：「我最衰了，阿貝來到我這裡『整天玩手機』。都已經五十多歲了，性慾還很強。來了就是要玩。有時候我 M.C 來了，還是要。」

佟欣麗哈哈大笑：「那阿貝不就是性霸了嘛！」

大家也都哈哈笑了起來。

吳美玉說：「男人都一樣，要玩夠本！」

佟欣芬很氣憤的說：「更過份的是，有時候白白給他玩，說沒有錢。」

吳美玉笑說：「沒給錢，可是妳也爽到了啊！要不然妳就來個『手機欠費就停機』！」

佟櫻美搖搖手說：「阿貝臉皮很厚，妳說妳的，他做他的。妳罵他，他就跟妳笑笑。」

「這種人最不要臉，沒錢還要玩。」佟欣麗不平的說。

吳美玉亦很氣憤的說；「難道就沒有辦法對付他嗎？」

佟櫻美面帶難色的說：「有是有，但是比較麻煩！」

「為什麼？」吳美玉接著問。

「搬家，妳說麻不麻煩。」佟櫻美說。

「搬家？」

「對！只有偷偷搬家，讓他找不到，才有可能脫離他。」

吳美玉不以為然的說：「那多累啊！」

佟櫻美搖搖頭：「『沒法度』，不然，那有可能脫離他。」接著又說：「以前，欣麗也曾經交過一個惡男人。人很兇，常威脅欣麗，後來實在是受不了，沒辦法，最後只有在半夜偷偷的搬家，才甩掉他。」

吳美玉不解的問：「欣麗為什麼要交這種男人？」

佟櫻美很無奈的說：「她那知，剛認識的時候都很好啊！到後來才發現了他的真面目。」

吳美玉直搖頭說：「好可怕！」

佟櫻美笑笑的說：「才知道，社會上好男人少，壞男人多，自己要小心一點，自求多福。」

吳美玉感嘆的說：「如果是這樣，不如不結婚。」

佟欣麗點著頭說：「對！女人要過得自由自在，最好不結婚。結了婚就被綁住了，做什麼事都不方便了。」

吳美玉點點頭說：「難怪有很多熟女都沒結婚。」

「對啊！像我們姊妹，除了大姊外，四個姊妹都離了婚，誰還敢結婚。」佟欣芬說。

「所以說，現在的男人結了婚還是喜歡『向外』發展。我們女人也不甘寂寞，也會找男人『歡樂』。誰怕誰！」佟欣麗大言不慚的說。

吳美玉笑著說：「難怪欣麗的男人像自來水不斷。」

「當然，不然怎樣？難道要我養狼狗！」

大家哈哈大笑。

鬼靈精佟欣麗衝著大家說：「有什麼好笑！狼狗也可以解決問題啊！不是嗎？」

吳美玉笑了笑說：「對，人家說養狼狗多半是說女人養小男人。就像前些時候上……什麼……美的。」

佟欣麗笑嘻嘻的說：「養狼狗兩種意思都有啦！」

佟櫻美也冒一句說：「我以前看過A片中就有人跟狗玩……是跟大家一起看的。」

「人跟狗玩？好噁心！」吳美玉不以為然的說。

佟欣芬也附和的說：「對啊！我跟阿貝在賓館的電視中，也看過人和狗『做』，沒稀奇啦！」

佟欣麗也說：「也有女人把狼狗當男人養啊！」

佟欣芬接話說：「養狼狗總比壞男人好啊！」

大家哈哈大笑。

吳美玉邊笑邊說：「繼續看手機簡訊，我唸給妳們聽：

吳美玉看著手機唸道：

三十歲的男人正在學壞、抱著同一代唱著同樣的愛。

四十歲的男人已經學壞、抱著下一代唱著遲來的愛。

做女人一定要經得起謊言、受得起敷衍、忍得住欺騙、忘得了諾言、寧願相信世上有鬼、也不能相信男人那張破嘴。」

佟櫻美笑說：「男人啊本色。『香吉士』以前跟我說過；三十歲的男人喜歡十八歲的女孩；到了四、五十歲還是喜歡十八歲的女孩，就算是老到七、八十歲吃不動了照樣是喜歡十八歲的女孩；他說這就是男人。『香吉士』還說，五十歲左右的男人最花。因為這個年紀的男人在事業、經濟上都有點成就，身體狀況也還都不錯；這是男人最有能力、最喜歡玩人，也是最懂得玩女人的時候。這就妳手機上簡訊說的『五十歲的男人最壞』的原因吧！」

吳美玉點點頭「『香吉士』說得沒錯；五十歲的男人真的是很壞，壞透了。」

佟欣芬這時也有話說：「這不公平，難道我們女人就一定要聽信男人的謊言受他的騙！」

佟欣麗瞪大了眼睛很無奈的說：「沒辦法啊！男人就是那樣；他們說他們的，我們『做』我們的就好。」

佟欣芬不以為然的說：「我才不受男人的騙，也不上他們的當，我同意妳說的，我們『做』我們的。」

吳美玉笑了笑，側著頭若有所思，想了想微微點著頭說：「不記得是誰說的，說什麼……『男人有錢才變壞……女人變壞才有錢。』這句話說得很有道理啊！」

「不對！不對！什麼女人變壞才有錢；是女人變通才會有錢。」佟欣麗抗議說。

吳美玉點點頭說：「妳說得也沒錯，我們又不偷又不搶也不騙，什麼叫變壞。」

「就是嘛！老公可以偷腥，難道我們就不可以偷玩？各『做』各的啊！」佟欣麗理直氣壯說。

「這才是女男平等。」佟欣芬也如是的說。

吳美玉忽然望佟櫻美問說：「櫻美，妳怎麼不說話？」

佟櫻美還沒開口，佟欣麗就搶著說：「櫻美是宅女。她啊！每天只有上班、下班、待在家裡看小說。她是個生活白痴。」

「不要這樣說嘛！金牛座的個性本來就不喜歡動。」佟櫻美溫吞吞說。

佟欣麗很不屑說：「做宅女最沒意思了。單調無聊；要多接觸才會多認識人；才有機會跟男人玩，賺男人的錢。」

佟欣芬看了佟櫻美一眼爆料說：「有啦！有啦！櫻美偶而也有啦！」

吳美玉有點感到驚奇望著佟櫻美。

佟櫻美一陣臉紅，略顯緊張忙說：「……很少啦！只有幾次而已。」

「是這樣嗎？妳跟『香吉士』和苗主任兩人同時交往還說妳是雙線進行。」佟欣芬故意掀佟櫻美的底。

佟櫻美滿臉通紅，就像是做了壞事被人發現，唯唯諾諾的說：「沒有啦！我跟苗主任很少啦！」

吳美玉忽然想到說：「櫻美，我記得以前妳說不喜歡跟那些教授來往的嗎！怎麼又跟苗主任在一起呢？」

「那是因為苗主任經常打電話或是來店裡找我、纏著我；沒辦法啊！所以就答應他了。」

「苗主任知不知道妳已經有固定的男人『香吉士』？」吳美玉再問。

「知道啊！衣服店開業不久他們在店裡還碰過一次面。」

「苗主任知道還要找妳玩？」

說。

「對啊！他才不管，還是要找我。」

吳美玉搖搖頭：「還有這種男人。他還是臺灣最高大學的教授，不知羞恥，還算是男人！」

「沒辦法，是他要找我的啊！」佟櫻美在撇清責任。

「但是妳可以拒絕他。妳是『香吉士』的女人；妳這樣做不是背叛他了嗎！」吳美玉不平的說。

「有什麼關係，我又沒有嫁給他。」佟櫻美理所當然的說。

「可是『香吉士』對妳那麼好，妳還忍心這樣？」

「話不是這樣講，我也有我的做法和原則啊！」

吳美玉聽了有點傻眼，真不可思議。尤其像佟櫻美這種個性的女人竟然講出這樣無情的話。於是笑笑的對佟櫻美說：「妳還真好色耶！」

佟欣芬點點頭也笑說：「她啊！她是個『悶葫蘆』；外冷內騷，性慾超強。」

佟櫻美臉紅不好意思的說：「那有，不要這麼說嘛！」

吳美玉很羨慕的說：「櫻美福氣好，有兩個男人伺候。妳爽到了也賺到了。」

佟櫻美臉色一沉，很無奈的說：「那有，苗主任我是沒爽到也沒賺到。」

「為什麼？」吳美玉不解的問說。

佟欣芬停下手上的工作搶說：「因為苗主任他……」看了佟櫻美一眼接著說：「……他那『根』很短，又很快射出來。櫻美說跟他玩一點都沒意思。」

吳美玉說：「沒爽到，但是這麼多年也賺到了。」

佟櫻美一臉不悅的說：「剛開始的時候苗主任還常找我，沒多久之後一、兩個月才一次，跟當初講的不一樣，我很生氣。他是個很怕老婆的人。每個月的薪水全都交給了他老婆；那還有錢玩我。雖然跟他接觸了差不多有六、七年。其實加起來次數並不算多。所以沒賺到也沒有玩到。」

吳美玉點點頭「鍥而不舍」笑笑的又問：「妳這樣腳踏兩條船不怕被『香吉士』知道？」

「他那知！」佟櫻美「胸有成竹」的說。

佟欣芬也點頭幫腔說：「對啊！有我們幫她護航『嘸代誌』（沒事情）啦！『香吉士』如果『查嘸人』（找不到櫻美）的時候，就說我們姊妹提早下班到卡拉ＯＫ唱歌去了；或是到牌友家打牌去了。」

「這種事就怕『百密一疏』，還是要小心一點才好。」吳美玉提醒說。

「放心！現在櫻美已經跟苗主任很少了。」佟欣芬補上一句。

「櫻美，不來往了？又為了什麼？」

「因為苗主任調南部工作去了。還有一個很重要的原因，有一次我去買晚餐的時候『香吉士』翻看了我皮包裡小電話簿。看到上面有苗主任的手機號碼。」

「看到苗主任的電話有什麼關係？這很平常，誰沒有朋友！」吳美玉插話說。

「因為我的電話簿上除了家裡和弟弟們的電話外，只有『香吉士』一個男人的電話，其他都是女人電話，裡面忽然又冒出一個男人的電話；而且是手機號碼又沒有名字只寫苗主任三個字，怪怪的，他當然會起疑，為了這件事我們還大吵了一架，差點要翻船（分手）。」

「難怪，太明顯了，妳也太不小心了。苗主任的手機號碼妳記在店裡客人電話簿上就不會有問題了。」

「我那知他會偷看我皮包內的電話簿。『香吉士』很少會亂看我的東西。」

佟欣芬很不以為然說：「男人都一樣。喜歡查東查西亂翻亂看，疑神疑鬼。阿貝還不是亂看我的東西。」

吳美玉點點頭說：「櫻美，妳就是為了『香吉士』發現了苗主任的手機電話才跟苗主任分開？」

「這是主要原因；他只是起了疑心。除非是『捉姦在床』，不然他也沒證據。另外一個原因就是剛才說的苗主任調到南部工作，不方便來往也就自然跟他分開了。」

吳美玉笑笑的說：「你們分開了就好。紙包不住火，『香吉士』遲早會發現。妳說『香吉士』對妳很好又是妳的『性』奴。該滿足啦！不要因小失大。」

好久未開口的佟欣麗在暗笑。覺得佟櫻美生活中只有『香吉士』；苗主任也只是偶而玩玩，這種生活過得平淡無味。佟櫻美雖然曾經也有過幾次跟其他的男人接觸過；那還是自己從中介紹慫恿之下「做」的。畢竟佟櫻美接觸的男人不算多。佟欣麗很得意對佟櫻美說：「櫻美，沒人叫妳做淑女做良婦；要跟男人玩就要像我，要男人不斷才行。」

吳美玉不平的說：「剛才我不是說嗎！妳屁股後面的男人最多，我們那能跟妳比。」

「沒叫妳跟我比。跟男人玩也不是要怎樣，沒什麼好怕；只要有錢就跟他玩。其他就不要管了。」佟欣麗講得很輕鬆。

聽佟欣麗的說法吳美玉嚇了一跳。於是提醒她說：「要小心啊！不要玩過頭了，男人的話都是『美麗的謊言』，不可靠。」

「他是他，我是我，管他說什麼。反正男人說的話都不要相信就對了，玩玩就好不要當真。我說的是這個意思。」佟欣麗解釋說。

佟櫻美這時也露出了笑容說：「對啊！以前『香吉士』也跟我說過『女人床上的話還可以信；但是男人床上的話不可以相信。』只能聽聽而已，千萬不能當真。」

佟欣麗看了佟櫻美一眼，笑笑的說：「才不是呢！男人床上床下講的話都不能相信。」

「欣麗說得對。手機上不是說得很清楚嗎！『寧可相信世上有鬼，也不能相信男人那張破嘴，』」吳美玉讚同佟欣麗所說。

佟欣芬也加油添醋拍著手說：「說得對，男人的話雖然講得很動人、很好聽，『甜言蜜語』，那都是謊言。千萬別相信男人那張爛嘴。」

大家都這麼說，佟櫻美當然也跟著大家說：「我不信世上有鬼，當然我也不相信男人的嘴。」

吳美玉微微點了點頭「嗯……」了一聲望著佟櫻美問道：「那……『香吉士』的嘴呢？」

佟櫻美猶豫了一下，慢吞吞的說：「嗅！……『香吉士』……他……他是張笨嘴！」故意岔話。

吳美玉搖搖頭笑說：「櫻美，妳啊！『香吉士』在妳的心目中份量還是很重。還是依賴他，非他不可。男人中只有他這個性奴才能滿足妳啊！妳講的話……『口是心非』……我看妳是張黑白嘴！」

大家哈哈大笑。

24 恍然大悟

世界之最——臺北一〇一摩天樓，為一細高墨綠色，竹節式塔樓建物，矗立在臺北東區，為臺北市地標。

遠眺臺北一〇一摩天樓，就像一根綠色的玉髮簪，直直的插落在東區的地層上；和臺北火車站前第二高八十八層「新光大樓」遙遙相望，相互呼應；似如一對愛戀中的男女，含情脈脈的相對「笑盈盈」。畫面溫馨柔美，憑添了幾分臺北大都會「羅曼蒂克」氣氛。

臺北的十月天，仍然火氣十足炎熱難耐。臺北一〇一大樓裙樓，地下一樓「生活聚場」小吃街，稱得上是一〇一大樓最熱鬧的地方。來這裡的人形形色色，上班族、學生、婦女帶小孩……男女老少都有。尤以青少年男女最喜歡三五成群佇是這裡。既可納涼消暑談天說笑；又可享受餐飲美食，還有男女約會呢，像是個「小樂園」。此外，當然也少不了社會「閒達」人士這裡湊熱鬧；其中不乏有「怪叔叔」來打屁亮眼的。

地下一樓「生活聚場」小吃街店面與一般百貨公司小吃店無異，分割成一間間小小店面，一家挨著一家「巴掌」大小。如舞廳舞池般的中間空間，則規劃為餐飲區。佈滿了小餐桌椅，供人餐飲小憩。

這天，酷熱的下午，一○一地下一樓小吃街，電扶梯口前，靠右側的小餐桌坐著胡鐵花、黃金松、周樹人、林桑和曾正洋五個「老屁股」。安逸悠閒的泡著冷氣，邊喝飲料邊打屁，有說有笑的。「怪叔叔」們，除了圖嘴巴痛快，主要是欣賞年輕漂亮的「美眉」，讓眼睛吃吃冰淇淋。圖個視覺免費享受；過過乾癮。

胡鐵花和黃金松佔得了最佳位置，面對電扶梯最近的桌子，這是上下扶梯視角最好的位置。周樹人坐側邊偏了些。林桑和曾正洋則是背對扶梯口，位置最不理想。於是組成了五人兩組；胡鐵花、黃金松、周樹人三人組在觀望「春」景，曾正洋、林桑二人組低著頭在談論事情。

這時，立於最佳位置「好望角」的胡鐵花，嚇！正在用他銳利的「掃瞄眼」，不停的在掃瞄上下扶梯和周邊的人，在尋覓年輕漂亮的「美眉」。

坐旁邊的黃金松瞅了胡鐵花一眼，見胡鐵花如此的認真投神。嗤嗤的笑了一聲說：「哇拷！鐵花看『美眉』，看得眼珠子都快要掉到地上了。」

胡鐵花回頭瞇了瞇眼睛笑笑的說：「唉！不好意思，誰叫你『大鼻子情聖』中看不中用，嗯……正洋說得有道理，你啊，你的下盤弱了點，所以對女人不太『敢』性趣。」

黃金松不甘被胡鐵花數落，瞪眼不服氣說：「哇拷！正洋他胡說！打太極拳的人下盤能不強嗎！……嘿嘿，我的小頭比大頭還強哩！哈哈！（瞇瞇眼）『噓服的很』！」使出了他的招牌表情。

一旁的周樹人很不屑的對黃金松說：「我看『大鼻子情聖』只會嘴巴痛快，什麼小頭比大頭強，胡吹！你是小和尚不如老和尚啊！」哈哈笑了起來。

「哇拷！『木人』要你多什麼嘴！」黃金松有點火氣的說。

「這哪是我多嘴！這是大家的共識嘛！」周樹人故意氣黃金松。

黃金松似笑非笑的瞪了周樹人一眼說：「哇拷！你不講話會死啊！」撂了狠話。

周樹人望著黃金松裂嘴一笑說：「嚇！冒火了！」

就在這個時候，胡鐵花忽而轉過頭「噓」！了一聲說：「你們別吵了」又將頭轉了回去，壓低嗓門說：「ㄟ，快看，十一點鐘方向穿迷你裙的『美眉』……」

一個口令，一個動作，霎時，大家「鴉雀無聲」，連背向的曾正洋和林燊也都停止了討論，忙轉身向十一點鐘方向觀看。

左前方靠近電扶梯上下口處，見一位年約十六、七歲的女孩「明眸皓齒」十分標致；上身穿一件T恤，下著清涼的迷你裙，露出大半截如牛乳般白的長腿；「前凸後翹」的左右來回觀望，像是在找人。女孩遲疑了一會，然而轉身就登、登、登像麻雀般的小快步上了電扶梯，體態阿娜多姿，步調輕盈。迷你裙裙襬太短，女孩邊走還邊用小手掌按住裙襬。但隻手難遮春光外洩，裙內小褲褲雖是「驚鴻一瞥」也都一覽無遺。

五個老屁股十隻銅鈴眼在大吃冰淇淋哩！胡鐵花看得「目瞪口呆」，半响才感奮的說：「太美了！這裡真是個『好望角』。硬是要得（四川話）！樹人，『好望角』這辭兒取的太好了！」

周樹人聽胡鐵花這麼一誇，得意的又笑又點頭，客氣的回敬說：「鐵花，這是你得了天時，佔了地利，據了個好位置；再加上你精心設計『小角度』觀看，這叫：洽到好處！（四川話）才能一窺『美眉』的裙內好春光。鐵花創造的小角度，硬是要得！（四川話）。」

黃金松望著胡鐵花和周樹人很不屑的說：「哇拷！看就看，還大聲的高談闊論，我看乾脆廣播算了。」

「喲，嘿！什麼時候『大鼻子情聖』變正經啦！」胡鐵花挖苦說。

黃金松眼睛直直瞪著胡鐵花大聲說：「哇拷！講『色』話，總是要看時間、地點吧！」說著轉向曾正洋、林桑看了一眼又說：「要不然像他們兩個不說話，做個沒有聲音的人。哇拷！也比鐵花吼叫好！」

「金公，你也小聲一點，你大嗓門，講話像打雷，林桑和曾正洋在談事情又不是啞巴，怎會沒聲音。」周樹人打抱不平說。

就在這個時候，胡鐵花又發現了目標，嘴唇輕輕的「噓」！了一聲說：「快看！九點鐘方，穿黃色洋裝的妙齡女郎！」

黃金松、周樹人停止了爭吵。曾正洋和林桑也中止了談話。不約而同大家往左前方望去，見一位年輕少婦，圓圓的蛋臉，一襲淡黃色洋裝緊緊裹著豐腴的身體。皮膚白皙，髮後還結了個小馬尾，走起路來一甩一甩的。步伐輕盈很有節奏的走往電扶梯口方向。

「老屁股」們的大小眼，瞪得大大的，就像是金魚眼，視線金鎖住了馬尾少婦。

胡鐵花興奮的叫道：「好個『好望角』啊！在這裡賞美，滴滴呱呱『噓服的很』！（學黃金松的口氣）。」

周樹人笑了笑說：「嗯……在『好望角』當然還得借用鐵花的『小角度』觀看才夠完美啊！」

「哇拷！真是一群無聊的老男人。」黃金松不以為然的說。

胡鐵花目送馬尾少婦走遠後轉身對黃金松說：「你不無聊會坐這裡？是誰說要來『好望角』的？」

「哇拷！看『美眉』看就看，你們還用嘴巴看！」黃金松大聲怪叫的說。

這時，曾正洋和林桑談完了，也湊了過來。

周樹人笑嘻嘻的說：「大鼻子說得沒錯，大家無聊才會到這裡……用鐵花的『小角度』看漂亮『美眉』。」

黃金松對上剋星周樹人就沒轍，只好轉移目標對林桑和曾正洋大聲說：「哇拷，你們嘰哩咕嚕講到現在，你們兩個該不會是……是同志吧！」

曾正洋笑說：「我們跟金公公一樣，是喜歡看『美眉』的色同志。」

林桑一旁裂嘴似笑非笑在直點頭。

胡鐵花學黃金松的口氣說：「哇拷！你們連漂亮『美眉』都無心欣賞，到底在談什麼？talk! talk! 大家分享！分享！」

曾正洋看了看林桑說：「也沒什麼，是林桑有點小狀況，抱歉！是林桑的好朋友有點問題。」

林桑又笑笑的點頭。

「哇拷！談了老半天，結論是什麼！」黃金松一如公司老闆在問部門主管的報告嘴臉。

曾正洋搖了搖頭說：「還沒談出結論。」

「既然還沒有結果，不妨提出來大家研議、研議。」周樹人建議說。

胡鐵花也附和說：「人說『三個臭皮匠，勝過一個諸葛亮。』大家合計，合計嘛！」

林桑搖搖頭說：「沒什麼啦，小事情。」

「小事情還神祕兮兮的，說說看。」胡鐵花問。

林桑有點不好意思慢吞吞說：「……是我的一個朋友，當兵的朋友他……下面陰部癢癢的，他用手抓，陰部都被他抓破了；不知道是什麼原因？又不好意思看醫生，所以……」

「他結婚了沒有？」黃金松問說。

「小孩子都很大了。」

黃金松想了想說：「哇拷！他鐵定是在外面玩女人，玩出毛病。」

林桑老實的點點頭說。「有、有、有，他說上個月跟一個大陸妹上過幾次床，是在卡拉ＯＫ認識的。」

「哇拷！他準是得了性病！」黃金松「斬釘截鐵」說。

胡鐵花眉頭一皺不以為然的說：「不一定，有可能是皮膚感染了什麼菌，要看醫生才知道。」

「他就是怕得了性病所以不好意思上醫院，自己塗了碘酒、消炎粉，還是很癢。」林桑著實說。

黃金松瞪大眼睛說：「哇拷！開玩笑，得了性病就要趕快上醫院看病，臉皮還這麼薄。」

「大家『麻西』怎麼說。」林桑比了下手勢說。

周樹人想了想說：「咦！他可能是被傳染到陰蝨，就是一種像蜘蛛有很多腳的小蟲。陰蝨是由男女性交而傳染到的。」

曾正洋忽然臉色一振急問：「會不會是賓館的被子、床單不乾淨而傳染到？」

周樹人搖了搖頭慢條斯理說：「不太可能，從床單、被子傳染到的機率很低。聽說是由男女『辦事』的時接觸到那個地方而傳染的。因為陰蝨是附著在陰毛的毛根上，性交的時候因男女陰部摩擦才會被傳染。床單、被子太光滑，陰蝨不容易附著在上面，好像是這樣。（搖搖頭）詳情我也不清楚。」

曾正洋經周樹人這麼一說，若有所悟。臉色頓時大變，鐵青的臉，面無血色。

大夥覺得曾正洋神情怪異而反常，這種情形從所未見，胡鐵花急忙問說：「總司令那裡不舒服？是不是……下面有蟲蟲啊！」說著哈哈笑了起來。

大家跟著哈哈大笑。

曾正洋急忙搖頭說：「沒有！沒有！」

胡鐵花又問：「那為何談蟲色變？嗯！……說不定你癢小蟲……哈哈……」

大夥又是大笑。

「沒有，沒有啦！我怎會被傳染……」曾正洋唯唯諾諾的解釋。

周樹人見狀解圍幫著解釋說：「他不可能！他一個禮拜要跑三重兩三次，跟他哪個打得炮火猛烈，樂此不疲，那有多餘的炮彈玩別的女人。」

曾正洋一臉窘態點頭說：「是啊！是啊！我除了佟櫻美，別的女人我都沒性趣。」

胡鐵花一瞪眼笑說：「嚇！想不到總司令還是個愛情聖人。」

黃金松嗤之一笑：「哇拷！哪來的愛情聖人，只有愛情騙子。」

周樹人不平的說：「對、對、只有『大鼻子情聖』，當然就沒有愛情聖人囉！」

黃金松頭轉向周樹人說：「哇拷！『木人』要你多嘴，存心跟我過不去。」

雖然是周樹人跟黃金松兩人鬥嘴，曾正洋反而不好意思，於是接話說：「鐵花過講了，我哪是愛情聖人，只是每個人對女人的喜好不同而已。女人好比是一道美味可口的菜餚；有人喜歡多樣少吃，享受各種菜的不同口味。但是也有人喜歡單樣多吃，只偏好合自己胃口的菜，雖然是只有一兩道菜，但食之津津有味；且百吃不膩『甘之如飴』。我就是屬於後者。」曾正洋娓娓的述說，但難掩內心的痛和恨！

原來，早在十一、二年前曾正洋剛認識佟櫻美不到一年，櫻美感染了陰蝨，當時曾正洋以為是倆人常到賓館約會，是因為賓館的床單被毯不乾淨而被傳染了陰蝨。在不得已的情形下，曾正洋還親手替佟櫻美剃光了她的陰毛。為了安全起見，一個禮拜後，自己也剃光了陰毛，以徹底根除陰蝨。剛才經周樹人對陰蝨感染的原因詳加說明後，曾正洋這才「恍然大悟」。心裡明白，自己除了佟櫻美之外，就再也沒有跟其他的女人有任何的性接觸，當然絕對不會傳染到陰蝨。如果有的話，那就是佟櫻美的問題。如今已「真相大白」，雖然是十一、二年前的事，曾正洋仍如「晴天霹靂」，難以接受佟櫻美不軌的行並深感痛恨！

平常大夥聊天，談到曾正洋對佟櫻美專一不二的真情，大家都很佩服！覺得現今社會上這種因人少之又少，早已經絕版了。

胡鐵花搖晃著腦袋說：「嚇！想不到總司令只喜吃佟櫻美這一道菜，而且百吃不厭，哈哈！你這不是在吃客飯嘛！」

「這是每個人的觀念和做法不同而已。」曾正洋淡淡的解釋說，內心壓抑著痛恨。

周樹人點了點頭說：「嗯！我看正洋有愛情潔癖。」

久未開口的黃金松笑瞇瞇的說：「個性嘛！有人喜歡吃酸，有人喜歡吃辣，青菜蘿蔔各有所好，各有各的口味，都不相同……哇拷，『木人』，你的蟲還沒講完啊！」

周樹人抗議的說：「不是我的蟲，是你那條黃金蟲。」

大家笑出，唯獨曾正洋不笑。

黃金松眼睛瞪得大大的，裂嘴一笑說：「哇拷！那個男人沒有蟲？『木人』，你有沒有蟲？沒蟲的就不叫男人！」

胡鐵花用手掌掩著嘴巴故意很小聲的說：「金公公當然有蟲，還是條大蟲，哈哈！」

大家又笑出。曾正洋笑不出。

黃金松搖頭晃看很得意：「哇拷！有大蟲！那就……（瞇瞇眼）『噓服的很！』」又使出了招牌表情。

大夥哈哈大笑，曾正洋臉上只是一絲苦笑。

林桑一本正經的又問周樹人說：「得了蝨蟲要怎麼治療？」

周樹人就剛才的話題繼續說：「蝨蟲上身那就很麻煩了；好像蝨蟲是寄生在人的陰毛根部，藥物殺不死滅不了。」

鐵花插嘴說：「那洗澡的時用滾熱的水燙，就像燙死豬皮。」

周樹人揮了揮手說：「沒有用蟲沒燙死，你的人皮燙熟了。」

「怎麼辦？」林桑忙問說。

周樹人兩手一攤說：「很簡單，把陰毛全部剃光光，重要的是男女同時都要剃；單剃一方還是滅不掉，還是會互傳。」

胡鐵花嗬嗬的笑了起來，用大姆指比了比說：「哪玩意還真厲害啊！」

「那當然，蝨蟲兇得很！腳上有勾，抓住毛髮皮膚就拼命的吸血。寄生在人的陰毛、腋毛、胸毛、甚至鬍鬚根下都能寄生。」周樹人說著眼光望著黃金松笑笑的又說：「大鼻子可要小心喔，你的什麼……什麼『裙內細數小毛毛，吹毛求疵』……什麼『裙內春光妙』，可要當心啊；不然蝨蟲爬進頭髮裡面，金公公可就要削髮為僧了。」周樹人故意逗黃金松。

大夥為之大笑。曾正洋臉上勉強擠出一絲苦笑。

黃金松被周樹人弄得哭笑不是，臉一沈指著周樹人說：「哇拷！『木』又在胡說什麼！」然後笑瞇瞇的又說：「安啦！孫小毛哪地方白白淨淨的，零污染。（瞇瞇眼）哇拷！白白嫩嫩『噓服的很！』。」

又是大笑。

笑如彌勒佛的黃金松，得意的很，笑得只剩一線眼。忽然收斂了笑聲，一臉嚴肅的說：「哇拷！如果老公傳染到蝨蟲，Ｇ８毛不剃掉的話，就會傳給老婆，如果剃掉的話，不就是告訴老婆在外面搞女人，哇拷！很恐怖。」

周樹人也一板正經的回說：「當然恐怖，不管男人還是女人，只要被傳染到蝨蟲，就等於自己承認出軌。這叫做『不打自招』，想賴都賴不掉。」

曾正洋聽在耳裡痛在心裡。對於佟櫻美不恥行為更加的痛恨。

說。

「哇拷！『木人』，我看搞不好，你一定有過蝨蟲經驗才會那麼清楚。」黃金松指著周樹人

「『大鼻子情聖』，我鼻子沒你大，那比得上你有女人緣。是以前一個好朋友，亂玩女人被傳染到蝨蟲，拉我去陪他看醫生，聽醫生講的，這種經驗誰敢沾啊！」周樹人解釋的說。

黃金松笑嘻嘻的說：「男人下頭沒有了鬍子，哇拷！怎麼玩女人？」

周樹人肩一聳，兩手一攤笑了笑說：「沒鬍子了識相點，就別玩女人，暫時當太監。我說金公公，在女人面前脫了褲子沒鬍子會死得很難看；一點男人的尊嚴都沒有囉！」

胡鐵花接說：「男人屌上無毛，不就等於是判了死刑！」

黃金松不以為然的說：「哇拷！那有這麼嚴重，『死刑』不會啦！但是有期徒刑難免。要等鬍子長長了才能跟女人痛快！」接著忽又瞪大了眼睛大聲的說：「哇拷！不對，不對，沒有了鬍子怎麼跟老婆辦事？辦不辦都會『穿幫』。哇拷！恐怖！恐怖！」

周樹人笑說：「當然恐怖，鳥上無毛就等於告訴老婆自己在外偷腥。」

「哇拷！這會搞死人的！」黃金松一臉恐懼的說。

曾正洋「無精打彩」的呆坐椅子上，像是洩了氣的皮球；又像是等待處決的死刑犯，哭喪著臉。

周樹人已察覺到曾正洋一反往常，今天有心事不太對勁。於是用手扯了一下曾正洋的褲子，低聲問：「你有什麼問題？……難道你染上了蝨蟲？」

曾正洋無力的搖搖頭，苦笑了一下有氣無力的回了一句：「沒有。」

周樹人見正洋心中似乎深藏著極大的痛苦。平常跟曾正洋可說是無話不談，無所不談，也最瞭解他的個性。如今一定有「難以啟齒」的事情，他不願意說，也就不便再追問。

這時曾正洋轉過身跟林桑低聲的說：「現在你對蝨蟲都瞭解了吧！我也是剛才明白的。」「周樹人講得很仔，這東西很可怕，不小心被傳染到，對老婆不好交待。」林桑一臉驚恐的說。

曾正洋木然地楞視小桌上感慨的微微點頭說：「是啊！唉！都一樣啊！如果是自己的女人被傳染了蝨蟲，也是很難交待啊！」語氣有點無奈和不滿。其實曾正洋話中有話，意有所指，也等於是透露了心中的鬱悶。中規中矩的林桑未注意到，不疑有他，直點頭說：「對，對，對。」

面色凝重的曾正洋回想起十二年前佟櫻美「剃毛」之事，如今總算水落石出真相大白，「恍然大悟」。當時佟櫻美「出軌」是鐵的事實「毋庸置疑」。這種極不道德的行為內心充滿著憤怒和痛苦；恨不得插翅飛到佟櫻美面前，究根到底問個「青紅皂白」才甘休。想到這裡，憤恨的情緒已漸難控制，如不趕快離開的話會很難堪。於是向大夥說：「各位！真對不起，我身體有點不舒服，我先回去了，真不好意思，抱歉！」說完向大家點點頭就逕行離開。

周樹人人還關切叮嚀了一句「保重！」

曾正洋突然的離，給大家留下的是一頭霧水。沒人知道今天究竟發生了什麼事？不過，從曾正洋那張毫無血色的臉上可以看出非比尋常，肯定是事態嚴重，「代誌」大條。

25 分手

近黃昏，陰霧霾天。

寒街冷巷，車少人稀。

曾正洋像是喝醉酒似的氣白著臉，怒氣沖沖來到了佟櫻美的家。此刻的心情跟往日「歡天喜地」心情，有「天淵之別」。

出了電梯左轉右拐到了佟櫻美家門前。曾正洋佇立門口，先得消消氣，調息憤怒的情緒。幾分鐘後，情緒稍為的緩和平靜。曾正洋微顫抖的手將鑰匙插了好幾次才插入孔內。

曾正洋踏進客廳，見佟櫻美身穿T恤，下著白色小短褲，坐沙發上看電視。當四目交接，佟櫻美臉上顯得很訝異，曾正洋未先來電話，就到家裡，一反常態，同時從曾正洋的氣象臉可以看出今天很不尋常。第六感告訴她，可能有重大事情要發生。心裡感到有些不安。

佟櫻美笑臉迎迓的問：「你來了，吃過飯了嗎？」

曾正洋臉上勉強擠出一絲笑容說：「沒有，我不餓。」語氣平淡而冷漠。

「怎麼不先來電話？我好先準備！」佟櫻美笑笑的說。

「剛跟兩個朋友在環河南路『豪景飯店』談事情，談完後我看時間還早就過淡水河來妳這裡，

分秒難捱

所以沒打電話給妳。」這是預先想好的說辭。

佟櫻美微微點了點頭。

「妳了？」

「我吃過了水果餐。（佟櫻美為了保持美好的身材，晚餐常常只吃水果）」故作輕鬆的說。

曾正洋點了點頭。

曾正洋不發一語像是有什麼心事的坐在佟櫻美的右側，離她有一個人身的距離。這和平常比肩而坐沙發的親蜜狀大不相同。從一進門的臉色、舉動到現在倆人坐的遠遠，一定有重大的事情要發生了。想到這裡心頭感到涼涼的，有點心虛似的，低頭目光楞視著面前的檯几。

曾正洋心情雜亂，「百感交集」。內心的煎熬萬分痛苦。舌頭像打了結似的，不知如何啟齒。空氣死寂。倆人默默無語的靜坐了一、兩分鐘，感覺像是A long time。

要面對的事總是要面對，無法逃避。曾正洋抬眼看著佟櫻美，眼神裡充滿著烈火似的。

佟櫻美心中打了個寒顫。感覺有「山雨欲來」之勢。

終於打破了沉寂。曾正洋強壓制心中的一股怒氣，臉上泛著一絲苦笑很低沉的說：「下午和兩個朋友在『豪景飯店』聊了一個下午。」

「喔！」佟櫻美回應了一聲。

曾正洋接著說：「這兩個朋友都是學醫的。一個國防醫學院畢業姓吳，一個臺北醫學院畢業姓賈。我們談了一些醫藥保健和日常養生之道方面的問題。這方面他們是專家，我只是聽他們說。」

這是曾正洋故意編的；當然吳姓跟賈姓朋友也是虛構的。

其

佟櫻美不疑有他微微點點頭。心裡納悶的是，曾正洋為什麼怒氣沖沖非常的不高興！難道跟他們談的事情有關嗎？

接著曾正洋以嚴肅的口氣說：「國防醫學院的吳姓朋友談到現代兩性的性觀念開放。男女因為濫交，很容易感染性病；同時對醫藥衛生常識不足；又不知道如何保護自己，得了性病往往又不好意思求診，結果得病害了自己，甚而連累了家人。」曾正洋邊說邊觀察佟櫻美的反應。

佟櫻美只是靜靜的聽。不解的是今天為突然跟她講這些？實在弄不清楚有什麼目的。

忽然，話峯一轉鼓足勇氣導入主題說：「老婆，記不記得十二年前妳曾經被傳染到蝨蟲。」

佟櫻美點點頭，一頭霧水不知為何要扯出陳年舊事。

曾正洋接著說：「當時妳的陰部已被妳抓破流血。為了永絕後患，在賓館我幫妳剃掉了陰毛，隔了一個禮拜為了安全，我也剃光了陰毛。」

佟櫻美神情顯得有些不安，很不悅的說：「那是好久以前的事了。」

「沒錯，是很久的事，但是今天下午跟兩位學醫時朋友聊天我才『恍然大悟』，瞭解真正的原因。」曾正洋面帶憤怒的說。

「怎樣？」佟櫻美心神不安的問。

「吃了秤鉈鐵了心」不說不快，曾正洋道：「臺北醫學院賈姓朋友說，蝨蟲是經由男女性交而傳染的。和賓館的床單、被毯不乾淨並沒有什麼關係。蝨蟲是寄生在人體的毛髮，像：頭髮、陰毛、腋毛，甚至鬍鬚都能寄生。」將下午周樹人說得話搬出來重說一遍。

佟櫻美很不悅的說：「你懷疑我跟別的男人而被傳染到的？」

曾正洋壓抑著心中的怒火，有點氣結的說：「我不是懷疑妳，這是我朋友說的；他們是學醫的，當然說的比較正確。」

佟櫻美散紅著臉視線偏向一旁不發一語。

曾正洋接著說：「這也不是我問他們的；是他們談起他們病人的案例我才得知。如今事實擺在面前很明顯，我希望妳誠實的說，當時除了我之外，妳是不是還有跟別的男人上過床？」

佟櫻美仍然是愣視一旁不語。

曾正洋接著又說：「我也常跟妳講，我是個對男女關係很單純的人；我除了妳之外沒有也絕不會再跟其他的女人接觸。我還開玩笑的說，如果我們倆個被感染到性病的話，那絕對不會是我，肯定是妳的問題。」

經曾正洋這麼說！佟櫻美略想了想，沒辦法，很氣餒只好承認小聲說：「有——啦！」

「跟誰？」曾正洋胸口澎湃，但強壓著。

「……苗主任，是他傳染給我的。」

一聽是苗主任，曾正洋氣炸了，就像火山爆發似的，但是儘了最大的忍耐強壓著自己的情緒說：「沒錯，跟我猜想的是一樣，我猜就是他。」

佟櫻美微低著頭一副無所謂的樣子感覺不出有所愧疚。

「妳跟苗主任『做』了幾次？」曾正洋強壓著怒氣問。

「兩次！」回答的很輕鬆而自然。

「兩次？」曾正洋懷疑的口氣回問。

「我發誓，只有兩次！」佟櫻美略舉起右手說。接著又補充說：「兩次都有帶套子（保險套）。」

「是妳要求苗主任要戴保險套？」

「是啊！這是我答應跟他『做』的條件。」理直氣壯的說。

曾正洋心裡明白，她深知我在這方面有潔癖；說有戴套子或許是嘴巴上安慰他的話。

「一般男人，除了風月場所的女人外，都不太喜歡戴保險套。」

「我當然要保護自己啊！他們是大學教授，受過高等教育，他們也會害怕得病，他們玩女人的時候都會戴套子。」佟櫻美解釋說。

曾正洋微微的點了頭想了想問說：「那跟苗主任第一次是什麼時候？」

「以前我說過，是認識你之後的五、六個月吧！」

「就是妳以前說的『陽明山招待所』餐會的時候。」

佟櫻美點點頭「嗯！」了一聲。

「苗主任說要跟妳玩妳就答應他了？」

佟櫻美瞪大了眼睛急忙解釋說：「那可能，是苗主任告訴賁主任，賁主任再告訴欣麗要她轉告我說苗主任很喜歡我，對我有意思，想要跟我上床 happy，還說，『做』完後給我伍仟元……」

曾正洋急插話說：「那妳就答應了！」

「沒有！我起先不答應；但是苗主任不死心，他們說了很久，苗主任前後盧了兩個多小時。當時大家喝了酒起鬨，說老苗人很好，很老實，對女孩子很體貼。沒辦法啊，才答應苗主任的。」

佟櫻美娓娓說道。

曾正洋聽後心如刀割。很痛心的說：「妳還真好上，一點原則也沒有；這麼容易就鬆口答應了。」

佟櫻美羞紅著臉生氣的說：「『沒法度』，那些人借酒起鬨送作堆。而且那時候我又急需用錢，怎樣！」

曾正洋氣炸了，七竅冒煙直搖頭，真不可思議。又問說：「那第二次呢？」

「第二次是在……『陽明山餐會』之後三、四個月，好像是在過年前；是在『大安森林公園』旁的一家賓館。跟苗主任就只有這兩次；你在翻我的舊帳！」

曾正洋心頭在淌血，痛心的說：「我不是在翻舊帳。妳講的很輕鬆，我只有兩次。這種事，是一次都不可以發生的啊！」

「怎樣！『做』都已經做了！」一副不以為然的說。

「事實都已擺在眼前我還能怎樣！剛才妳說第一次『陽明山餐會』苗主任他花了兩個多小時才盧到妳，可見得他很中意妳；那可能不會再找妳。這就像是『撒尿在柱子上的狗，有一就有二。』被他黏上了，又像『腐肉上的蒼蠅揮都揮不走』；苗主任當然會再找妳，絕不會跟他只有兩次。」曾正洋很氣憤而肯定的說。

「你相信也好，不信也好，就只有兩次。」「斬釘截鐵」的回說。

曾正洋看了佟櫻美一眼緩緩的說：「老婆，凡事有一不一定有二；但是有二就會有三……有四……的有下去。妳在日本住過，日本就有一句諺語，諺語就是民間流傳的通俗話。日本諺語說『如果一件事發生過兩次，它就會發生第三次。』就是這個意思。」

佟櫻美神情稍有點不自然的問說：「為什麼？」

「道理很簡單；就拿妳跟苗主任這件事來說，在妳未跟苗主任見面前，妳並不了解他。包括他的外表、個性，尤其是對女人的態度……等等。但是有了第一次的接觸之後，對苗主任妳就有了基本的認識和了解。如果對他印象不是很壞，只要他約妳，當然也就會答應他。接下來第三次、第四次……的約下去。如果第一次印象不好，妳會藉故拒絕他，當然就不會有第二次了，所以說有一次不一定有第二次；但是有了第二次以後就不成問題了。這就是我說妳跟苗主不只有兩次的原因。」

「那有可能！」佟櫻美不以為然的說，但是氣勢已不像剛才那麼的強硬。

「當然，這也不是絕對，也會有例外；我只是說通常一般的情形是如此。這還要看對方對妳的意願，苗主任要主動約妳才有可能。照妳前面所說苗主很喜歡妳，而且很有耐心的盧了兩個多小時才得到妳；他第二次電話邀約妳也答應了。這跟我剛才說得『有一不一定有二，有二就有三……』以及日本流傳的諺語說法是脗合的，所照這個常理來說，妳跟苗主任當然不止只有兩次而已。」曾正洋鐵了心直說不諱。

佟櫻美羞紅著臉氣嘟嘟的說：「常理是常理，事實是事實，是不一樣的。」

「那當然，我說過也有例外。或許妳是那少數的例外吧！」曾正洋只好這麼說。

「我最討厭翻舊帳！」佟櫻美「惱羞成怒」很不奈的說。

「我說過，這不是翻舊帳。我想知道當時的真相。妳知道嗎？妳跟苗主任『做』這種事是什麼嗎？」正洋很痛心的問。

佟櫻美不加思考順口就說道：「是道德問題。」話一說出口立刻感到話講得太直、太快，不能這麼說，但話已離口很後悔！於是馬上又改口說：「有什麼關係！要不是說你朋友是醫學院畢業的我沒辦法，才只好承認了。」

曾正洋很痛苦無奈地搖搖頭說：「老婆，妳怎麼這樣說！這當然有關係，妳是我的老婆，自己的女人跟別的男人『做』這種事是很不道德的事。剛才妳不是說了嗎！這是道德問題。」

「沒辦法啊！那時候我離婚一年，我是被環境所逼，我離婚的時候前夫什麼也沒留給我，我要生活啊！欣麗，欣芬鼓勵我多交男人，我也有這個需要啊！」佟櫻美理所當然的說。

「妳講得都沒錯，我也很了解。妳跟苗主任『做』第一次我沒理由怪妳，那時候我們剛認識不久，妳需要時間來調適自己。但是第二次再跟他……就不應該了。我們都已經交往十個月了；我也多次向妳表明了對妳的心意，妳也認同；但還這樣做，就太不應該了。」

「我那知，他也有給我錢啊！那時候我們交往還不到一年，我跟你只是交易性質。『做』一次算一次，那時候我心裡還沒固定是你；哪天你不來電話我們就斷了。我每月要付會錢，還準備買房子，生活費都需要用錢。你是滿一年後才固定每個月給我生活費的。」

「也不能這麼說，妳說跟苗主任只『做』過兩次，一次伍仟元，兩次總共不過是一萬元；對妳能有什幫助？也不能為了一萬元就賣掉自己的清白。妳需要用錢，告訴我，也會幫助妳的。不可能妳為了賺這一萬元而我不幫妳。」

佟櫻美哈哈冷笑了一聲說：「那時我們剛認識不久怎好跟你開口！而且我也要選擇一個適合我的男人再決定跟誰。如果我用了你的錢，就就會綁住自己。以後我想離開你就不容易了。」說得「理直氣壯」。

「那妳也不能同時跟我又跟苗主任上床『做』哪種事……妳可以採取先後分開的方式進行。畢竟我們已交往了十個多月。」

「真好笑，那時候我又不是你的什麼人！身份證配偶欄上又沒有你的名字，也沒有入戶籍，你又不是我老公；跟你跟他上床都是交易，又有什麼分別。」佟櫻美語氣冷冷的說。

曾正洋覺得佟櫻美的態度和言語冷漠而無情；是在特意掩飾跟苗主任之間的床事。於是直接了當的說：「照妳的說法，我看妳跟苗主任上床八成是為了滿足自己好玩；兩成才是為了錢。」

佟櫻美一聽說她主要是為滿足性慾，氣呼呼說：「你說我八成是為了好玩，這我很不服氣。」

「有什麼不服氣？」

佟櫻美鼻子「哼」了聲說：「跟苗主任『做』有什麼好玩！他那根很短（用右手食指和大姆指比了一下長度）；而且很快就出來了，還不到兩分鐘，就像你的朋友胡鐵花講的『快槍俠』。如果我好玩就不會跟苗主任『做』了。」講得臉不紅氣不喘理由十足。

曾正洋聽在耳裡「啼笑皆非」。

「既然苗主任不好玩又沒賺到什麼錢，又何必多此一舉跟他上床？」

「那有，我只是要多接觸多選擇啊！那時候我兩妹妹都有男人；我還沒有啊！她們都勸我要多接觸男人。」

「照妳這樣講，當時我也只不過是妳接觸的人選之一。」

佟櫻美略想了想說：「也不是啦！那個時候我只是想你和苗主任同時交往走雙線，可以多賺點錢解決經濟上的負擔和壓力。」

曾正洋更覺得佟櫻美的想法更不可思議。微微地搖搖頭問道：「那又為什麼最後決定選擇我放棄他？」

佟櫻美毫不考慮的說：「因為苗主任他們的圈子太複雜，那些教授喜歡跟女孩子雜交；大家交換玩。我不喜歡他們交換玩；然後喜歡在背後指指點點說東說西。所以跟苗主任兩次以後就不再來往了。」

正洋心想，那時妳離婚不久，在性和金錢的需求下，加上苗主任常常藉故找她們姊妹吃飯唱歌，絕不可能只有兩次。於是用套話方式來試探說：「我生氣的是，妳服飾店剛開業的時候碰巧在店裡跟苗主任打過照面，互相打過招呼。他明知道妳是我的女人，但是他還繼續找妳。」

「他才不管你呢！」佟櫻美未加思考就脫口說道。

曾正洋就根據這句脫口而出的話，就可印證佟櫻美是在說謊；絕對不是她說跟苗主任只上過兩次床。

「他不管！那妳呢？」曾正洋反問。

這時，佟櫻美才發覺話講得太快、太白說漏了嘴，很懊悔。不高興的大聲回道：「你要我說幾遍？我跟他只有兩次——」

見佟櫻美「惱羞成怒」動了肝火，曾正洋只好軟了下來。輕聲輕氣的說：「當然，我也相信妳只有兩次。請熄怒，請熄怒！」。其實說得很「言不由衷」是違心論。

佟櫻美感到大聲吼叫有點失態也顯出「做賊心虛」。於是壓低了心裡的憤怒很不奈的說：「過去的事已經很久遠了，我不想也不喜歡談過去的事；我是一個很重隱私的人。你看我有沒有問過你的故事和你家裡的事？」

曾正洋點點頭說：「沒錯，妳是很少問我過去的事和我家裡的事情。自從和妳交往之後，我曾多次向妳表明，除了妳之外絕未跟其他的女人有任何的接觸；這點妳心裡也很清楚。至於我家裡的情形，該說的我也都很清楚的跟妳交待過。我對妳，除了涉及男女關係的事情外，我也從不過問，給妳相當大的空間和自由，這還不夠嗎？」

佟櫻美撅個嘴小聲小氣的說：「我最討厭的就是挖我過去的隱私。」

曾正洋很不以為然的說：「妳重視隱私，我當然尊重妳。我所說的事情都是關係到我們倆個人的事，不是妳過去一個人的事。那時，我們已正式交往了十個月，妳已算是我的女人了，這妳也認同了；同時又跟別的男人上床，這怎能說是妳的隱私？前幾年發現妳皮包內的小電話簿上男的電話，除了我還有苗主任的電話就覺得很不尋常，事有蹊蹺。當時為此我的還大吵了一架。妳一把鼻涕一把淚一副很委曲的樣子，說是我冤枉了妳，當場還大聲叫我出去，還記得吧！」

「那時候的情形不同，當然我不能承認。今天是因為你兩個學醫朋友這麼說，沒辦法，只好承認。」

曾正洋搖搖頭說：「這麼說，當時妳欺騙了我。」

「『沒法度』，我是被環境所逼，只是善意的欺騙。這也是為了你啊！」

「謝謝妳囉！妳是為了我才跟苗主任上床。真是用心良苦犠牲很大啊！」曾正洋痛若的說。

「沒辦法啊！如果讓你知道了，你一定會受不了很痛苦。」

這是什麼邏輯。曾正洋五味雜陳心頭在滴血，垂頭喪氣。心想：不知道也就算了，知道了誰受得了。搖搖頭說：「不怪妳，也不怪我。唉！要怪只怪蝨蟲爆出了問題。」

佟櫻美很無奈的說：「不管你是真的知道還是用猜的，既然知道了就不要講出來，放在心裡就好。而且事情都已經過去了，又何必一定要戳破說出來？」

佟櫻美臉上顯得很痛若，情緒激動地說：「知道嗎！苗主任這件事對我來說，是我的最痛。我早已把它忘了，永遠都不再去想它。再提這件事，這是我的痛啊！」

經佟櫻美這麼一說，曾正洋深為感動，微微的點著頭，心就軟了下來。心想：苦啊！男女之間的事，一人痛若倆人難受，更何況倆人都痛苦；這是痛上加痛啊！很難過的說：「妳內心的痛苦我都了解。妳跟苗主任的事我不知道也就算了，也就不會有痛苦了。」

佟櫻美紅了眼眶哽咽的說：「知道嗎！我跟苗主任這件事被你戳破了，我……（沉痛地）……我不但面子沒了，連裡子也沒有了啊！」

曾正洋見佟櫻美如此痛苦的說，很不忍，心頭更加的難過。佟櫻美是自己今生最心愛的女人，雖然是十二年前的往事，如今真相大白仍是「耿耿於懷」，是心中的最痛。

曾正洋是個完美主義的人，凡事都力求完美無瑕，如同眼睛裡絕不能容下小小一粒沙子一樣。

曾正洋含著眼淚將一旁的佟櫻美摟在懷裡，緊緊的抱著。

倆人都在哭泣。

良久，曾正洋慢慢地衣開了懷中的佟櫻美，在小檯几上抽取了兩張面紙，很體貼地替佟櫻美擦乾臉龐上的淚水。佟櫻美也同樣抽取了面紙很溫柔的為曾正洋擦拭著臉。

畫面淒美，溫馨感人。

曾正洋雙手托起了佟櫻美的臉，端祥望著那長圓圓白皙的臉，濃黑的柳眉，小小的嘴唇。在額頭上輕輕吻了一下。

「很抱歉！是我讓妳很痛苦，對不起啊！……我實在是受不了才爆發出來的。衷心的說聲對不起。」曾正洋心平氣和很感性的說。

佟櫻美凝視著檯几，平淡的問說：「你不甘心？」

曾正洋點點頭說道：「不能說沒有，妳跟苗主任這件事讓我很痛心，很難嚥下這口氣。」

佟櫻美緩緩轉頭望著曾正洋說：「是你自己太認真了，何必苦了自己。你就喜歡鑽牛角尖。」

「唉！」曾正洋嘆了口氣徐徐的說：「妳說得一點都不錯，我的個性就是一板一眼說一不二；凡事太認真執著，追求完美。」

「人沒有完美的。知道嗎？事情戳破了傷了自己也傷了我。」佟櫻美難過的說。

感情脆弱的曾正洋聽了深為感動。微搖著頭很激動的說：「講得一點都不錯，傷了自己是我自找的；傷了妳，我於心不忍，我很難過。……老婆，對不起！」說著眼眶紅了起來，在佟櫻美臉夾輕吻了一下。

佟櫻美低著頭凝視檯几，沉思了一會緩緩的說：「你常說你很了解我，我覺得你並不是真正的了解我。我是一個很重視個人隱私的人。過去的事我不喜歡被人提起。尤其是不想讓人知道的祕密，更是不容人去揭穿它。我感覺你像是走我前夫的路。雖然不同人不同事，但給我是一樣的感覺。你已經把我挖的坑坑洞洞的，讓我很難看。其實過去的就讓它過去。每個人都有他不願讓人知道的祕密。一但揭穿透明後，就體無完膚了。」講完後，整個人就像是洩了氣的氣球，軟趴趴的癱坐在沙發上。

曾正洋很不忍，心頭一陣心酸，一把緊緊的抱著連說：「老婆，對不起，對不起，辛苦妳了，妳受苦了！」

倆人緊緊的擁抱在一起。

倆人的內心都很痛苦的在煎熬、在掙扎。這是理性與感性的拔河，難分難捨。

佟櫻美凝思許久，臉上流露出難捨的抉擇。最後，很理智的說。「老公，你不要難過。到了這個地步，現在我們只有兩條路可走。（略停頓了一會，很感傷地）……一是分手，二是我們做性伴侶……照理說，發生了這種事，我們是應該分手的……如果沒有分手，那是因為你捨不得我……我也會……會捨不得呀！」說完，淚水直直成串流下。

聽了佟櫻美肺腑之言。曾正洋「心如刀割」般的痛若。身體微微地顫抖，牙齒咬著舌頭，嘴角已滲出了血絲。激動的已說不出話來，只是不斷的搖頭。

佟櫻美含淚感傷地接著又說：「……我們在一起雖然是『有實無名，聚少離多』，但十二年的感情不能算短，說沒有感情是騙人的……在我人生中的兩個男人前夫和你，很巧，都是相處只有十二年。十二年好像是我的一個關卡，走到這裡就過不去了。也許……這是上天註定的吧！」

佟櫻美的字字句句話語深深烙印在曾正洋的心坎裡。很疼惜地摟抱著佟櫻美。含著淚狂吻她的頭和臉……

情緒稍平靜的曾正洋很感性的說：「親愛的老婆，妳的肺腑之言，更讓我了解妳是個有情有義有愛的人。對我更是百般的容忍。是我的個性，使妳感情和身心遭受到肢離破碎的痛苦和傷害。實在對不起妳！」說完便哽咽了起來。

「你也不要這樣講。」佟櫻美很難過說。

曾正洋熱淚奪眶；接著說：「……妳曾多次談到從小到結婚，後來離了婚，一直都是過著勞累而痛苦的日子，坎坷的命運是多麼的讓人同情和疼惜啊！跟了我之後，雖然生活改善了；但是在精神上卻帶妳很大的壓力和煩惱……是我對不起妳啊！」說到這裡已泣不成聲。

「也不能全怪你……」佟櫻美哀傷的說。

曾正洋搖搖頭繼續說：「老婆，真的很抱歉！妳說得沒錯，裡子被我毀了，連最後一點面子都不留給妳，我都赤裸裸的撕了下來……讓妳很難堪、很傷心、對不起啊！……」

「不要再說了！」佟櫻美哀痛的要求。

內心哀痛完美主義的曾正洋，眼光滯呆，有著矛盾和無奈。未幾，痛若而絕望下定決心緩緩的說：「我……我不配繼續再跟妳交往……現在我唯一能做的是……是放鳥飛翔……還妳自由……」說完牙齒顫抖微微作響已淚流滿面。

佟櫻美已哭成個淚人。

曾正洋用手抹拭了下臉上的淚水，兩手托扶著佟櫻美的肩膀，有氣無力略帶沙啞說：「原諒我，我捨不得妳啊！妳對我好，妳的一言一笑……我會永遠記在心裡。和妳十二年的相處，是……是我這一生最快樂、最美好的時光。我們的點點滴滴……都留下了美好的回憶……會埋藏在我心靈的深處。直到……永遠……永遠……」已泣不成聲。

佟櫻美哭倒在曾正洋的懷裡。

曾正洋輕輕地鬆開了抱在懷中的佟櫻美。用手拭淚「強顏歡笑」跟往常一樣，溫柔的拉著佟櫻美雙手懇求的說：「老婆，請答應我，明天我們『做』最後一次『親熱』；是我們的臨別回顧紀念，好嗎？」眼裡泛著乞望。

佟櫻美滿臉淚痕望著曾正洋，像個天真無邪的小女孩點點頭。忽而緊緊抱住了曾正洋的脖子，送上了一個心酸含淚的熱吻。

……………。

26 洋美最後一次性愛（第六五〇次）

二〇〇七、十一、二二。

午後天氣驟變，刮起強風夾帶陣陣大雨。

呼呼的風雨吹打在臥房窗上，玻璃「呼瀝」、「呼瀝」的作響。

曾正洋和佟櫻美正在進行最後的一次（第六五〇次）性愛交媾。曾正洋溫熱的舌頭輕輕舔吸佟櫻美如水梨般的小奶奶；發出了「啾啾」聲響。

佟櫻美一如往常，微閉著眼睛盡情的在享受。舒服的連小舌尖都伸出了唇外，很伶巧捲舔著嘴唇。她那乳白滑嫩似水蛇般的身體不停的微微顫抖……

佟櫻美最窩心的就是曾正洋每次戲前的舌吻；細心、貼心而耐心。

此刻曾正洋雖然很仔細認真的舌吻佟櫻美的肌膚，但腦子裡卻不停快速的回憶十二年來和她親熱的各種場景。就如同電視的連續劇；一幕幕，一場場的在腦海中浮現……

記得和佟櫻美的第一次是在臺北中山北路八條通「王子大飯店」。是花葉茂老師介紹而認識。是個四月天，風和日麗。見到佟櫻美一張圓圓的臉蛋，長髮披肩，白皙的皮膚，氣質典雅，予人清新、淡雅、純潔的印象。是曾正洋心目中最心儀的女孩。

那天，倆人相談甚歡，有一見如故之感。第一次的接觸彼此玩的很愉快，很盡性、很自己。可能是太性奮，玩得太猛、撞擊力太強佟櫻美整個陰核紅腫如「泡芙」、「酥皮」般。佟櫻美不但未加責怪，反道說是「舒服就好！」。真是個好玩的女孩啊！

想到這裡，曾正洋不由大口大口舔吸小奶奶。「啾啾」聲格外的清脆響亮。

記得有次到三重佟櫻美店裡，在步上二樓時，抬眼望見佟櫻美身穿短裙站在二樓梯口處，一眼就望見裙底春光。一時「性」起，拉著佟櫻美就往三樓空屋厠所「厠做」。頂著大熱天，倆人擠在密不透風的小厠所，就坐在馬桶蓋上面「交媾」。倆人「做」待汗流夾背。佟櫻美更是樂得尿失禁，噴撒尿在自己的嘴裡。還甘之如貽呢！或許是玩得太性奮而忘我，佟櫻美還不慎手拍到馬桶水箱蓋「轟」然一聲巨響，因而驚動了二樓的姊妹們，弄得倆人好不尷尬，糗透了。

想到這裡，曾正洋舌尖已舔到了佟櫻美青蔥油綠的果嶺。一絲絲的小草（陰毛）散發出一股淡淡的清香，毛茸茸的小草刺在曾正洋的臉頰和嘴上，柔軟而富彈性非常的舒服。

還有次印象特別的深刻。有一年中秋節，胡鐵花和周樹人發起舉辦一個別出心裁的「中秋月光晚會」。地點選在北海山上。倆人在靜夜銀色世界「暮天蓆地」，甜蜜蜜打了個平生絕無僅有的一次「野炮」。這也是終身難忘美好的回憶⋯⋯⋯⋯

曾正洋邊回憶邊舔嗦著小草，動作不由慢了下來。「觸景生情」就是在這間臥房，印象深刻。有回倆人親熱，捨床就地。遊戲一開始，佟櫻美背靠著臥房牆壁。羞答答低著頭，很優美地用手慢慢掀起了短裙的前裙襬晗咬在嘴上。在微暗的燈光下，下半身胴體柔美的曲線畢露無遺。薄若蟬翼半透明小三角褲，若隱若現，緊包裹著凸鼓的陰阜和「玉溝」凹處。玲瓏有致，是一副鮮活的性美圖；又若是一尊生動寫實的藝術品。想到這裡，彷彿是回到了從前，倆人美好快樂的時光……

這時，曾正洋溫熱的舌尖從佟櫻美隆凸「陰阜」乂口處，溫柔地上下來回勾舔。

曾正洋想到有次跟佟櫻美親熱的時候「別出心裁」，來個「俯衝轟炸」式；又叫「蜻蜓點水」式。這種做愛方式，雖然說很新穎很刺激。結果玩過了頭，「做」完之後，整根「小弟弟」都是鮮血，成了一根紅香蕉。是因為佟櫻美的「小妹妹」內壁破皮，流了很多的血而染紅了「小弟弟」。佟櫻美因而不得不進廠（上醫院）維修療養。因此，禁慾了三個多星期。太危險了，從此再也不敢嚐試了。

還有件有趣的是剛認識不久，佟櫻美感染到了蝨蟲。為了永除後患，倆人先後都剃掉了陰毛。陰部光禿禿的。一個變了「禿毛雞」；一個則成了「無毛鴨」。互看對方好不習慣，怪怪的。

有一回，為了參加好友胡鐵花家庭小聚，前夕，挑選佟櫻美的穿著，炎熱的天氣，在密不透風的斗室，倆人僅著內褲，揮汗挑選赴宴盛裝。曾正洋左一個嚴選，右一個慎選下，折騰了一晚上才搞定。為了第二天的小聚有個好臉色，因而不敢交媾，但特別為佟櫻美「玩」了個插指神功。也都上了高潮，獲得了滿足。可說是小兵立大功，也憑添了「做愛」的另一種感受和情趣。

想到倆人昔日恩愛甜蜜，即便是短別，亦是慾猶不盡。有次南部出差，短短十天，相思之苦，慾火難耐，還突發異想，倆人藉著電話，還來了個隔空「炮」戰；聲歷其境，「意淫」一番。亦能獲得「性」滿足。這是倆人靈犀相通，妳歡我愛，堪為絕配。

此外還有富紀念性的事情，也都深深留在腦海裡；如慶賀並紀念「做愛」第一〇〇次，還特地將第一〇〇次訂名為「百合」，即第一〇〇次媾合之意。並裝裱，框了一幅七吋百合花彩色攝影作品。並在相框背面貼了張電腦打字的說明卡。上書：

題名：百合

說明：百合花與花苞之親蜜吻合，象徵男女性愛完美的媾合；亦是性愛百次（百合）註腳與永恆紀念……

一幕幕場景，此刻腦海都一一浮現並快速閃過。這些都是倆人愛的交融，甜美的回憶……

親熱，漸入佳境。曾正洋躬起了身體，很輕巧，一個魚躍，便下了床。同時，佟櫻美很熟練的將身體的左棋轉了九十度，躺在床的中間。屁股緊靠床沿；拿了個小枕頭墊在屁股底下。這是長久以來，倆人做愛的默契。

曾正洋蹲在床邊，佟櫻美兩腳很自然的踏放在曾正洋的膝蓋上。她那雪白的雙腿成V字形打開，真是恰到好處，形成了一個絕佳的入口角度。

曾正洋的嘴臉剛好在佟櫻美「花庭」面前，可儘情的「賞心悅目」啊！佟櫻美微張的「小嘴嘴」像極了蚌蛤。她的「小唇唇」很美；很像豌豆夾，硬挺挺的又如柳葉片似的。「小唇唇」弧度、線條、色澤非常的優美，水嫩嫩的，為女孩子中的稀有珍品。

這是倆人「做」最後一次的親熱，曾正洋非常的珍惜也格外的用心和細心。曾正洋的舌吻佟櫻美非常的舒服，小嘴裡早就「嗯哎……嗯哎……」的叫個不停，佟櫻美從外表看似「冷若冰霜」，其實內裡對性的需求很大；也很會享受。她也曾說她是個悶葫蘆。現在她樂得很玩得很起勁呢！

一點也感覺不出這是跟曾正洋的取後一次媾合。

同樣在「做」，但兩樣情。曾正洋的心情和感受卻是大不同。此刻很珍惜每分每秒的時間。儘情的在感受跟佟櫻美的做愛。時間一分一秒無情的在消逝，親熱結束後，也就終止了和佟櫻美十二年的一切親蜜關係。曾正洋心中「百感交集」五味雜陳。想到這裡有無限的感傷和失落，心頭不竟湧出了一陣悲傷和淒涼。積壓在心裡的愛與恨，一時情緒失控勢如火山爆發的宣洩了出來。曾正洋整個頭臉倒貼埋在佟櫻美熱烘烘的陰部上；嚎啕哭泣了起來，溫熱的淚水濕潤了佟櫻美的整個「小ＢＢ」。

曾正洋突其來的動作，正在熱頭上的佟櫻美從「嗯哎……」歡悅喊叫聲中停了下來；本能地從床上坐了起來。深為感動，兩手輕輕撫摸埋在自己「小妹妹」上曾正洋的頭，隨口輕輕叫出「真情流露」！

親熱的動作隨之暫時打住。曾正洋仍埋首佟櫻美陰部飲泣。佟櫻美深受感動，不知道要如何安慰曾正洋；只是兩手不停的輕輕撫摸地的頭髮。猶如慈母撫摸懷裡的孩子般，不管怎麼說曾正洋為自己付出了十二年的感情，當然心裡也會不捨啊！

就像是電影中的 Stop motion 靜止畫面，持續了有好幾分鐘的時間，曾正洋始慢慢抬起埋在佟櫻美陰部的頭臉。滿臉淚痕，微弱略帶沙啞的聲音說：「老婆，對不起，我失控了！」

佟櫻美面帶微笑溫柔地安慰說：「沒關係！」隨手從檯几上抽取了兩三張面紙，很體貼為曾正洋輕輕擦拭臉上的淚水。宛如溫柔體貼的妻子。

其實佟櫻美亦是強忍著淚水心裡又何嚐不難受！

十餘分鐘過後，曾正洋情緒漸趨隱定，臉上免強露出了一絲淡淡的笑容。

「老婆，很抱歉！」曾正洋再次向佟櫻美致歉。

佟櫻美做低著頭，略帶笑意說：「沒關係！現在什麼都不要去想。」

曾正洋心裡當然明白。佟櫻美的意思是叫他不要想太多，多想無益；現在只管好好的玩，儘情地共享這最後的一次性愛。

曾正洋緩緩地點點頭，忽而「強顏歡笑」打起了精神，蹲在床邊地板上，又重啟拉開了性愛遊戲…………

跟佟櫻美做愛曾正洋視為畢生最快樂、最享受、最性福的事。如今「做」起來，心中有著無限的感慨和悲痛，這是倆人的絕響。此刻何嚐不是苦中「做」樂啊！想到這裡在自己手臂上使力的咬了一口，讓自己的感覺是真實的，也讓自己振作起來。曾正洋把握這最後的機會，徹底舌吻了佟櫻美全身上下裡外每一吋肌膚。

主戲登場，曾正洋搏命演出，此刻像條蠻牛；又像吃了「威爾鋼」喝了「保力達B」的拼命三郎。豁出去了！卯足了勁，火力全開，決戰今宵不要明天。

強大的交媾撞擊力量弄得床頭板轟隆！轟隆！的作響。

佟櫻美被曾正洋搞得早已樂到失神；「屁滾尿流」，嘴裡高喊「好舒服啊……好舒服啊……好舒服啊……」叫聲不絕於耳。「小BB」樂翻了！一股股的津液不停的湧出，洩得「小BB」、小枕頭都是水水的、黏黏的。

倆人已暫時拋開了一切，在儘情享受靈肉的媾合哩！樂在最高點，可愛的佟櫻美平地一聲春雷大叫，「噢——（咬牙切齒）耶………」兩腿緊緊挾住了曾正洋的腰，一口重重咬住了曾正洋肩頭。佟櫻美上了最高潮，徹底洩了。曾正洋和佟櫻美配合的「天衣無縫」同時同步上了最高潮。倆人是絕配也是絕響。

實在是太美好了！佟櫻美非常的滿足；鬆下了咬在曾正洋肩頭上的嘴。眼睛微開，嘴裡喃喃哼道「好舒服啊……好舒服啊……好舒服啊……」。身體像恍神似的在微微顫抖不停。

曾正洋緩緩地將佟櫻美上半身抱起屁股坐床沿邊，上身抱在懷裡。倆人的下體還捨不得分開，還緊蜜的媾合在一起呢！

珍貴啊！彌足珍貴。曾正洋將佟櫻美貼緊的抱在懷裡；此刻就像是擁抱了全界。也唯有在這個時候才感到自己才是真正的擁有了佟櫻美；是完全屬於自己所有。

曾正洋癡望著懷中佟櫻美甜美的臉龐，宛如第一次見到她的時候一樣；是那麼的清純可愛。不同的是，如今倆人已是「緣盡情已了」走到了緣份的盡頭。這是最後一次的「做愛」；最後的一次短暫相處。

現在，已是曾正洋最後的片刻停留在佟櫻美家中。家裡的一景一物依舊如往昔，這裡有著倆人美好共同的回憶；充滿了歡樂和性福。看在眼裡感覺心裡，真的不捨啊，曾正洋心中淌血在吶喊！

曾正洋微微顫抖的雙手輕拉著佟櫻美的雙手，感傷的說：「結束了，一切即將過去了……現在……我倆已經……已經什麼都不是了！」眼眶泛著淚水哽咽的說。

佟櫻美也強忍著心頭的感傷安慰說：「『天下無不散的筵席』啊！不是嗎！」

曾正洋難過的點著頭，嘆了口氣說：「是啊！『好花不常開，好景不常在。』沒錯，世間的事情是沒有永遠的。」

換佟櫻美點頭；從檯几上抽取了兩張衛生紙擤了下鼻涕低聲的說：「這就是人生的『悲歡離合』嘛！」

曾正洋噙著淚水說：「對啊！對啊！月也有『陰晴圓缺』啊！」。忽而將佟櫻美抱個滿懷，很激動的吻著佟櫻美的頭髮……額頭……臉頰……舌頭伸進了櫻美的口中……。

如淚人般的佟櫻美緊緊按著曾正洋的脖子在相吻。

倆人熱吻、狂吻、長長的吻，是吻別…………………

佟櫻美含著眼淚凝望著曾正洋，像是有著無從說出口的「千言萬語」般。

曾正洋兩手扶握著佟櫻美的肩膀，用額頭輕輕碰觸佟櫻美的額頭，「強顏歡笑」的說：「晚上……我還是跟平常一樣會……會打電話給妳……我們最後的……一通電話……。」說完，已泣不成聲。

佟櫻美熱淚盈眶點著頭，深深了解曾正洋的個性，他是個完美主義的；做事執著有始有終。

現在該是分手的時候了，曾正洋舉目向客廳內沙發窗簾……電視、冰箱……壁飾……客廳的每一件物品都緩緩環視了一下，作最後的留戀。

曾正洋含淚微笑，向佟櫻美很紳士深深地一鞠躬，表示道別之意。由衷感謝她十二年來，為自己所作的付出和帶給的歡樂，銘記在心，沒齒難忘。然後緩步走向客廳大門。正欲開門忽而轉身，很沉痛地對佟櫻美說：「容我最後一次叫妳一聲老婆好嗎？」說完，已泣不成聲。

佟櫻美淚流滿面在直點頭。

曾正洋痛苦的已說不出話。忽而，將佟櫻美抱個滿懷。

好一會，曾正洋凝望著佟櫻美才嘶啞喊了聲「老——婆。」喊完情緒幾已崩潰。

「老——公。」佟櫻美亦抖怯的回喊了一聲。

曾正洋低垂著頭手輕輕拍了下佟櫻美肩膀，轉身拉開客廳大門正欲步出，復又轉身有氣無力沙啞說：「櫻美，我……我……忘不了……妳……我還是……還是……永遠……永遠……愛……愛著妳…………」

一跨出客廳大門，曾正洋淚如泉水般奪眶而出。淚珠直線成串滴落臉頰流到衣襟上。眼前景物已是一片模糊……………

客廳大門敞開著。

佟櫻美黯然失神佇立在客廳。惆悵失落的楞視著門外，留下的只是心中正洋的身影…………

…………………

27 尾聲

濕冷的寒夜，雨花隨著狂風飛舞。

街上稀落的行人在風雨中彳亍的走著。

街頭轉角一隅公用電話旁內，曾正洋正在跟佟櫻美通電話；這是倆人每晚必通的例行電話。不同的是，今晚是倆人最後的一通電話。曾正洋重感情是個很感性的人，也很執著，認為做任何事都要有始有終。今晚的最後一通電話，就是曾正洋向佟櫻美要求下而約定的。

曾正洋和佟櫻美交往十二年裡，不論是寒冬酷暑或是颳風下雨甚至颱風天不可或缺，每晚都準時利用公用電話跟佟櫻美通個電話。除了問安道好情話綿綿外，其他像閒話家常。日常工作或是她們姊妹和弟弟之間的一些鎖事；即便是女孩子難以啟口的生理方面的問題以及最露骨的男女「性愛」之事……等，也都無所忌諱侃侃而談。遇到工作繁忙的時候，彼此也都會藉著電話照面；短短的「三言兩語」亦是所期待。所謂「半句不嫌少，千句不嫌多」，這就是倆人感情交融之處。十二年中，曾正洋只有幾次因臨時特殊的原因，未能打電話給佟櫻美外，每日一通電話至今從未間斷過。

曾正洋與佟櫻美分別生活在各自的生活領域圈裡，不相融也互不干涉，互留空間給對方。雖然說，佟櫻美的街坊鄰居和她的朋友，都視他們倆為夫妻關係；實質上倆人並未居住在一起。畢竟倆人的生活環境和方式都不相同；加上曾正洋本身又有家庭的因素而諸多不便。十二年，曾正洋和佟櫻美始終是過著簡單低調，聚少離多「有實無名」的夫妻生活。而每晚的一通電話遂成了倆人維繫感情的橋樑。

今夜，這最後一通電話結束之後，倆人長達十二年的親蜜夫妻關係終告落幕劃下句點。

曾正洋此刻的心情如同亭外飛舞的風雨，紊亂而且五味雜陳「百感交集」。與佟櫻美十二年的感情交往不能算短；往日甜蜜「如膠似漆」恩恩愛愛的場景猶在眼前。誰又能料到一夕變天。如今倆人已走到了「緣盡情已了」煙消雲散的地步。曾正洋心中有著無限的感傷和不捨；同時心中也有強烈的矛盾。對佟櫻美曾經的「不軌」行為感到十二萬分的痛心憤怒和不恥。嚴重損傷了彼此的感情而深感悲痛。

對佟櫻美畢竟深深投入了十二年的感情，孰能無情？人是感情的動物啊！曾正洋心中既恨又愛，飽受痛苦的煎熬；同時感到萬分的婉惜和不捨啊！

曾正洋憔悴疲憊的臉上顯得十分的痛苦，眼神呆滯楞視著亭外路面矇矓街燈的倒映。汗溼的手緊緊握著電話聆聽佟櫻美最後的述說⋯⋯⋯⋯

佟櫻美語調悲戚感傷而無奈——

在我小的時候未出嫁前，我是為了家裡而活。每天從早到晚，整天辛苦勞累的幫忙家裡做永遠做不完的家事。

結了婚後，我是為了我的前夫而活。白天晚上不休息不停的努力工作，拚命想多賺點錢，為的是幫前夫一起挑起養家的擔子。

離婚後認識了你，我是為你而活。跟了你之後，有很多的事我都不敢去碰，也不敢去做；也很少去認識別的男人，為的是怕你誤會，生氣不高興；我就像是個宅女，每天只是安分平淡的過日子。

今後，我要為我自己而活。後半輩子，我要過著無拘無束，自由自在，過自己想要過的生活。

啊……

我自由了！

我要自由快樂的飛了！

——全書完